HEYNE

Tanja Busse, geboren 1970, studierte Journalistik und Philosophie in Dortmund und Pisa und promovierte 1999 mit einer Arbeit über die Massenmedien. Sie veröffentlichte ein Buch über die Landwirtschaft – *Melken und gemolken werden. Die ostdeutsche Landwirtschaft nach der Wende* (2001) –, moderiert die Kultursendung »Resonanzen« im WDR, schreibt in der *Zeit* und hat eine Verbraucher-Kolumne im *Greenpeace Magazin*.

Tanja Busse

Die Einkaufsrevolution

Konsumenten entdecken
ihre Macht

WILHELM HEYNE VERLAG
MÜNCHEN

FSC
Mix
Produktgruppe aus vorbildlich
bewirtschafteten Wäldern und
anderen kontrollierten Herkünften

Zert.-Nr. SGS-COC-1940
www.fsc.org
© 1996 Forest Stewardship Council

Verlagsgruppe Random House FSC-DEU-0100
Das für dieses Buch verwendete FSC-zertifizierte Papier
München Super liefert Mochenwangen.

Aktualisierte Taschenbucherstausgabe 01/2008

Copyright © für die deutschsprachige Ausgabe 2006
by Karl Blessing Verlag, München,
in der Verlagsgruppe Random House GmbH
Copyright © dieser Ausgabe 2008
by Wilhelm Heyne Verlag, München,
in der Verlagsgruppe Random House GmbH
www.heyne.de
Printed in Germany 2007
Umschlaggestaltung: Hauptmann und Kompanie Werbeagentur,
München – Zürich
Umschlagabbildung: Tüte © getty images; Globus © ecopix
Satz: Uhl+Massopust, Aalen
Druck und Bindung: GGP Media GmbH, Pößneck

ISBN 978-3-453-60058-4

Inhalt

Vorwort zur Taschenbuchausgabe 11

Einleitung
Wie ich einmal eine Panzermine kaufte 15

Erstes Kapitel
Die Konsumgesellschaft frisst ihre Kritiker
Kaufen als Bürgerpflicht 27
Kurze Geschichte der Konsumkritik 29
»Verführe mich, befriedige mich, verändere mich!« 35

Zweites Kapitel
Mein schöner neuer Rock hat moralische Löcher
Einstürzende Neubauten – Skandale der
Textilindustrie 39
Verantwortungsverweigerung –
bei Unternehmern und Konsumenten 53
Die Weichenstellung –
kurzer historischer Rückblick 59
Der Widerstand wächst 63
Was tun als Konsument? 70

Drittes Kapitel
Der Stoff auf unserer Haut
Unerforschte Textilhilfsmittel 74
Ein neues Textilsiegel 80

Viertes Kapitel
Teppichknüpfen in Afghanistan

Verlorene Kinder 83
Das Rugmark-Siegel 89
Die globale Konsumverstrickung überfordert uns 91

Fünftes Kapitel
Die Preisrevolution eines Biobauern

Hochleistungskühe und sinkende Milchpreise 104
»Wachsen oder weichen« 110
Ein Alternativmodell:
Die Upländer Bauernmolkerei 115
Gentechnikfreie Milch 120

Sechstes Kapitel
Fünf vor zwölf: Die Landwirtschaft am Abgrund

Aufschwung der Bioprodukte 123
Die Zukunft der Schweinemast 126
Von wegen Agrarwende 132
Skandal mit Ansage: Gammelfleisch 136
Alternativmodell Neuland 140
Tierquälerei 143
Die Zukunft hat schon begonnen 146

Siebtes Kapitel
Wie ich damit aufhörte, Regenwald zu essen

Nah, also gut? 153
Ein Dorf verschwindet 154
Soja als Futtermittel für Tiere 161

Achtes Kapitel
Hühnerbeine für Kamerun und Coffee for free!

Was vom Huhn übrig bleibt 167
Fairtrade Kaffeehandel 172
Regionale Wirtschaftskreisläufe 177

Kennzeichen für regionale Produkte 180
Kollektive Speisekammer statt Supermarkt 183

Neuntes Kapitel
Warum die Politik nicht das Gift aus der Quietschente bekommt
Unfruchtbar durch Chemie? 189
Der hilflose Staat 193
Lobbyismus 197
Umwelt- und Gesundheitskosten auf die
Preise aufschlagen? 203

Zehntes Kapitel
Nichts sehen, aber genau beobachtet werden
Wirkungslose Kontrollen – behördliche
Geheimhaltung 207
Das neue Verbraucherinformationsgesetz 215
RFID-Chips oder Der gläserne Kunde 217

Elftes Kapitel
Blut an den Handys und politisch korrekte Pflastersteine
Grabsteine aus Indien 226
Kinderarbeit für unsere Städte 228
Wie man eine Branche zum Umdenken zwingt 231
Grenzen des politischen Konsums 233

Zwölftes Kapitel
Die Entdeckung des politischen Konsumenten
Die Universalisierung des Marktes 237
Der Konsument – ein schlafender Riese 241
Die Wissenschaft entdeckt den politischen
Konsumenten 245
Der politische Konsument in Meinungsumfragen
und Statistiken 250

Dreizehntes Kapitel
Wehe, wenn wir richtig kaufen!
Die Medien entdecken den politischen Konsumenten ... 258
Lohas 263
Wie man es besser machen kann! 268

Anhang
Informationsquellen für den politischen Konsumenten .. 277
Anmerkungen 289
Literatur 306
Dank 311
Personenregister 314
Sachregister 317

Für Malin, Lasse und Nils.
Und für die alte Olga.

Vorwort zur Taschenbuchausgabe

Als ich im Sommer 2006 an den letzten Kapiteln der »Einkaufsrevolution« schrieb, fühlte ich mich sehr allein. Ich war mir sicher, dass das Thema politischer Konsum nur mich allein, den Lektor und großzügig geschätzt eine Handvoll Freunde interessierte. Doch dann entdeckte die Münchner Polizei hundert Tonnen verdorbenen Fleisches bei einem Großhändler – den Rest einer riesigen Menge von Gammelfleisch, die verkauft und längst verzehrt worden war. Es war der zweite Lebensmittelskandal innerhalb eines Jahres, und er zeigte Wirkung. Die Vorstellung, uraltes, grün angelaufenes Fleisch verspeist zu haben, ließ selbst die hartgesottensten Allesesser erschrecken. Irgendetwas läuft falsch beim Einkaufen, das bemerkten plötzlich viele. Kaufen wir vielleicht die falschen Waren?

Wenige Tage später saß ich im Zug nach Köln. Sandra Maischberger hatte mich als Studiogast für ihre Sendung zum Thema Konsumterror eingeladen. »Einkaufen muss endlich als politische Handlung verstanden werden«, sagte ich. »Man darf nicht länger so tun, als ginge es nur um das private Vergnügen, man muss bedenken, was man mit dem Kauf bestimmter Waren anrichtet.« Die Moderatorin gab mir eine Packung Wurst, Obst und ein T-Shirt in die Hand und fragte, was denn daran schlimm sei. Ich zählte die Ergebnisse meiner Recherchen so lange auf, bis der stellvertretende Chefredakteur des *Handelsblatts* wütend dazwischenfuhr, das sei nun aber Miesmacherei, ich könne doch nicht einfach ein Produkt nach dem andern schlechtreden.

Das würde einem ja den Spaß verderben. Aber genau darum geht es: Einkaufen macht keinen Spaß, wenn man weiß, dass man damit Umweltsünder, Ausbeuter und Tierquäler unterstützt. Und oft seiner eigenen Gesundheit schadet.

Am nächsten Tag war mein Buch »Die Einkaufsrevolution« – das damals noch gar nicht erschienen war – Aufsteiger des Tages bei Amazon, und im Dezember stand das Buch auf Platz 13 der Wirtschaftsbestseller des *manager magazins*. Ich war verblüfft. Ein Buch voller Verbote und Warnungen, das einen ständig daran erinnert, dass Einkaufen ohne Nachdenken Schaden anrichtet, und das eine Politisierung des Konsums fordert, wo alle von Individualisierung und Politikverdrossenheit reden. Aber gefreut hat es mich sehr. Denn plötzlich bekam ich Dutzende von Einladungen von Journalisten, Hausfrauenverbänden, kirchlichen Gruppen und Künstlern, Politikern, Anthroposophen und Umweltschützern, reiste durch das Land und traf überall auf Leute, die genauso dachten und fühlten wie ich.

Überall, wo ich hinkam, um für politischen Konsum zu werben, waren die politischen Konsumenten schon da. Und es kam mir vor, als hätten viele auf ein Buch gewartet, das alles zusammenträgt, was sie empfanden: das Unbehagen am Konsum, den Zorn über den Schaden, den die Waren anrichten, und den Willen, das endlich zu ändern. Mit einem Mal verstand ich, dass es meine Idee von der Einkaufsrevolution längst gab und dass ich – anfangs ohne es zu merken – Teil einer Bewegung war, die an eben dieser Revolution arbeitet.

Inzwischen boomt die Biobranche, sodass die Bauern mit dem Produzieren gar nicht nachkommen. Der faire Handel verzeichnet Zuwachsraten von 40 Prozent, große Bekleidungsketten zeigen Kollektionen aus Biobaumwolle in den Schaufenstern, und selbst Automobilhersteller sprechen von CO_2-Einsparungen.

Es ist etwas in Bewegung geraten – und doch schon wieder in Gefahr. Denn trotz aller schönen Absichtserklärungen von Politikern gab es im Sommer einen neuen Gammelfleischskandal.

Und die Warnungen vor einer Verwässerung der Biolandwirtschaft werden lauter, seit die Discounter immer günstigere Bioprodukte fordern und das Vorzeige-Biounternehmen Basic gar mit dem Preisdrücker Lidl zusammenarbeitet. Obwohl die große Mehrheit der Konsumenten keine Gentechnik im Essen will, werden auch in Deutschland immer mehr Genpflanzen angebaut. Der Energiekonzern bp wirbt für Unterrichtsmaterialien zum Thema Klimaschutz, und die Automobilbranche malt ihre ölschluckenden Geländewagen grün an.

Politischen Konsum macht das nicht einfacher. Nur noch zwingender.

Tanja Busse, August 2007

Einleitung

Wie ich einmal eine Panzermine kaufte

In Addis Abeba, im Herbst 1995, bin ich einem sehr schönen Mann begegnet, der hatte seine Beine im Kampf gegen den Diktator Mengistu Haile Mariam verloren. Ich traf ihn vor einem kleinen Laden, wo meine Gastgeberin Ada, eine Lehrerin an der Italienischen Schule von Addis, einmal in der Woche Zeitungen kaufte. Der Mann ohne Beine und ohne Rollstuhl wartete vor dem Laden, bis er Adas Geländewagen sah. Er winkte ihr zu und zeigte auf den freien Parkplatz vor dem Zeitungsladen. Das war seine Arbeit: eine Art Parkplatzwächter zu sein. Mir war nicht klar, wie er das schaffte, denn ohne Beine war er zu klein, um zwischen den parkenden Autos gesehen zu werden. Ada begrüßte ihn und stellte ihn mir vor. Er hatte so ein hübsches Gesicht und lachte sehr charmant, und ich konnte nicht verstehen, wie man so lachen konnte, wenn man auf Steiß und Händen durch den Straßenstaub von Addis Abeba robbte. Ich brachte das nicht zusammen, dieses schöne fröhliche Gesicht und den elenden Rest seines halben Körpers, und es kam mir vor, als hätten wir drei uns zu einem Spiel verabredet, das hieß: Wir tun so, als wäre alles okay. Wir kauften uns Zeitungen, Ada bezahlte ihm den Parkplatz, und beim Wegfahren winkten wir ihm fröhlich zu.

Ein paar Tage später erklärte mir der Reporter Andrea Semplici, warum es in Äthiopien so viele Menschen ohne Arme und Beine gab. »Mengistus Soldaten haben Minen eingesetzt, wahrscheinlich aber auch ihre Gegner, die Eritreer und die Tigrinische

Befreiungsfront, obwohl sie das immer geleugnet haben«, erzählte er, während wir durch die Straßen von Addis Abeba fuhren und Eric Claptons traurige Lieder hörten. »Alle Kriegsparteien setzen Minen ein, sie kosten nur wenig.« Andrea klang abgeklärt – nach all seinen vielen Reisen in die Kriegsgebiete Afrikas. »Minen versetzen die Leute in Panik, Bauern trauen sich nicht mehr auf ihre Felder, und in den Hauptstädten machen sie den Krieg sichtbar. Ein toter Soldat verschwindet mit dem Begräbnis für immer aus dem Blickfeld, einen verstümmelten sieht man ständig wieder.«

Während des Aufstands gegen Mengistu hatte Andrea Semplici über die Befreiungskämpfe im Norden berichtet, und jetzt, in der kurzen Friedenszeit Mitte der Neunzigerjahre, war er zurückgekehrt, um den ersten italienischen Reiseführer über das Land zu schreiben. Und so reisten wir durch Äthiopien und sahen überall verstümmelte Menschen.

Im gleichen Jahr veröffentlichten Otfried Nassauer und Thomas Küchenmeister vom Aktionsbündnis Landmine ihre Bestandsaufnahme *Gute Mine zum bösen Spiel? Landminen made in Germany*.[1] Wäre mir ihr Buch damals in die Hände gefallen, hätte ich mit Erstaunen festgestellt, dass es eine Mine aus deutschen Fabriken gewesen sein könnte, die dem Parkplatzwächter aus Addis Abeba die Beine abgerissen hatte. Laut Informationen der Minendatenbank des amerikanischen Verteidigungsministeriums aus dem Jahr 1995 wurde die deutsche Schützenmine DM-11 in Angola, Eritrea und Äthiopien gefunden.[2] Der damaligen Bundesregierung war diese Entdeckung unerklärlich. Auf Nachfrage gab sie an, ihr lägen keine Informationen vor, wie die deutschen Minen nach Afrika gelangen konnten.[3] Aber *dass* in afrikanischer Erde Minen aus deutscher Produktion vergraben waren, wusste die Bundesregierung: Denn als sie 1993 Bundeswehrsoldaten zum UN-Einsatz nach Somalia schickte, trugen sie ein kleines grünes Buch mit dem Titel *Minenhandbuch Somalia* im Gepäck. Und darin war auch die Standard-Panzerabwehrmine der Bundeswehr DM-11 abgedruckt, mit dem Hinweis, dass sich die Soldaten vor ihr hüten sollten. Wie die Mine aber nach Somalia gelangt war, stand nicht in dem Büchlein.

Das alles entdecke ich erst jetzt, zehn Jahre nach meiner Reise nach Äthiopien, bei der Recherche zu diesem Buch. Ich will herausfinden, was eigentlich mit dem Geld angestellt wird, das ich einem Aktienfonds der Deutschen Bank anvertraut habe. Welche Aktien davon gekauft werden, was die Aktiengesellschaften produzieren und ob möglicherweise Dinge darunter sind, für die ich eigentlich kein Geld anlegen wollte, Minen zum Beispiel. Das Aktionsbündnis Landmine, das 1997 für seine Aufklärungsarbeit mit dem Friedensnobelpreis ausgezeichnet wurde, hat genau aufgelistet, welche deutschen Unternehmen an der Herstellung von Landminen und Streumunition beteiligt sind. 26 Namen stehen auf der Liste, darunter Diehl, Rheinmetall (bietet praktischerweise Streumunition und Minenräumgeräte an) und DaimlerChrysler, das über seine Tochter EADS einen Anteil am Streumunitionsbauer MBDA hält.[4] Dabei gehört Deutschland zu den ersten Ländern, die 1997 das internationale Übereinkommen über das Verbot von Antipersonenminen, die sogenannte Ottawa-Konvention, unterschrieben hatten.[5]

Die Chancen stehen also gut, dass unter den Aktien, die mit meinen tausend Euro gekauft wurden, auch ein paar Minenbauer sind. Ich stelle mir vor, wie irgendwo in Afghanistan oder in Bosnien ein paar kleine Jungen in der Nähe einer Landmine spielen. Bei geschätzten 2000 Minenopfern pro Monat muss ich etwa zwanzig Minuten auf den nächsten Treffer warten.

Ich schreibe eine E-Mail an DWS-Investments und frage, nach welchen Kriterien die Aktien für meinen Fonds Akkumula ausgewählt werden und ob es dabei ausschließlich um Gewinnerwartungen gehe. Die Anlagegesellschaft schreibt, was sie schreiben musste: Sie erwerbe überwiegend Aktien solide aufgestellter und wachstumsorientierter Unternehmen, die eine gute Wertentwicklung erhoffen lassen. Kurz: Sie fühlt sich – auftragsgemäß – dem Gewinn verpflichtet, und welche »anderen Kriterien«

ich meinen könnte, fällt dem Herrn vom Service-Team nicht ein. »Es gibt hier momentan keine bekannten Ausschlusskriterien für Einzelwerte«, schreibt er sachlich korrekt.[6] Dafür informiert mich das mitgeschickte Infoblatt, verziert mit dem Bild eines sportlich-schick aussehenden Börsenmaklers, über die zehn größten Werte von DWS Akkumula: An Nummer 9 steht mit 1,7 Prozent Anteil Honeywell International. Ein Volltreffer: Die 100%-Tochter Honeywell Regelsysteme GmbH in Maintal steht auf der Liste der Minenproduzenten des Aktionsbündnisses Landmine.

Die Antwort auf meine Nachfrage bei Honeywell ist ein Lehrstück in Sachen Desinformation: Einige Tage nach meiner Mail kommt die amerikanisch-legere Antwort eines Bill Reavis, der seine Funktion bei Honeywell nicht näher erläutert: »Tanja: Über welche Art von Minen sprichst du?« Ich schreibe zurück, es gehe mir um alle Minen, die Zivilisten töten könnten. Er antwortet: »Honeywell Aerospace entwickelt und produziert keine Minen.« – »Und Honeywell Regelsysteme?«, frage ich. Seine Antwort: »Was ist Honeywell Regelsysteme?« Eine deutsche Tochter Ihres Unternehmens, schreibe ich zurück. Nein, Honeywell produziere keine Teile von Landminen, beharrt er. »Wir wissen, dass wir auf einer Website aufgelistet stehen, aber das ist ein Fehler.«

Thomas Küchenmeister vom Aktionsbündnis Landmine wundert sich nicht über diese Art von Pressearbeit: »Das ist das durchgängige Prinzip der Rüstungsfirmen: vernebeln und nur das zugeben, was ohnehin bekannt ist.« Er braucht etwas weniger als eine Minute, um mir die Seite 509 aus dem Handbuch *Jane's Mines and Mine Clearance 2004–2005* zu faxen. Dort ist die Panzermine ARGES (MACPED) beschrieben, die von der britischen Firma Hunting Engineering Limited und den deutschen Unternehmen Dynamit Nobel und Honeywell Regelsysteme produziert wird. Die Mine sieht aus wie eine riesige Fotokamera mit Stativ und Teleobjektiv. Laut *Jane's* kann sie feindliche Panzer in einer Entfernung von zwei bis 97 Metern entdecken und mit einem *anti-tank rocket projectile* beschießen. »*An anti-handling feature is also available*«, liest Küchenmeister aus der Beschreibung vor. »Was heißt das?«, fragte ich ihn. »Das heißt, wenn man das Ding anfasst, geht es hoch. Außerdem behaupten die Hersteller von Panzerminen, dass ihre Minen sicher zwischen militärischen und zivilen Fahrzeugen unterscheiden können. Doch den Beweis sind sie bisher schuldig geblieben.«[7]

Es ist offensichtlich Definitionssache, ob eine Mine, die zwar Panzermine heißt, aber möglicherweise auch explodiert, wenn ein Bus mit Flüchtlingen daran vorbeifährt, als Anti-Personen-Mine gilt. Nach dem Ottawa-Protokoll gelten Panzerminen nicht als Anti-Personen-Minen, es wird aber darüber diskutiert, ob der Begriff Anti-Personen-Mine in Zukunft weiter gefasst werden soll. Doch um solche Definitionen muss ich mich als private Bankkundin nicht scheren. Meine private Konsumpolitik ist schnell und flexibel – anders als internationale politische Vereinbarungen. Ich will nicht, dass von meinem Geld Minen gebaut werden, welcher Art auch immer, und frage deshalb bei den Fonds-Betreibern nach: »Wenn ein Unternehmen wie Honeywell Streumunition und Minen herstellt, obwohl das eigentlich im Ottawa-Vertrag von ganz vielen Ländern geächtet ist: Kaufen Sie dann trotzdem?« Die Antwort war unübertrefflich klar: »In der Anlagestrategie des DWS Akkumula gibt es keine ethischen oder ökologischen Auswahlkriterien. Mit freundlichen Grüßen, Ihr Service-Team.«

Natürlich hätte ich mir die Nachfrage sparen können, natürlich weiß ich, was Aktienfonds machen und wie Banker denken und vor allem, wie sie nicht denken. Aber ich ärgerte mich, warum ich mir darüber keine Gedanken gemacht hatte, bevor ich die tausend Euro in den Fonds eingezahlt hatte. Einer Reihe von Unternehmen hätte ich nie auch nur einen einzigen Cent geben wollen, und Honeywell, der größte Streubombenlieferant während des Vietnamkriegs, gehörte sicherlich dazu.[8] Nur, als ich bei der Bank die Fondsanteile erwarb, hatte ich das wohl vergessen – so wie die allermeisten anderen Kunden das auch immer zu vergessen scheinen. Was wiederum den Banken, die diese Fonds verkaufen, vermutlich ganz recht ist.[9]

Ich stellte mir vor, ein Vertreter der Honeywell Regelsysteme GmbH hätte an meiner Haustür geklingelt: »Guten Tag, ich verkaufe Anteile an unserem Unternehmen, wir produzieren 1 A Minen, hundertprozentige Explosionsgarantie. Sind Sie interessiert?« Wäre ich natürlich nicht gewesen. Bloß über einen kleinen Umweg ist genau das gelungen: Mein Geld fließt in einen Fonds und von da aus zu Honeywell, voilà! Nur 17 Euro, kein Vermögen, doch für ein kleines Stückchen von ARGES (MACPED) dürfte das reichen.

Natürlich ist es absurd, so zu rechnen. 17 Euro mehr oder weniger verändern erst einmal gar nichts – völlig klar. Doch das ist kein Argument für Resignation, ganz im Gegenteil. Wenn ein Damm zu brechen droht und jemand beginnt, Sandsäcke herbeizuschleppen, um die undichte Stelle zu stablisieren, tut er das schließlich auch, obwohl er weiß, dass seine Säcke allein das Wasser nicht aufhalten werden. Er schleppt Säcke, weil er weiß, dass der Damm nur dann halten kann, wenn alle mithelfen.

Nach meiner Panzerminen-Einkaufserfahrung begann ich darüber nachzudenken, was ich mit meinen übrigen Einkäufen anrichtete. Das herauszubekommen ist nicht schwer, weil Hunderte von Umwelt- und Verbraucherorganisationen an der Aufklärung der mündigen Einkäufer arbeiten. Auf ihren Internetseiten ist dokumentiert, was die meisten Firmen verschweigen. So erfuhr ich, dass einer der Rohstoffe für Mobiltelefone, Coltan, im Kongo abgebaut wird und dass die verschiedenen Rebellengruppen ihre Waffen durch Coltanverkäufe finanzieren. Meine schönen neuen Laufschuhe waren möglicherweise von übermüdeten Kindern zusammengenäht worden, die lieber in die Schule gegangen wären. Und obwohl ich grundsätzlich nur Freilandeier kaufte, wurde mir klar, dass ich sehr wohl die Fabrikhühnerindustrie unterstützt hatte, denn in jedem Bäckerkuchen, in jedem Restaurant-Omelette, in jeder Nudelpackung und in jedem Fertiggericht ohne Biolabel stecken Eier von Käfighühnern. Meine persönliche Konsumverstrickungsbilanz lautete etwa so: Ich trug Kinderarbeit auf der Haut, Blut am Handy, mein Geld finanzierte einen Bombenbauer, und mein Auto blies feinen Staub in Kinderlungen. Und das fühlte sich nicht gut an.

Ich ärgerte mich, dass ich Dinge gekauft hatte, die ich eigentlich nicht wollte, und dass ich Zustände unterstützte, die ich verabscheute. Und fragte mich, warum ich so naiv gewesen war. Es gibt ja offensichtlich kein Naturgesetz, was besagt, dass man, sobald man mit dem Einkaufen beginnt, mit dem Denken aufhören muss. Es könnte also besser und anders gehen.

Dass wir kaufen, wie wir kaufen, ohne an die Konsequenzen zu denken, hat auch mit Werbung und der Allgegenwart von Waren zu tun. Ich will damit nicht der klassischen konsumkritischen Auffassung folgen, wonach mächtige Konzerne geheime Nachrichten in unsere wehrlosen Köpfe schießen, woraufhin wir wie ferngesteuerte manipulierte Opfer kaufen, was sie möchten. In den Fünfzigerjahren hat der amerikanische Journalist Vance Packard beschrieben, wie die Werbefachleute mit tiefenpsychologischen Methoden das Bewusstsein der Konsumenten infiltrieren, und sein Buch *Die geheimen Verführer* verkaufte sich millionenfach. Inzwischen haben die Verführten aber verstanden, dass sie verführt werden, und die Botschaften der Werber gehen nicht länger ungefiltert in ihre Köpfe. Doch angesichts des gigantischen Etats der Werbung wäre es naiv, ihren Einfluss zu leugnen. *29 Milliarden Euro*[10] *geben Unternehmen allein in Deutschland aus, damit wir vergessen, dass die Dinge, die wir kaufen, auch hergestellt werden.* Damit wir denken, die Waren kämen aus der Werbung wie der Strom aus der Steckdose. Diese 29 Milliarden Euro lenken unsere Aufmerksamkeit auf das, was die Unternehmen uns zeigen möchten: dass Autos erotisch sind, Tütensuppen familienstiftend und französische Zigaretten Garanten immerwährender Freiheit.[11] Darauf, dass wir weniger ein Produkt kaufen als eine Marke. Und dass uns der Geist dieser Marke ziert und schmückt und teilhaben lässt an ihrem globalen Erfolg. *Just do it – und denk nicht drüber nach!*

Diese 29 Milliarden Euro wirken, wie sie sollen: Sie machen, dass wir gar nicht auf die Idee kommen, uns zu fragen, auf welche Weise die Waren hergestellt werden, von wem und unter welchen Umständen. Sie bewirken, dass wir nicht kapieren, dass diese Umstände etwas mit uns zu tun haben könnten, dass wir mit unseren Einkäufen diese Umstände bestimmen.

Nur bei Skandalen fällt das Scheinwerferlicht kurz auf diesen Zusammenhang. Während der BSE-Krise im Winter 2000 etwa, als man erfuhr, dass die Kühe, deren Milch wir trinken, mit geschroteten Schafsleichen gefüttert wurden, oder Ende 2005, als zum ersten Mal tonnenweise vergammeltes Fleisch in den Kühltheken entdeckt wurde: Da bemerkten Politiker und Kommentatoren plötzlich, dass die Nachfrage die Qualität bestimmt (»Die Geiz-ist-geil-Mentalität ist gerade bei Lebensmitteln hoch gefährlich«, sagte Landwirtschaftsminister Horst Seehofer Anfang Dezember 2005 der *Bild*-Zeitung). Nur ihre Politik, die solche Zustände ermöglichte und erleichterte, änderte das nicht, im Gegenteil.

Es gibt Hunderte von Büchern über Konsum und darüber, was Konsumieren aus den Konsumenten macht, aber die meisten – selbst viele der klassischen Einkaufsratgeber – ignorieren die Entstehung der Waren und betrachten den Konsum als Lifestyle oder spekulieren über das Verhältnis von Konsum und Konsument. Die Waren sind in diesen Büchern einfach da, umstandslos in die Welt gekommen, und warten nur darauf, auf ihren Symbolgehalt untersucht zu werden. Meistens geht es in diesen Büchern um das Zeichenhafte, darum, dass man kauft, um sich von den anderen zu unterscheiden, bei Jean Baudrillard etwa, Pierre Bourdieu und Norbert Bolz.[12] Der Kunstkritiker Walter Grasskamp spottet darüber in seinem Buch *Konsumglück: Die Ware Erlösung*: Der Gedanke, dass der Unterscheidungsgewinn das letztlich entscheidende Kaufmotiv sei, habe »die Konsumtheorie so durchtränkt, dass sie darüber den stofflichen Gebrauchswert der Waren aus den Augen zu verlieren droht und manchmal kurz davor zu sein scheint, ihn vollends zu leugnen«.[13] Und wenn schon der Gebrauchswert stark hinter den Symbolwert zurücktritt, wird der Herstellungswert natürlich gar nicht erst betrachtet. Bei Dingen, die mehr Zeichen als Materie sind, interessiert man sich nicht dafür, woher sie kommen. Und weil sich kaum jemand dafür interessiert, wie es bei der Herstellung unserer Waren zugeht, herrschen in der Produktion Zustände, die wir unmittelbar vor unseren Augen niemals zulassen würden. Wenn nämlich ein Buch oder ein Film die Perspektive einmal umdreht und von der Ware nicht zum Konsumenten, sondern zu denen blickt, die sie produziert haben, sind alle ganz fassungslos: Der Dokumentarfilm *We feed the world* von Erwin Wagenhofer etwa hat so eine Wirkung hervorgerufen und auch das Buch *No logo!*, das seine Autorin, die Kanadierin Naomi Klein, zur Ikone der weltweiten Anti-Globalisierungs-Bewegung gemacht hat.

Wenn man mag, kann man es Betrug nennen, wie sich die Waren uns präsentieren: Der Joghurtbecher zeigt Himbeeren, die im Himbeerjoghurt aber fehlen. Und der Nike-Spot zeigt den kleinen Jungen als Ballkünstler, nicht als Fabrikarbeiter, und eine Werbekampagne darf ungestraft behaupten, McDonald's lasse kleine Mädchen als Qualitäts-Scouts seine Pommes-frites-Produktion überwachen. Niemand aber empfindet das als Betrug, weil jeder weiß, dass Werbung Geschichten erzählt und keine Fakten. Was das angeht, ist der Konsument aufgeklärt. Doch wer etwas verkaufen will und dafür wirbt, weiß, dass er der Macht seiner Bilder vertrauen kann; dass sie wirken, wenn man sie wahrnimmt, auch ohne dass man sie für wahr nimmt. Und also hat der Joghurt ohne Himbeeren sein Image als Himbeerjoghurt, und der schöne neue Pullover sieht aus wie ein schöner neuer Pullover.

Ab und zu ahnt man beim Einkaufen, dass nicht alles mit rechten Dingen zugeht, etwa wenn man bei Ikea einen handgewebten Teppich (60 × 90 cm) für 1,89 Euro entdeckt. (»Liebe Mitarbeiter von Ikea, Sie haben kürzlich in Hamburg-Schnelsen einen handgeknüpften Teppich 60 mal 90 für 1,89 angeboten. Wie viel Lohn haben die Teppichknüpfer für das Knüpfen bekommen?« – »Sehr geehrte Frau Busse, vielen Dank für Ihre Anfrage. Teilen Sie uns mit, wozu Sie die Information benötigen, gerne helfen wir Ihnen weiter. Des Weiteren benötigen wir Ihre Anschrift, um Ihnen unsere Umwelt- und Verantwortungsbroschüre zuzusenden. Mit freundlichen Grüßen, IKEA Service-Center.« – »Sehr geehrtes Service-Center, als Ikea-Kundin bin ich an den Herstellungsbedingungen Ihrer Produkte interessiert. Würden Sie mir anders antworten, wenn ich als Journalistin frage?« – Keine Antwort.) Meistens erstickt man sein Unbehagen mit dem Ohnmachtsgefühl, es ohnehin nicht ändern zu können. Und es stimmt ja auch: Wir sind ohnmächtig.

Aber nur, solange alle an diese Ohnmacht glauben.

Eigentlich aber wollen wir nicht, dass Näherinnen, während sie uns eine Hose nähen, von einstürzenden Fabrikteilen erschlagen werden – wie im April 2005 in Bangladesch – oder dass Arbeiterinnen, während sie Rosen für unsere Sträuße pflücken, mit Gift überschüttet werden[14]. Eigentlich wollen wir auch keine Mobiltelefone, an denen das Blut von Kindersoldaten klebt, und keine Steaks und Taschentücher aus abgeholzten Regenwäldern. Geschähe das unmittelbar vor unseren Augen, wir würden es nicht ertragen. So aber schiebt sich die hippe heile Welt der Werbung zwischen uns und unsere Waren, und die weltweite Arbeitsteilung tut ein Weiteres. Wir sehen nicht, wie unsere Kleider in Südostasien genäht werden. Nicht einmal die Leute, die dort wohnen, sehen, wie es dabei zugeht, denn viele Textilfabriken in den sogenannten Freihandelszonen oder Exportproduktionszonen liegen hinter hohen Zäunen und werden bewacht. Wir sehen nicht einmal, wie Kühe und Schweine in deutschen Ställen gehalten werden. Wir sehen Hochglanzanzeigen und TV-Spots. Und wir halten es für normal, dass wir von 100 000 weitgehend ungetesteten Chemikalien umgeben sind, von denen einige ziemlich giftig sind.

Dieses Buch versucht, die zerrissene Verbindung zwischen Herstellung und Konsum zu flicken. Es will zeigen, dass man sich mit diesen Zuständen nicht abfinden muss, sondern dass wir – die Konsumenten – die Macht haben, die Herstellungsbedingungen unserer Waren zu verändern. Und zwar durch ein Einkaufen, das sich nicht im Privatvergnügen erschöpft, sondern als politische Handlung verstanden wird.

Der Soziologe Ulrich Beck, der Entdecker der Risikogesellschaft, hat den *politischen Konsumenten* in die soziologische Debatte in Deutschland eingeführt. Er bezeichnet ihn als Gegenmacht der globalen Zivilgesellschaft – als eine »bislang kaum entfaltete Gegenmacht« allerdings. Ulrich Beck glaubt: Der schlafende Riese Konsument kann – richtig organisiert – erwachen und den Kaufakt in eine Abstimmung über die weltpolitische Rolle der Konzerne verwandeln. Seine Waffe? Nicht kaufen.[15] Oder: etwas anderes kaufen. Und während seine Soziologenkollegen vorsichtig einwenden, dass sich Beck seinen *politischen Konsumenten* vielleicht nur ausgedacht haben könnte, finden Tagungen über den politischen Konsum oder die Verbraucherbewegung statt wie z. B. im Juni 2005 an der Universität Gießen. Und plötzlich entdeckten sogar amerikanische Modezeitschriften wie *Elle* und *Vanity Fair* den politischen Konsumenten.

Der *politische Konsument* muss seine passive Haltung gegenüber der Warenwelt ins Aktive kehren, und statt um Verführung und Coolness zu bitten, muss er fordern: »*Verändere dich, sonst kauf ich dich nicht!*« Auf diese Weise hat er es in der Hand, die globalisierte Wirtschaft nach seinen Maßstäben zu verändern. Wenn er das Einkaufen ernst nimmt wie einen Wahlgang, wie eine politische Entscheidung, bei der jede Stimme zählt. Und jeder Euro. Nicht allein bei spektakulären Einzelaktionen (gegen Nestlé, weil der Konzern mit seiner Babynahrung Kinder in Afrika gefährdete, gegen Nike, weil das Unternehmen Fußbälle von Kindern zusammennähen ließ, gegen *Shell* wegen der Versenkung der Ölplattform *Brent Spar*), sondern grundsätzlich und ausdauernd. Bei jedem Einkauf.

Das funktioniert, sobald viele mitmachen. Auf veränderte Nachfrage reagieren Unternehmen schneller als auf jeden Gesetzesentwurf. *Noch gleicht der politische Konsument einem Stier, der sich von einem Lattenzaun bremsen lässt, weil er nicht weiß, wie stark er ist.* Er müsste nur die Augen öffnen, um sich seiner Größe bewusst zu werden. Dann würde er merken, dass er bei jedem Einkauf die Wahl hat und welche Folgen seine Einkäufe hatten. Er würde merken, dass seine Einkäufe auch jetzt bestimmen, welche Waren gerade auf welche Weise produziert werden und wem das schadet oder nützt. Denn nur weil er Eier von Hühnern aus Käfigen kauft, gibt es Hühner in Käfigen. Weil er billiges Fleisch kauft, gibt es Schweine, die ihr Leben wie Ölsardinen in der Büchse verbringen. Weil er Atomstrom kauft, fährt der Castor durchs Wendland. Weil er beim T-Shirt-Kauf nicht nach Sozialstandards fragt, werden Näherinnen wie Sklavinnen gehalten.

Der Umkehrschluss gilt.

Erstes Kapitel
Die Konsumgesellschaft frisst ihre Kritiker

Kaufen als Bürgerpflicht

Wir kaufen, was das Zeug hält, oft bis zu einer leichten Übelkeit, und manchmal spüren wir dabei ein Unbehagen am Konsumieren als Lebens- und Kulturform: Kaufen und wegwerfen ist nicht sinnstiftend, diese Basiserkenntnis der Konsumkritik ist bis in die Psychoseiten der Frauenzeitschriften durchgesickert. Trotzdem kaufen wir weiter.

Über die Unzulänglichkeit des Konsums (über seine Freuden sowieso) ist alles gesagt. Die großen Konsum- und Kulturkritiker der Sechzigerjahre haben erklärt, warum es kein richtiges Kaufen im Falschen gibt. »Die sozialen Kontrollen der fortgeschrittenen Industriegesellschaft«, schrieb Herbert Marcuse, »erzwingen das überwältigende Bedürfnis nach Produktion und Konsumtion von unnützen Dingen.« Der Konsument habe zwar die »freie Auswahl«, doch leider nur »zwischen gleichwertigen Marken und nichtigem Zubehör«, das alles bei »grundsätzlichem Konsumzwang«.[16] Solche Vorstellungen und Begriffe sind aus der Mode gekommen, ebenso wie der anklagende Tonfall der guten alten Kulturpessimisten. Dabei sind das Kaufen und das Vorzeigen des Gekauften heute wichtiger denn je. Die Aufforderung zum Konsum durchdringt immer mehr Lebensbereiche, Werbung ist längst zu einer ständigen Einflüsterung geworden, so selbstverständlich, dass sie uns gar nicht mehr auffällt. An Product Placement, also Schleichwerbung, in Filmen haben wir uns längst ebenso gewöhnt wie an die Dauerpräsenz von Firmenlogos bei jeder Sportveranstaltung.

Konsum gilt heute als grundsätzlich okay, oftmals sogar als sinnstiftend: Er hilft dem Lebensästheten bei der Abgrenzung von der Masse, adelt den Auszeichnungsbewussten durch Luxuslabels und hilft dem Unsicheren mit Markenstandards. Und er steigert die Binnennachfrage, weshalb in den Deutschlanddroht-der-Untergang-Debatten den Bürgern immer vorgeworfen wird, sie würden nicht genug kaufen, und zwar so eindringlich, dass kräftiges Konsumieren längst als Bürgerpflicht empfunden wird. Der Wirtschaftsjournalist Wolf Lotter hat Anfang 2006 ein ganzes Buch darüber geschrieben, ein leidenschaftliches Plädoyer für mehr Konsum mit dem Titel *Verschwendung. Wirtschaft braucht Überfluss*. Europaweit werden Stararchitekten damit beauftragt, repräsentative Kaufhaustempel auch für den Billigkonsum entstehen zu lassen: Der Italiener Renzo Piano entwarf für eine Peek&Cloppenburg-Filiale in der Kölner Schildergasse eine Art gläsernes Raumschiff oder magische Laterne, und schon 2003 inszenierte sich die Warenhauskette Selfridges mitten im verwahrlosten Birmingham mit einem spektakulären Gebäude, einer Riesenamöbe mit glitzernder Aluminiumfassade. *Der schöne Schein soll gerade Frauen zum Shoppen, zum Flanieren mit nicht zielgerichtetem Einkaufen verführen. Dennoch klagen viele auch heute, in der von beinahe allen Seiten legitimierten Konsumgesellschaft, über einen schalen Nachgeschmack nach ausgiebigen Einkäufen.* Ein Gefühl, wie wenn man meint, Champagner zu trinken, und es ist doch keiner.

Besonders eindringlich hat Sibylle Berg diese Enttäuschung und den Kater nach dem Einkaufsrausch beschrieben, die Spezialistin für schlechte Gefühle unter den deutschsprachigen Schriftstellerinnen: »Du wirst in einen Laden gehen, irgendetwas kaufen, das nach Kaschmir riecht oder Krokodil, und es wird in Seidenpapier eingeschlagen, du fühlst warme Euphorie, denn du hast für Sekunden das Gefühl, dazuzugehören. Zu einer Welt, die nicht deine ist. In ein kalifornisches Landhaus mit Zedernholz am Boden. Du wirst dich schön fühlen und unendlich und so, als ob du es geschafft hättest. Und dann trägst du das Teilchen in deine Wohnung, irgendwo an einem blöden Ort in Deutschland, trockene Zentralheizungsluft, Staub müsste auch mal wieder gewischt werden, und anstatt dass der Gegenstand die Wohnung und dich verzaubert, liegt er tot und schäbig auf deinem Bett, wird später in einen Schrank geräumt, und das war's. So funktioniert Kapitalismus.«[17] Das stand am internationalen *Buy Nothing Day* 2005 in der *Frankfurter Allgemeinen Sonntagszeitung*, aber nicht im Wirtschaftsteil, wo die Redakteure immer ganz ergriffen vom freien Handel und den wunderbaren Möglichkeiten in der globalisierten Wirtschaftswelt schwärmen. So sehr, dass sie Sibylle-Berg-Sätze wie den folgenden aus dem gleichen Text wohl lieber nicht in ihrer Zeitung gelesen hätten: »Für properes Shoppen benötigt man eine Art Blackout im Hirn. Dächte man nach, würde die Weltwirtschaft kollabieren.« Sätze wie diese stehen immer im Feuilleton, weil sie da weniger wirkungsvoll sind. Doch schön wäre es, wenn beim Einkaufen ab sofort wirklich gedacht würde – nicht um irgendetwas kollabieren zu lassen, sondern um – ganz im Sinne der markwirtschaftlichen Mechanismen – die Macht der Konsumenten zur Entfaltung zu bringen.

Kurze Geschichte der Konsumkritik

Die großen Denker der Frankfurter Schule – Adorno, Horkheimer und Marcuse – haben die Kaufgesellschaft schon Jahrzehnte, bevor das große Kaufen richtig losging, kritisiert. Die Kulturindustrie verdumme die Leute, damit sie schön wieder zur Arbeit gehen und ja nicht auf den Gedanken kommen, dass an dem stetigen Wechsel zwischen entfremdeter Arbeit und sinnloser Zerstreuung irgendetwas faul sein könnte. Haben oder sein?, fragte Erich Fromm in den Siebzigern, als wäre das notwendigerweise ein Widerspruch, und natürlich wollten die Achtundsechziger lieber sein als haben. Doch am Ende hatten sie doch, und zwar eine ganze Menge mehr, als sie brauchten, und das auch nicht billig. »Nichts wird in den modernen Konsumgesellschaften so gerne konsumiert wie die Kritik am Konsum«, spottete der Medientheoretiker Boris Groys.[18] Die Konsumkritik scheint dem Konsum zu folgen wie ein Rülpser einem opulenten Mahl, an dem man sich überfressen hat. *Doch ebenso wenig wie ein Gourmand aufhören wird, zu viel zu essen, hört der Konsument offensichtlich damit auf, zu viel zu kaufen. Drei bis vier Jahrzehnte Konsumkritik haben keine einschränkende Wirkung auf das große Konsumieren ausgeübt.*

Naomi Klein hat in ihrem Bestseller *No Logo!* beklagt, dass die Konsumgesellschaft ihre Kritiker vereinnahmt und verschlungen habe. Sie beschreibt ihr studentisches Engagement in den Neunzigerjahren gegen überkommene Geschlechterrollen, gegen die Unterdrückung von Schwarzen und Homosexuellen und gegen das Vordringen der Werbung auf dem Universitätscampus. Verwundert stellt sie fest, dass die protestierenden Studenten die Wirtschaft damit nicht getroffen haben, sondern ganz im Gegenteil: Die Unternehmen haben die Kritik der Studenten einfach in ihre Werbung aufgenommen. »Der Markt hat den Multikulturalismus und die Androgynität ebenso vereinnahmt, wie er die Jugendkultur insgesamt vereinnahmt hat – nicht nur als Marktnische, sondern als Quelle einer neuen karnevalesken Bilderwelt.«[19]

Zwei Philosophen, ebenfalls aus Kanada, haben ein ganzes Buch darüber geschrieben, warum diese Vereinnahmung ihrer Meinung nach nicht stattgefunden hat. In *Konsumrebellen – der Mythos der Gegenkultur* erklären Joseph Heath und Andrew Potter, dass nicht die Konsumgesellschaft die Kritiker gefressen hat, sondern dass sich die selbst ernannten Konsumrebellen der Konsumgesellschaft angedient haben – nicht als Renegaten, sondern weil ihre angeblich so subversiven Gegenentwürfe nie etwas anderes waren als Teil der von ihnen kritisierten Konsumgesellschaft.[20] Verstanden haben Heath und Potter das an jenem Tag im September 2003, an dem die Anti-Konsum-Zeitschrift *Adbusters*, die den weltweiten *Buy Nothing Day* promotet, mit dem Verkauf von Turnschuhen begann. »Nach diesem Tag«, schreiben die Autoren, »konnte kein vernünftiger Mensch mehr glauben, dass zwischen ›herrschender‹ Kultur und ›alternativer‹ Kultur ein Gegensatz besteht.« Es wurde klar, dass »die von *Adbusters* verkörperte kulturelle Rebellion das System nicht bedroht – sie *ist* das System.«[21] Genau das hat der *Nirvana*-Sänger Kurt Cobain ihrer Meinung nach nicht verstanden, weshalb er sich umbrachte, als er reich und berühmt und also *mainstream* geworden war, obwohl er doch eigentlich ein *slacker* sein wollte, einer, der sich niemals anpasst. »Opfer einer falschen Idee«, meinen Heath und Potter.

Ihre These lautet: Konsumdenken entsteht aus dem Bedürfnis nach Abgrenzung, nicht nach Konformität, wie die Anhänger der Gegenkultur behaupten. Viele Erwachsene geben ihr Geld für Waren aus, mit denen sie sich von allen anderen unterscheiden und abheben können. »Man kauft das, womit man sich überlegen fühlt, indem man cooler wirkt (Nike-Schuhe), situierter (Havanna-Zigarren), informierter (Single Malt Scotch), differenzierter (Starbucks-Espresso), moralisch überlegen (Body-Shop-Kosmetik) oder einfach vermögender (Louis-Vuitton-Taschen).«[22] Wer daran zweifelt, erinnere sich an die lang anhaltende Debatte über Gerhard Schröder als Bundeskanzler im Brioni-Anzug und mit Cohiba-Zigarre. Den Kritikern ging es dabei ausschließlich um die symbolische Bedeutung von Anzug und Zigarre: Für einen Sozialdemokraten steckte in Brioni und Cohiba zu viel Distinktion und damit zu viel Distanz zu Wählern und Genossen. Doch genau hier greift das Konsumdenken – und zwar nicht nur bei Brioni- und Gucci-Trägern, sondern eben auch bei Grunge-Hörern, Manufactum-Kunden und anderen Konsumrebellen, die dem Massengeschmack durch Kaufen entkommen wollen. »Es sind also die Nonkonformisten«, folgern Heath und Potter, »die an der Konsumschraube drehen.«[23]

Dieser *Konsumkonkurrenz* kann man auch dann nicht entkommen, wenn man sich nicht um Status und Sozialneid schert. Dann kauft man gerade so viel, um einen achtbaren Lebensstandard zu halten, erklären Heath und Potter. Um gesellschaftlichen Abstieg oder Ausgrenzung zu vermeiden, wird man – ohne es zu merken – Opfer des defensiven Konsums, denn der Mittelschichts-Minimalkonsum steigt kontinuierlich an. Das Ganze funktioniert wie eine Art Wettrüsten und ist ein Nullsummenspiel: »Um zu gewinnen, muss ein anderer verlieren. Aufsteigen bedeutet, einen anderen – oder alle anderen – hinabzustoßen.«[24]

Auch wer das nicht theoretisch durchdrungen hat, spürt die Vergeblichkeit dieses Wettbewerbs. Kaum hat man die richtige Jeans in der richtigen Waschung, tragen die Coolsten schon wieder eine andere. Die ausgewaschenen Flecken, angerissenen Nähte, die Glitzersternchen, Stickereien und Markenzeichen wandern auf den angesagtesten Jeans schneller hin und her, als der willige Käufer überhaupt gucken, geschweige denn kaufen kann. Das ist das Unbehagen am Konsum, wie es Sibylle Berg beschrieben hat. Und das ist der Grund, warum wir immer mehr kaufen und trotzdem nicht glücklich werden.

Dennoch gibt es Verweigerer der Konsumgesellschaft. Die meisten Theoretiker des Konsums nehmen sie bloß nicht wahr, weil sie selbst in den Metropolen leben und dort die Konsum- oder Konsumrebellen-Avantgarde und ihre Nachläufer betrachten. Dabei übersehen sie die unscheinbaren alten Leute auf dem Land, die beim großen Konsumieren einfach nicht mitmachen, ohne dass sie sich jemals als Konsumkritiker bezeichnet hätten. Einfach, weil sie ihre Sachen so weitermachen, wie sie es immer getan haben, aus einer Mischung aus Geldmangel, Selbstgenügsamkeit und Tradition. Fahren Sie durch die Dörfer und suchen Sie dort nach gekrümmten alten Damen mit faltiger Haut, Kopftuch und geflickten Blümchenschürzen – vielleicht sind sie die Bezwinger der Konsumgesellschaft!

Die Konsumkritiker der Achtundsechziger-Bewegung und ihre Nachahmer dagegen wollten ihre – eingebildete – Verweigerung des Konsumterrors als Rebellion und Subversion verstanden wissen. Sie hielten das kapitalistische System für unreformierbar und wollten es deshalb komplett revolutionieren. Eigentlich wollten die linken Studenten der späten Sechzigerjahre Adornos berühmtem Satz »Es gibt kein wahres Leben im falschen« folgen. Doch dann traten sie den Marsch durch die Institutionen an, den sie eigentlich verabscheuten, und scheiterten erwartungsgemäß an der geplanten grundsätzlichen Überwindung des falschen Lebens im falschen Kapitalismus. Weshalb sie sich doch für das wahre Leben im falschen entschieden und damit gar nicht unglücklich wurden.

Das wäre nicht weiter schlimm, wenn sich der Mythos der Gegenkultur nicht als so penetrant erwiesen hätte, dass er alle anderen Ansätze zur konkreten Verbesserung der Konsumkultur verhindert hat. Rebellion im Zeitalter der Massenprodukte ist sehr charmant, und weil der alternative Konsum nicht nur dem Genuss, sondern auch der Distinktion dient, lässt sich eben auch Gegenkultur bestens konsumieren. Und das bringt das System Kapitalismus nicht ins Wanken, sondern ganz im Gegenteil, es erweitert seine Märkte. Auch der Marktplatz der nachhaltigen Edelkonsumenten, die im Sommer 2006 als *Lohas* (kurz für Lifestyle of Health and Sustainability) die Frauenzeitschriften erobert haben, ist voller schöner Dinge.

Jahrzehnte der Kulturrebellion haben nichts verändert, beklagen Heath und Potter, weil der Gegenkulturgedanke auf einer falschen Gesellschaftstheorie beruht. »Es gibt kein übergreifendes System, das alles integriert.« Deshalb sei die gegenkulturelle Bewegung auch so wenig erfolgreich und »regelrecht kontraproduktiv«. »Sie lenkt nicht nur Energien und Anstrengungen von Initiativen ab, die das Leben der Menschen konkret verbessern wollen, sie fördert auch die pauschale Verachtung für solche schrittweisen Veränderungen.«[25]

Beispiele für diese »pauschale Verachtung« der Politik der kleinen Schritte muss man nicht lange suchen. In dem 2005 erschienenen Buch *Wunschlos unglücklich* mäkeln die Autoren

Alexander Meschnig und Mathias Stuhr, der kritische Konsument sei »eine Mischung aus dem diffus betroffenen Gutmenschen und dem moralinsauren Oberlehrer«, an anderer Stelle nennen sie ethischen Konsum eine »Form des Ablasshandels – gutes Gewissen gegen Geld«, und im Ausblick ihres Buches schreiben sie: »Das moralische Engagement via Konsum verursacht in den meisten Fällen keine hohen persönlichen Kosten. Man wechselt die Tankstelle, kauft Adidas-Schuhe statt Nike, trinkt Pepsi statt Coca-Cola, isst Nicaragua-Bananen statt Chiquita. Alle diese Verhaltensweisen geben uns das gute Gefühl, etwas gegen das Unrecht in der Welt zu tun. So kann man abends wieder besser einschlafen.«[26] Diese Argumentation ist lange bekannt, sie folgt der religiösen Tradition der Gewissenserforschung und -bewertung und ist der Standardvorwurf gegen jeden politischen Konsumenten. Auch Spenden aller Art werden damit gerne als »bürgerliche Gewissensberuhigung« lächerlich gemacht. Dabei ist die Kritik dreifach perfide: Erstens spricht überhaupt nichts auf der Welt gegen ein in Teilen beruhigtes Gewissen. Der Vorwurf ist geradezu absurd: Als würde sich der Kaffeebauer, der seine Bohnen zu einem fairen Preis verkauft, darüber grämen, dass er nur deshalb mehr Geld bekommen hat, weil jemand sein Gewissen beruhigen wollte. Im Zweifelsfall dürfte es ihn eher freuen. Dass die Welt als Ganze nicht gerecht ist, weiß er ohnehin. Zweitens unterstellt der Vorwurf der Gewissensberuhigung »ohne hohe persönliche Kosten«, dass Engagement nur in Verbindung mit Opferbereitschaft etwas zähle. Als ginge es allein um eine moralische Bewertung – und nicht um die Wirkung. Umgekehrt wird ein Schuh draus: Gerade weil es uns so wenig kostet, unsere Verbrauchermacht im Sinne von Weltgerechtigkeit und Umweltkatastrophenverhinderung zu nutzen, gerade deshalb sollten wir es tun. Ob aus Gewissens- oder Vernunftgründen tut dabei nichts zur Sache.

Und drittens schwingt dabei die alte Rebellenkritik an kleinen Schritten zur konkreten Verbesserung mit: Was bedeuten schon ein paar Kaffeebauern, wenn der Rest der Dritten Welt nach wie vor ausgebeutet wird? Das große Ziel ist doch, eine gerechtere Weltordnung zu etablieren! Wenn man aus der Konsumrebellenkritik von Heath und Potter eine Lehre ziehen kann, dann diese: Der Ansatz »Ganz oder gar nicht« hat sich im Fall der Kapitalismus- und Konsumkritik als wenig wirkungsvoll erwiesen. Vielleicht sollte man die Beantwortung der Grundsatzfrage, die sich ohnehin niemand mehr ernsthaft stellt, vertagen und dafür sofort mit den kleinen Schritten beginnen, ganz systemimmanent, und statt sich vergeblich ums Ganze zu kümmern, lieber erfolgreich die Details verändern.

Es geht um die Wirkung, nicht um die Pose.

»Verführe mich, befriedige mich, verändere mich!«

Das ist das Ergebnis von vierzig Jahren Kauf-Kritik: Die Konsumgesellschaft hat ihre Kritiker gefressen, den Protest absorbiert und in Produkte verwandelt. Der Markt hat sich auf konsumkritische Konsumenten eingestellt, neben dem Billig- und dem Teuersegment gibt es deshalb eben auch einen Markt für kritische Käufer. Aus dem Konsum gibt es offensichtlich keinen Ausweg außer wieder hinein. Konsum darf längst wieder gelobt werden: als Mittel zur Steigerung der Binnennachfrage und als Motor für das Wirtschaftswachstum und sogar als Instrument der Weltenrettung: »Der Konsumismus ist das Immunsystem der Weltgesellschaft gegen den Virus der fanatischen Religionen«, schreibt Norbert Bolz in seinem *Konsumistischen Manifest*. Man solle zwar nicht die Augen vor den Folgelasten der Modernisierung und den Schicksalen der Globalisierungsopfer verschließen. »Und auch die immanenten Schwächen des konsumistischen Lebensstils, der vom *pursuit of happiness* nur den ›happiness of pursuit‹ übrig lässt, liegen seit langem offen zutage.«[27] Dennoch sei es an der Zeit, so fordert Bolz, die Stärke in diesen Schwächen zu erkennen: die Eroberung der »diesseitigen Tiefe«, die Ablenkung von Fanatismen aller Art. Auch bei

Joseph Heath und Andrew Potter taucht dieser Gedanke auf: ob »vielleicht die Tatsache, dass Konsumdenken andere Formen von bürgerschaftlichem Engagement verdängt habe, gar nicht so negativ zu bewerten sei, wenn sich die massenhafte Begeisterung für solche Schrecken des 20. Jahrhunderts wie Imperialismus und ethnischen Nationalismus auf diese Weise abkühlen lässt«.[28] Leider fehlen die Beweise für die schöne Annahme, dass Konsum zivilisierend und demokratisierend wirke. Auf Westeuropa scheint das zuzutreffen, dort geht es friedlich zu, seit der Wohlstand nach dem Zweiten Weltkrieg gewachsen ist. Doch auf die USA trifft es schon weniger zu, und China und Russland zeigen seit dem Ende der Neunzigerjahre, dass Konsumgesellschaften auch ziemlich aggressiv und undemokratisch auftreten können.

Seit der amerikanische Ökonom Thorstein Veblen vor über hundert Jahren den Luxuskonsum der Oberschicht als ehrenhaft beschrieben hat, sind sich die Soziologen einig, dass Konsum nicht nur den Konsumierenden glücklich macht, sondern auch seinen Nachbarn neidisch, und dass dieses Neidererwecken – vornehmer Distinktion *genannt – auch der Zweck des Kaufens ist.* Ob das wirklich dauerhaft die demokratischen Tugenden stärkt oder von Fanatismen anderer Art ablenkt, ist zumindest zweifelhaft. Doch nachdem Kulturpessimismus und Konsumkritik zwei bis drei Jahrzehnte lang die Debatten dominiert haben, gibt es offensichtlich jetzt das Bedürfnis, das hemmungslose Einkaufen endlich gut finden zu dürfen. Konsumismus sei das mächtigste und allgemeinste Dispositiv unserer Zeit, stellen Meschnig und Stuhr fest.[29] Sogar philosophisch ist der Konsum inzwischen aufgewertet. »Im konsumistischen Zeitalter erkennt sich der einzelne im Objekt seines Konsums. Im Erlebnis des Konsums, in der Wahl der Art des Erlebens wählt sich das Subjekt selbst«, schreibt der Philosoph Peter Koslowski.[30] So klingt Kaufen gleich viel weniger banal.

Auf dem Deutschen Trendtag 2004 in Hamburg hat der Tausendsassa unter den Medientheoretikern, Norbert Bolz, erläutert, wie sich der Konsum im Laufe der letzten Jahrzehnte verändert hat: Ursprünglich diente Konsumieren der Befriedigung von Bedürfnissen oder der Beseitigung eines Mangels, doch damit sei es jetzt vorbei. »Das wird niemals geschehen, dass irgendein Mangel Sie auf den Markt treibt, um irgendeinen Kauf zu tätigen«, erklärte er den versammelten Werbern und Marketing-Leuten. Warum nicht? »Weil Ihre Bedürfnisse seit Langem dauerhaft befriedigt sind. Ihnen fehlt überhaupt nichts!«[31]

Bolz' Theorie lautet: *Früher sagten die Konsumenten zu den Waren »Befriedige mich!«. Als sie alles hatten, sagten sie »Verführe mich!«, und als das nicht mehr reichte, forderten sie »Verändere mich!«* – am liebsten von Markenprodukten, deren Logos sie nur zu gerne auf Brüsten und Brillenbügeln herumtragen, um im Glanze der Marke selbst auch ein bisschen zu leuchten. Dabei kommt es natürlich drauf an, richtig zu leuchten, damit man sich von denen abgrenzt, die die falschen Sachen kaufen. Was Automarken angeht, so ist das lange bekannt, inzwischen jedoch werden sogar Kinderwagen symbolisch aufgeladen. Wer im Sommer 2006 seinen Nachwuchs statusgerecht durch die Stadt schieben wollte, musste das im Bugaboo tun. Die in allen Modefarben erhältlichen »Luxus-Offroad-City-buggers« des niederländischen Herstellers seien das »ultimative Statussymbol« und der »Bentley der Prominenz«, erkannte die *Süddeutsche Zeitung* (Feuilleton, 16.7.2006). Wir haben uns an diesen Zustand des unendlichen Neu-Kaufens so gewöhnt, dass wir gar nicht mehr bemerken, wie erstaunlich das eigentlich ist: Auch wenn uns eigentlich nichts fehlt, kaufen wir weiter und befriedigen uns damit sogar Wünsche, von denen wir vor dem Kaufen gar nicht wussten, dass wir sie hatten.

Ihnen fehlt überhaupt nichts, trotzdem kaufen Sie weiter, und das ist gut so!, verkündete der Trendforscher den geschmeichelten Verkaufsfachleuten. »Wir konsumieren, obwohl wir überhaupt keinen Mangel und keine Bedürfnisse im ursprünglichen Sinn mehr haben. Wenn wir das nicht täten, würde unsere Wirtschaft den Wärmetod erleiden. Wenn alle hätten, was sie brauchen, und nichts weiter wünschten, gäbe es keine Möglichkeit, die Wirtschaft weiter voranzutreiben.«

Das stimmt, und es wäre auch gut, wenn die Welt allein aus Werbern, Marketingexperten und gut bezahlten Trendforschern bestünde, allein aus wohlhabenden Käufern. Und wenn es nicht so viele Leute gäbe, die nach ausgiebigem Shoppen ein leichtes Gefühl von Unbehagen hätten. Es wäre dann gut, wenn es hinter der Welt der Hochglanzwerbung, der Logos und Images nicht die banale Materie der Waren gäbe, die tatsächlich irgendwo hergestellt werden.

Zweites Kapitel

Mein schöner neuer Rock hat moralische Löcher

Einstürzende Neubauten – Skandale der Textilindustrie

Im April 2005 stürzte die Textilfabrik *Spectrum Sweater* in Bangladesch nördlich der Hauptstadt Dhaka in sich zusammen. Das Gebäude hatte neun Stockwerke, die oberen fünf waren nachträglich und ohne Genehmigung gebaut worden. Als es einstürzte, war es kurz nach Mitternacht, doch in der Fabrik wurde noch gearbeitet. 64 Menschen starben in den Trümmern, 70 wurden schwer verletzt. Deutsche Zeitungen berichteten darüber kurz auf der Seite »Vermischtes«, und es wäre wohl bei diesen Meldungen geblieben, wenn nicht ein *Spiegel*-Reporter vier Wochen nach dem Unglück nach Bangladesch geflogen wäre und sich die Reste der Fabrik genauer angesehen hätte. In den Trümmern fand er Etiketten von Zara, Bluhm Mode in Köln, der belgischen B & C The Cotton Group und von Multiline Textil in Düsseldorf. Der Inhaber aber sagte ihm, er habe nur in der Fabrik nebenan produzieren lassen.[32] Auch die internationale Clean Clothes Campaign, CCC, aus Amsterdam, ein Zusammenschluss von mehr als 200 Menschenrechtsorganisationen, schickte eine Mitarbeiterin nach Bangladesch. Jenneke Arens fand neben vielen anderen Etiketten auch das Label der Karstadt-Marke Le Frog.[33] Die deutschen Textilunternehmer, die nach Recherchen von CCC Geschäftskontakte mit *Spectrum Sweater* in den letzten drei Jahren vor dem Einsturz gehabt haben sollen, taten, als könnten sie es nicht glauben. »Noch acht Tage nach dem Einsturz dementierten

KarstadtQuelle und die Bochumer Firma Steilmann gegenüber der *taz* Geschäftskontakte mit *Spectrum Sweater*«, schrieb der *Spiegel*. »Den Dementis folgten Argumente, die halfen, die Unklarheit zu erhalten. Die Verantwortung wurde auf Subunternehmer geschoben, die man – so suggerieren es zumindest die von schwerer sozialer Verantwortung geprägten Nachhaltigkeitsberichte der Firmen – doch eigentlich unter Kontrolle haben will. Schließlich räumte der KarstadtQuelle-Sprecher Jörg Howe ein, dass vier Aufträge direkt bei *Spectrum Sweater* platziert worden seien – allerdings nur für die Versandtochter Neckermann.«[34] Wie Etiketten des Karstadt-Labels Le Frog in die Trümmer geraten waren, konnte der Sprecher nicht erklären.

Das deutsche Büro der CCC, die Kampagne für Saubere Kleidung[35] in Wuppertal, und Mitarbeiter des ökumenischen entwicklungspolitischen Netzwerks Inkota in Berlin, einer der Trägerorganisationen der CCC, begannen zu recherchieren: Als sie vom Einsturz der *Spectrum*-Fabrik gehört hatten, setzten sie sich sofort mit ihren Partnern in Bangladesch in Verbindung. Einige Mitglieder der nationalen Textilgewerkschaft NGWF fuhren zur Unfallstelle und durchsuchten die Trümmer. Auch sie fanden Etiketten, die nahelegten, dass unter anderem Zara, Karstadt-Quelle, Steilmann, New Yorker und Kirsten Mode dort produzieren ließen. Inkota und die Kampagne für Saubere Kleidung konfrontierten die deutschen Unternehmen mit ihren Funden.

Zehn Monate nach dem Unglück, im Februar 2006, lud die internationale Clean Clothes Campaign (CCC) zwei Überlebende des Fabrikeinsturzes, die ehemaligen Strickmaschinenbediener Jahangir Alam und Nura Alam, zu einer Rundreise nach Europa ein. Viele der Angehörigen der Einsturzopfer und die Überlebenden selbst, die zum Teil so schwer verletzt wurden, dass sie nie wieder arbeiten können, warteten noch immer auf eine Entschädigung. Nura Alam hat beim Fabrikeinsturz einen Arm verloren, Jahangir Alam erlitt Nieren- und Beinquetschungen und kann nicht mehr lange stehen, beide finden keine neue Arbeit. Noch im April 2006, ein ganzes Jahr nach dem Fabrikeinsturz, verhandelten die deutschen Unternehmen mit den Textilgewerkschaften, die die Opfer vertreten. Es ging um die Frage, wer mit wie viel Geld zu entschädigen sei. Einen Tag vor dem ersten Jahrestag des Einsturzes teilte KarstadtQuelle mit, gemeinsam mit anderen europäischen Unternehmen einen Hilfsfonds eingerichtet zu haben als Überbrückung, bis der internationale Treuhand-Hilfsfonds endlich zustande gekommen sei. Zum zweiten Jahrestag des Fabrikeinsturzes im April 2007 meldete Inkota, dass zweiundzwanzig Familien erste Vorauszahlungen erhalten hätten, danach geschah monatelang wieder nichts.[36] »Warum das so lange dauert? Die Unternehmen fürchten, dass aus dem Entschädigungsfonds für die *Spectrum*-Arbeiter ein Präzedenzfall wird«, sagt Evelyn Bahn von Inkota. »Ihre Strategie ist es, das zu verhindern. Deshalb diskutieren sie bei den Verhandlungen um juristische Feinheiten. Sie wollen etwa, dass im Vertrag steht, dass die Entschädigung eine einmalige und freiwillige Zahlung sei.«

Der Besuch der beiden ehemaligen Textilarbeiter aus Bangladesch sollte die stockenden Verhandlungen vorantreiben. Nura und Jahangir Alam sollten mit den Unternehmen sprechen und ihre Forderungen formulieren. »In Belgien, Frankreich und den Niederlanden trafen sie Mitarbeiter der betroffenen Firmen«, erzählt Evelyn Bahn. »Nur die deutschen Unternehmen weigerten sich, sie zu empfangen. KarstadtQuelle gab an, die zuständigen Mitarbeiter seien im Ausland, daraufhin sagte auch Steilmann ab. New Yorker und Kirsten Mode ignorierten unsere Anfragen.«[37] Die Firma New Yorker (»Dress for the moment«) bestreitet bis heute, in der *Spectrum*-Fabrik produziert zu haben.[38] »Es kann gut sein«, sagt Evelyn Bahn, »dass sie an die Fabrik *Spectrum Sweater* direkt keinen Auftrag gegeben haben. Fabriken in Bangladesch sagen oft den Bekleidungsunternehmen, sie könnten eine bestimmte Menge bewältigen, nur um den Auftrag zu bekommen. Wenn der dann aber ihre Kapazitäten übersteigt, geben sie einen Teil an Subunternehmer weiter, häufig auch, ohne dass die direkten Auftraggeber davon erfahren.«

Das aber zeigt das strukturelle Problem einer arbeitsteiligen Weltwirtschaft: Die Produktionswege und Warenströme sind verschlungen, und es ist leicht, nichts zu wissen. Es ist auch nicht strafbar, nichts zu wissen. Ein Unternehmen wird nicht dafür haftbar gemacht, wenn ein Zulieferer die Menschenrechte verletzt. Nur der hartnäckigen Arbeit von Organisationen wie Inkota, in der Kirchengemeinden, Weltläden und Basisgruppen kooperieren, oder der Kampagne für Saubere Kleidung ist es zu verdanken, dass die Praxis des Darüberhinwegsehens für die Unternehmer immer schwieriger wird. Und dass die Kunden erfahren können, was die Unternehmen selbst lange Jahre überhaupt nicht interessiert hat.

Denn der Fabrikeinsturz in Bangladesch ist kein Einzelfall. Während ich im Frühjahr 2006 über die Bekleidungsindustrie recherchierte, meldete die Kampagne für Saubere Kleidung eine »neue Serie von Brandkatastrophen und Gebäudeeinstürzen« mit über hundert Toten und Schwerverletzten. »In nur fünf Tagen starben in Bangladesch über hundert Textilarbeiter, nachdem in zwei Fabrikgebäuden Feuer ausbrachen und ein weiteres einstürzte. Augenzeugen zufolge schweben viele Opfer in Lebensgefahr und konnten noch nicht geborgen werden. Die Kampagne für Saubere Kleidung kritisiert, dass Sicherheitsstandards in den Zulieferbetrieben europäischer Unternehmen nicht eingehalten werden.«[39]

Es geht dabei eben nicht um die viel beschworenen schwarzen Schafe in einer Herde von weißen Tieren und nicht um einen besonders skrupellosen Fabrikbesitzer irgendwo in Asien, sondern um Missstände als Normalität. Es geht darum, dass ein sehr großer Teil unserer Kleidung unter Bedingungen entsteht, für die wir uns schämen würden, wenn wir sie sähen. Kurz vor der Fußball-WM veröffentlichte die Hilfsorganisation Oxfam (Oxford Committee for Famine Relief) einen Bericht über Arbeitnehmerrechte und die Herstellung von Sportbekleidung in Asien. Darin schrieb sie, der deutsche Nationalspieler Michael Ballack habe einen 8-Jahres-Vertrag mit Adidas unterzeichnet, der ihm

1,5 Millionen Euro Werbeeinnahmen pro Jahr garantiert. Die asiatischen Arbeiterinnen, die die Fußballschuhe und Sportkleidung der Spieler herstellten, bekämen aber nur 47 Euro-Cent pro Stunde, also 3,76 Euro für einen normalen Arbeitstag.[40]

Die thailändische Labour Campaign berichtete, wie es in den Fabriken zugeht, in denen der Fußball »Teamgeist« für die WM 2006 zusammengenäht wurde. Die Aktivistin Junya Yimprasert befragte dazu Arbeiter der thailändischen Fabriken Molten und Mikasa Industries. »Diese Arbeiter stellen den berühmtesten Fußball der Welt her, den Millionen von Menschen in diesen Tagen anschauen,« schrieb sie, »doch das Geld das sie dafür bekommen, reicht gerade zum Überleben.« Die neu Eingestellten bekommen am wenigsten, umgerechnet ganze dreieinhalb Euro am Tag. Dennoch wurde der »Teamgeist« bei der Stiftung Warentest Testsieger. Adidas bekam die Note »stark engagiert«, was die Unternehmensverantwortung für Umwelt und Soziales« betrifft. Es ist richtig, dass die Stiftung Warentest jetzt auch soziale und ökologische Kriterien in ihren Untersuchungskatalog aufgenommen hat, aber das Beispiel zeigt, wie leicht man Missstände übersehen kann: Im Jahr 2007 berichtete das Magazin *Stern* gleich über zwei Kinderarbeitsskandale in Indien: Einmal schufteten die minderjährigen Arbeitssklaven für Zulieferer des Heine-Versands, der zum Otto-Konzern gehört, im zweiten Fall für Esprit (*Stern* Nr. 6/2007 und 24/2007).

Spricht man mit Ökologen, kritischen Chemikern oder Menschenrechtlern über Textilien und ihre Herstellung, möchte man sich die Klamotten vom Leibe reißen. Der gesamte Herstellungsprozess ist eine Katastrophe, aus sozialer, ökologischer und bei manchen Textilien auch aus gesundheitlicher Sicht.

»Ein Viertel der weltweit eingesetzten Insektizide und mehr als zehn Prozent der Pestizide werden auf Baumwollfelder gespritzt«, sagt Norbert Reintjes vom Pestizid Aktions-Netzwerk (PAN-Germany). Baumwolle wird aber nur auf etwa drei Prozent der landwirtschaftlich genutzten Fläche angebaut. Sie wird also um ein Vielfaches mehr gespritzt als die übrigen Ackerpflanzen, »eine chemie-intensive Anbaukultur, die zudem in manchen Regionen so intensiv bewässert wird, dass es zu massiven Umweltbelastungen kommt.« Reintjes hat sechs Jahre lang in Westafrika als Entwicklungshelfer für Gemüseanbau erlebt, wie afrikanische Kleinbauern mit nackten Armen ihre giftigen Spritzmittel anrühren. »Für Schutzanzüge ist es zu heiß, und die meisten haben kein Geld für solche Anzüge.«[41] Bevor ein Landwirt in Deutschland Spritzmittel einsetzt, hat er in der Landwirtschaftsschule gelernt, wie mit diesen Mitteln umzugehen ist, und er muss einen Sachkundenachweis erbringen. In jedem Fall kann er lesen, was auf den Etiketten steht. »Das ist *in Westafrika* anders«, weiß Reintjes. »*Pestizide werden auf dem Schwarzmarkt in kleinen Fläschchen verkauft, häufig ohne Etiketten. Viele Bauern dort sind Analphabeten, oft fehlt es ihnen an der Kenntnis, wie gefährlich diese Stoffe sind. Manche Bäuerinnen und Bauern setzen Pestizide, die nur für Baumwolle zugelassen sind, auch bei ihrem Gemüse ein, was richtig gefährlich ist.*« Schon aus diesem Grund ist Bioanbau, bei dem der Einsatz von Pestiziden verboten ist, in den armen Ländern Afrikas oder Südamerikas so wichtig: Er schützt nicht nur die Umwelt, sondern auch die Bauern. Und deshalb ist es sehr sinnvoll, Bananen und andere Früchte aus dem Süden aus ökologischem Anbau zu kaufen.

Die Weltgesundheitsorganisation WHO schätzt, dass jedes Jahr mindestens drei Millionen Menschen eine Pestizidvergiftung erleiden und mehr als zweihunderttausend daran sterben.[42] Das ist eine Todesart, die im reichen Westen gar nicht wahrgenommen wird. Nicht einmal die 24 peruanischen Schulkinder, die im Oktober 1999 pestizidvergiftete Milch tranken und daran starben, haben es in die deutschen Medien gebracht. Das internationale Pestizid Aktions-Netzwerk machte den Fall bekannt und setzte sich für die Aufklärung ein. Das *Greenpeace Magazin* berichtete, als eine Kommission des peruanischen Parlaments im Oktober 2003 bekannt gab, dass das Bayer-Pestizid Folidol den Tod der Kinder verursacht hatte. Folidol ist in

Deutschland verboten und musste in den USA »mit einem stechenden Geruchszusatz vergällt werden«, damit niemand es versehentlich zu sich nimmt, bis es 1999 auch dort verboten wurde.[43]

Wer nur die kontrollierte und bürokratisierte EU-Landwirtschaft kennt, ahnt nicht, unter welchen Bedingungen Pestizide in armen Ländern eingesetzt werden. »99 Prozent der tödlichen Vergiftungen ereignen sich in Entwicklungsländern«, sagt Norbert Reintjes. Allein im Benin starben zwischen Januar 2001 und Juli 2003 dreiundfünfzig Menschen an Vergiftungen mit dem Allround-Insektizid Endosulfan, mit dem die Bauern den wichtigsten Baumwollschädling, den Baumwollkapselwurm, bekämpfen.[44] Und in Indien wird noch immer das gefährliche und in Deutschland längst verbotene Monocrotophos vertrieben, wie die Filmemacherinnen Inge Altemeier und Beate Greindl in ihrer SWR-Dokumentation »Giftige Kleider« aus dem Jahr 2004 zeigten: Indische Kleinbauern rühren mit bloßen Händen die gefährlichen Spritzmittel zusammen und versprühen sie teils mit Handpumpen, teils mit tragbaren Motorsprayern auf den Feldern – ohne jede Schutzkleidung, barfuß, in zerrissenen Hemden und kurzen Hosen. »Die Sprüher baden regelrecht in Pestiziden, und wegen der Wasserknappheit können sie sich nach einem langen Arbeitstag nicht einmal richtig waschen. Sie riskieren ihr Leben«, heißt es in der Dokumentation. Auf der Intensivstation einer südindischen Klinik finden Altemeier und Greindl gleich mehrere Pestizidopfer. Ein Krankenhausarzt berichtet, in der Hauptsaison würden täglich 30 bis 50 Menschen mit akuten Vergiftungen eingeliefert. Die könnten oft gerettet werden, sagt er, doch die meisten stürben, bevor sie das Krankenhaus erreichten, wegen der schlechten Transportmöglichkeiten. Die Filmemacherinnen fragen bei Bayer nach, warum Monocrotophos in Indien noch immer vertrieben würde, und die Pressesprecher – gleich drei sind zum Interview erschienen – winden sich um klare Antworten: »Irgendwo, wie gesagt, liegt die Verantwortung auch bei dem Anwender selber«, sagt eine Dame. »Wir verkaufen dieses Jahr Restbestände aus – ein Beispiel dafür, dass wir unsere Produktpalette ständig erneuern.« Warum das aber so lange dauert, wollen die Journalistinnen wissen. »Das dauert, tja, in unterschiedlichen Ländern unterschiedlich lang«, antwortet die Bayer-Vertreterin. »Viele der älteren Produkte sind patentfrei und kostengünstig für die Landwirte, und die verlangen nach den Produkten.« Ob Bayer keine Möglichkeit habe, sein Mittel vom Markt zu nehmen? »Gut, ich hab ja gesagt, wir nehmen's vom Markt«, antwortet die Dame, der man das Unbehagen an der Situation deutlich ansieht. »Wenn Sie Bestände haben, dann müssen Sie die verkaufen, einfach auch weil –« Und weiter kommt sie nicht, weil ein Kollege sie unterbricht, vermutlich kurz bevor sie umschreiben kann, dass Profit eben vor Anwenderschutz geht. Als Inge Altemeier zwei Jahre nach den Dreharbeiten bei Bayer erneut in Indien unterwegs war, entdeckte sie noch immer Monocrotophos und andere in Europa längst verbotene Pestizide in den Läden.[45]

Viele arme Länder stehen unter dem Druck, Devisen für den Schuldendienst zu erwirtschaften, und fördern deshalb den Anbau von Exportpflanzen wie Baumwolle. Die Baumwollfelder aber verdrängen den Anbau von Getreide und anderen Nahrungsmitteln.[46] Auch in den Vereinigten Staaten wird Baumwolle angebaut. Dank erheblicher staatlicher Subventionen gehören die USA zu den größten Baumwollproduzenten der Welt. Die US-amerikanischen Baumwollfarmer können lesen und ihre Pestizide halbwegs richtig dosieren, aber aus ökologischer Sicht steht die Südstaaten-Baumwolle kaum besser da. Sie wird dort mit Maschinen geerntet, die nur richtig arbeiten können, wenn vorher die Blätter von den Pflanzen entfernt wurden. Und das wird mit chemischen Entlaubungsmitteln gemacht. Aus wirtschaftlicher Sicht aber richtet die US-amerikanische Baumwolle noch größeren Schaden an: *Die Subventionen für die 20 000 bis 25 000 Baumwollfarmer in den Südstaaten haben den Weltmarktpreis so tief sinken lassen, dass zehn bis achtzehn Millionen Baumwollbauern in den ärmsten Ländern Afrikas vor dem Ruin stehen.* »Westafrikas Baumwolle müsste ein Exportschlager sein: Von den Produktionskosten her ist sie die billigste der Welt«, schrieb die taz Ende 2005. »Doch die billigste Baumwolle auf dem Weltmarkt liefern die USA, wo die Produktionskosten dreimal höher sind als in Afrika – weil die US-Regierung die 20 000 Baumwollbauern ihres Landes mit Milliardensubventionen aufpäppelt.«[47]

Kaum jemand in Deutschland würde es wagen, einem Gärtner nach einem Nachmittag Rasenmähen, Laubfegen und Ästeschneiden 20 Cent in die Hand zu drücken und zu sagen: Stimmt so. So etwas täte man einfach nicht, nicht nur, weil man sicher sein kann, dass sich der Mann wehren würde, sondern auch, weil man sich vor den Nachbarn oder vor sich selbst schämen würde, jemanden für sich arbeiten zu lassen und ihm nichts dafür zu geben. Mit der Baumwolle ist das aber so: Wir nehmen den Bauern dankbar ihre Rohstoffe aus der Hand und sehen großzügig von einer halbwegs angemessenen Bezahlung ab. Und weil diese Bauern – ganz am Anfang der textilen Kette – für uns unsichtbar sind, bemerken wir nicht einmal, wie wir sie ausnutzen. Und mit den Näherinnen in den Textilfabriken machen wir es nicht anders.

Denn das dritte große Problem – neben Pestizideinsatz und Preispolitik – sind die Arbeitsbedingungen in den Textilfabriken: Millionen von Näherinnen in Billiglohnländern schuften ohne Rechte und elementaren Arbeitsschutz und für so wenig Lohn, dass sie kaum davon leben können. *Vierzig Jahre lang hatte ein Quotensystem im Welttextilhandel festgelegt, welche Länder wie viele Textilien wohin exportieren durften – eine Regelung, die die Textilindustrie der Industrieländer vor billigen Importen schützen sollte.* Es bestand aus einem komplizierten Regelwerk und unzähligen bilateralen Abkommen. Diese Beschränkungen wurden über einen Zeitraum von zehn Jahren bis Ende 2004 schrittweise abgebaut. Während dieser Zeit entstanden immer mehr Textilfabriken in Billiglohnländern.

Weltweit arbeiten fast 24 Millionen Menschen in der Textilindustrie, 80 bis 90 Prozent von ihnen sind Frauen. Nach Schätzungen der Internationalen Arbeitsorganisation ILO sind noch fünf- bis zehnmal so viele im sogenannten informellen Sektor beschäftigt, etwa als Näherinnen in ausgelagerten Betrieben oder als Heimarbeiterinnen. »Für die überwiegende Mehrheit von ihnen sind Arbeitsrechtsverletzungen an der Tagesordnung«, sagt Ingeborg Wick vom Südwind-Institut in Siegburg. Sie beobachtet seit vielen Jahren die Arbeitsbedingungen der Textilarbeiterinnen und berichtet immer wieder über neue Fälle von Arbeitsrechtsverletzungen. »Das hat nicht die Dimension eines Vorarbeiters, der einer Näherin auf den Po schlägt«, meint Christiane Schnura, die Leiterin des deutschen Büros der Kampagne für Saubere Kleidung. »Es geht darum, dass Frauen bei dieser Arbeit sterben.«[48] In etwa 80 Prozent der Produktionsstätten werde man auf Arbeitsrechtsverletzungen stoßen, gestand sogar der Sozialverantwortliche des Otto-Versands, Achim Lohrie, auf einer Fachtagung im November 2003 ein.[49]

Dass ganze Fabriken einstürzen ist selten, doch unter fehlendem Arbeitsschutz, überlangen Arbeitszeiten, Hungerlöhnen und dem Verbot, einer Gewerkschaft beizutreten, leidet die große Mehrheit der Textilarbeiterinnen in den Billiglohnländern. »Die Frauen arbeiten so lange, dass sie keine Möglichkeiten haben, sich um ihre Kinder zu kümmern. Viele müssen sie bei Großeltern auf dem Land zurücklassen und leiden unter der Trennung«, berichtet Ingeborg Wick. »In China, wo seit dem Ende des Welttextilabkommens immer mehr Kleidung für den Weltmarkt hergestellt wird, bestehen Fabriken oft aus drei Teilen: einem Lager, einer Produktionsstätte und den Schlafsälen der Arbeiterinnen. Die Frauen leben dort wie in Kasernen.«[50] Im September 2004 brachte die CCC ans Licht, dass die Fabrik *Basic Apparels* in Bangladesch 230 Arbeiterinnen entlassen hatte, nur weil herausgekommen war, dass sie Mitglieder einer Gewerkschaft waren. Die Kampagne für Saubere Kleidung druckte 20 000 Protestpostkarten, die innerhalb von einem halben Jahr vergriffen waren, und brachte Tchibo dazu, Druck auf seinen Lieferanten auszuüben. Der stellte die Entlassenen schließlich wieder ein oder entschädigte sie und gab an, künftig Gewerkschaftsmitgliedschaften zu erlauben.[51]

Von den Anhängern des freien und ungezügelten Welthandels hört man gelegentlich, dass die Arbeit in den Fabriken für die Textilarbeiterinnen eine Chance auf ein selbstbestimmtes Leben sei. So argumentiert auch Pietra Rivoli, die in ihrem *Reisebericht eines T-Shirts* das hohe Lied des Wirtschaftsliberalismus singt: »Ausgerechnet die Fabrikarbeit eröffnet den jungen Frauen plötzlich Alternativen: Sie konnten sich einen neuen Hut oder einen neuen Freund – oder eben gar keinen Freund – aussuchen und, wenn sie neue Fähigkeiten erworben hatten, sogar einen neuen Job.«[52] Pietra Rivoli, die an der Georgetown Universität in Washington Wirtschaft lehrt, argumentiert so: Viele junge Frauen leben auf dem Land unter erbärmlichen Umständen, sodass sie selbst die erbärmlichste Fabrikarbeit als Befreiung empfinden.[53] Und es klingt, als fände Rivoli das ganz in Ordnung. Ein Fabrikbesitzer, bei dem sich immer wieder verzweifelte Frauen um Arbeit bewerben, mag so miese Arbeitsbedingungen in seiner Fabrik rechtfertigen, doch eine Wirtschaftsprofessorin, die selbst von hohen Sozialstandards profitiert und die sich als neutrale Berichterstatterin auf den Weg nach China gemacht hat, sollte sich diese Argumentation nicht zu eigen machen. Doch ihre Sicht ähnelt der zynischen Haltung mancher Wirtschaftsliberaler, die der Entwicklungsexperte Rainer Falk immer wieder bei internationalen Wirtschaftsverhandlungen gehört hat. »Da hört man immer wieder von Politikern und Wirtschaftsvertretern, dass frühkapitalistische Bedingungen normal seien, um unternehmerische Erfolge zu erzielen. Die Verhältnisse in den Fabriken finden diejenigen, die so denken, dann natürlich in Ordnung.«[54] Und sie erliegen leicht der Versuchung, nicht so genau hinzuschauen. So schreibt Pietra Rivoli etwa: »Wer heute in der Textil- und Bekleidungsbranche arbeitet, mag einen unangenehmen Job haben – Tod und Verstümmelung riskiert er in der Regel nicht mehr.«[55] Die Mitarbeiterinnen der Clean Clothes Campaign und ihre Kollegen in Asien und Südamerika wissen da anderes zu erzählen.

Auch Naomi Klein hat bei den Recherchen für ihren globalisierungskritischen Bestseller *No Logo!* Textilfabriken in Billiglohnländern besucht. Was sie über ihre Reise in die philippinische Exportproduktionszone Cavite schreibt, erklärt, warum Menschen mit unterschiedlichen Meinungen zum freien Welthandel unterschiedliche Ansichten darüber haben, ob die Textilarbeiterinnen der armen Länder nun unterdrückt oder befreit sind. *Exportproduktions- oder Freihandelszonen sind riesige Industriegebiete in armen Ländern, die mit Steuer- und Zollvergünstigungen Investoren anlocken, ein ideales Gelände für staats- und gesetzesfreien Wildwestkapitalismus, der allen Unternehmen, die unter akzeptablen Bedingungen produzieren, die Preise verdirbt. Mehr als fünftausend solcher Zonen gibt es auf der ganzen Welt, fast 42 Millionen Menschen arbeiten dort, der größte Teil von ihnen in China.*[56]

Die Freihandelszone Cavite ist ein ummauertes Gelände, dessen Eingangstor sich mitten in der Stadt Rosario befindet. »Ich erhielt nur einmal Zugang durch das Tor«, schreibt Naomi Klein, »um offizielle Vertreter der Zone zu interviewen. Wie mir gesagt wurde, sind die einzelnen Fabriken tabu für jeden, außer für potenzielle Im- oder Exporteure.«[57] Wie es hinter der Mauer wirklich aussah, erfuhr Naomi Klein erst, als ein achtzehnjähriger Arbeiter sie heimlich hineinschmuggelte. Sie sah schweigende Frauen und Wächter mit Waffen, die Ausweise kontrollierten, und ein großes Schild mit der Aufschrift »Hört nicht auf Agitatoren und Unruhestifter!«. Erst bei den verbotenen Gewerkschaftstreffen hörte sie die ganze Wahrheit: Die Arbeiter erzählten ihr die Geschichte von Carmelita Alonzo, einer Arbeiterin, die »an den Überstunden starb«, und dass viele glaubten, auch ihnen könne so etwas passieren.[58] Sie hörte Klagen über militärähnliche Kontrollen, Repressionen, nächtelange Überstunden, mangelnden Arbeitsschutz, verschlossene Toiletten, zurückbehaltene Löhne.

Wer diese Treffen nicht besucht und sich nicht mit Arbeiterinnen unterhalten hat, ohne dass ein Aufseher danebenstand, wer nicht die Slums von Rosario besucht, sondern die Golfplätze und

Clubs, in denen sich die Investoren treffen, macht sich ein anderes Bild von den Exportproduktionszonen. Der sieht dort womöglich, wie sich ein Wohlstandsversprechen zu realisieren beginnt, ohne zu bemerken, dass es der Wohlstand von wenigen ist, der auf der Ausbeutung der großen Mehrheit beruht.

»Die Furcht geht um in den Zonen«, schreibt Naomi Klein. »Die Regierungen haben Furcht, ihre ausländischen Fabriken zu verlieren; die Fabriken haben Furcht, ihre Auftraggeber zu verlieren; und die Arbeiter haben Furcht, ihre unsicheren Arbeitsplätze zu verlieren.« Mit dieser Furcht der Auftragnehmer im Rücken lassen sich bequem Aufträge platzieren. »Die Unternehmen sind so sehr darauf bedacht, jegliche Verpflichtung zu vermeiden, dass sie Belegschaften kinderloser Frauen heranzüchten – ein System ungebundener Fabriken, in denen ungebundene Frauen arbeiten.«[59]

Ingeborg Wick streitet nicht ab, dass manche Frauen Arbeit unter solchen Umständen tatsächlich als Befreiung empfinden. »Viele Chinesinnen, die in einer Textilfabrik arbeiten, machen zum ersten Mal die Erfahrung, eigenes Geld zu verdienen. Sie freuen sich über die relative Freiheit, aussuchen zu können, wofür sie es ausgeben – selbst wenn es noch so wenig ist.« Doch gesellschaftliche Fortschritte habe das den Frauen bislang nicht gebracht. »Die Wachstumsstrategie der Industrie beruht auf der sozialen Diskriminierung von Frauen, und, als Konsequenz davon, auf ihrer Bereitschaft, schlecht bezahlte Arbeit unter schlechten Bedingungen anzunehmen. Kein Wunder also, dass der Anstieg der Frauenarbeitsplätze weder ein höheres soziales Ansehen noch mehr Autonomie gebracht hat.«[60] Eher sei das Gegenteil eingetreten: In den letzten 15 Jahren und erst recht nach dem Ende des Welttextilabkommens habe sich der Wettbewerb verschärft. Zu diesem Ergebnis kommt auch eine Studie des Weltgewerkschaftsbundes ICFTU: Der unfaire Wettbewerb Chinas habe Hunderttausende Arbeitsplätze in den übrigen Textilländern vernichtet und ein *race to the bottom* eingeleitet, was Arbeiterrechte und Arbeitsbedingungen angehe.[61]

»Seit die Quoten weggefallen sind, sind die Einkaufspraktiken der Unternehmen, was Preise und Lieferfristen anlangt, eher noch schlechter geworden«, sagt Ingeborg Wick. »Den Lieferanten ist es deshalb nicht möglich, die Sozialstandards einzuhalten, die die Multis eigentlich von ihnen verlangen.« Die Auftraggeber sind der ökonomisch stärkste Part in der Produktionskette, deshalb, fordert Wick, müssen sie die Hauptverantwortung für die Einhaltung der Arbeitsschutz- und Sozialstandards bei ihren Lieferanten und auch bei den Subunternehmern übernehmen. *Seit den Protesten und Kampagnen der Neunzigerjahre haben sich zahlreiche Textilunternehmen Verhaltenskodizes gegeben.* Die meisten Firmen kontrollieren, ob ihre Lieferanten diese Kodizes auch einhalten. Oft übernehmen Mitarbeiter des Unternehmens selbst diese Kontrollen, aber sie sprechen nur selten alleine mit den Arbeiterinnen, sodass die sich auch trauen würden, auf Missstände hinzuweisen. Solange die Einhaltung dieser Standards aber nicht wirksam und unabhängig überwacht wird und solange die Auftraggeber ihren Produzenten nicht so viel Geld zahlen, dass sie die Anforderungen erfüllen können, sind diese Kodizes nicht mehr wert als ein Zettel am Kühlschrank mit der Aufschrift »Abends keine Schokolade essen!«. Als guter Vorsatz macht er sich gut, aber verbindlich ist er nicht.

Klaus Werner und Hans Weiss glauben sogar, dass diese Verhaltenskodizes die Arbeitsbedingungen in den Textilfabriken sogar noch verschlechtert haben. Im *Schwarzbuch Markenfirmen* zitieren sie die thailändische Soziologin und Menschenrechtsaktivistin Junya Yimprasert: »Ein Konzern, der Standards verlangt, aber das Geld dafür nicht bezahlt, der stiehlt dieses Geld direkt vom Arbeiter.«[62] Die Verhaltenskodizes dienten nur der Werbung, und die Arbeiterinnen litten noch mehr als vorher. Zu einem ähnlichen Ergebnis kommt auch die Studie *Quick fix*, für die das CCC und seine Partnerorganisationen 670 Arbeiterinnen in 40 Fabriken befragt haben.[63] Richtig wirksam wären die Standards vermutlich erst dann, wenn ihre Nichteinhaltung so bestraft würde, dass dem Unternehmen finanzielle Einbußen entstünden.

Immerhin gibt es heute bereits ein paar unabhängige Prüfungseinrichtungen, die die Einhaltung der Standards überwachen. Das ist ein erster Schritt auf dem Wege zu anständigen Arbeitsbedingungen. Der zweite Schritt wären existenzsichernde Löhne. Die meisten Textilunternehmen zahlen nur die gesetzlich vorgeschriebenen Mindestlöhne der jeweiligen Länder, die aber nicht zum Leben reichen. Angesichts der enormen Gewinne, die die deutschen Sport- und Textilunternehmen machen, ist das nicht hinnehmbar.

Verantwortungsverweigerung – bei Unternehmern und Konsumenten

Und was haben wir diese Sachen gemocht! In den Achtzigerjahren war ich eine begeisterte 800-Meter-Läuferin, und ebenso cool wie ein Sieg bei den Westfälischen Meisterschaften war für uns Leichtathletikmädchen ein Vertrag mit Nike. Den bekamen besonders gute Läuferinnen, und meine größte Konkurrentin hatte einen, und so trug sie schon im Herbst, was ich frühestens im nächsten Frühjahr kaufen konnte. Enge Glanzhosen waren das in den späten Achtzigern, und die schicksten von Nike waren die mit dem Farbstreifen, der muskelbetonend den Oberschenkel von außen nach innen hinunterlief. Auf meiner Schulmappe klebte damals ein Sticker mit der Erreichbarkeits-Philosophie der Firma Nike, und wie gut gefiel mir dieses *Just do it!*. Ich weiß nicht, was ich gedacht hätte, wenn ich in der Zeit meiner großen Markenbegeisterung gelesen hätte, wie diese Hosen hergestellt werden. Kognitive Dissonanz nennen Psychologen das widersprüchliche Gefühl, wenn man sich eingestehen muss, dass nicht gut ist, was man gut findet. Aber vielleicht hätte es für Protest gereicht.

Christiane Schnura, die unermüdlich in Fußgängerzonen und

Klassenzimmern über die Herstellungsbedingungen von Textilien und Sportartikeln aufklärt, weiß, welch »ausgeprägtes Gerechtigkeitsempfinden« junge Leute haben. Die meisten Schüler wüssten zwar wenig über Textilien. »Doch wenn sie von den Ungerechtigkeiten in der Textilbranche erfahren, sind sie oft sehr sehr empört und wollen das ändern«, erzählt sie. *Die Jugendlichen haben noch nicht die Schere im Kopf, mit der Erwachsene Unrechtserfahrungen wegrationalisieren.* Daher ist es wichtig, Fächer wie Warenkunde und globales Lernen in den Schulunterricht einzuführen, damit die Schüler lernen, wo und wie welche Produkte hergestellt werden. Erwachsene hingegen reagieren oft resigniert oder zynisch und sagen: »Ja, schlimm, aber man kann ja eh nichts machen!« Oder: »Die Unternehmen müssen doch Gewinne machen.« Als würde das die Zustände auf den Baumwollfeldern und in den Textilfabriken rechtfertigen.

Das Verrückte aber ist: Es gibt eigentlich keine Notwendigkeit für diese Not. Man kann gerade nicht argumentieren, dass es unbezahlbar wäre, die Näherinnen, die für uns arbeiten, angemessen zu entlohnen. *Denn der Anteil der Lohnkosten am Ladenpreis ist so gering, dass selbst auf eine Vervierfachung des Lohns kein Verkaufseinbruch folgen würde, schon gar nicht bei den teuren Markenprodukten.* Die Clean Clothes Campaign hat vor Jahren errechnet, dass die Lohnkosten für einen 100-Euro-Schuh damals bei 50 Cent lagen, Puma geht aktuell von 1,5 bis zwei Prozent des Ladenpreises aus.[64] Ich kann mir kaum jemanden vorstellen, der nicht bereit wäre, ein bis zwei Euro mehr zu zahlen, wenn er beim Turnschuhkaufen informiert würde, warum das nötig ist.

Die Tageszeitung *taz* hat eine ähnliche Rechnung für die Baumwollpreise aufgestellt: Zum Beginn des Welthandelsgipfels in Hongkong im Dezember 2005 druckte sie ein schwarzes T-Shirt auf die Titelseite. Es trug die Aufschrift: »In der Dritten Welt stehen Baumwollbauern vor dem Ruin. Die Erste Welt drückt die Preise mit Subventionen. Was ein 10-Euro-Hemd kosten muss, damit Afrikas Bauern existieren können.« Die Antwort war:

10 Euro und drei Cent.[65] Drei Cent! »Faire Erzeugerpreise wirken sich auf den Preis im Laden kaum aus«, bestätigt Rolf Heimann vom Naturtextilienhersteller Hess Natur. Das Versandhaus lässt eigene Biobaumwolle in Burkina Faso anbauen und zahlt den Bauern zusätzlich zu den regionalen Preisen 20 Prozent Bioprämie und 20 Prozent Fairtrade-Zuschlag. »Für ein Kilo Baumwollrohfaser zahlen wir 1,80 Euro, und für ein T-Shirt braucht man etwa 150 Gramm Baumwolle.« Das macht rund 27 Cent pro T-Shirt. Die Anteile der Rohstoffe und der Lohnkosten am fertigen T-Shirt sind also so gering, dass faire Preise und Löhne kaum ins Gewicht fallen. Warum also zahlen die anderen Betriebe nicht mehr? Was ist das für ein merkwürdiges System, das sich auf so brutale Weise Vernunft und Moral entzieht? Die Antwort ist einfach: Es widerspricht der Marktlogik, auch nur einen Cent mehr zu bezahlen als unbedingt nötig.

Die *Frankfurter Rundschau* hat einmal beschrieben, wie diese Marktlogik bei der Auftragsvergabe für Textilien funktioniert: Große Einkäufer wie KarstadtQuelle (inzwischen in Arcandor umbenannt) versteigern einen Teil ihrer Aufträge im Internet, wobei die möglichen Zulieferer »in einem gnadenlosen Wettbewerb« gegeneinander antreten. Abschläge bis zu 15 Prozent seien auf diese Weise herauszuholen. »Je enger die Margen für die Unternehmen ausfallen, desto geringer wird der Spielraum für Löhne. Das wissen auch Karstadt-Einkäufer, doch es treibt sie jetzt nicht um«, schrieb die *FR* lakonisch.[66]

»Die Praxis der Internetversteigerung von Aufträgen hat sich etabliert«, bestätigt der KarstadtQuelle-Sprecher Martin Schleinhege auf meine Frage im Frühjahr 2006, und der Spareffekt scheint sich auch erhalten zu haben. »Zwischen zehn und zwanzig Prozent kann man – je nach Produkt und Branche – bei Versteigerungen einsparen.« Auf die Kritik der Journalisten aber ist Schleinhege nicht gut zu sprechen: »Da wird viel zu sehr gewertet«, sagt er. »Wir haben heute Weltmärkte, auf denen wir folgerichtig unsere Waren beschaffen. Das müssen wir tun, um wettbewerbsfähig zu sein.«[67]

Dies ist die Standardargumentation der Unternehmen: Es gibt den Weltmarkt, es gibt weltweite Konkurrenz, also müssen wir billiger sein. Aus der bloßen Existenz der Märkte leiten sie den Zwang zur Preisführerschaft ab. Das fordert die Logik des Marktes, sagen sie, und der muss man folgen, ob man will oder nicht. Diese Folgsamkeit erwarten sie offensichtlich auch von Journalisten: Hätte der Autor des *FR*-Artikels die Sachzwänge verstanden, hätte er die Praxis der Auftragsversteigerungen nicht bewerten dürfen. Denn dann hätte er gesehen, dass es gar nicht anders geht.

Aber was ist das für eine Einstellung? Das Ende der Aufklärung in der Zeit der Marktdominanz: Wenn alle Fragen nach den Folgen des Handelns in der Logik von ökonomischen Sachzwängen erstickt werden, wirkt das wie ein Denkverbot. Man soll nicht fragen, was wünschenswert wäre, weil es keine Alternative gibt. Die Frage, wie eine Textilarbeiterin, die meine Kleidung näht, behandelt werden soll, darf nicht gestellt werden, weil ihre Behandlung eine Folge von Marktzwängen ist. Daraus folgt in letzter Konsequenz, dass man jeden politischen und gesellschaftlichen Gestaltungsanspruch aufgeben soll.

Der KarstadtQuelle-Sprecher hat noch einen Satz angehängt. »Bei uns entscheiden die Kunden, ob der Preis angemessen ist«, hat er gesagt. Doch genau das tun sie eben nicht, weil sie im Regelfall nicht wissen, wie sich dieser Preis zusammensetzt, ob alle an der Herstellung Beteiligten bezahlt wurden und ob dabei ökologische Schäden verursacht wurden. Der Kunde entscheidet, ob er kauft oder nicht, aber er hat keine Chance, über die Angemessenheit des Preises zu entscheiden. Diejenigen Kunden, die bereit wären, zehn Cent für den Baumwollbauern und zehn Cent für die Textilarbeiterin auf den Preis draufzulegen, haben keine Möglichkeit, das zu tun. In anderen Branchen ist man da weiter (vgl. Fünftes Kapitel).

Selbst in Unternehmen, die in ökologischer oder sozialer Hinsicht als Vorreiter gelten, ist die Erkenntnis erst langsam gewachsen, dass sie als Auftraggeber auch für die Beschäftigten ihrer Zulieferbetriebe verantwortlich sind. »Seit den Sechzigerjahren kauft der Otto-Versand Textilien in Asien, zunächst in Hongkong und Singapur. Der Grund dafür waren die niedrigen Produktionskosten«, berichtet Johannes Merck, der Direktor für Umwelt- und Gesellschaftspolitik der Otto Group. »Als wir Anfang der Neunzigerjahre mit dem Vorwurf unzulänglicher Sozialstandards bei unseren Lieferanten konfrontiert wurden und Vertreter von Menschenrechtsorganisationen forderten, es sei auch eine Aufgabe des Handels, dafür zu sorgen, dass in Indien zum Beispiel keine Kinder arbeiten, war ich zunächst sehr irritiert. Ich war der Meinung, das sei vielmehr die Aufgabe der UNO.« Diese Erkenntnis musste erst wachsen, meint Merck, genauso wie in anderen Branchen auch. Es gäbe jetzt »eine neue Bewusstseinslage« in der Wirtschaft. »Das heißt nicht, dass die Manager früher schlechtere Menschen waren, sondern sie haben keine Impulse aus der Gesellschaft bekommen, sich mit diesen Problemen auseinanderzusetzen.« Offenbar reichen die Impulse aber immer noch nicht aus: Sonst hätte der Fotograf des Magazins *Stern* keine Kindersklaven in einem indischen Zuliefererbetrieb der Otto-Gruppe gefunden (Heft Nr. 6/2007).

Wenn man Geschäftsleute wie Merck reden hört, versteht man, was das große Problem des Welthandels ist: Erst lange nach der wirtschaftlichen Globalisierung folgte auch die geistige, wenn sie nicht bis heute ausgeblieben ist. Oder einem Gedankengang des Philosophen Günther Anders folgend: Die Manager sind ihrer eigenen Produktionsweise und deren Folgen phantasie- und gefühlsmäßig nicht gewachsen.[68]

Aus heutiger Sicht erscheint diese Verantwortungsverweigerung ganz unglaublich: Zu viel hat man in den letzten Jahren über die Zustände in den Sweatshops, den ausbeuterischen Fabriken der Billiglohnländer, gehört, gelesen und gesehen, als dass man sich vorstellen könnte, dass damals wirklich niemand in den Unternehmen einen Gedanken an die Näherinnen in den Fabriken verschwendet hat. Doch die unternehmerische Verantwortungsverweigerung ist auch ein Spiegelbild der Verantwortungsverweigerung vieler Konsumenten. Es ist völlig klar, dass man mit den Preisen, die man für ein Produkt zahlt, die Herstellungsbedingungen beeinflusst. Das gilt für den Textileinkäufer eines Handelsunternehmens aber ebenso wie für den Kunden im Laden. Offensichtlich müssen beide erst einmal auf diesen Zusammenhang gestoßen werden. Dann aber ist das Unternehmen dran. Es muss seinen Kunden die Möglichkeit schaffen, einen fairen Preis zu bezahlen.

Selbst beim Versandhaus Hess Natur, dem Vorzeigeunternehmen für Naturtextilien, war die Wahrnehmung dieser Verantwortung nicht selbstverständlich. »Uns hat erst die CCC darauf gebracht. Die haben bei uns angeklopft und gesagt: Ihr habt Ökostandards, und die lasst ihr selbstverständlich überprüfen. Sozialstandards habt ihr auch, bloß da gebt ihr euch mit einer Unterschrift zufrieden?«, erzählt Rolf Heimann, der bei Hess Natur den Bereich Ökologie und Innovation leitet. »Im ersten Moment waren wir entsetzt. Es war ein solcher Riesenakt zu überprüfen, dass alle unsere Hersteller die ökologischen Anforderungen auch erfüllen, und sie anschließend zertifizieren zu lassen. Als wir dann begriffen, dass wir diesen ganzen Aufwand jetzt auch noch für die Sozialstandards betreiben mussten, sind wir erst einmal ins Koma gefallen.« Man habe das Thema ein bisschen vernachlässigt, gibt Rolf Heimann heute zu, vielleicht, weil die Manager die meisten der 150 Produktionsstätten selbst besucht hätten und enge und langfristige Beziehungen zu den Lieferanten pflegten. »Als Naturtextilienhersteller brauchen wir in der Regel zwei Saisons, um einen neuen Betrieb auf unseren Standard zu bringen«, sagt Heimann. »Wegen 10 Cent würden wir nicht den Zulieferer wechseln, das wäre unsinnig.«

Dennoch nahm man bei Hess Natur die Vorwürfe der Clean Clothes Campaign ernst. Vor drei Jahren startete der Versand ein Pilotprojekt und ist heute Mitglied der Fair Wear Foundation, die regionale Auditoren ausbildet, die in ihren jeweiligen Ländern die Arbeitsbedingungen in den Zuliefererbetrieben überprüfen. Damit ist Hess Natur der einzige deutsche Betrieb, der die Anforderungen der CCC erfüllt, und eine große Ausnahme unter den Textilunternehmen, die nach wie vor das weltweite Lohn- und Rechtsgefälle ausnutzen, um gute Geschäfte zu machen.

Der Firmengründer Heinz Hess hat seine Firma im Jahr 2001 an den KarstadtQuelle-Konzern (heute Arcandor) verkauft. Doch im Mutterkonzern ist man, was Arbeitsrechte angeht, noch nicht ganz so weit. »Wir teilen unseren Lieferanten mit, dass wir keine Kinderarbeit wünschen«, sagt der Unternehmenssprecher Martin Schleinhege und nimmt mir die Nachfrage, ob wünschen ausreichend sei, gleich übel. Auf solche Diskussionen habe er keine Lust. »Wenn wir das wünschen, dann heißt das, dass das auch so ist.« Und wie das überprüft wird? »KarstadtQuelle hat in den Produktionsländern eigene Büros, die die Lieferbetriebe auch unangemeldet überprüfen.«[69]

Die Weichenstellung – kurzer historischer Rückblick

Vor hundertfünfzig bis zweihundert Jahren hat es ähnlich ausbeuterische Verhältnisse wie heute in der globalisierten Textilindustrie schon einmal gegeben, in der Zeit der Industrialisierung, als die Pioniere des Kapitalismus die ersten Fabriken bauen ließen und ihren Traum vom großen Geld im freien Handel zu realisieren begannen. Auch damals schufteten die Verlierer dieser Entwicklung – die Arbeiter der neu entstehenden Unterschicht, darunter viele Frauen und Kinder – unter unerträglichen Umständen. Ganze Bevölkerungsgruppen verelendeten, und das wurde bald zu einem politischen Thema. Soziale Frage nannte man das damals. Die Arbeiter organisierten sich und zwangen die konservativen Politiker, diese Ausbeutung wahrzunehmen und zu stoppen. Über das Leid der Mädchen an den Spinnmaschinen und der kleinen Jungen in den Kohlegruben im frühen 19. Jahrhundert habe ich viel im Geschichtsunterricht gelernt, und auch über die erste Sozialgesetzgebung und wie der Raubtier-Kapitalismus der frühen Industrialisierungsjahre schließlich gezähmt wurde. Dass aber, während ich über die ausbeuterischen Arbeitsverhältnisse in der Vergangenheit unterrichtet wurde, ebensolche Verhältnisse am anderen Ende der Welt neu geschaffen wurden – und zwar auch deshalb, weil ich jeden Sommer neue T-Shirts kaufte –, habe ich damals nicht erfahren. Weder in der Schule noch anderswo.

Wie aber konnte sich das wiederholen? Wie konnte es geschehen, dass sich – wenn nicht vor den Augen der Weltöffentlichkeit, so doch vor den Augen der Experten – die Geschichte der millionenfachen Ausbeutung in noch größerem Rahmen wiederholte und jahrzehntelang niemand von den Verantwortlichen daran Anstoß nahm?

In den Sechziger-, Siebzigerjahren begannen Unternehmen aus den Industrieländern, Textilien aus Billiglohnländern zu importieren. Weil die Herstellung von Textilien nicht völlig zu mechanisieren ist, lohnte sich der Einsatz billiger Arbeitskräfte in fernen Ländern. Und der Transport der Waren war günstig. Die Auslagerung der Produktion war so attraktiv, dass in den Hochlohnländern selbst immer weniger Textilien hergestellt wurden. Zwar galten damals noch das protektionistische Welttextilabkommen und weitere ziemlich komplizierte Quotenregelungen, die die Einfuhr von Textilien aus Billiglohnländern begrenzten. Doch das änderte nur wenig an der Auslagerung der Produktion. In den folgenden Jahrzehnten wurde die *Doktrin des freien Welthandels* in einer Reihe von internationalen Abkommen verankert, wobei man alle Erfahrungen aus der regellosen Zeit der Industrialisierung unter den Tisch fallen ließ. Der Freihandel selbst werde den Massen der Armen das Glück bringen, das wiederholten Ökonomen, Politiker und Manager so lange, bis es selbst die Opfer dieses weitgehend ungeregelten Handels glaubten. Immerhin wurde bei den Verhandlungen zur Gründung der Welthandelsorganisation WTO über eine Sozialklausel zumindest debattiert. Sie wurde aber ausgerechnet von vielen Entwicklungsländern zurückgewiesen, denn sie fürchteten, die Industrieländer könnten nicht eingehaltene Sozialstandards als Vorwand für neuen Protektionismus missbrauchen.

Auch bei der WTO-Konferenz 1996 in Singapur kam das Thema auf den Tisch. »Dort gab es eine unheilige Allianz zwischen den Eliten der meisten Entwicklungsländer und den Regierungen einiger wichtiger Industrieländer, die auf keinen Fall wollten, dass soziale Standards in der WTO und generell in internationalen Handelsverträgen verankert werden«, sagt Rainer Falk, der für das Forum Umwelt & Entwicklung[70] bei den Verhandlungen dabei war. »Die Gewerkschaften, aber auch einige Regierungen, darunter die USA unter Clinton, argumentierten, dass Sozialstandards im Regelwerk der WTO festgeschrieben werden müssten, weil die WTO eine der wenigen Organisationen weltweit war, die die Macht hätte, sie auch durchzusetzen.« Die WTO verfügt über eine Art Gerichtshof und kann Sanktionen verhängen. Bei den Nichtregierungsorganisationen (NGOs) aber ist das nach wie vor umstritten: Viele halten die WTO für völlig ungeeignet, die Einhaltung von Standards zu kontrollieren. Wie soll ausgerechnet eine Organisation, die keine höheren Werte als die Freiheit des Handels kennt, für soziale Gerechtigkeit sorgen? Andere halten die faktische Machtlosigkeit aller übrigen Organisationen dagegen: Was nützt es, wenn fast alle Länder die sozialen Mindeststandards der Internationalen Arbeitsorganisation ILO ratifiziert haben, sich aber niemand daran hält? Und was nützt es, wenn die ILO als Unterorganisation der UNO zwar eine hohe Glaubwürdigkeit besitzt, aber über keinerlei Mittel verfügt, die Einhaltung dieser Standards durchzusetzen? So sind die ILO-Mindeststandards schön formuliert, aber wertlos. Der UNO-Sonderberichterstatter Jean Ziegler hat oft erklärt, dass die wirtschaftliche Globalisierung die Durchsetzung der Menschenrechte schwächt: Die internationalen Handelsabkommen ließen die Souveränitätsbefugnisse der Staaten wie Schnee in der Sonne schmelzen, prangert Ziegler in seinem Buch *Das Imperium der Schande* an. Und es gibt keinen Gerichtshof der Menschenrechte auf weltweiter Ebene.[71]

Das Ganze ist wie ein Fußballspiel ohne Schiedsrichter: Es gibt zwar Regeln, doch ihre Einhaltung wird nicht kontrolliert. Wie aber ist es möglich, dass etwas, was im Sport gelingt, nämlich Regeln aufzustellen und einen Schiedsrichter auf den Platz zu stellen, der dafür sorgt, dass sie eingehalten werden, in der so viel lebenswichtigeren Sphäre der Wirtschaft scheinbar unmöglich ist? Es müsste jedem klar sein, dass Handel nicht ausschließlich unter ökonomischen Aspekten gesehen werden kann. Sozialklauseln müssten in den Verträgen der WTO verankert und von der ILO überwacht werden. Dazu bräuchte man weltweit gültige Sanktionsmöglichkeiten. Solange es die nicht gibt, bleibt öffentlicher Druck die einzige Möglichkeit, etwas zu verändern. So absurd das klingt: Solange die UNO und ihre Unterorganisationen machtlos sind und die Staaten ebenso, müssen die Konsumenten die Menschenrechte durchsetzen.

Die neuen Möglichkeiten eines durch keinerlei Mindestanforderungen begrenzten Welthandels haben die Entstehung der Sweatshops überhaupt erst möglich gemacht. Aber zur gleichen Zeit hat sich noch etwas verändert: das Selbstverständnis der Unternehmen. Ihre Arbeit besteht nicht mehr in der Herstellung von Produkten, sondern in der Vermarktung von Marken und Images. Naomi Klein hat diese Veränderung als »Entwertung der Produktion im Zeitalter der Supermarke« bezeichnet.[72] Keiner hat das so deutlich auf den Punkt gebracht wie der frühere Nike-Chef Phil Knight: »Es liegt kein Wert mehr in der Herstellung von Dingen. Der Wert kommt erst durch sorgfältige Forschung, durch Innovation und durch Marketing hinzu.«[73] Die Produktion schien für Knight nur noch eine »langweilige, nebensächliche Aufgabe zu sein. Dieser langsame, aber entscheidende Prioritätenwechsel hat die nicht-virtuellen Produzenten von gestern – die Fabrikarbeiter und Handwerker – in eine unangenehme Lage gebracht. Mit den gigantischen Ausgaben für Marketing, Fusionen und Markenerweiterungen in den Neunzigerjahren ging ein historisch beispielloser Widerwille einher, in Produktionseinrichtungen zu investieren. Konzerne, die sich traditionell mit einem Preisaufschlag von 100 Prozent zwischen Fabrikpreis und Einzelhandel begnügten, suchen nun den ganzen Erdball nach Fabriken ab, die ihre Produkte so preiswert herstellen, dass der Preisaufschlag fast 400 Prozent betragen kann.«[74] Und damit wurde nicht nur der Produktionsprozess abgewertet, sondern die Menschen, die diese produktive Arbeit leisten, gleich mit. Und noch etwas ist dabei verloren gegangen: »die altmodische Idee, dass ein Hersteller für seine Arbeitskräfte verantwortlich ist.«[75]

Das scheint der entscheidende Punkt zu sein: Die neue Weltwirtschaftsordnung des globalisierten Freihandels erlaubt es den Unternehmen, die weltweite Arbeitsteilung zu nutzen, ohne sich einer weltweiten Verantwortung zu stellen. Ebenso wie die Konsumenten lange von dieser weltweiten Arbeitsteilung profitiert haben, ohne sich darum zu kümmern, was eine solche Arbeitsteilung dort anrichtet, wo für sie – die Konsumenten der reichen Länder – gearbeitet wird. Doch das hat sich in den letzten zehn Jahren geändert.

Der Widerstand wächst

Mitte der Neunzigerjahre drangen Konzernkritiker, Gewerkschafter und Aktivisten mit ihren Berichten über die Zustände in den Sweatshops an die Öffentlichkeit. Sie brachten nichts Neues oder Schlimmeres ans Licht als in den Jahren zuvor, doch plötzlich empörten sich die Konsumenten, vor allem in Nordamerika. Als die Zeitschrift *Life* im Juni 1996 einen Bericht über die pakistanischen Kinder veröffentlichte, die für 6 Cent pro Stunde Fußbälle für Nike und viele andere Firmen zusammennähten,[76] protestierten überall in Amerika Schüler, Lehrer und Eltern mit Plakaten vor Sportgeschäften. Schlagzeilen über die Zustände in den Sweatshops brachten es in dieser Zeit auf die Titelseiten wichtiger amerikanischer Tageszeitungen und in die

Fernsehnachrichten. Die Proteste richteten sich vor allem gegen die großen Markenhersteller, und der Zorn der empörten Nike-Käufer und McDonald's-Kunden erinnerte an enttäuschte Liebe. Die Verkaufsstrategie der Markenhersteller war aufgegangen und kehrte sich nun gegen die Marken selbst: Die Käufer waren Fans geworden, sie hatten nicht allein einen Turnschuh oder eine warme Mahlzeit, sondern gleich ein ganzes Lebensgefühl gekauft und waren deshalb umso enttäuschter, als sich dieses Image als schöner Schein entpuppte.

Im Januar 2001 schrieb der amerikanische Student Jonah Peretti eine Protest-E-Mail an den Sportartikelhersteller Nike und wurde damit, ohne es beabsichtigt zu haben, zu einer der bekanntesten Figuren der amerikanischen Anti-Sweatshop-Bewegung. Eigentlich hatte Peretti zu dieser Zeit seine Masterarbeit am Media Lab des berühmten Massachusetts Institute of Technology im Kopf und keine Ahnung davon, dass sein Name wenige Monate später in den Medien kursieren würde, dass ihn die *NBC Today Show* um einen Auftritt bitten würde und *The Guardian*, *Time*, *La Repubblica* und die deutsche *Jungle World* ihn interviewen wollten. Und das alles wegen ein paar E-Mails, die er geschrieben hatte.

Nike hatte seinen Kunden ein neues Angebot gemacht: Im Internet konnte man sich Schuhe und Kleidung mit persönlichem Schriftzug bestellen. »Du gestaltest. Wir fertigen an. Konfiguriere und kaufe passend zu deinem persönlichen Stil«, so wirbt Nike – sprachlich etwas ungelenk – auf den deutschen Seiten. Man kann sich dort einen »Nike ID Spind« als virtuellen Speicherplatz für eigene Designentwürfe einrichten, wie in einem Malbuch für Kinder Taschen oder Schuhe Fläche für Fläche kolorieren und anschließend »die Ferse links oder rechts mit bis zu acht Zeichen personalisieren«. Im Januar 2001 müssen noch mehr Zeichen möglich gewesen sein, denn Jonah Peretti bestellte sich das Wort *sweatshop* als Schriftzug für seine Schuhe. »Ich bat Nike um Hilfe beim Protest gegen die eigenen Arbeitsbedingungen. Mein Ziel war es, die Publicity-Maschine von Nike gegen sich selbst zu richten«, erklärt Jonah Peretti.[77] Ihn ärgerte, wie Nike das Angebot an die Kunden, sich eine eigene Lifestyle-Identität durch Turnschuhe zu erschaffen, als große Freiheit zelebrierte. Denn im Grunde war der Entwurf eines Nike ID-Schuhs ja bloß eine Arbeitsanweisung an schlecht bezahlte Näherinnen in Entwicklungsländern. Deshalb wünschte sich Jonah Peretti einen Schuh mit der Aufschrift *sweatshop*.

Jonah Peretti bekam eine automatisch generierte Antwort: »Ihre Personal ID wurde aus einem oder mehreren der folgenden Gründe abgelehnt«, stand in der Standardantwort. Sein gewünschter Schriftzug enthalte erstens eine Urheberrechtsverletzung, zweitens den Namen eines Athleten, drittens ein leeres Feld (ob er vielleicht keine Personalisierung wolle?) und viertens einen Fluch oder unangemessenen Slang, den seine Mutter der Firma *Nike* übelnehmen werde. »Aber wenn Sie Ihr Personal-ID-Produkt mit einer neuen Personalisierung noch einmal bestellen möchten, besuchen Sie uns doch wieder auf www.nike.com.« Peretti schrieb zurück, *sweatshop* sei weder ein Marken- noch Athletenname, auch kein leeres Feld oder ein Fluch, und ob Nike ihm die Schuhe bitte sofort zusenden könnte. Inzwischen hatte Nike sich entschieden, *sweatshop* sei unangemessener Slang, was Jonah Peretti mit einem Auszug aus dem Webster's Dictionary widerlegte. Den Begriff gebe es seit 1892 als Ausdruck für Läden oder Fabriken, in denen Arbeiter lange, schlecht bezahlt und unter ungesunden Bedingungen schuften müssten. Aber er, Peretti, teile Nikes Liebe zur Freiheit, und er sei begeistert von der Idee, sich eigene Turnschuhe gestalten zu können. Der persönliche Schriftzug sei als Würdigung der *sweatshop*-Arbeiter gedacht, die ihm dabei hülfen, seine Vision zu verwirklichen. Deshalb hoffe er, Nike werde sein Recht auf freie Meinungsäußerung zu schätzen wissen. Was das Unternehmen aber nicht tat: Nike behalte sich vor, jede Personal ID-Bestellung innerhalb von 24 Stunden abzulehnen. »Aber wenn Sie Ihr Personal-ID-Produkt mit einer neuen Personalisierung noch einmal bestellen möchten, besuchen Sie uns doch wieder auf www.nike.com.«

In seiner letzten Mail bedankte sich Jonah Peretti höflich für die Zeit und Energie, die Nike seiner Anfrage gewidmet habe. Er habe es sich überlegt und werde sich einen anderen Schriftzug aussuchen, nur eine kleine Bitte habe er noch: »Könnten Sie mir einen Schnappschuss des zehnjährigen vietnamesischen Mädchens schicken, das meine Schuhe näht?« Diese Mail blieb ohne Antwort.

Jonah Peretti fand das alles amüsant und schickte die Mails an ein paar Freunde, die sie ihrerseits weiterleiteten, ohne zu ahnen, dass sich die Nike-Sweatshop-Mail »wie ein Virus auf der ganzen Welt« ausbreiten würde. In den folgenden drei Monaten erhielt Peretti über 3600 Mails mit Nachfragen, Ermutigungen und Beschimpfungen. Vermutlich haben über elf Millionen Menschen den Mail-Austausch gelesen. Noch immer sei er erstaunt, wie das passiert ist, schrieb Jonah Peretti 2004. Für einen kleinen Augenblick hatte er sich als politischer Konsument betätigt, ohne zu ahnen, dass er damit den schlafenden Riesen wecken würde.

Lance W. Bennett, der an der Universität Washington Politikwissenschaft lehrt, hält die Nike-Sweatshops-Mails für einen Beleg für den Aufstieg der *global citizenship*, der weltweiten Vernetzung von Bürgern und Gruppen, die mit Kampagnen und anderen Mitteln die öffentliche Verantwortung von Unternehmen einklagen. Die Mails zeigen, warum die neuen Formen des Konsumaktivismus so gut funktionieren, weil sie nämlich unterhalb der Aufmerksamkeitsschwelle ihrer Gegner groß werden und deren Radar gewissermaßen unterlaufen. *Under the radar*-Qualität nennt Lance W. Bennett das. Und von da aus, aus den privaten Mailboxen, den Blogs und Webzines schafften es Recherchen und Aktionen wie die von Jonah Peretti immer öfter in die Massenmedien.[78]

Die E-Mail-Lawine hat nicht erreicht, dass Nike seine Sweatshops schließt und den Arbeiterinnen zahlt, was sie in den vergangenen Jahren zu wenig bekommen haben. Doch wenn man Wirksamkeit in viele kleine Schritte aufteilt, argumentiert Jonah

Peretti zwei Jahre nach seinem E-Mail-Wechsel mit Nike, dann sieht man, dass eine neue Sicht auf die Dinge in der Öffentlichkeit oft der erste Schritt für Änderungen in der Politik der Unternehmen und Regierungen ist.[79] Ein erster Schritt für Änderungen – nach so viel Protest gegen so unerträgliche Zustände –, das ist bestimmt kein ganz großer Erfolg. Aber eine ganze Denk- und Wirtschaftsweise ändert man eben nicht mit ein paar spektakulären Demonstrationen, sondern mit anhaltendem Konsumentendruck. Nur die drohende Kaufverweigerung zwingt die Unternehmen zum Handeln. »Noch vor sieben, acht Jahren haben sie unsere Arbeit belächelt«, sagt die Kampagnerin Christiane Schnura. »Das ist nicht mehr möglich. Sie wissen ganz genau, dass jede Arbeitsrechtsverletzung in ihren Zulieferbetrieben, die uns zur Kenntnis kommt, ihr Image verletzen kann. Sie müssen mit uns in den öffentlichen Dialog treten.«

Dieser Schritt ist erreicht, ein Anfang immerhin: *Die Unternehmen haben sich Verhaltenskodizes gegeben, und sie reagieren auf Vorwürfe. Wenn die weltweiten Partnerorganisationen der Clean Clothes Campaign von besonders gravierenden Arbeitsrechtsverletzungen in den Textilfabriken berichten, konfrontieren die jeweiligen Länderbüros der CCC damit die Auftraggeber und informieren gleichzeitig die Medien.* »Im Moment verfolgen die Unternehmen die Strategie der Einzelfallbehandlung«, kritisiert Evelyn Bahn. »Wenn wir mit einem Fall von Arbeitsrechtsverletzung kommen, geben sie sich alle Mühe, diesen Fall zu lösen. Doch das ist erst eine Phase, in der wir hinterherhecheln, keine langfristige Lösung. Es muss sich strukturell ändern.«

Der nächste Schritt: Die Unternehmen müssen von unabhängigen Institutionen überprüfen lassen, ob ihre Lieferanten die Sozialstandards einhalten. Wenn ein Manager ab und zu vorbeischaut und den Chef fragt, ob in der Fabrik alles in Ordnung ist, reicht das nicht aus. Und die Unternehmen müssen Löhne zahlen, von denen die Arbeiter auch leben können. Diese Forderung erfüllt keines der großen deutschen Unternehmen, und so lange sich die Einkaufspraktiken – viel Ware für möglichst wenig Geld in möglichst kurzer Zeit – nicht grundsätzlich ändern, wird es damit wohl auch nichts werden. Nur bei sehr wenigen Herstellern kann man sicher sein, Kleidung zu finden, deren Produktion ökologisch und sozial verantwortlich ablief. Doch immerhin haben einige Unternehmen mit Verbesserungen begonnen.

Das Versandhaus Otto etwa nahm Mitte der Neunzigerjahre Produkte aus Biobaumwolle in seinen Katalog und entwickelte dafür ein eigenes Label mit dem Namen *pure ware*. »Wir mussten aber bald einsehen, dass unsere Kunden das nicht honorieren«, resümiert Johannes Merck von Otto. »Ökoschick wird nicht nachgefragt, und Zusatzkosten für Umweltqualität sind im Massenmarkt damals wie heute nicht durchsetzbar.« Nun verfolgt Otto eine neue Strategie: Das Thema Umwelt soll nicht länger modisch umgesetzt werden, sondern umgekehrt: Mode soll umweltverträglich gemacht werden, und die verantwortungsbewusst erzeugten Produkte sollen »preisneutral« angeboten werden. Das Label *pure ware* ist nicht dominant, aber der Kunde erfährt auf einem angehängten Schildchen, warum die Ware besondere Qualität hat. Denn Otto habe die Erfahrung gemacht, dass viele Kunden über Textilien aus Bioanbau gesagt hätten: Klasse, aber das ist nichts für mich! Sie hätten die Assoziation, Umwelt sei teuer. Otto verarbeitet heute 500 Tonnen Biobaumwolle, damit ist das Versandhaus Marktführer, und es will diesen Anteil noch weiter steigern. Das habe auch den positiven Effekt, dass durch die größere Menge der verarbeiteten Biobaumwolle die Zusatzkosten für die Verarbeitung immer geringer, die Biotextilien also immer günstiger würden. Otto hat dazu die Initiative *Cotton – made in Africa*[80] ins Leben gerufen, die – in Zusammenarbeit mit dem Entwicklungshilfeministerium, der Deutschen Welthungerhilfe, dem WWF (der größten internationalen Naturschutzorganisation) und anderen Organisationen – den Anbau von nachhaltig produzierter Baumwolle in Afrika fördert. Davon profitieren bereits 150 000 Baumwollbauern in Sambia, Benin und Burkina Faso.

Auch Reiner Hengstmann, der Global Head Environmental & Social Affairs des Sportartikelherstellers Puma, berichtet von einem unternehmensinternen Bewusstseinswandel. Als Puma das erste Mal mit Vorwürfen der Kampagne für Saubere Kleidung konfrontiert gewesen sei, habe man angefangen, Statements und Erklärungen zu verfassen, was am Ende des Tages für beide Seiten nicht zufriedenstellend gewesen sei. »So haben wir beschlossen, dass es besser ist, sich gemeinsam an einen Tisch zu setzen.«

Im Dezember 2005 startete Puma zusammen mit der CCC ein Modellprojekt: Für zunächst einmal zwölf Monate sollte ein direkter Puma-Zulieferer in El Salvador so überprüft werden, wie die CCC das von allen Textilzulieferern verlangt: Unabhängige Institutionen[81] überwachten den Betrieb und führten Gespräche mit Arbeiterinnen, um herauszufinden, ob der CCC-Kodex und der Puma-interne Code of Conduct wirklich eingehalten werden. Außerdem wurden Management und Belegschaft geschult: Sie sollten lernen, was im Verhaltenskodex festgelegt ist über Sicherheit am Arbeitsplatz, Gesundheitsfragen und das Recht auf Versammlungsfreiheit[82]. Im Juni 2006 zog die Clean Clothes Campaign eine positive Zwischenbilanz, obwohl die Gewerkschaften immer noch behindert wurden und nicht alle Arbeiter existenzsichernde Löhne bekamen. Als eine zweite Fabrik in Mexiko in das Programm aufgenommen werden sollte, verweigerte der Puma-Vorstand die höheren Kosten – damit war der Modellversuch gescheitert. »Es ist absurd, dass ein Global Player wie Puma das Projekt an einer relativ bescheidenen Summe scheitern lässt«, kritisiert Maik Pflaum von der Christlichen Initiative Romero, einer der Trägerorgansationen der Kampagne für Saubere Kleidung, der große Hoffnungen in die Zusammenarbeit mit Puma gesetzt hatte. »Der Ausstieg von Puma nährt den Verdacht einer Instrumentalisierung für Werbezwecke vor der Fußball-Weltmeisterschaft.« Wäre das Projekt gelungen, hätten die Erfahrungen aus El Salvador auf alle Lieferanten übertragen werden können.

Was tun als Konsument?

Was kann man als Konsument aber tun, solange das noch nicht der Fall ist? Ethisch korrekt Textilien zu kaufen ist komplizierter als etwa der Einkauf von Biolebensmitteln. Ein Siegel, das einem Käufer garantieren würde, dass mit der Herstellung dieses T-Shirts oder dieser Turnschuhe alles in Ordnung ist, wird gerade erst entwickelt (der Global Organic Textile Standard, vgl. S. 82). Nach mehr als zehn Jahren Anti-Sweatshop-Protesten gibt es im Herbst 2006 noch immer kein einfaches, klares und vor allem verbreitetes Zeichen, das einem den Einkauf erleichtern würde. Das hängt auch damit zusammen, dass es von der Baumwolle auf dem Feld zum fertigen Kleidungsstück viele einzelne Verarbeitungsschritte gibt, die nur mit sehr großem Aufwand kontrolliert werden können. Was die ökologischen Kriterien angeht, ist es noch relativ einfach: Auf die Angaben »100 % Biobaumwolle« oder »Baumwolle aus kontrolliert biologischem Anbau« (kbA) kann man sich verlassen, sie werden gemäß der EU-Öko-Verordnung überprüft, nach der auch die Biolebensmittel kontrolliert werden.[83] Doch was die sozialen Mindeststandards angeht, ist es schwieriger, beinahe unmöglich. »Nur bei dem kleinen Textilhersteller Lamulamu und dem Textilangebot aus den Eine-Welt-Läden kann man sich ganz sicher sein, dass die sozialen Standards eingehalten wurden. Hier handelt es sich ja nicht um große Mengen, die Produktion ist überschaubar, und die Lieferanten und Verkäufer kennen sich oft persönlich. Von den größeren Textilherstellern hat Hess Natur das überzeugendste Modell für die Kontrolle der Sozialstandards etabliert.«

Die Mitarbeiter der Kampagne für Saubere Kleidung halten sich mit Einkaufsempfehlungen zurück: »Wir sagen nicht, kauft dieses oder das, denn das Unternehmen macht es ein bisschen besser als die anderen, weil wir meinen, dass das immer noch nicht reicht«, berichtet Maik Pflaum und erzählt von Aktionen der Unternehmen, die auf ihn wie eine Seitenausstiegs-Taktik wirken: »Kurz nachdem Karstadt wegen Arbeitsbedingungen in

Zuliefererbetrieben in die Kritik gekommen war, führte es fair gehandelte gepa-Schokolade ein. Als könnte man damit von anderen Missständen ablenken. Und schon riefen die Leute bei uns an und fragten, warum kritisiert ihr Karstadt? Die führen doch Produkte aus fairem Handel. Das ist gut und richtig, doch der Näherin in der Textilfabrik hilft das gar nichts.« *Greenwashing nennt man den Versuch großer, in die Kritik geratener Unternehmen, sich ein umweltfreundlicheres Image zu geben.* Dazu ein Beispiel aus einer anderen Branche. Der Bananenkonzern Chiquita wurde aufgrund seiner Dominanz in Lateinamerika die »Krake« genannt. Die Menschenrechtsorganisation Human Rights Watch bezichtigte den Konzern, Kinderarbeit auf seinen Plantagen zu dulden und außerdem hochgiftige Pilzbekämpfungsmittel einzusetzen. Der Konzern beauftragte daraufhin eine der größten unabhängigen PR-Agenturen der Welt, Edelmann, damit, sein Engagement in der Rainforest Alliance möglichst medienwirksam zu inszenieren – was auch gelang: Ein großes Wirtschaftsmagazin druckte eine Reportage über Chiquita. Das Motto: vom Saulus zum Paulus, von der Krake zum Vorbild.

Die Suche nach korrekter Kleidung wird langsam einfacher: In den letzten Jahren haben immer mehr junge Designer damit begonnen, Ökokollektionen zu entwerfen und sie sweatshopfree fertigen zu lassen. Marken wie Edun, Stewart+Brown, Kuyichi und Loomstate werben mit ökologisch und ethisch korrekter Mode, und die großen Textilhersteller mussten mitziehen: Nach dem Versandhaus Otto haben nun auch H&M, Marc O'Polo und Levi's »organic cotton« im Sortiment. Dennoch findet man nicht die ganze Produktpalette. »Sozial verträgliche Fußballschuhe werden Sie gar nicht erst finden«, sagt Christiane Schnura. Fair gehandelte Fußbälle gibt es immerhin in großer Auswahl. Derbystar, fairplay-fairlife, etc.[84] *Es wäre zu billig und zu selbstgerecht, Bürgern mit schmalem Geldbeutel einen Vorwurf zu machen, wenn sie günstige und damit ökologisch und sozial nicht korrekte Kleidung kaufen. Man sollte lieber selbst positive Beispiele setzen und wenigstens gelegentlich den*

Mut aufbringen, im Laden kritisch nachzufragen und beim Hersteller zu protestieren. Man schaue sich den Verhaltenskodex auf der Internetseite des Unternehmens an, bei dem man gekauft hat, und frage nach, ob dieser Kodex auch bei der Produktion eingehalten werde und wie das überprüft wird. In aller Regel erhält man dann einen langen Brief, in dem steht, dass alles in bester Ordnung sei. Bei der Lektüre dieses Briefes mag man sich ein bisschen hilflos vorkommen. Doch man sollte nicht meinen, dass dieses Nachfragen keine Wirkung zeige. Durch solche Aktionen zeigt man den Unternehmen, dass es einem nicht gleichgültig ist, wie produziert wird, und dass man Interesse an Verbesserungen hat. Damit stärkt man diejenigen in den Unternehmen, die das gleiche Anliegen verfolgen und sich gegenüber den Marktradikalen durchsetzen müssen. »Es wirkt – selbst wenn die Unternehmen es nicht zugeben«, glaubt auch Christiane Schnura. Sie empfiehlt weiter, sich an die Verkäuferin im Laden zu wenden. Die sei zwar eigentlich nicht die richtige Adressatin für Nachfragen und Beschwerden, weil sie am allerwenigsten Verantwortung trägt, doch Schnura hat oft erlebt, wie sich Verkäufer durch eine kritische Nachfrage zum ersten Mal mit der Frage beschäftigen, wie die Kleider, die sie verkaufen, eigentlich hergestellt werden.

Die 20 000 Protestpostkarten, die die CCC gegen die Arbeitsrechtsverletzungen bei Tchibo-Lieferanten gedruckt hatte, waren innerhalb weniger Monate vergriffen. »Selbst wenn nur die Hälfte davon tatsächlich bei Tchibo angekommen ist, wäre es für das Unternehmen noch ziemlich unangenehm.« Und Tchibo hat reagiert, die entlassenen Arbeiter wieder eingestellt und eine Stelle für soziale Verantwortung eingerichtet. Inwieweit das eine einmalige PR-Aktion ist oder der tatsächlichen langfristigen Verbesserung dienen wird, entscheiden – in diesem und in anderen Fällen – die Konsumenten.

Für mich bleibt, nach ein paar Blicken auf Baumwollfelder, Textilfabriken und Handelshäuser, die magere Erkenntnis, dass mein schöner neuer Rock, den ich kurz vor Beginn dieser Recherche gekauft habe, moralische Löcher hat. Und dass mein nächster Kleiderkauf eine komplizierte Angelegenheit werden wird, mit eingeschränkter Auswahl und geringen Chancen, alles richtig zu machen. Bei meinem letzten Gang durch ein Einkaufszentrum – in Eile vorbei an vielen Kleiderständern – kroch ein unangenehmes Gefühl in mir hoch: Ich fand, dass hier viel zu viele Kleider ausgestellt wurden, Frühjahrsmode für eine Saison, die schon im Laden so aussah, als werde sie ganz schnell wieder ausgetauscht. Schön, dass darunter auch ein paar T-Shirts aus Biobaumwolle sind, dachte ich. Doch gleich mir fiel die Warnung aus dem *Greenpeace Magazin* wieder ein: Kleidung, die nach wenigen Monaten ausgedient hat, kann per se nicht umweltverträglich sein. »Wahre Ökomode besteht nicht bloß aus biologisch angebauten Fasern, sondern ist obendrein zeitlos und damit lange tragbar. Den wirklichen Avantgardisten der Modebranche ist das durchaus bewusst.«[85]

Drittes Kapitel
Der Stoff auf unserer Haut

Unerforschte Textilhilfsmittel

Die Mängelliste für Textilien ist noch nicht zu Ende. Neue Kleidung birgt nämlich auch gesundheitliche Risiken für ihre Träger. Unbedenkliche Textilien zu finden, ist einigermaßen kompliziert, nach äußerst umstrittenen Stücken aber muss man nicht lange suchen. Man braucht zum Beispiel nur *antimikrobielle Wäsche* zu kaufen, die verhindern soll, dass man riecht, wenn man schwitzt. Das wird unter anderem durch den Einsatz des *Desinfektionsmittels Triclosan* erreicht. Ein damit behandeltes Kleidungsstück enthält alle denkbaren Gefahren und Risiken in einem Stück: »Triclosan greift die natürliche Mikroflora der Haut an. Im Tierversuch wurden Schäden der Leber und der Nieren beobachtet. Über Abwässer gelangt Triclosan tonnenweise in die Umwelt, schädigt Wasserorganismen und reichert sich in Fischen an. Selbst die Dioxinbelastung der Umwelt scheint es zu erhöhen. Und da Pilze und Bakterien Resistenzen gegen solche Bakterienkiller entwickeln können, drohen wichtige Desinfektionsmittel in Krankenhäusern und Arztpraxen wirkungslos zu werden.«[86] Das Bundesinstitut für Risikobewertung sieht keine direkte Gesundheitsgefährdung, aber es hat sich entschieden gegen den Einsatz biozider Substanzen in der Bekleidung ausgesprochen.[87]

Nur: Wenn potenzielle Käufer nicht vor dem Einkaufen das Bundesinstitut konsultieren, erfahren sie das nicht. Amtliche Bedenken stehen nicht im Etikett. Da stehen Werbewörter wie *sanitized*, *actifresh* oder *sanigard*.

Auch ohne spezielle Zusatzbehandlungen ist der Chemikalieneinsatz bei der Verarbeitung von Textilien gigantisch: Der Katalog des Verbandes der Textilhilfsmittel-Industrie TEGEWA umfasst *rund 7000 Mittel für die Bearbeitung von technischen Textilien und für das Veredeln, Färben, Bleichen, Carbonisieren, Mercerisieren, Kalandern und so weiter von Bekleidung – Chemikalien also, mit denen behandelt wird, was direkt auf der Haut getragen wird.*[88] Die Herstellung von Textilien ist ein langer Prozess mit so vielen Verarbeitungsstufen, dass es sehr schwierig ist, sie alle zu übersehen und zu kontrollieren.[89] Und die Gesetzgebung erleichtert es den Herstellern, diese Undurchschaubarkeit zu erhalten: Das Textilkennzeichnungsgesetz schreibt vor, dass auf einem Bekleidungsstück nur Angaben über die Textilfaser stehen müssen, also etwa Wolle, Baumwolle oder Viscose. Mit welchen der 7000 Hilfsstoffe aber diese Fasern behandelt wurden, darf der Hersteller für sich behalten. Nur die wenigsten dieser Stoffe sind so getestet, dass man sicher sein kann, dass sie gesundheitlich völlig unbedenklich sind. Dennoch gibt es bis heute keine Deklarationspflicht. In der Information des Bundesinstituts für gesundheitlichen Verbraucherschutz (des heutigen Bundesinstituts für Risikobewertung) aus dem Jahr 2002 wurde zwar aufgelistet, wie viel Formaldehyd und Pentachlorphenol maximal in einem Kleidungsstück enthalten sein dürfen. Dem folgt der Skepsis nährende Satz: »Es ist erkennbar, dass bei Textilien detaillierte gesetzliche Regelungen nur punktuell für einige als gesundheitsschädlich angesehene Substanzen existieren.«[90] Das hat sich bis heute nicht geändert.

Eigentlich würde man es für selbstverständlich halten, dass in einem hoch entwickelten und gut durchbürokratisierten Land wie Deutschland keine Textilien verkauft werden, von denen man weiß, dass sie der Gesundheit schaden können. Doch das Gegenteil ist der Fall: Es gibt extra ein Siegel, das Bekleidungsstücke als ungiftig kennzeichnet. Das Label Öko-Tex Standard 100 darf ein Hersteller an seine Kleidungsstücke, Bettwäsche und Gardinen heften, wenn sie eine Schadstoffprüfung bestanden haben.[91] Nach Öko-Tex-Standard verboten sind zum Beispiel allergieauslösende Farbstoffe oder diejenigen Azofarbstoffe, die krebserregende Stoffe abgeben können. Die gefährlichen unter den Azofarbstoffen sind zwar in der EU ohnehin verboten – deutsche Hersteller hatten auf ihren Einsatz schon vorher verzichtet –, können jedoch in vielen importierten Kleidungsstücken enthalten sein. Das giftige Spielzeug aus China, das im Sommer 2007 in deutschen Spielzeugläden entdeckt wurde, zeigt, wie leicht das passieren kann. Außerdem wird Kleidung mit dem Öko-Tex-Standard-Siegel auf Pestizidrückstände und Formaldehyd (wurde besonders bei sogenannten bügelfreien Stoffen viel verwendet) untersucht. Ein Hersteller, der seine Ware mit diesem Label kennzeichnen möchte, muss eine Verpflichtungserklärung abgeben, Textilproben einschicken und Stichprobenuntersuchungen von unabhängigen Prüfern zulassen. Ein zweites Siegel, den Öko-Tex Standard 1000, können Firmen für eine umweltverträgliche Produktion beantragen. Doch selbst damit hat man als Käufer keine Sicherheit. »Der Öko-Tex-Standard hat viel zu viele Lücken«, sagt Manfred Krautter, der Textilexperte von Greenpeace. »Es können noch gefährliche Stoffe enthalten sein.« Außerdem hält Krautter das Wörtchen *Öko* im Öko-Tex-Standard-Label für einen Etikettenschwindel. Denn *Öko* suggeriere Biobaumwolle und Naturfarben – was das Label gar nicht enthält.

Theoretisch wäre das Siegel überflüssig, weil es eigentlich gesetzlich untersagt ist, gesundheitsschädigende Stoffe für Kleidung zu verwenden. Nach Paragraf 30 des Lebensmittel- und Futtermittelgesetzbuchs, das sich auch auf Bekleidungsstücke bezieht, »ist es verboten, Bedarfsgegenstände derart herzustellen oder zu behandeln, dass sie geeignet sind, die Gesundheit zu schädigen«. So informiert das Berliner Bundesinstitut für Risikobewertung und ergänzt leicht lakonisch: »Da jedoch vom Gesetzgeber weder eine Zulassungs- noch eine Anmeldepflicht vorgesehen ist, fehlen den Behörden umfassende Kenntnisse über diese Produkte.«[92] Auch die folgenden Sätze aus einer Informationsschrift des Bundesinstituts für gesundheitlichen Verbraucherschutz aus dem Jahr 2002 sind nicht geeignet, Vertrauen beim Kleidungskauf zu stärken: »Zur Exposition mit Textilhilfsmitteln gibt es praktisch keine Daten.«

Solange nichts geprüft und gemessen wird, weiß man eben nicht, ob es ein Gefährdungspotenzial gibt, genau das ist das Problem, sagt ein Textilexperte, der als Behördenmitarbeiter namentlich nicht genannt werden will, wenn es um seine politische Einschätzung geht. Über die chemische Sicherheit unserer Kleidung seien wir nur unzureichend informiert.

In ihrem Film »Giftige Kleider« porträtieren Inge Altemeier und Beate Greindl zwei Frauen, die an rätselhaften Nervenerkrankungen leiden, eine von ihnen so sehr, dass sie rund um die Uhr betreut werden muss. Ein Mediziner vermutet einen Zusammenhang mit ihrer Arbeit: Beide hatten lange Jahre mit Textilien zu tun. Doch beweisen kann er das nicht. Der Stuttgarter Radiologe Bernhard Hörr hat beide Frauen untersucht und erklärt, dass solche Beweise sehr schwer zu führen sind, weil eben nicht jeder, der mit bestimmten Textilien zu tun hat, auch krank werde. Dafür gebe es individuelle medizinische Gründe, die wiederum nur schwer nachzuweisen sind. »Die Beweiskette Gift – Hirn – Schädigung ist nicht bei jedem so durchzuführen«, sagt Hörr.[93] Der Begutachtungsprozess sei aber auch deshalb so kompliziert, weil diejenigen, die zahlen müssten, Angst vor Schadensersatzprozessen hätten.

Auch allgemeine Risikobewertungen sind kompliziert und teuer, und obendrein gibt es nur wenige unabhängige Sachverständige. Sobald jemand an einer Universität Sachverstand hat, ist er auch schon in industriefinanzierte Drittmittelprojekte eingebunden, kritisiert ein Wissenschaftler, der lieber nicht genannt werden will. Das gefährde die Unabhängigkeit der Untersuchungen. Ob eine Chemikalie im T-Shirt tatsächlich die Gesundheit gefährdet, können nur umfangreiche Tests belegen. Es gibt nur wenige Stoffe, bei denen man ganz genau nachweisen kann, dass sie direkt gesundheitsgefährdend sind, aber sehr viele, von denen man das vermutet, ohne es genau beweisen zu können. Das hängt damit zusammen, dass es nicht nur auf die jeweilige Chemikalie selbst ankommt, sondern auch darauf, ob und in welchem Umfang man direkt mit ihr in Kontakt kommt, etwa weil sie sich aus dem Kleidungsstück löst. Exposition nennen das die Chemiker. Bislang war es vor allem Zufall, wenn entdeckt wurde, dass der eine oder andere Stoff Allergien auslöst oder krebserregende Stoffe abgibt, sagt der Textilexperte. Und spottet: »Dann stürzt man sich mit großem Eifer auf diese fünf Stoffe und ignoriert die tausend anderen.« Das ist kein effektiver Verbraucherschutz. Der müsste schon eine Ebene darunter beginnen, nämlich bei der Gefahrenvorsorge.

Das aber scheint mit den Grundprinzipien unserer Gesellschaftsordnung nicht vereinbar zu sein: *Denn offenbar gibt es auch für Chemikalien eine Art Unschuldsvermutung, genau wie für mutmaßliche Straftäter. Solange man ihnen nichts nachweisen kann, gelten sie als unschuldig. Für Menschen ist das zweifellos richtig – aber für Chemikalien?* Die Textilhersteller folgern daraus: Es ist alles erlaubt, was nicht ausdrücklich verboten ist – ohne vorhergehende gründliche Risikobewertung. So wird das Prinzip einer freiheitlichen Rechtsordnung auch auf den Chemikalieneinsatz in der Hemden- und Blusenproduktion übertragen. Es gilt das Motto: Nicht gleich alles beschränken und Verbote nur dann aussprechen, wenn das Risiko als groß erachtet wird. Das hat auch die neue EU-Chemikalienrichtlinie REACH nicht geändert, die im Dezember 2006 beschlossen wurde. Sie verlangt, dass die Unternehmen Informationen über die von ihnen hergestellten oder verwendeten Chemikalien beschaffen und offenlegen. Das heißt aber nicht, dass es auch systematische Untersuchungen für alle Stoffe geben wird. Und selbst mit umfangreichem Datenmaterial in der Hand wird es schwer bleiben, einen riskanten Stoff zu verbieten. Als Mitglied der WTO hat sich Deutschland zudem auf das Grundprinzip des freien und möglichst uneingeschränkten Warenverkehrs verpflichtet, und das Verbot eines in anderen Ländern zugelassenen Farbstoffes könnten die WTO-Instanzen als unzulässige Handelsbeschränkung werten. So dürfen etwa sensibilisierende Farbstoffe, die Allergien auslösen können, weiterhin verwendet werden. »Wir haben über die Risiken, die von diesen Stoffen ausgehen, dem damals zuständigen Gesundheitsministerium bereits vor Jahren berichtet«, erzählt Thomas Platzek vom Bundesinstitut für Risikobewertung. »Das hat die Problematik weitergeleitet an die EU-Kommission, wo ein weiterer Bericht erarbeitet wurde. Konsequenzen wurden daraus nicht gezogen.« In dem EU-Bericht über den deutschen Bericht steht, dass die Daten des deutschen Berichts zu dünn seien, dass aber gesundheitliche Risiken irgendwie dann doch nicht ausgeschlossen werden könnten und dass man auch überlegen sollte, ob kleine Kinder diese Stoffe nicht vielleicht oral aufnehmen könnten.[94] Donnerlittchen! Nach langjährigen Untersuchungen und Begutachtungen und Risikoerörterungen kommt ein Wissenschaftler auf die Idee, dass kleine Kinder manchmal an ihren Pulloverärmeln saugen und dass man das ja auch berücksichtigen könnte, wenn man über das Gefährdungspotenzial eines Textilhilfsmittels spricht – eine beeindruckende Vorausschau im Sinne des Verbrauchers.

Dies ist umso ärgerlicher, als es für viele dieser Chemikalien Ersatzstoffe gibt und sich viele der riskanten Stoffe auf einfache Weise vermeiden ließen oder ihre schädlichen Auswirkungen zumindest begrenzt werden können. »Einige der besonders umweltschädlichen Stoffe werden in Deutschland nicht mehr eingesetzt. Wir haben hier gute und sichere Techniken der Leder- und Textilverarbeitung«, sagt Brigitte Zietlow vom Umweltbundesamt. »Allerdings kommt eben ein großer Teil der Bekleidung aus Ländern, in denen unter geringeren Umwelt- und Sozialstandards produziert wird.« *Zu 95 bis 98 Prozent lassen die deutschen Bekleidungsfirmen ihre Waren im Ausland verarbeiten. Nur bei Heim- und Haustextilien wie Gardinen und technischen Textilien wie Autositzen ist der Anteil wesentlich geringer,[95] und auch Schuhe werden noch in Deutschland gefertigt, auf umweltfreundlichere Weise als in vielen anderen Ländern, 30 Millionen Paar im Jahr 2005.*[96]

Ein neues Textilsiegel

Das Umweltbundesamt in Dessau beteiligt sich an einer Sammlung von Merkblättern, in denen die besten verfügbaren Techniken besonders umweltrelevanter Industriezweige beschrieben werden.[97] Die sind zwar für die europäischen Unternehmen nicht direkt rechtlich verbindlich, aber sie müssen bei der Genehmigung neuer Fabriken berücksichtigt werden. »Wir erwarten, dass die BVT-Merkblätter zur Textil- und Lederindustrie auch auf die außereuropäischen Länder ausstrahlen«, sagt Brigitte Zietlow. »Sie sollen auch bei der Überarbeitung des Umwelthandbuchs der Weltbank beachtet werden.«

Doch noch sind die meisten Billiglohnländer von solchen Lösungsversuchen weit entfernt. »In diesen Ländern findet man High-Tech-Fabriken und solche auf Steinzeitniveau direkt nebeneinander, und alle produzieren für den europäischen Markt«, sagt ein Umweltexperte, der seit mehr als zehn Jahren Textilfabriken in Asien, Afrika und Südamerika für verschiedene Institutionen inspiziert. Oft habe er Bleichbäder gesehen, in denen die Arbeiterinnen barfuß herumliefen, oder hochkonzentrierte Farbbäder, die nach dem Färben einfach ausgeschüttet wurden. Egal, wie hoch der technische Standard innerhalb der Fabriken sei, in kaum einem der Billiglohnländer gebe es eine funktionierende Abwasserreinigung. Im pakistanischen Karatschi etwa seien über Jahre hinweg die salzhaltigen Chemikalien aus der Textilverarbeitung im Boden versickert, und nun wundere man sich, warum das Trinkwasser immer salziger werde.

Solche Zustände aber würden sich nur ändern, wenn die Kunden, also die Auftraggeber aus den Industrieländern, Druck machten. In Karatschi ist das gerade gelungen: Ein großer Auftraggeber aus Europa hat einer Fabrik die Bedingung gestellt:

Wenn ihr weitere Aufträge von uns wollt, müsst ihr das Abwasser behandeln. Und deshalb werde es bald in Karatschi eine Fabrik mit Abwasserreinigung geben – die erste! So etwas, meint der Umweltexperte, funktioniere nur mit öffentlichem Druck.

Denn trotz aller Schwierigkeiten – Auslagerung der Produktion in beinahe rechtsfreie Räume, geringe Gefahrenkenntnis und das Verbot der Welthandelsorganisation WTO, Verbote zu erlassen – sind Verbesserungen möglich: Gäbe es eine Deklarationspflicht für Textilhilfsstoffe, könnte der Verbraucher selbst entscheiden, ob er etwa sensibilisierende Farbstoffe oder andere umstrittene Stoffe meiden will oder nicht. Für das gefährliche Formaldehyd gibt es eine solche Deklarationspflicht, und sie wirkt wie eine elegante Form des Verbots. Kleidung mit einer Ausrüstung, die mehr als 0,15 Prozent Formaldehyd enthält, muss gekennzeichnet werden. Diese Regelung hat das Ziel, nicht angewandt zu werden, und das funktioniert: Denn wer würde Kleidung mit dem Hinweis »Enthält Formaldehyd, vor dem ersten Tragen waschen« kaufen? Das tut niemand, deshalb wirkt eine solche Kennzeichnungspflicht wie ein Verkaufsverbot. Wenn man die möglicherweise allergieauslösenden Farbstoffe ebenso kennzeichnen müsste, würde sich ein Verbot vermutlich erübrigen. Eine Deklarationspflicht für alle Inhaltsstoffe von Textilien und ihre Gefährdungspotenziale wäre vorbeugender Verbraucherschutz; sie ist aber bislang im großen Konzert von EU- und nationaler Gesetzgebung, Expertenmeinungen und Industrieinteressen nicht durchsetzbar.

Helfen könnten aber auch Normen, selbst wenn sie gesetzlich nicht verbindlich sind, wie es sie etwa im Baubereich oder in der Medizintechnik gibt. Sie würden die besten verfügbaren Techniken als Standards setzen, dem Käufer bei der Einschätzung helfen und wären vor allem schneller und leichter festzulegen als gesetzliche Verbote. »Wie lange haben wir gebraucht, um die problematischen Phthalate im Spielzeug zu verbieten! Zehn Jahre hat das gedauert, und das war für jeden Kenner nicht einmal überraschend«, sagt Thomas Platzek vom Bundesinstitut für Risikobewertung. Phthalate wie DEHP sind Weichmacher, die u. a. in PVC und in Tablettenhüllen eingesetzt werden und die in Verdacht stehen, Magenbeschwerden, Dermatitis, Krebs und Unfruchtbarkeit auszulösen.

Immerhin ist in der Textilbranche etwas in Bewegung geraten: *Nach vierjährigen Beratungen hat sich der Internationale Verband der Naturtextilwirtschaft, IVN, zusammen mit weiteren internationalen Organisationen auf die Richtlinien für das neue Textilsiegel GOTS geeinigt. GOTS steht für Globale Organic Textile Standard, und es ist das erste Textilsiegel, das gesundheitliche, ökologische und soziale Standards vereint und weltweit verwendet werden soll. Damit werden Textilien aus Biobaumwolle und anderen Naturfasern aus ökologischem Anbau ausgezeichnet, die mit möglichst wenig Chemie hergestellt wurden.* Toxische Schwermetalle und Formaldehyd sind verboten, ebenso chemische Ausrüstungen wie zum Beispiel *Easy Care*, die einen hohen Einsatz von Chemikalien erfordern. Betriebe ohne funktionierende Kläranlagen dürfen keine GOTS-Textilien herstellen, und es wird geprüft, ob sie die sozialen Standards der Internationalen Arbeitsorganisation ILO einhalten. Auch große Textilhersteller, sogar die amerikanische Kette Wal-Mart, haben ihr Interesse an diesem Siegel bekundet. Der aggressiv expandierende Warenhauskonzern wird seit Jahren heftig wegen Arbeitsrechtsverletzungen kritisiert, sein Engagement für ethisch korrekte Kleidung scheint eine Reaktion darauf zu sein – ähnlich wie der deutsche Discounter Lidl, der im Frühjahr 2006 Produkte aus fairem Handel in sein Sortiment genommen hat. Den Initiatoren des Siegels aber ist das nur recht. »Je mehr große Textilhersteller bei GOTS mitmachen, desto größer wird der Druck auf die anderen Hersteller und auf die Großchemie, sich auf die GOTS-Kriterien einzustellen«, sagt Markus Brügel vom Schweizer Zertifizierungsinstitut IMO. Seit dem Herbst 2006 kontrolliert und zertifiziert IMO rund 250 Betriebe nach den GOTS-Standards, die Nachfrage steige »ständig und weltweit«, sagen die Kontrolleure von IMO. Die ersten GOTS-zertifizierten Kleider kamen im Sommer 2007 auf den Markt.

Viertes Kapitel
Teppichknüpfen in Afghanistan

Verlorene Kinder

Elisabeth Schauer hat eine ganz heitere und fröhliche Stimme, sie klingt, als wäre sie eine rundum zufriedene Biobäuerin, die ganz in ihrem Beruf aufgeht und sich jeden Tag aufs Neue über ihre Arbeit mit den Tieren und in der Natur freut. Jedes Mal, wenn ich mit ihr telefoniere, staune ich darüber. Denn wovon sie spricht, liegt weit jenseits von quiekenden Ferkeln. Sie forscht an der Universität Konstanz, wie man traumatisierten Kindern helfen kann, und leitet die Hilfsorganisation *vivo – victim's voice*, die Opfern von Krieg, organisierter Gewalt und Naturkatastrophen psychologische Hilfe leistet.[98]

Ich habe sie kennengelernt, als ich ein Interview mit dem Regisseur des beeindruckenden Dokumentarfilms *Lost Children* über die Kindersoldaten in Nord-Uganda vorbereitete. Elisabeth Schauer hat in den Distrikten Gulu und Lira, nahe der Stadt Pajule, wo der Film gedreht wurde, Interviews mit geflohenen Kindersoldaten geführt. Mehr als 23 000 Kinder entführten die Rebellen der Lord's Resistance Army in den letzten Jahren, und weniger als die Hälfte von ihnen ist zurückgekehrt. Wie viele der anderen noch leben, weiß man nicht. Nur wer dort war, kann ermessen, was in den Lagern der Lord's Resistance Army geschieht. Die wenigen Kinder, denen die Flucht aus dem Buschland an der Grenze zwischen Sudan und Uganda gelungen ist, erzählen Dinge, die anzuhören nicht zu ertragen ist: Wie ihre

Eltern bei dem Überfall der Rebellen getötet wurden, wie sie selbst gezwungen wurden, andere Kinder zu zerstückeln, wie sie im Lager der Rebellen schwanger wurden und ihre Babys nach einem Angriff der Regierungstruppen zurücklassen mussten. Den Entkommenen versucht Elisabeth Schauer dabei zu helfen, ihre Traumata zu überwinden. Es ist Teil der *vivo*-Traumatherapie, die Kinder zum Erzählen zu bringen, um so ihre durch die Todesangst verwirrte Erinnerung neu zu ordnen. Das hilft ihnen dabei, die schrecklichen Erlebnisse zu bewältigen, und es lindert die Symptome der posttraumatischen Belastungsstörung und der Depressionen – für Kinder in Nord-Uganda kann das überlebenswichtig sein. Für jedes schöne Ereignis, an das sie sich erinnern, legen die Kinder eine Blume auf eine Schnur, die ihr Leben darstellt, und für jedes traurige, angstmachende einen Stein.

Elisabeth Schauer hat viele Steine an den Schnüren der geflohenen Kindersoldaten gesehen. Wenn man sie fragt, wie sie das alles aushält, sagt sie, dass es im Leben dieser Kinder immerhin auch schöne Erinnerungen gäbe, selbst wenn diese noch so klein und scheinbar unbedeutend wären. »Wir gehen zusammen mit den Kindern zurück in die Vergangenheit und lassen alles wieder lebendig werden, den Schmerz, die Angst und die Freude. Ziel ist es, gemeinsam in der Gegenwart anzukommen und mit neuem Blick auf die Zukunft zu schauen. Wenn die Überlebenden im Hier und Jetzt angekommen sind, bin ich es auch. Das ist mein Beitrag, ihnen klarzumachen: Es ist vorbei, so schlimm es auch war.« Schlimm sei es dagegen, mit Kindern zu sprechen, denen gar nichts einfalle, was eine Blume auf ihrer Lebensschnur sein könnte.

Mit Kindern wie den Teppichknüpfern in Afghanistan.

Dann erzählte sie von Ahmed, den sie in einer Schule im Dashti-Barchi-Viertel im Oktober 2005 in Kabul kennengelernt hatte. Dort interviewte sie zusammen mit *vivo*-Kollegen fast 300 Schulkinder, um herauszubekommen, woran die von Krieg und Armut zerrütteten Kinder der ethnischen Minderheit der Hazaras am meisten leiden. »Dieser Junge, Ahmed, hat mich so angerührt, weil bei ihm so klar wurde, dass er ein Kind ohne Kindheit ist.« Ahmed ist eines der 60 000 Kinder in Kabul, die arbeiten müssen. Die meisten von ihnen knüpfen Teppiche, zu Hause mit ihren Geschwistern, manche bis zu zwölf Stunden am Tag. Sie verdienen gerade genug, um nicht zu verhungern.[99] Die Kinder verfügen im Durchschnitt über 0,7 Spielzeuge, was sie nicht verwunderlich findet, »denn im Leben dieser kleinen Menschen scheint es sowieso keine Zeit zum Spielen zu geben«.

Ahmed beschrieb seinen Tagesablauf so: Um fünf muss er aufstehen und im Haushalt helfen, von sechs bis zehn knüpfen, von zehn bis zwölf zur Schule gehen, und nach dem Essen noch einmal sechs Stunden knüpfen. Was er abends mache, wurde er gefragt. Da sei er müde, lautete seine Antwort. »Er war erst fünfzehn Jahre alt, hat viel kleiner und ganz dünn ausgesehen«, erzählt Elisabeth Schauer. »Er wirkte wie ein Kind und hatte das Gesicht eines alten Mannes mit tiefen Falten und einem sorgenvollen Blick. Seit er fünf ist, hat er am Teppich gesessen, und weil er der älteste ist, muss er nun dafür sorgen, dass seine vier jüngeren Geschwister am Webstuhl sitzen bleiben, und sie schlagen, wenn sie aufstehen oder sich dagegen wehren. An dem Morgen, als ich mit ihm sprach, war etwas Schreckliches passiert: Seine Schultasche war auseinandergefallen und sein Vater hatte die Hefte in den Hof geworfen und gesagt, wenn du die nicht zusammenhalten kannst, darfst du nicht mehr zur Schule gehen.« Denn die zwei Stunden Frontalunterricht in einer Klasse mit hundert Kindern und vom Krieg gezeichneten Lehrern, die mit Stöcken auf ihre Schüler einschlagen, das war für ihn das Schönste am Tag. Er war nicht böse auf seinen Vater, denn er verstand den Druck der Eltern. Sein Vater gehörte zu den vielen Tagelöhnern, die frühmorgens auf einem der vielen verkehrsreichen Plätze von Kabul in der Hocke sitzend darauf warten, dass jemand sie anheuert, für irgendeine Arbeit, beim Straßen- oder Häuserbau.

Während der Interviews in der ungeheizten Schule im herbstkalten Kabul trug Elisabeth Schauer Skiunterwäsche, einen Wollpullover und einen Anorak. »Und dann sitzt mir so ein dünnes Bürschchen gegenüber, und der hat nur ein Hemd an.« Sie erinnert sich an die Haut des Jungen, die so trocken und runzlig war wie die von Kindern, die sich über Wochen nicht gewaschen haben. »Ich hab den Jungen gefragt: Was glaubst du, wie lange du leben wirst? Wie alt wirst du?« Diese Frage aus dem Trauma-Depressions-Interview versucht Zukunftsplanung und Hoffnung zu messen, weil seelisch kranke Kinder nicht an eine freudvolle Zukunft als Erwachsene glauben. »Ahmed antwortete: ›Nicht alt. Wenn ich Glück hab, so alt wie du.‹« Elisabeth Schauer ist vierzig. »Warum glaubst du, fragte ich weiter, dass du nicht älter wirst? Und er sagte: Kinder wie ich, die nichts zum Essen und zum Anziehen haben und so viel frieren, die werden nicht alt. Weiß doch jeder, dass die nicht lange leben.«

Während die Psychologin mir das erzählte, guckte ich auf meinen großen handgeknüpften Teppich, der mir so gut gefallen hatte, als wir ihn gekauft hatten, in einem schönen Rot zwischen Wein- und Rostfarben und einem Rahmen aus Wollweiß und warmem Dunkelblau.

Mir kam es vor, als hätte es einen Zeitsprung gegeben, als würde mir jemand am Beispiel der Teppichknüpferkinder von Kabul das eherne Lohngesetz nach Ferdinand Lassalle erklären: Die Arbeiter bekommen immer gerade so viel Geld, dass sie gerade noch arbeiten können. Sollten sie einmal mehr erhalten, würden sie sofort mehr Kinder bekommen, daraus entstünde ein Arbeitskräfteüberschuss, woraufhin die Löhne wieder sänken. Aber Ahmeds Leben spielt nicht in einem Geschichtsbuch über den Frühkapitalismus, seine Geschichte spielt heute, hundertfünfzig Jahre später. »Das Einzige, was man weiß«, sagt Elisabeth Schauer, »ist wohl dieses: Ein handgeknüpfter günstiger Teppich kommt fast immer von Kindern.« Auf der sicheren Seite ist man bei ganz fein geknüpften Teppichen. 200 000 bis 400 000 Knoten pro Quadratmeter, sagen die Teppichhändler, können nur Erwachsene knüpfen.

Im Artikel 32 der UN-Kinderrechtskonvention steht: »Die Vertragsstaaten kennen das Recht des Kindes an, vor wirtschaftlicher Ausbeutung (...) geschützt zu werden.« Nach Schätzungen der Arbeitsorganisation der Vereinten Nationen, ILO, ist Ahmed eines von knapp 171 Millionen Kindern, die unter schwersten Bedingungen Kinderarbeit leisten. *Insgesamt müssen 246 Millionen Kinder auf der Welt arbeiten, um Geld zu verdienen.*[100] Die Größe dieser Zahlen mag erschrecken, doch eigentlich weiß es jeder, der gelegentlich eine Zeitung liest oder die informationshaltigeren Sendungen im Fernsehen sieht: Viele Kinder in armen Ländern werden ausgebeutet, und wir kaufen, was sie genäht und geknüpft haben, und freuen uns, dass es so wenig kostet. Eigentlich findet man das nicht richtig, doch solange man nicht weiter darüber nachdenkt, kann man ganz gut damit leben.

Wenn aber Ahmed und seine Geschwister eines Abends in ihren zerrissenen Hemden vor unserer Wohnungstür sitzen und den Teppich knüpfen würden, den wir uns gerade beim Teppichhändler ausgesucht haben? Wir wären entsetzt. Wir würden es nicht zulassen. Die Kinder bekämen zu essen, wir würden nicht darauf bestehen, dass der Teppich am nächsten Morgen fertig sein muss, und im Schrank fänden sich genügend ausrangierte Pullover und Jacken, um diese Kinder durch den Winter zu bringen. Wahrscheinlich würden wir ihnen sogar Schuhe kaufen.

Aber sie sitzen ja nicht vor unserer Tür.

An der Fifth Avenue 290, im Schatten des Empire State Building, in Manhattan gibt es einen schmalen langen Laden mit Teppichen aus Afghanistan, *Chuk Palu Rugs*. Auf hellen Holzdielen liegen dort Stapel von Teppichen von schlichten Mustern in gedeckten Naturfarben. Die kleinen Fußmatten kosten 30 Dollar, die großen Teppiche knapp 10 000. Sein Besitzer ist der erfolgreiche afghanische Teppichdesigner Rahim Walizada, dessen Werke auf der 51. Biennale 2005 in Venedig zu sehen waren. Seine Teppiche gibt er in Afghanistan in Auftrag. Dort hat ihn Elisabeth Schauer kennengelernt und ihn gefragt, wie er die Verträge mit den Produzenten seiner Teppiche aushandele, und er sagte, die mache er ja nicht mit den Kindern, sondern mit den Eltern, meistens mit den Müttern. Wie es dann im Einzelnen weiter ablief, wusste er nicht, aber er sagte, zumindest hätten diese Familien ein Einkommen. Einen Teppich, der in seinem Kabuler Laden 350 Euro kostet, würde er in New York für das Zehnfache verkaufen. Ich mailte an das New Yorker Teppichgeschäft und bekam schnell eine Antwort von Rahim Walizada, der mich nach Kabul einlud. Und eine zweite von seiner Managerin aus New York, die schrieb, dass die meisten Teppiche in Fabriken hergestellt würden, in denen keine Kinder beschäftigt würden, und dass in den Dörfern die Kinder aber traditionellerweise beim Knüpfen helfen würden, so wie Bauernkinder im Stall helfen würden. Außerdem unterstütze *Chuk Palu Rugs* eine Schule, an der Jungen und Mädchen unterrichtet werden.

Ich fragte nach, wie viel Lohn die Arbeiter erhielten und ob sie die Initiative Rugmark gegen illegale Kinderarbeit in der Teppichproduktion kenne. Rugmark vergibt ein Siegel für Teppiche von Unternehmen, die ihre Herstellung von unabhängigen Kontrolleuren prüfen lassen.[101] Die Antwort kam schnell und klang schneidend: Eine externe Kontrolle sei nicht nötig, weil Mr. Walizada »persönlich durch seine eigene direkte und konstante Überwachung« dafür verantwortlich sei, den ethischen Standard zu halten. »Deshalb sehen wir keinen Bedarf, das durch weitere Demonstrationen und Dokumentationen zu versichern.«[102]

Den Kinderarbeitsexperten des Hilfswerks Misereor, Benjamin Pütter, hat die Mail der New Yorker Managerin regelrecht zornig gemacht. Die Argumentation kenne er aus Dutzenden anderer Schreiben von Händlern aus Pakistan, Indien und Nepal »fast wortgleich«, doch überzeugend sei sie ganz und gar nicht. Seit 26 Jahren reist Pütter regelmäßig nach Indien und hat in den letzten Jahren beinahe ebenso viel Zeit in Asien wie in Deutschland verbracht. »Das Argument ›Lernen in der Familie‹ wird in Ostasien seit Jahrzehnten dazu genutzt, die schlimmsten Formen der Ausbeutung von Kindern zu rechtfertigen,« Er hält es für glaubhaft, dass *Chuk Palu Rugs* in den eigenen Fabriken keine Kinder anstellt, doch das müsse nicht viel heißen. »In den allermeisten Fällen in Südasien wird nur ein ›Showteil‹ in Fabriken und die überwiegende Mehrzahl der Teppiche in Hütten in Dörfern hergestellt. Diese werden dann aber eben nicht von Besuchern aufgesucht.« Der Hinweis auf die Schule, die der Teppichhändler unterstütze, klinge für deutsche Ohren sicherlich toll, meint Pütter. Für Reiche in Südasien sei ein gewisses soziales Engagement absolut notwendig. »Es gehört sich einfach, dass man auch als Reicher sich um sein Seelenheil kümmert und daher etwas ›Soziales‹ tut. Jeder, wirklich jeder Reiche hat bereits eine Schule gegründet, Behinderten geholfen oder Essen an Hungrige verteilt. Dies ist klasse«, schreibt Pütter. »Aber es soll die bestehende Ungleichheit zwischen Arm und Reich nicht aufheben, sondern zementieren.« Dabei gehe es nämlich gerade nicht um Menschenrechte oder Gleichheit. »Das ist keine strukturelle Hilfe, sondern Ablasshandel!«[103]

Nun mag Rahim Walizada dennoch ein engagierter Mann sein, der trotz seines Erfolges in New York und in der internationalen Kunstszene zurück in das zerrüttete Afghanistan gekehrt ist, um mit seinem in Amerika verdienten Geld das Land wieder aufzubauen. Doch ein Unbehagen bleibt. Wollte er mögliche Zweifel an den Herstellungsbedingungen ausräumen, müsste er seine Teppichproduktion unabhängig kontrollieren lassen. Alles andere ist Vertrauenssache. Bloß arbeitet Rugmark bislang nicht in Afghanistan.

Das Rugmark-Siegel

Was das Rugmark-Siegel garantiert, sollte eigentlich selbstverständlich sein: dass in einem handgeknüpften Teppich nicht Schweiß und Tränen von Kindern stecken. (Versandhäuser wie Otto-Versand, Neckermann, Heine, Quelle, Bader führen solche ohne illegale Kinderarbeit produzierten Teppiche im Angebot.)

Doch weder Politik noch Handel waren in der Lage, dafür zu sorgen, und schlimmer noch: Sie haben sich gar nicht erst darum bemüht. Es mussten erst indische Menschenrechtler zusammen mit internationalen Hilfswerken und der deutschen Gesellschaft für Technische Zusammenarbeit GTZ zeigen, dass so etwas zu organisieren ist, sogar ohne große Investitionen. 1995 gründeten sie Rugmark, zunächst in Indien, ein Jahr später in Nepal und 1998 auch in Pakistan. *Die Teppich-Importeure zahlen eine Abgabe von mindestens einem Prozent, mit drei Vierteln der Summe, die dabei zusammenkommt, finanziert Rugmark Grundschulen und Sozialprogramme für die ehemaligen Teppichknüpferkinder und ihre Familien. Der Rest ist für die Bildungs- und Öffentlichkeitsarbeit in den Absatzländern.* Um die Kontrollen und die Siegel zu finanzieren, zahlen Exporteure und Hersteller noch einmal ein Viertelprozent des Exportwertes an die Rugmark-Initiativen in den jeweiligen Ländern. Zwei Drittel der Teppiche aus Nepal und ein Fünftel der Teppiche aus Indien tragen inzwischen das Rugmark-Siegel.[104] Jeder ausgezeichnete Teppich bekommt eine Nummer, das schützt sie vor Fälschungen. Wie die übrigen Teppiche ohne Siegel hergestellt werden, sollte man sich lieber nicht vorstellen. Oder gerade doch, zumindest dann, wenn man Teppiche kauft. Als ich Benjamin Pütter von den Teppichknüpferkindern in Kabul erzähle, sagt er: »Acht Stunden Arbeit? Da reden die Inder schon von Befreiung.« In Pakistan und Afghanistan sei es zwar üblich, Kinder auszubeuten, doch blieben sie wenigstens in ihren Familien. »In Indien werden Kinder aber bis heute für ein paar Dollar an Teppichfabriken oder Steinbrüche verkauft, wo sie jahrelang wie Sklaven arbeiten müssen. Wenn sie sich beim Steineschlagen oder Knüpfen verletzen, träufeln die Aufpasser Schwefel in ihre Wunden und zünden ihn an. Das stoppt die Blutung, und so können die Kinder sofort weiterarbeiten – unter großen Schmerzen.«[105]

Die globale Konsumverstrickung überfordert uns

Wie geht man also damit um? Man weiß, dass Kinder anderswo auf der Welt für uns arbeiten, bloß beim Einkaufen vergisst man es meistens. Wenn uns jemand erzählt, wie es dort zugeht, wo Kinder arbeiten, unter Bedingungen, die keine deutsche Gewerkschaft einem Erwachsenen zumuten würde, denken wir: Das würden wir gerne ändern, bloß wie? Und dann gehen wir ins Kino und sehen *Der ewige Gärtner* und denken: Mist, das mit der Pharmaindustrie und Aids in Afrika ist ja auch nicht in Ordnung! Auf dem Rückweg hören wir im Radio, in welche Not die gefallenen Kaffeepreise die vietnamesischen Bauern vor einigen Jahren gebracht haben. Und am nächsten Morgen lesen wir in der Zeitung, dass die gefährlichen Weichmacher-Chemikalien noch immer in Tablettenhüllen eingerührt werden dürfen, obwohl man seit Jahrzehnten weiß, dass sie Embryonen schaden können.[106] Dann hat man für eine Weile genug gehört.

Wenn Elisabeth Schauer von einer ihrer Reisen zurückkommt und Freunden von den Kindersoldaten oder Teppichknüpferkindern erzählt, wollen die das oft gar nicht so genau hören, und sie kann verstehen, warum: »Es ist zu viel und zu weit weg.« Genau das trifft es: Es ist einfach zu viel. Die globale Konsumverstrickung überfordert uns.

Denn alles hängt zusammen, der Welthandel mit dem Hunger in Afrika, unser Benzinverbrauch mit dem Weltklima, unsere Politik mit den Menschen im Stacheldrahtzaun der spanischen Exklaven in Marokko und unser Einkaufsverhalten mit den Ressourcen im Regenwald, und wir hängen leider mittendrin, und niemand kann sagen, er hätte das nicht gewusst. Wenn man ein Steak isst, stirbt ein Stück Regenwald. Wenn man sein Auto tankt, verölen Landstriche in Nigeria. Kauft man Turnschuhe, fördert man Kinderausbeuter. Mit dem Erwerb eines goldenen Ringes beteiligt man sich an der Vergiftung rumänischer Dörfer, und das alte Containerschiff, das unsere neuen Sportsachen aus China herbeibringt, verliert giftiges Tributylzinn in den Weltmeeren. Man nutzt riskante Technik, möglicherweise gegen seinen Willen, man weiß, dass die eigene Lebensweise dem Ökosystem schadet, und kauft Waren, die unter Bedingungen produziert wurden, die man nicht gutheißt, und kann doch nichts daran ändern – jedenfalls nicht, ohne seinen Lebensentwurf zu gefährden. Jeden Tag hört man, dass viele Dinge geschehen, die nicht geschehen dürften, und weiß nicht, ob man dafür verantwortlich ist. Wie soll man das aushalten? Gibt es so etwas wie eine *Konsumschuld*? Das alles überfordert unser Vorstellungsvermögen und, so scheint es, auch unsere Handlungsmöglichkeiten. Wir wissen nicht zu wenig, wir wissen zu viel, wir sind zu abgeklärt, und wir fühlen uns hilflos.

Die Ethnologin Shikiba Babori, die mit 13 Jahren aus Afghanistan nach Deutschland kam, hat Kinder wie Ahmed in ihrer Schule in Kabul getroffen. Damals, erzählt sie, wusste sie nicht, dass jemand für solche Ungerechtigkeiten verantwortlich sein kann. Die Kinder taten ihr einfach leid. Heute ist das anders. Auch wenn es nicht den einen Verantwortlichen gibt, den man für das Leid dieser Kinder zur Rechenschaft ziehen könnte, so kann man die Zusammenhänge doch erkennen: Zwar ist die Welt im Zeitalter der Globalisierung ein komplexes System schwer steuerbarer Subsysteme, die alle irgendwie miteinander zusammenhängen, und wir mittendrin. Doch als Teilnehmer der globalen Wissens- und Informationsgesellschaft können wir unsere Position darin ziemlich klar sehen, verwickelt in ein globales Geflecht von Ursachen und Wirkungen, in dem sich jeder Einzelne als Mit-Ursache und Teil der Wirkung erkennen kann – ungefragt mitschuldig, aber nicht zu einer ohnmächtigen Handlungsstarre verdammt.

Es gibt zwei Arten, auf die Konsumverstrickung zu reagieren: verdrängen oder sich stellen. Die erste brauche ich nicht zu beschreiben, weil sie beinahe jeder von uns beinahe immer praktiziert. Wir sind ziemlich damit beschäftigt, unsere eigene Position in einer Gesellschaft zu verteidigen, in der der Markt immer größere Teile vereinnahmt: mit der richtigen Kleidung, der richtigen Automarke und dem richtigen Job. Diese Verwirklichung durch Konsum absorbiert Energie, die uns fehlt, um die andere Seite des Marktes, die Herstellung der Waren, zu bedenken. Das ist auch kaum anders möglich, denn immerzu darüber nachzudenken, dass man sich beim Einkaufen permanent irgendwie schuldig macht, übersteigt das emotionale Fassungsvermögen. Dächte ich immerzu an den Teppichknüpfer in Kabul, könnte ich meinen Wohnzimmerteppich nicht länger ertragen. Ich lasse ihn aber liegen, denke an etwas andres, und so bleibt nur ein vages Unbehagen.

Der Philosoph Günther Anders hat dieses Ausweichen vor Schuld und Verantwortung vor fünfzig Jahren untersucht. Damals begannen die Menschen gerade zu verstehen, dass sie mit der Atombombe die Möglichkeit geschaffen hatten, die Menschheit als Ganzes zu vernichten. Doch die meisten beschlossen, lieber nicht darüber nachzudenken. Die Vorstellung, dass Atomwaffen alles Leben auf der Erde vernichten könnten, war eine Nummer zu groß für sie. Apokalypse-Blindheit nannte Günther Anders dieses Phänomen. Weil sie Angst vor der Angst haben, meinte Anders, denken sie nicht über die menschengemachte Weltgefahr nach. Sie verdrängen sie, statt sich ihr zu stellen. Der Gegenstand, »der uns eigentlich ohne Unterbrechung mit bedrohlicher und faszinierender Überdeutlichkeit vor Augen stehen müsste, steht umgekehrt gerade *im Mittelpunkt unserer Vernachlässigung*; von ihm fortzusehen, fortzuhören, fortzuleben, ist das Geschäft der Epoche«.[107] Wie schrieb der Journalist Florian Illies knapp fünfzig Jahre später in *Generation Golf*? »Hätten wir damals unseren Biologielehrern geglaubt, dann dürfte es heute wegen des Waldsterbens in ganz Deutschland keine einzige Eiche mehr geben, und Australien wäre längst verbrannt, weil sich das Ozonloch unbarmherzig vergrößert. Wir hörten immer neue Horrormeldungen und beschlossen deshalb irgendwann, uns dafür nicht mehr zu interessieren.«[108]

Günther Anders, den die Apokalypse-Blindheit sehr zornig gemacht hat, versuchte damals zu verstehen, warum die meisten

Menschen apokalypse-blind waren, und sah den Grund darin, dass die Menschen ihren »eigenen Produkten und deren Folgen phantasie- und gefühlsmäßig nicht gewachsen sind«[109]. Dass ihre Vorstellungskraft also nicht reicht, sich das Ausmaß der möglichen Atomkatastrophe vorzustellen. Anders schrieb, dass grundsätzlich »das Volumen des Machens und Denkens ad libitum *ausdehnbar* ist, während die Ausdehnbarkeit des Vorstellens ungleich geringer bleibt; und die des Fühlens im Vergleich damit geradezu starr zu bleiben scheint«.[110] Das gilt nicht nur für die Atombombe, sondern auch für Wohlstandsschuld und Konsumverstrickung: *Unsere Vorstellungskraft ist der Ausweitung unserer Wirtschaftsbeziehungen nicht gewachsen.* Wir nehmen Teil am weltweiten Handel, ohne uns vorstellen zu können, was das für die Menschen in den Sweatshops von Bangladesch bedeutet und für die Coltanhändler im Kongo.

Es ist zu viel und zu weit weg und zu leicht zu verdrängen. Die Zahl von 246 Millionen Kindern, die in Minen, Sweatshops und Plantagen dafür schuften, dass wir gut und günstig einkaufen, bleibt merkwürdig abstrakt. Alle diese Kinder zusammen erregen kaum unser Mitleid. Doch träfen wir ein einziges von ihnen, sähen wir, wie es schuftet und friert, oder erzählte uns jemand seine Geschichte, ginge es uns ans Herz.

Auch Susan Sontag, die große amerikanische Kulturkritikerin, hat sich in den Sechzigerjahren mit dieser Verdrängung abstrakter Gefahren beschäftigt. Auch sie fand, dass die entfesselte Atomkraft die Erde als Ganzes vernichten kann, sei »eine seelisch fast unerträgliche Drohung einer kollektiven Einäscherung und Auslöschung«. Sie glaubte aber, dass die Menschen diese Drohung nicht einfach blind übersehen, sondern symbolisch verarbeiten, zum Beispiel in Kinofilmen. Sie glaubte, dass Figuren wie King Kong und andere Monster, die unschuldige Bürger bedrohen, als Antwort auf diese neue Weltgefahr zu interpretieren sind: Science-Fiction- und Gruselfilme seien eine Art moderner Mythen, in denen »die ständige, wenn auch weitgehend unbewusste Angst des Menschen um seine geistige Gesundheit«

zum Ausdruck käme.[111] Statt also zu realisieren, in welche Gefahr sich die Menschen selbst gebracht haben und wie ohnmächtig der Einzelne gegenüber diesen Gefahren ist, statt derart schreckliche Gedanken zu denken, gehen die Leute einfach ins Kino und gruseln sich vor riesigen Affen, die am Ende überwältigt werden. Dann gehen sie mit dem guten Gefühl nach Hause, dass es diese Affen im echten Leben nicht gibt – eine Ausweichbewegung ins Phantastische.

Ähnlich kann man auch die Katastrophenfilme der späten Neunzigerjahre interpretieren, in denen die Erde als Ganzes bedroht ist, Filme wie *Armageddon*, *Deep Impact* und *Independence Day*. Auch hier greift das Gefahren-Verniedlichungs-Muster, das Susan Sontag beobachtet hat: Mal rast ein Komet auf die Erde zu, mal ein Asteroid und mal ein Raumschiff mit Aliens, und immer sind es muskulöse Männer, die mit Mut und Technik und – man staune – sogar mit Atombomben die Welt retten. Der Blick auf eine ganz konkrete Gefahr, einen scharf umrissenen Gesteinsballen, der sich aus dem All nähert, lenkt ab von der viel komplexeren Gefährdungslage auf der Erde, in die wir, die reichen Konsumenten der Industrieländer, nicht nur als Opfer, sondern auch als Mitverursacher verwickelt sind. Der ganze komplizierte Zusammenhang der globalen Krisen und Ungerechtigkeiten reduziert sich auf einen kompakten Klumpen im All. Diesen Klumpen mit einer Bombe wegzusprengen und mit einer lauten Explosion die ganze Welt zu retten, ist natürlich viel edler und eindrucksvoller, als sich mühsam darum zu bemühen, die eigene Verstrickung in die allgemeine Weltgefährdung durch Konsum aufzudröseln und nach kleinen Schritten zur Verbesserung zu suchen.

Externalisierung von Gefahr kann man das nennen: Man verlagert all die diffusen Sorgen um den Zustand der Welt und des eigenen Lebens weit hinaus ins Phantastische – und erspart sich so die Auseinandersetzung mit den realen Konstellationen – und der eigenen Verantwortung dabei. Es gibt offenbar ein Bedürfnis, dieser überfordernden Verstrickung auszuweichen.

Florian Illies hat ein ganzes Buch darüber geschrieben, wie man dieses Gefühl im Zuge einer großen Gewissensbereinigungsaktion einfach wegzudenken lernt. Als seine Befindlichkeitserkundung *Generation Golf* noch in den Bestsellerlisten stand, versuchte er sich an einer *Anleitung zum Unschuldigsein*, die von den Kritikern allerdings ziemlich verrissen wurde. Er beschreibt darin, wie er ständig ein schlechtes Gewissen hat, ohne zu wissen warum »und vor allem, vor wem«, und er versucht zu zeigen, dass das unsinnig ist. Als Gegenmaßnahmen schlägt er (offensichtlich witzig gemeinte) Übungen vor, wie man sich in Schuldlosigkeit trainieren kann. Das Kapitel »Heute schäme ich mich, weil es mir gut geht« endet etwa mit dem Vorschlag, mit einem S-Klasse-Mercedes in ein brandenburgisches Dorf zu fahren und dort Aufkleber mit dem Hinweis ›Eure Armut kotzt mich an‹ zu verteilen.«[112] Dabei unterscheidet er »nicht wirklich streng«, wie er selbst am Ende seines Buches zugibt, »zwischen Peinlichkeit, verletzten Konventionen und begründet schlechtem Gewissen für unmoralische Handlungen – weil wir auch in unserem Kopf bei diesem Punkt leider nicht so sauber trennen, wie es gut wäre.«[113]

Doch Illies' Schuldgefühle und sein Drang, sich von ihnen zu befreien, haben vermutlich auch mit dem diffusen Unbehagen an der globalen Konsum-Ungerechtigkeit zu tun, das viele Leute spüren. Die Art, wie Illies sich diesem Unbehagen stellt, ist vermutlich typisch für die Nachfolger der Achtundsechziger-Generation. Illies betrachtet seine Befindlichkeit so eingehend wie ein Bodybuilder seine Muskeln, und seine Texte gehen selten über eine Nabelschau hinaus. Vielleicht ist das bezeichnend für die Kinder – und in diesem Sinn vielleicht auch: Opfer – der Achtundsechziger. Niemals würden wir uns – nach dem kläglichen Versickern der großen Weltverbesserungsutopien der Elterngeneration – trauen, pathetisch nach Weltveränderung zu rufen. Über unserem Misstrauen gegenüber den gescheiterten Entwürfen zur Verbesserung des großen Ganzen haben wir offenbar auch die Fähigkeit zum Blick über das Mittelklassemilieu hinaus verloren und sind immer wieder ganz fasziniert davon, uns selbst zu betrachten.

Bei Illies liest sich das so: »Wer eine Obdachlosenzeitung kauft, spendet einem armen Menschen Geld und bekommt dafür quasi eine Zeitung als Quittung, die er aber nicht beim Finanzamt einreichen kann und wohl auch nicht im Himmel.« Und weiter: »Es ist lächerlich, dass wir glauben, uns durch zwei Mark von unserer Wohlstandsschuld freikaufen zu können.«[114] Er spürt also Schuld und das Bedürfnis, sich davon zu befreien, weiß aber, dass ein Euro dazu nicht reicht. So beendet er den versuchten Ablasshandel erfolglos. Dass es bei dieser für Illies so unangenehmen Begegnung vielleicht gar nicht zuallererst um ihn und sein Seelenheil geht, sondern um den Zeitungsverkäufer, kommt ihm offensichtlich nicht in den Sinn. Illies müsste nur eine einfache Frage beantworten: Will ich, dass dieser Mann seinen Lebensunterhalt durch Zeitungsverkaufen verdient, oder ist mir anderes wichtiger? Wie immer seine Antwort ausfiele, sie hielte ihn nicht davon ab, seine persönliche Wohlstandsschuld woanders zu sühnen.

Ein zweites Beispiel: Illies zitiert den Satz »Du isst nichts, und in Afrika verhungern die Kinder« als einen »klassischen Fall von unproduktivem schlechten Gewissen«. »Denn auch wenn man seinen Teller aufäße, würde in Afrika leider kein einziges Kind weniger verhungern«,[115] schreibt Illies und kommt auf Süßigkeiten zu sprechen. Den Gedanken lässt er abreißen, ohne zu erklären, warum er meint, dass sein schlechtes Gefühl unproduktiv bleiben muss. Das muss es nämlich nicht. Wie viel er an diesem Tag isst oder nicht, ändert nichts am Hunger in Afrika, das ist wohl richtig. Aber folgte daraus nicht eher die Frage, auf welche Weise er denn dann etwas am Hunger in Afrika ändern könnte – statt der x-ten Pirouette um die eigene Befindlichkeit?

Vielleicht hilft das moralische Dilemma, das Günther Anders vor fünfzig Jahren beschrieben hat, weiter, um unsere Hilflosigkeit angesichts der globalen Konsumverstrickung zu verstehen. »Wir sind nicht mehr ›Handelnde‹, sondern nur Mit-Tuende«, schrieb Anders damals. Einerseits erwarte man vom arbeitenden Menschen »hundertprozentiges Mit-Tun«, und zwar auch ohne dass man ihn in die Ziele des Betriebes eingeweiht habe. Deshalb brauche er auch kein Gewissen, sondern nur Gewissenhaftigkeit. Andererseits aber möchte man von ihm verlangen, »dass er sich in der ›Sphäre außerhalb der Betriebswelt‹ als ›er selbst‹ benehme, also unmedial, kurz: moralisch«.[116] Damit aber verlange man vom Menschen, dass er ein schizophrenes Leben führe. Wie etwa eine Apothekenhelferin, die tagsüber Aspirin verkauft und abends im *Schwarzbuch Markenfirmen* liest, dass dessen Hersteller Bayer unethische Medikamentenversuche finanziert und Rohstoffe aus Kriegsgebieten importiert.[117] Am liebsten würde sie ihre Kunden zum Boykott aufrufen, aber das könnte ihren Job gefährden, also lässt sie es bleiben.

Leo Hickman, ein Redakteur der britischen Tageszeitung *The Guardian*, hat versucht, dieses Dilemma zu überwinden, und darüber ein ganzes Buch geschrieben: *Fast nackt. Mein abenteuerlicher Versuch, ethisch korrekt zu leben*. Darin schreibt er, wie er den Nebel aus Trägheit und Apathie eines Tages nicht länger ertragen konnte, der ihn davon abhielt, ein gerechteres Leben zu führen: »Mir stockt der Atem bei den betrüblichen Fakten über unser verschwenderisches und selbstsüchtiges Leben: dass weltweit pro Jahr 33 Milliarden Dollar für Kosmetika ausgegeben werden, während 29 Milliarden Dollar ausreichen würden, den Hunger auszurotten und alle Menschen mit sauberem Trinkwasser zu versorgen. Oder dass die Hälfte der Weltbevölkerung von weniger als zwei Dollar pro Tag überleben muss – weniger als ich für einen Kaffee auf dem Weg zur Arbeit ausgebe.«[118] So begann Leo Hickman sein Experiment »ethisches Leben«, das er in einer Kolumne im *Guardian* dokumentierte.[119] Er bestellte sich Berater ins Haus, zwei Vertreter von Umweltorganisationen und einen Redakteur der Zeitschrift *Ethical Consumer*, die gemeinsam mit ihm und seiner Frau das ganze Haus durchforsteten – was keine angenehme Erfahrung war. Nach ihrem Besuch räumte Hickman die Küche auf und fühlte sich schlecht: »Alles was ich in die Hand nahm, jede Dose, jede Flasche, sogar die leere Salatschüssel aus Plastik, schrie mir ein ›Schuldig!‹ entgegen.« Er begann nach ökologisch und politisch korrekten Produkten zu suchen, und er hielt durch. Sein Experiment sei »wie die Büchse der Pandora – einmal geöffnet, ist sie nicht wieder zu schließen«. Das ethische sei jetzt sein normales Leben, und er habe den Trick gefunden, »mit dem sich das Gefühl vermeiden lässt, dein Leben sei eine langwierige Übung in Selbstgeißelung«, resümiert Hickman. Dieser Trick ist die Einsicht: »Nein, du kannst die Welt nicht eigenhändig retten. Aber du kannst dich mehr bemühen, als du es gestern tatest. Und, hey, kann sein, dass du dabei sogar Spaß hast.«[120]

Es ist *eine Art von Befreiung*, so zu leben. Das Gefühl, heillos in ungute Zusammenhänge verstrickt zu sein und zu tun, was man eigentlich nicht will, ist unangenehm. Besser fühlt es sich an, *selber zu entscheiden, wer von dem Geld profitiert, das man beim Einkaufen ausgibt*. Diese 50 Euro hier kriegt der Biobauer und nicht Dieter Schwarz, der Lidl-Chef, einer der reichsten Männer Deutschlands. Und die 1000 Euro aus meinem Munitions-Fonds bei der Deutschen Bank gehen an einen Solaranlagenbauer.

Leo Hickman hatte den Beginn seines ethischen Lebens immer wieder verschoben. Etwas an seinem Lebensstil ändern wollte er schon länger, immer wenn er einen »Zuckerschoten-Moment« erlebte, »diesen Schub von Schuldgefühlen, der dir sagt, dass es irgendwie schlecht ist, was du gerade tust – zum Beispiel, wenn du mitten im Winter ein Päckchen frische, grüne Zuckerschoten kaufst, das per Luftfracht von einem Acker in Kenia in das Supermarktregal vor dir gebracht worden ist«. Gewöhnlich hält dieser Zuckerschoten-Moment nicht lange an, schreibt Hickman, er wird überlagert von den tausend Dingen, die man gerade noch zu tun hat, deshalb muss »die Grübelei über Flugzeugabgase, Billiglohnarbeit und Verpackungsmüll« bis morgen warten. »Aber ›morgen‹ kommt niemals. Jedenfalls kam es bei mir nie«, schreibt Hickman. Morgen wird immer wieder verschoben – das ist der Grund, warum viele ethische Konsumenten mit ethischem Konsum noch nicht begonnen haben. Das kurze Gefühl der Empörung über eine von vielen Konsum-Ungerechtigkeiten donnert wie eine große Welle an den Strand und verläuft sich dann im Sand. Bloß warum? Und wie ließe sich die Energie der Welle nutzen, bevor sie verebbt?

»Was hält mich eigentlich davon ab, den Hintern hochzukriegen und etwas Gutes für die Welt zu tun, egal wie klein es auch sein mag?«, fragte sich Leo Hickman und fand keine überzeugende Antwort.[121] Es gibt tatsächlich keine triftigen Gründe, so zu tun, als wüsste man nicht, was man weiß, und als könne man nicht danach handeln. Seit ich vor einigen Jahren begonnen habe, über die Industrialisierung der Landwirtschaft zu schreiben, kann ich mir nicht mehr vorstellen, nicht im Bioladen zu kaufen. Dazu habe ich zu viele zusammengequetschte Mastschweine und Legehennen gesehen. Doch ich weiß seitdem auch, wie Baumwolle für die Textilindustrie angebaut wird und wie viele Pestizide auf die Felder gekippt werden müssen, damit sie gedeiht. Warum um alles in der Welt kaufe ich also noch Kleidung aus nicht-ökologischer Baumwolle?

Alles, was mir einfällt, überzeugt mich nicht recht: Verzicht ist natürlich uncool, Verzicht kann man nicht zeigen, und Haben ist schöner, das ist ein Punkt. Doch korrekter Konsum hat oft nicht einmal mit Verzicht zu tun, sondern mit der durchaus lustvollen Erfahrung, das bessere Produkt gekauft zu haben. Oder den milliardenschweren Discounter-Chefs weitere Gewinne verweigert zu haben. Oft aber verdrängen wir unser besseres Wissen aus allgemeiner Überforderung. Sind wir deshalb gleichgültig oder apathisch? Ich glaube nicht, dass es nur das ist. *Falsche Einkäufe sind auch eine Folge von Zeitmangel und Alltagsstress.* Wer in Eile durchs eigene Leben rennt und ständig tausend Sachen im Kopf haben muss, dem fehlt die Muße zum Nachdenken über die Folgen des Konsums und die Zeit für die Recherche, wo es die besseren Sachen gibt. So kommen wir nur zum Unmittelbaren und vernachlässigen das, was auch bis morgen warten kann. Vielleicht ist es auch die Ablenkung: Wie viel Werbung man täglich konsumiert, lässt sich schwer beziffern, doch es ist eine ganze Menge: Die Zeitungsanzeige, die Radiowerbung, die Logos auf der eigenen Kleidung, der Flyer im Briefkasten, die Werbung auf den Bildschirmen in der U-Bahn, die Werbeplakate, der Kugelschreiber mit dem Schriftzug einer Firma, die Werbung im Fernsehen, das alles zusammen schafft eine Art Dauerpräsenz von Kaufmöglichkeiten und überlagert rasch den Eindruck einer kritischen Reportage. Lese ich, wie der Ruß aus einem Dieselfahrzeug sich fein in der Luft verteilt und in Lungen fliegt und dort Krebs auslöst, entsteht in meinem Kopf das Bild vom Auto als Dreckschleuder. Wie viele Seiten sexy Autowerbung muss ich anschauen, bis dieses Bild wieder verwischt ist? Das Auto in der Werbung sieht ja nicht dreckig aus, ganz und gar nicht. Vermutlich würden wir längst anders einkaufen, unseren Vorstellungen entsprechend, wenn auf den Waren Bilder von ihrer Herstellung abgedruckt sein müssten. Das Bild einer zarten Zwölfjährigen an einer Nähmaschine in einer langen Reihe von Nähmaschinen in einer sehr großen Fabrikhalle auf dem Preisschild eines neuen Kleides würde einigen Mädchen beim Shoppen sicher den Spaß an den neuen Sachen verderben. Und Bilder von modernen Schweinemastanlagen machen sich auch gut, um den Appetit auf Biofleisch zu fördern. Doch geworben werden darf mit allem, was gefällt. Kein Gesetz verbietet den Abdruck von frei laufenden Weideschweinen auf einer Packung Industrieschinken. Wenn man Verschwörungstheorien mag, kann man das als systematische Ablenkung verstehen.

Vielleicht braucht man, um endlich anzufangen, ein starkes Erlebnis, etwas, das so unter die Haut geht oder das einen so zornig macht, dass man gar nicht anders kann, als danach konsequent zu handeln. Ich bin Vegetarierin geworden, weil mir einmal ein Mastbulle so leidtat, als er dem Bauern so voller Vertrauen auf den Hänger folgte, der ihn zum Schlachter fuhr. Das klingt vielleicht ein bisschen rührselig, aber für mich war es der

Auslöser, über Fleischproduktion und Tierhaltung nachzudenken. Bei Leo Hickman ist dieses »Morgen« schließlich gekommen, als seine Tochter geboren wurde und ihn die großen Sinnfragen einholten. »Was stelle ich an mit meinem Leben? Bin ich ein guter Mensch?«[122] Der Schriftsteller Henning Mankell hat nach einem solchen Erlebnis eine Art produktiven Zorn entwickelt, der ihn veranlasst hat, seinen Roman *Kennedys Hirn* zu schreiben. Er handelt von einer schwedischen Archäologin, die entdeckt, dass ein Pharmaunternehmen Menschenversuche mit Aids-kranken Afrikanern macht. »Vor zwanzig Jahren sah ich im Westen von Sambia an der Grenze zu Angola einen jungen Afrikaner an Aids sterben. Es war das erste, aber nicht das letzte Mal«, schreibt er im Nachwort. »Die Erinnerung an sein Gesicht war ständig in mir lebendig, während ich dieses Buch plante und schrieb. Es ist ein Roman, es ist Fiktion. Doch eine Grenze zwischen dem, was wirklich geschah, ist oft nahezu nicht-existent.« Und er endet: »Was hier geschrieben steht, ist natürlich ganz und gar das Ergebnis meiner eigenen Wahl und meiner Entscheidungen. Genauso, wie der Zorn mein eigener ist, der Zorn, der mich antrieb.«[123]

Viele wären zornig, wenn sie dabei zuschauen würden, wenn junge Afrikaner an Aids sterben, und erst recht, wenn sie wüssten, dass sich die meisten von ihnen auch deshalb keine Medikamente leisten können, weil es das internationale Recht den Pharmaunternehmen gestattet, sie so teuer zu verkaufen, wie sie wollen, und es anderen Unternehmen zu verbieten, die Medikamente billiger nachzubauen. Nun passiert das aber gerade nicht: Wer nicht als Reporter oder für eine Hilfsorganisation nach Afrika reist, sieht in der Regel nicht die Kehrseite unserer Konsumgesellschaft. In den Lodges der Nationalparks und in den palmengesäumten Hotels am Indischen Ozean lässt es sich ebenso nett konsumieren wie im reichen Westen. Die Kunst für alle, die nicht nach Afrika fahren oder nach Afghanistan, bestünde darin, sich das vorzustellen, was sie nicht mit eigenen Augen sehen, und danach zu handeln.

Manchmal können Bücher oder Filme ein eigenes Erlebnis ersetzen, *Der ewige Gärtner* etwa, der Krimi von John Le Carré, von Fernando Meirelles 2005 verfilmt, der ebenso wie *Kennedys Hirn* die Machenschaften der Pharmaindustrie anklagt. *Der ewige Gärtner* handelt von einem Pharmakonzern, der Slumbewohner in Nairobi dazu zwingt, ein neues Tuberkulose-Medikament zu testen. Es hat tödliche Nebenwirkungen, doch das soll niemand erfahren, darüber sind sich alle Beteiligten einig, die Ärzte, die Mitarbeiter der Pharmafirmen und die Diplomaten. Als die junge Diplomatenfrau Tessa Quayle die Praktiken des Konzerns aufdecken will, wird sie ermordet. Man kann den Film als spannende Unterhaltung konsumieren, man kann ihn aber auch als Handlungsaufforderung verstehen. Im Nachwort des Buches versichert John Le Carré, dass er sich alles, was im Buch vorkommt, ausgedacht habe, doch eines könne er sagen: Während der Recherchen im pharmazeutischen Dschungel habe er verstanden, dass seine Geschichte im Vergleich zur Realität so harmlos sei wie eine Urlaubspostkarte.[124] Die sensibleren unter den Zuschauern hinterlässt der Film einigermaßen aufgewühlt, mit einem emotionalen Überschuss, der sich nicht recht entladen kann: Zu gerne hätte man die hübsche kleine Sudanesin, die mit Ralph Fiennes vor den wild schießenden Rebellen flieht, gerettet, zu gerne hätte man dem kleinen Jungen geholfen, das Baby seiner toten Schwester nach Hause zu tragen, zu gerne hätte man den wartenden Aids-Patienten gesagt, dass sie zu gefährlichen Versuchszwecken missbraucht werden und an der vermeintlichen Medizin sterben können. Was also tun, wir würden ja gerne, bloß was? Es ist leicht zu helfen, wenn klar ist, was man tun muss. Es ist schwer, wenn es so unklar ist wie im Falle unserer Konsumverstrickung. Ein Faustschlag hilft da nicht, man muss mühsam einen Knoten aufdröseln. Beim Einkaufen anzufangen wäre zumindest ein Anfang.

Fünftes Kapitel

Die Preisrevolution eines Biobauern

Hochleistungskühe und sinkende Milchpreise

Josef Jacobi ist ein Mann, der mit bloßen Händen Panzer stoppt. Ein Hüne mit wildem weißem Haar, mächtigem Schnauzer und Pranken, wie sie nur Bauern haben. Er ist einer der ersten Biobauern im Kreis Höxter in Westfalen, wo die meisten Bauern bis heute glauben, was ihnen der industriefreundliche Bauernverband über ihre Zukunft als Agrarunternehmer sagt. Unter den Biobauern ist Josef Jacobi bekannt geworden, weil er tatsächlich einmal eine Kolonne Panzer gestoppt hat, 1989, auf der Dorfstraße von Körbecke, direkt vor seinem Bauernhof. Dort wurde gerade die Straße neu gepflastert, deshalb hatten schwere Fahrzeuge Durchfahrverbot. Doch die britischen Panzerfahrer schienen das nicht zu wissen, oder es interessierte sie nicht. Einer fuhr direkt um das alte Fachwerkhaus herum, in dem Josef Jacobi gerade am Frühstückstisch saß. Jacobi lief nach draußen und sah noch mehrere Panzer »mit einem Affenzahn angerast kommen«.[125] Also stellte er sich mitten auf die Straße und »winkte um sein Leben«. Seine Frau hat ihn dabei fotografiert, wie er im Morgennebel vor dem ersten Panzer steht, Brust an Brust sozusagen, nur wenig Platz zwischen ihm und dem metallenen Panzerbug. »Ihr dürft hier nicht herfahren«, radebrechte er auf englisch, und die Soldaten antworteten ihm, das müssten sie aber und das würden sie auch. Jacobi blieb stehen, wo er stand, rief seiner Praktikantin zu, sie solle die Trecker holen. Sie parkte einen nach dem anderen vor den Panzern, und auch die Nachbarn verstanden, worum es hier ging, und holten ihre Traktoren, um die Panzer von hinten zu blockieren. Erst kam die Polizei, dann ein paar Offiziere, später ein General der British Forces und am Nachmittag viele Leute vom Fernsehen. Denn die Panzer, die auf der Körbecker Dorfstraße festlagen, hätten dem britischen und dem deutschen Verteidigungsminister, damals Gerhard Stoltenberg, ein neues Waffensystem vorführen sollen. Als Jacobi davon hörte, forderte er, der Verteidigungsminister solle herkommen, damit er ihm sagen könne, dass es nicht so weitergehen kann mit dem, was die Panzer bei ihren großen Herbstmanövern auf den Feldern der Bauern anrichten. Stoltenberg erschien nicht, aber die Fernsehleute machten sich auf zu dem Bauern mit den Panzern.

Irgendwie gelangte das Foto von Jacobi vor den Panzern zur AbL, der Arbeitsgemeinschaft bäuerliche Landwirtschaft, in der sich alle zusammengeschlossen haben, die die Bauern vor der Industrialisierung und das Vieh vor den Agrarfabriken bewahren wollen. Die AbL machte ein Poster daraus, was heute noch bei einigen Biobauern an der Wand hängt: als Zeichen ihres Beharrungsvermögens und ihres Widerstands, nicht nur gegen die Panzerschäden beim Herbstmanöver.

»Für mich zeigt das Bild die Entschlossenheit, die man braucht, um etwas durchzuziehen«, sagt Jacobi. »Man muss etwas mit jeder Faser wollen, sonst klappt es nicht.« Jacobi hat zusammen mit anderen Agrar-Oppositionellen den Bundestag in Bonn mit Strohballen verbarrikadiert, seine Rinder auf Demonstrationen mitgenommen, vor einem Tagungsgebäude Mist abgeladen und sein ganzes Dorf im Kampf gegen eine Giftmülldeponie mobilisiert (die schließlich weder in Körbecke noch an einem anderen Ort in Nordrhein-Westfalen gebaut wurde, weil Jacobi und seine Mitstreiter gezeigt haben, dass durchdachte Müllvermeidungskonzepte eine neue Deponie überflüssig machen). Und Jacobi hat bewiesen, dass Bauern ihre Milch selbst vermarkten können. Er hat dem Bauernverband gezeigt, dass er irrt, wenn er behauptet, dass Milch immer billiger produziert werden muss und die Kuhställe immer größer werden müssen. Dass nur die Agrarunternehmen mit Riesenställen überleben könnten und kleine Bauernhöfe nicht.

1984 hat die Europäische Union eine Milchproduktionsbegrenzung eingeführt, die sogenannte Milchquote. Das war – bei allem bürokratischen Aufwand – eine gute Idee. Die Quote sollte das Angebot an Milch begrenzen und so die Erzeugerpreise stabilisieren. Doch es hat nicht funktioniert: Obwohl die Nachfrage nach Milchprodukten weltweit steigt, werden die deutschen Milchbauern immer ärmer. Trotz Quote sind die Preise über Jahre so tief gesunken, dass mehr als die Hälfte der Milchbauern von 1991 bis heute aufgegeben haben. Dennoch schrieb der Deutsche Bauernverband in seinem »Strategiepapier Milch« im Frühjahr 2005 ziemlich mutig: »Über 110 000 Milchviehbetriebe bilden das Rückgrat eines dynamischen und zukunftsorientierten Wirtschaftszweiges.«[126] Für die knapp 150 000 Nicht-mehr-Milchbauern muss das Wörtchen »dynamisch« ziemlich zynisch geklungen haben. »Die wirtschaftliche Situation vieler Milcherzeuger in Deutschland hat sich in den letzten Jahren aber deutlich verschlechtert«, gesteht der Bauernverband in seinem Strategiepapier denn auch ein. Der Milchpreis in Deutschland liegt unter den Herstellungskosten der aller-rationalisiertesten Betriebe, zürnte im Jahr 2004 sogar der Präsident des Deutschen Bauernverbandes, Gerd Sonnleitner, der sonst eher ein Befürworter von Rationalisierung und Industrialisierung in der Landwirtschaft ist. Selbst die besten Betriebe könnten nicht unter 30 Cent pro Liter produzieren.[127]

Wer heute in Deutschland Kühe melkt, hat das Gefühl, dass seine Arbeit nichts wert ist. *Während die Kosten für Futtermittel, Schlepper, Treibstoff, Dünger und so weiter kontinuierlich steigen, bekamen die Bauern Jahr für Jahr weniger Geld – bis zum Sommer 2007. Da kündigten die Molkereien höhere Preise für Milchprodukte an. Die Nachfrage in Asien sei gestiegen. Die Bauern profitierten davon. Sie bekamen höhere Preise, doch ihre Situation änderte das nicht wesentlich. Denn im gleichen Zeitraum waren auch die Futterkosten gestiegen. 1980 zahlten die Molkereien durchschnittlich 32 Cent pro Kilo Milch, 2005 nur noch 27,5 Cent. Im September 2007 waren die Erzeugerpreise immerhin wieder auf das Niveau von 1980 gestiegen.*[128]

»Als ich Ende der Fünfzigerjahre den Hof übernommen habe«, erzählt ein Bauer aus Ostwestfalen, der längst keine Kühe mehr melkt, »konnte ich mir von einem Liter Milch, den ich abgegeben habe, ein Glas Bier in der Wirtschaft kaufen. Heute würden sechs Liter nicht reichen. Früher war es sogar noch rentabel, morgens mit Trecker und Milchwagen zu fünfzehn Kühen auf die Weide zu fahren, das ist heute gar nicht mehr denkbar.«

Von den immer noch niedrigen Milchpreisen profitiert die verarbeitende Industrie: Die Molkereien bekommen ihren Rohstoff billig geliefert und verdienen an den weiterverarbeiteten Milchprodukten. Den Preisvorteil haben die Lebensmitteleinzelhändler zum Teil an ihre Kunden weitergegeben. Doch die billige Milch verursacht hohe Kosten: Sie erledigt die kleinen Bauernhöfe und zerstört so die jahrhundertealte bäuerliche Kulturlandschaft, sie macht aus Kühen maschinengerechte Hochleistungsmilchproduzenten und birgt gesundheitliche Risiken für die Konsumenten.

Die über 150 000 Milchbauernhöfe, die in den letzten vierzehn Jahren aufgegeben haben, bedeuten nicht nur den Verlust von Zehntausenden von Arbeitsplätzen, sondern auch das Ende der Bauernhöfe und der bäuerlich geprägten Dörfer. Wenn die Preise nicht weiter steigen, wird es in den Mittelgebirgsregionen wie dem Bergischen Land oder der Eifel bald gar keine Bauern mehr geben, denn der Boden dort ist zu schlecht, um intensiven Ackerbau zu betreiben. Wenn sich die Milchwirtschaft dort nicht mehr lohnt, werden die Weiden bald brachliegen und verbuschen. Die Menge der in Deutschland erzeugten Milch ist in den letzten Jahren nicht geringer geworden, bloß die Betriebe sind größer geworden und die Kühe produktiver. Die kleinen Bauernhöfe mitten im Dorf, die mit Misthaufen vor der Stalltür und Hühnern im Garten, geben nach und nach auf, und wer wirtschaftlich überleben will, baut neue Großanlagen für mindestens hundert Kühe, meist außerhalb des Dorfes. »Betreten ohne Erlaubnis des Betriebsleiters verboten«, steht an den Türen dieser Ställe, und die sind meist verschlossen. Für die Kühe ist es vermutlich egal, wo ihre Ställe stehen – auch wenn sie durchaus den Eindruck vermitteln, dass es ihnen Freude macht, wiederkäuend das Dorfleben zu beobachten. Aber es ist eine ganze Kultur, die mit diesen Höfen ausstirbt: die bäuerliche Wirtschafts- und Lebensweise, deren Verwurzelung und Fortschrittsskepsis lange Zeit als rückständig verspottet wurde. Sie ist eine der letzten Nischen, in die der Konsumismus nur hineingetröpfelt ist, und sie könnte vielleicht als Gegenentwurf gelten für diejenigen, denen das Leben in einer sich rasant verändernden und Anpassung erfordernden globalisierten Wirtschaftswelt nicht behagt. Doch die letzten Vertreter dieser uralten bäuerlichen Welt sterben gerade aus.[129] Wer mit seinen Kindern gerne Urlaub auf einem Bauernhof macht oder ihnen gelegentlich im echten Leben zeigen möchte, was sie aus Bilderbüchern kennen, zum Beispiel Kühe auf einer löwenzahnbetupften Weide, sollte im Kopf haben, dass er mit der supergünstigen Aldi- oder Lidl-Milch das Gegenmodell unterstützt.

Auch Tierschutzgründe sprechen gegen billige Milch, weil die niedrigen Erzeugerpreise die Bauern dazu zwingen, aus den Kühen alles herauszuholen. Alle Tiere, die zu wenig Milch geben, werden sofort zum Schlachter gebracht. »Innerhalb meiner Zeit als Bauer ist die durchschnittliche Milchleistung von 3500 auf 9000 Liter pro Kuh gestiegen«, sagt der Biobauer Jacobi, dessen kleine Kuhherde bei diesem Wettbewerb natürlich nicht mithält. »Spitzenkühe geben 12 000 Liter im Jahr.« *Solche Hochleistungskühe, die an einem einzigen Tag bis zu siebzig Liter Milch geben können (also sieben große Eimer voll!), sind anfällig für Fruchtbarkeitsstörungen, Euterentzündungen und Klauenkrankheiten und müssen öfter mit Medikamenten behandelt werden. Sie sind empfindlich wie gedopte Spitzensportler.* »Solche Kühe geben eine frühe Höchstleistung und sind dann ausgepowert«, sagt Jacobi. Aber genau das war lange Zeit das wichtigste

Zuchtziel: So wie Autohersteller auf große Motoren und Maximalgeschwindigkeit setzten, so züchteten die Rinderzüchter während der letzten Jahrzehnte Rekordkühe – als wären es Rennpferde, die beim Derby der Dreijährigen das große Geld gewinnen sollen. *Erst in den letzten Jahren begann langsam ein Umdenken bei den Züchtern: Nicht allein die Jahresmaximalmenge, sondern auch die Lebensleistung ist wieder ein Zuchtkriterium* – was für Bauern über Jahrhunderte so selbstverständlich war, dass sie gar nicht darüber nachdachten, bis die Grüne Revolution das bäuerliche Denken auf den Kopf stellte. Heute wird diese Selbstverständlichkeit als Neuheit in den Katalogen präsentiert, in denen die Bauern die Bullen für den Samenkauf für ihre Kühe aussuchen: »Zuchtwert Nutzungsdauer« heißt das dort.

Noch immer aber werden die Tiere so gezüchtet, wie die Maschine es verlangt, klagt Jacobi. »Das Vieh wird an die Haltungsformen angepasst und nicht umgekehrt.« Mastschweine werden auf so engem Raum gehalten, dass sie sich gegenseitig die Schwänze abbeißen, was Bauern früher nur ganz vereinzelt beobachtet haben. »Das geht so weit, dass sogar der Schinken in Mitleidenschaft gezogen wird. Erst dann fängt der Ökonom an zu rechnen und stellt fest, dass die Schwänze abgeschnitten werden müssen.« Bei Masthähnchen werden die Schnäbel kupiert, und Kühe züchtete man erst melkmaschinengerecht und heute passend für den Melkroboter. »Für die Melkmaschine mussten die Striche leicht nach innen gerichtet sein, damit sie gut erfasst werden konnten«, erklärt Josef Jacobi. »Der Roboter aber, der heute immer öfter zum Melken eingesetzt wird, kann besser arbeiten, wenn die Striche gerade stehen oder leicht nach außen gerichtet sind. Also werden die Striche der Kühe wieder nach außen gezüchtet.« Und die Kühe werden enthornt, um die Verletzungsgefahr zu bannen. Das müsste nicht sein, wenn sie genug Platz im Stall hätten, doch größere Ställe bedeuten höhere Kosten, die die Bauern sich kaum leisten können. Josef Jacobi hat für seine hörnertragenden Kühe spezielle Gitter gekauft, die jeder Kuh 75 statt 65 cm Platz an der Futterkrippe lassen, für zehn Prozent mehr Baukosten. Bei einem Stall, der eine halbe Million kostet, sind das 50 000 Euro – mit 28 Cent pro Liter Milch ist solcher Luxus nicht zu bezahlen.

»Wachsen oder weichen«

Außerdem erhöht der niedrige Milchpreis die Gefahr von Lebensmittelskandalen: Wer am wirtschaftlichen Limit arbeitet, kann beim Futtermittelkauf kaum wählerisch sein. Der schleswig-holsteinische Biobauer und Geschichtenschreiber Matthias Stührwoldt, der Autor von *Verliebt Trecker fahren*, hat sich noch vor der Umstellung seines Hofes Spezialfutter ohne Sojabohnen bestellt und musste dafür drei Euro mehr pro Doppelzentner zahlen. »Importfuttermittel waren schon damals garantiert nicht gentechnikfrei«, sagt Stührwoldt. »Und Futter für Kühe einmal um die Welt zu schippern, das widersprach meinen Vorstellungen von bäuerlicher Landwirtschaft.« Die meisten Futtermittelwerke sagen gleich, sie könnten überhaupt kein garantiert gentechnikfreies Futter liefern, und kennzeichnen deshalb vorsorglich alle ihre Futtermittel als möglicherweise gentechnisch verändert. Dabei ist das gentechnikfreie Futter auch aus sozialer und entwicklungspolitischer Sicht das bessere: »Mit gentechnisch verändertem Soja handeln vor allem drei weltmarktbestimmende Konzerne – Cargill, Bunge und ADM. Es wird an der Chicagoer Börse gehandelt, oft während der Fahrt über den Atlantik weiterverkauft und unterliegt deshalb starken Preisschwankungen«, erklärt die Gentechnikexpertin Mute Schimpf von Misereor. »Mit zertifiziert gentechnik-freiem Soja aber handeln bislang vor allem kleine Unternehmen, die den Landwirten in Brasilien feste Verträge mit festen Preisen bieten, das bedeutet eine größere Planungssicherheit. Es war eine Bauerngenossenschaft aus der Bretagne, die diese Handelsbeziehungen aufgebaut hat, vor allem mit kleinen Familienbetrieben im Süden Brasiliens, die keinen Regenwald zerstören.« Ein weiterer Vorteil für die Erzeuger: Sie müssen keine Lizenzgebühren an den Saatgutkonzern Monsanto zahlen wie die Bauern, die gentechnisch verändertes Soja anbauen.

Das alles ist aber nur besser als ganz schlecht, denn Soja aus Brasilien als Futter für Kühe in Deutschland bleibt ökologischer Wahnsinn. Denn die Kosten für den Boom von Export-Soja tragen die kleinen Bauern, die bislang quasi als Selbstversorger gewirtschaftet haben, und die Natur: Um Platz für neue Felder zu schaffen, werden gigantische Flächen Regenwald abgeholzt und Cerrado-Savanne umgepflügt. »Insgesamt verdrängt die Sojaproduktion für den Export den Anbau von Grundnahrungsmitteln. Das gefährdet die Ernährungssicherheit vor allem der Ärmsten in Brasilien«, kritisiert Mute Schimpf. (Vgl. Siebtes Kapitel).

Erst nachdem Bauern in Deutschland gemeinsam mit dem Bund für Umwelt und Naturschutz für gentechnikfreies Futter demonstriert hatten, kam Bewegung in die Sache: Im April 2006 gab das Raiffeisen Kraftfutterwerk Süd bekannt, es werde seine gesamte Produktion auf gentechnikfreie Ware umstellen. 70 Cent bis 2,30 Euro mussten die Bauern pro Doppelzentner, hundert Kilo, dafür mehr bezahlen. Auf einen Liter Milch umgerechnet sind das etwa 0,5 Cent Mehrkosten – doch nur die wenigsten Bauern können ihre Milch oder ihr Fleisch deswegen teurer verkaufen. Für die anderen ist die gentechnikfreie Fütterung eine reine Überzeugungstat. Immerhin hat der Raiffeisenverband nach langem Drängen eine Liste zusammengestellt, auf der alle Futtermittelwerke stehen, die inzwischen auch gentechnikfreies Futter liefern können.[130]

Milch wird im Supermarkt meistens als Standardprodukt verkauft, als eine weiße Flüssigkeit, die sich nicht von anderer weißer Flüssigkeit unterscheidet – außer durch die Verpackung. *Es macht aber einen Unterschied, ob Milch von einer 5000-Liter-Weidekuh stammt oder von einer 11 000-Liter-Stallkuh. Die Milch einer Kuh, die den ganzen Sommer auf der Weide grast, enthält viel Carotin und mehr ungesättigte Fett-*

säuren als Milch von Stallkühen. Die Butter aus dieser Milch wird goldgelb und weich, aber in ganz Deutschland gibt es keine große Molkerei, die solche Butter herstellen könnte, weil sie dazu eben ausschließlich Milch von Weidekühen verwenden müsste. Deshalb wird irische Butter nach Deutschland importiert, deren ganzes Erfolgsgeheimnis die Fütterung ist: kein Mais, kein Kraftfutter, nur Gras. Kein mystischer irischer Frühlingswind, sondern eine Haltungsform, die in Deutschland genauso praktiziert werden könnte. Bloß können Kühe, die so ernährt werden, keine 11 000 Liter Milch im Jahr geben, sie schaffen gerade mal die Hälfte. Hätten die deutschen Agrarwissenschaftler und -politiker, die Bauernverbandsfunktionäre, die Milcherzeuger und die Milchverbraucher Wert auf solche Qualität gelegt, gäbe es heute überall in Deutschland noch Weiden mit Kühen, und nicht nur an der Küste und im Mittelgebirge, wo das Land nicht fruchtbar genug ist für intensiven Ackerbau. Aber die Politiker und Funktionäre haben stattdessen auf Quantität gesetzt. Nach dem Krieg, als Lebensmittel in Deutschland knapp waren, war das eine richtige Entscheidung. Doch als längst niemand mehr hungern musste und die Gefahr einer Unterversorgung mit Lebensmitteln gebannt war, redeten sie noch immer von Mengensteigerungen. Selbst als die Medien über Milchseen und Butterberge berichteten, setzte die europäische Agrarpolitik weiter auf Rationalisierung und Strukturwandel. Dabei wurden die Gesetze der Industrie eins zu eins auf die landwirtschaftliche Produktion übertragen, nur deshalb gibt es heute 11 000-Liter-Kühe, die mit Silage aus gehäckseltem Mais und importierten Sojabohnen gefüttert werden – aus ökologischer Sicht eine Katastrophe. Denn die Maisfelder haben in Europa viel artenreiches und ökologisch wertvolles Grünland verdrängt, während sich die Sojabohnenfelder in Brasilien in den Regenwald fressen.

2015, so spekuliert man in Agrarkreisen, soll die Milchquote europaweit wieder abgeschafft werden. »Die totale Liberalisierung der Milchmärkte – das bedeutet eine noch intensivere Milchproduktion«, kritisiert Onno Poppinga, der an der Universität Kassel Ökologische Agrarwissenschaften lehrt. »Die Betriebe müssen noch größer werden, die Kühe müssen noch mehr Milch geben, sie werden noch mehr Mais und Getreide zu fressen bekommen und noch weniger Gras. Es gibt also keine Tendenz zu mehr Grünland, wie es Agrarpolitiker gerne fordern. Das Gegenteil ist der Fall.«[131]

Möglicherweise beruht der *Mengenmaximierungswahn* auf falschen Voraussetzungen: Der Landesbetrieb Landwirtschaft Hessen hat nämlich herausgefunden, dass die 11 000-Liter-Kuh nicht unbedingt die wirtschaftlichste ist. Die Behörde hatte die Vollkosten von fünfzig Milchbetrieben verglichen und mit Erstaunen festgestellt: *Die leistungsfähigsten Kühe sind gar nicht die wirtschaftlichsten*. Ställe mit Kühen, die schlappe 6000 Liter Milch im Jahr bringen, waren in dieser Untersuchung wirtschaftlicher als solche mit Hochleistungskühen.[132] Vermutlich ist es Klaus-Dieter Sens, dem Fachgebietsleiter Ökonomie des Landesbetriebes, ziemlich schwer gefallen, einen Satz wie diesen im Landwirtschaftlichen Wochenblatt zu veröffentlichen: »Die erfolgreichen Betriebe haben in dieser Auswertung (insgesamt 50 Betriebe) mit 6007 kg Milch sogar über 1500 kg weniger abgeliefert als die weniger erfolgreichen Betriebe.« Die Züchter müssen sich an den Kopf gefasst haben: Jahrzehntelang züchten sie die Superkuh, die die deutschen Bauern weltmarktfähig machen soll, und dann rechnet ihnen jemand vor, dass am Ende mit der alten Olga mehr Geld zu verdienen ist. Und die Landwirte waren ebenso baff: Sie kaufen teuren Samen von Spitzenbullen und lassen ihre weniger produktiven Kühe als Leihmütter Kälber dieser Spitzenbullen und ihrer besten Kuh austragen – und am Ende rechnet sich der ganze Aufwand gar nicht. Das ist eigentlich ziemlich plausibel, ein Ökonom würde schlicht vom abnehmenden Grenznutzen sprechen, oder, agrarwissenschaftlich ausgedrückt, vom abnehmenden Ertragszuwachs: Ab einer gewissen Milchmenge muss man immer mehr Aufwand treiben – teureres Futter, höhere Arzneikosten –, um die Menge noch weiter zu steigern. Für die Bauern würde es einen Paradigmenwechsel bedeuten, wenn die Ergebnisse der hessischen Untersuchung denn richtig bekannt geworden wären. Doch daran scheint kaum jemand Interesse zu haben, meinte ein Insider, der seinen Namen lieber nicht nennen will. Die Zuchtverbände und der Bauernverband seien personell miteinander verschlungen, und auch den Futtermittelherstellern würden solche Ergebnisse gar nicht gut passen.

Man sagt, die Milchbauern hätten innerhalb des Bauernverbands deshalb eine schlechte Lobby, weil sie noch spätabends im Kuhstall stehen und melken, wenn die anderen Bauern längst mit ihrer Arbeit fertig sind und Zeit für die Verbandspolitik haben. Der Deutsche Bauernverband argumentiert, die Milchpreise seien auch deshalb so niedrig, weil die Molkereien gegenüber dem Lebensmitteleinzelhandel in einer »äußerst schlechten Verhandlungsposition« stünden. In seinem »Strategiepapier Milch« fordert er die Molkereien auf, »sich aktiv um Verbesserung ihrer Vermarktungsposition zu bemühen«, und unterstützt deshalb einen »beschleunigte(n) Strukturwandel zur Stärkung der Molkereiwirtschaft«.[133] Im Klartext: Noch mehr Molkereien sollen schließen, die, die übrig bleiben, werden noch größer und die Transportwege länger.

Der kurze Weg von der Küche zum Kuhstall dürfte bei den meisten Bauern ausgereicht haben, um den Gedanken zu Ende zu denken: Wenn 120 Molkereien nicht mit acht Einzelhändlern verhandeln können, wie sollen dann 111 800 Milchbauern mit weniger als 120 Molkereien verhandeln? Die Milchbauern haben verstanden, was der Bauernverband ihnen mit seinem Strategiepapier sagen wollte: Nicht nur die Molkereien, sondern auch die Bauern sollen fusionieren, die kleinen sollen dichtmachen und die großen noch größere Ställe bauen – nach dem dreißig Jahre alten und seit dreißig Jahren nicht bewährten Motto der Bauernindustrialisierung »Wachsen oder weichen«. Und selbst dann würde das Ungleichgewicht zwischen den einzelnen Bauern und den Molkereien bestehen bleiben. Der kritische Agrarprofessor Onno Poppinga hat das Verhältnis von Molkereigröße und Auszahlungspreis Anfang der Achtzigerjahre untersucht und festgestellt, dass es keinen Zusammenhang zwischen Auszahlungspreis und Größe der Molkerei gibt.[134] Als er den Bauern diesen Milchpreisvergleich zuschickte, beschwerte sich der hessische Raiffeisenverband als Dachverband der Molkereien beim Präsidenten der Kasseler Universität und drohte mit einer Klage.

Ein Alternativmodell: Die Upländer Bauernmolkerei

Das Alternativmodell zur Molkereienkonzentration aber stammt nicht etwa aus den Think Tanks der Agrarwissenschaftler, sondern von einem Biobauern, der an so etwas wie die Vernunft des Marktes und der Verbraucher glaubt und daran, dass man etwas schaffen kann, wenn man es nur will. Mitte der neunziger Jahre hatte Josef Jacobi acht Jahre lang Biomilch erzeugt, ohne dafür einen Pfennig mehr Geld zu bekommen. Denn im Warburger Bördeland gab es keine Molkerei, die Biomilch als Biomilch vermarktete. Die nächste war 250 Kilometer entfernt. In dieser Zeit hörte Jacobi, dass im sauerländischen Willingen-Usseln, etwa 60 Kilometer von seinem Hof entfernt, eine Molkerei geschlossen wurde. Aus der Körbecker Bürgerinitiative gegen die Giftmülldeponie war damals schon die Bürgerinitiative *für* »ein lebenswertes Bördeland und Diemeltal« geworden, die an einer Art regionaler Anti-Globalisierung arbeitete: Kauft den Schrank beim Schreiner nebenan und sucht im Supermarkt nach regionalen Produkten, das schafft Arbeitsplätze in unserer Region!, so appellierte sie an die Bördeländer. »Dabei haben wir festgestellt, dass das mit Milch und anderen landwirtschaftlichen Produkten gar nicht ging – obwohl hier eine landwirtschaftliche Region ist«, erzählt Jacobi, und man hört an seiner Stimme noch heute, mehr als zehn Jahre danach, wie sehr ihn das damals verblüffte. »Unsere Milch wurde irgendwo in die Zentren gekarrt, da verarbeitet, und kam dann zurück in die örtlichen Supermarktfilialen.« Deshalb beschloss Jacobi, die Molkerei in Willingen zu kaufen. Einfach so, »damit man ein Produkt in der Region halten konnte«.

Bauer kauft Molkerei: Für einen Unternehmer ist eine Investition in die nächste Verarbeitungsstufe etwas Gewöhnliches, für die meisten Bauern aber war Jacobis Idee völlig unvorstellbar. Man muss sich die wirtschaftliche Situation und das Selbstverständnis der großen Mehrheit der Bauern vergegenwärtigen, um das zu verstehen: Seit Jahrzehnten erleben sie sich als aussterbende Berufsgruppe, die dem eigenen Untergang durch Rationalisierung und Vergrößerung des eigenen Hofes mehr schlecht als recht zu entgehen versucht. Jeder Landwirt ist dabei mit sich selbst und seinem eigenen Hof beschäftigt, vor allem die Älteren sehen sich eher als Bauern denn als Agrarunternehmer und fürchten sich mächtig vor den riesigen Krediten für neue Maschinen oder Stallanlagen, die sie aufnehmen müssen, um einigermaßen rentabel wirtschaften zu können. Und da die meisten Bauern eher konservativ sind, verlassen sie sich auf ihren Bauernverband, der von Experimenten nicht viel hält und unbeirrt auf Leistungssteigerung durch schiere Masse setzt. In einer solchen dauerhaft finanziell angespannten Situation eine ganze Molkerei zu kaufen, wäre nur sehr sehr wenigen Bauern überhaupt in den Sinn gekommen.

Aber Josef Jacobi überzeugte achtzehn Biomilchbauern von seiner Idee und sprach mit der Gemeinde Willingen, die beschloss, die Molkerei mit Hilfe von Dorferneuerungsmitteln zunächst zu kaufen und dann an die Bauern zu verpachten. Diese finanzierten die Renovierung und die neuen Maschinen. Jeder Bauer zahlte im Schnitt zehntausend Euro – je nach Zahl der Kühe – und übernahm noch einmal die gleiche Summe als Bürgschaft. Doch das reichte noch nicht. »Also haben wir bei Ärzten, Architekten und allen, die Geld hatten und ein Interesse daran, dass Arbeitskräfte in der Region geschaffen werden, Geld eingesammelt...« Neben den Bauern, die laut Satzung mindestens 70 Prozent der Anteile halten müssen, sind heute auch einige Nicht-Bauern an der Upländer Bauernmolkerei GmbH beteiligt.

»Schließlich haben wir noch den Bund für Umwelt und Naturschutz angesprochen, der extra für uns einen Fonds aufgelegt hat – und das war entscheidend.« Mit diesem Geld renovierte die Milcherzeugergemeinschaft die Maschinen. Im September 1996 sammelte der erste Tankwagen die nordhessische und Bördeländer Biomilch ein und fuhr sie in die Upländer Bauernmolkerei in Willingen-Usseln.[135]

Doch ein kleines Problem musste noch gelöst werden: Die Molkerei hatte eine Kapazität von 25 Millionen Litern pro Jahr und konnte nur mit mindestens sechzehn Arbeitskräften betrieben werden. Jacobi und seine Kollegen konnten in den ersten Monaten aber nur eine Million Liter Biomilch auch als Bio vermarkten. »Deshalb mussten wir auch konventionelle Milch von Bauern aus der Region mitverarbeiten, 10 Millionen Liter im Jahr«, sagt Jacobi. Mit einem Marketingprofessor, der Erfahrung mit regionalen Produkten hatte, und der Geschäftsführerin der Molkerei fuhr Jacobi zur nächstgelegenen Rewe-Zentrale und legte dem Chefeinkäufer dar, wie gut es wäre, wenn man in seinen Supermärkten plötzlich regionale Milch kaufen könne. »Wir haben ihm alles erklärt, was wir damals schon im Kopf hatten: das Milch*muh*seum, das inzwischen fünfhundert Besucher pro Woche hat, das ökologische Informationszentrum, den Milchwanderweg, die Schulmilch-Projekte.«[136] Es mag erstaunlich klingen, aber der Rewe-Chefeinkäufer verstand, was der bärtige struwwelhaarige Landwirt ihm da alles erklärte, und er nahm die Milch ins Sortiment: eine weiße Tüte mit hellblauer Aufschrift »Upländer Bauernmolkerei«.

Die Biomilch lieferten die neuen Molkereibesitzer an die drei nächstgelegenen Naturkostgroßhändler, an die hessische Supermarktkette Tegut, wo sie unter dem Namen Alnatura vermarktet wird, und inzwischen auch an die norddeutschen Budnikowsky-Drogerien. »Die haben vor drei Jahren versuchsweise frische Produkte ins Sortiment genommen, zuerst in fünfzehn Läden, und die sind so gut gelaufen, dass inzwischen über hundert Filialen unsere Milch anbieten.« Das sprenge zwar den regionalen Ansatz, sagt Jacobi. »Aber wir müssen sehen, wo wir mit unseren Produkten bleiben.«

16 Millionen Liter Biomilch verarbeitet die Upländer Bauernmolkerei inzwischen im Jahr, und die Milcherzeugergemeinschaft, als Hauptgesellschafter der Molkerei-GmbH Eigentümer der Molkerei, ist auf 90 Biobauern gewachsen. Jacobi allerdings hat nicht vergessen, wie er belächelt wurde, als das Gerücht, er wolle eine Molkerei kaufen, die Runde unter den Bauern machte. »Erst hieß es, die überstehen keinen Monat. Aber nach einem Monat gab es uns immer noch. Dann sagten sie, nach drei Monaten ist aber absolut Schluss, und als wir nach einem Jahr noch wirtschafteten, behaupteten sie, wir kriegten Subventionen vorne und hinten reingesteckt – was nicht stimmte.« Inzwischen erhält Jacobi sogar Einladungen vom Bauernverband: Auf dem Deutschen Bauerntag in Rostock referierte er im Forum »Vorwärtsstrategien für Regional- und Ökoprodukte« über das Konzept der Molkerei. Der eigentliche Erfolg für die Bauern aber ist der Milchpreis: »Wir haben mit einem ganz niedrigen Preis angefangen«, sagt Jacobi. »Die ersten drei Monate haben wir sogar auf den Biozuschlag verzichtet.« Inzwischen zahlt die Upländer Bauernmolkerei die viertbesten Preise in Deutschland an ihre Bauern, für Biomilch gibt es sechs Cent Zuschlag.

Im Jahr 2004 begannen die großen Discounter, Milch unter dem Einkaufspreis zu verkaufen, die Molkereien überall in Deutschland zahlten immer weniger, und aufgebrachte Bauern blockierten Lidl- und Aldi-Märkte. Josef Jacobi fand, dass es nicht richtig sei, dass ein Bauer seine Milch unter dem Herstellungswert verkauft. Zusammen mit dem hessischen Dienstleistungszentrum für Landwirtschaft, Gartenbau und Naturschutz erarbeitete die Milcherzeugergemeinschaft eine Aufstellung über alle Produktionskosten für Biomilch. Das Ergebnis war: Es kostet 40 Cent, einen Liter Biomilch zu erzeugen. Den Bauern fehlten also fünf Cent pro Liter, um kostendeckend zu arbeiten. »Wenn wir zu den Supermarktketten gingen und sagten, wir brauchen fünf Cent mehr, würden die sagen, das mag zwar so sein, aber eure Konkurrenz bietet die Milch billiger an, deshalb können wir nicht mehr zahlen.« Aber Jacobi beharrte: »Wenn wir Vollkosten von 40 Cent haben, dann brauchen wir 40 Cent, sonst kann die nächste Generation den Hof nicht weiterführen.« Und wenn die Supermarkt-Ökonomie tausendmal nach dem Prinzip des gegenseitigen Unterbietens funktionierte, wollte Jacobi den Glauben an den mündigen Verbraucher deswegen nicht aufgeben. Die meisten Bauern, ganz gleich, wo man fragt, halten diesen Verbraucher für eine Erfindung von Träumern und alternativen Weltverbesserern. Sie sind felsenfest davon überzeugt, dass stimmt, was ihnen der Bauernverband immer wieder vorsagt: »Bio ist eine Nische, und die Leute kaufen eh das Billigste. Und wenn ihr Landwirte bleiben wollt, müsst ihr eben billiger produzieren – zu Weltmarktpreisen.« Auch Jacobi hatte diese Argumente natürlich immer wieder gehört, aber er scherte sich nicht darum. »Wir haben beschlossen, die Verbraucher direkt anzusprechen.«

Es gelang ihm, eine Förderung des Bundesprogramms Ökologischer Landbau für eine Marktanalyse zu bekommen. Mitarbeiter der Bundesforschungsanstalt für Ernährung und Lebensmittel in Kiel befragten knapp 600 Kunden in zwölf Lebensmittelgeschäften zwischen Hannover, Frankfurt, Marburg und Fulda, wo die Milch der Upländer Bauernmolkerei zu kaufen ist. Und das Ergebnis gab Jacobi recht: Etwa 80 Prozent der Befragten – vier von fünfen – gaben an, sie seien bereit, für eine regionale Biomilch einen Aufschlag von fünf Cent zu bezahlen. Erstaunlicherweise war der Anteil von Kunden in gewöhnlichen Lebensmittelgeschäften sogar noch höher als in Bioläden. (Und noch etwas überraschte die Marktforscher: Wenn die Verbraucher aus dem Laden gehen, wissen sie oft gar nicht, wie viel sie gerade für einen Liter Milch bezahlt hatten. 30 Cent, meinten die einen, und zwei Euro die anderen: also mehr als das Doppelte des tatsächlichen Preises.) Mit diesen Ergebnissen hatte die Upländer Bauernmolkerei die wissenschaftliche Bestätigung, dass der Markt ihr neues Produkt akzeptieren würde: eine Tüte

Biomilch der Upländer Bauernmolkerei, ergänzt durch den Aufkleber »Erzeuger-fair-Milch 5 Cent direkt«. Die Naturkostläden informieren ihre Kunden auf Plakaten und mit Broschüren, was »Erzeuger-fair-Milch« bedeutet, und verkaufen die Milch der Upländer Bauernmolkerei 5 Cent teurer als vorher, und diese fünf Cent werden direkt an die Bauern weitergereicht. Zur Pressekonferenz in Jacobis Kuhstall erschienen zwei Fernsehteams, sowie fünf Radio- und siebzehn Zeitungsreporter. Noch erfreulicher waren die steigenden Verkaufszahlen: »Wir haben eine Absatzsteigerung festgestellt durch diesen Aufpreis.«

Keine schlechte Erfahrung: Mehr Absatz – fünf bis zwanzig Prozent, vereinzelt sogar dreißig Prozent – durch *höhere* Preise, und das in Zeiten des Discounter-Booms und der *Geiz-ist-geil*-Kampagne.[137]

Andere Molkereien haben das Modell inzwischen übernommen: Auf der BioFach, der weltweit wichtigsten Messe für Bioprodukte, die jedes Jahr in Nürnberg stattfindet, stellte eine niederländische Molkerei ihre neue »Boeren Fair Melk«[138] vor, und auch die Meierei Trittau in Holstein verkauft seit diesem Sommer »Erzeuger-fair-Milch«, zunächst in neun Lebensmittelläden in Hamburg und Kiel. »Das Interesse ist in jedem Fall da«, sagt der Verkaufsleiter Joe Steffen. »Die Geschäfte wollen Erzeuger-fair-Milch, obwohl das zusätzliche Arbeit bei der Abrechnung und an der Rampe macht. Denn wir können die Erzeuger-fair-Milch nicht mit unseren anderen Produkten an die Zentrallager liefern, sondern müssen sie direkt zu den Geschäften transportieren. Dennoch haben wir neue Abnehmer gefunden.«[139]

Gentechnikfreie Milch

Währenddessen haben die innovativen Biomilchbauern auch ihre konventionell wirtschaftenden Kollegen zu einer kleinen Rebellion angespornt. Im Jahr 2001 haben zweiundvierzig Milchbauern im Sauerland ihre Verträge mit der Molkerei Tuffi gekündigt (die inzwischen von der Großmolkerei Campina geschluckt worden ist). Tuffi hatte den kleinen Bauern weniger für die Milch gezahlt als den großen, einen Cent pro Liter. Die kleinen Sauerländer Milchbauern mit ihren zehn bis fünfzig Kühen errechneten, dass jeder von ihnen auf diese Weise einen Großbauern mit etwa hundert Kühen jedes Jahr mit etwa 3000 Euro subventionierte, und das gefiel ihnen gar nicht. Sie schlossen sich zu einer eigenen Vermarktungsgemeinschaft zusammen und liefern heute ihre Milch der Upländer Bauernmolkerei. Dort bekommen sie bis zu drei Cent mehr pro Liter als früher. Seit 2005 liefern sie die erste garantiert gentechnikfreie konventionelle Milch in Deutschland (Biomilch muss wie alle Bioprodukte gentechnikfrei sein).

Wer sich mit den Details des europäischen Lebensmittelkennzeichnungsrechts nicht auskennt, wird darüber verwundert sein, denn eigentlich müssen seit April 2004 ja alle gentechnisch veränderten Lebensmittel gekennzeichnet sein, und auf Milchtüten steht schließlich nirgends der Hinweis »gentechnisch modifiziertes Lebensmittel«. *Doch die EU-Verordnung zur Kennzeichnungspflicht hat Lücken: Sie gilt nämlich gerade nicht für Milch und Fleisch. Wenn Kühe, Schweine oder Hühner mit gentechnisch verändertem Futter gefüttert wurden, erfährt der Käufer nichts davon.* Die Futtermittelhändler nutzen das aus und ersparen sich die Deklaration gentechnikfreier Ware. Die meisten schreiben einfach auf ihre Säcke: »Mit gentechnisch veränderten Zutaten«, vorsichtshalber, auch wenn gar keine drin sind. Als Franz-Josef Dohle, der Vorsitzende der Sauerländer Milcherzeugergemeinschaft, nach gentechnikfreiem (Nicht-Bio-)Futter fragte, bekam er gleich mehrmals zu hören, er sei ein Spinner, so etwas gäbe es nämlich gar nicht.[140] »Einige kleine Genossenschaften aber sagten erst, sie wollten uns beliefern, aber sie machten nach und nach Rückzieher: Sie durften kein gentechnikfreies Futter liefern, weil der Mutterkonzern dagegen war.« Schließlich fanden sie die Firma Bela-Thesing am Niederrhein, die sich als Erste bereit erklärte, zertifiziert gentechnikfreies Soja zu liefern.

Der Upländer Bauernmolkerei gelang es, Abnehmer für die Milch der Sauerländer Bauern zu finden: Seit Juni 2005 kann man in den rund 300 Tegut-Supermärkten in Hessen konventionelle Milch ohne Gentechnik kaufen (inzwischen als Tegut-Eigenmarke vermarktet). Im Januar 2006 nahmen auch die Rewe-Supermärkte im Sauerland, in Ostwestfalen und Nordhessen die gentechnikfreie Milch in ihr Sortiment auf, »Bergweide – ohne Gentechnik« heißt sie dort, später kamen Globus-Märkte, etwa 300 Lidl-Filialen und der Tiefkühlkosthersteller Frosta als Abnehmer dazu. Die gentechnikfreie Milch kostet im Laden mehr als die gewöhnliche, aber weniger als Biomilch, die Bauern bekommen bis zu 2,5 Cent pro Liter zusätzlich.

Karin Artzt-Steinbrink, die Geschäftsführerin der Upländer Bauernmolkerei, findet die große Nachfrage auch in Zeiten der Preiskämpfe im Lebensmitteleinzelhandel nicht verwunderlich: »Ein Teil der Supermarkt-Kunden achtet ja eben nicht nur auf den Preis, sondern auf Qualität, und diesen Kunden wollen die Supermärkte etwas bieten. Und sie profitieren wohl auch vom guten Image unserer Molkerei.« Inzwischen berät sie weitere Molkereien, die gentechnikfreie Milch verkaufen wollen. Wie groß das Potenzial ist, vermag sie nicht zu sagen, aber sie nimmt den großen Erfolg des fair gehandelten Kaffees als Richtschnur.

Die Bauern, die an die Upländer Bauernmolkerei liefern, haben jedenfalls die gute Erfahrung gemacht, dass sie bessere Preise bekommen, wenn sie ihre Produkte selbst vermarkten – auch wenn der Bauernverband das Gegenteil behauptet. Aber im Widerlegen der herrschenden Meinung hat die Upländer Bauernmolkerei inzwischen einige Erfahrung gewonnen. Josef Jacobi jedenfalls zieht eine klare Zwischenbilanz: »Solange Milch nur eine weiße Flüssigkeit ist, kauft der Verbraucher die billigste weiße Flüssigkeit. Wenn man ihm aber sagt, warum er mehr zahlen soll und was er dafür bekommt, ist er dazu bereit. Er muss nur den Sinn erkennen.«

Sechstes Kapitel

Fünf vor zwölf:
Die Landwirtschaft am Abgrund

Aufschwung der Bioprodukte

Wenn es irgendetwas gibt, das man ohne langes Studium der Waren- und Labelkunde ziemlich bedenkenlos kaufen kann, dann sind es Biolebensmittel. Das sechseckige Bio-Siegel, das Renate Künast als erste Verbraucherschutzministerin der Bundesregierung eingeführt hat, garantiert die Standards der EU-Bio-Verordnung, und zusätzlich gibt es die Siegel der einzelnen Anbauverbände wie Demeter, Bioland und Naturland mit noch strengeren Auflagen.[141] Ökologisch arbeitende Bauern, Gärtner, Schlachter, Bäcker und Brauer sammeln seit Jahrzehnten Erfahrungen, wie man sich dem Industrialisierungsdruck entziehen und auf nachhaltige Weise gesunde Lebensmittel produzieren kann, die Ökokontrollen sind präzise geregelt, die Qualität stimmt, und es gibt immer mehr Geschäfte mit Biolebensmitteln im Angebot (inzwischen führen sogar Discounter eigene Biolinien, was in der Branche natürlich umstritten ist). Wer also ökologisch, moralisch und gesundheitlich korrekt essen und trinken will (und genügend Geld hat), der hat die Wahl. Bei Lebensmitteln ist verantwortungsvoller Konsum eine einfache und klare Sache.

So wollte ich das Kapitel über Lebensmittel in diesem Buch beginnen, aber ich konnte nicht weiterschreiben. Die monatelangen Recherchen über die Missstände in den Fabriken dieser Welt, die Gespräche über geschundene Kinder, ausgebeutete

Textilarbeiterinnen und – immer wieder – über die Versäumnisse der Politik auf allen Ebenen hatten mich so zermürbt, dass ich mich eigentlich darauf gefreut hatte, endlich etwas Positives berichten zu können. Und es gab ja viel Positives: In den letzten Jahren hatte ich so viele wunderbare Biobauernhöfe besichtigt und jedes Mal gedacht: Ja, es geht doch! Diese Leute retten die Bauernhöfe und die Dörfer, sie behandeln ihr Vieh gut, sie ernten Getreide ohne Pestizide und produzieren Milch ohne Gentechnik. Einmal war es mir sogar gelungen, einen jener Landwirte, die Ökolandwirtschaft für eine überflüssige Träumerei von naiven und weltfremden Grünen halten (und es gibt viele Bauern, die so denken), vom Gegenteil zu überzeugen. Das war in einem Schweinestall eines Demeter-Betriebes, wo dicke Sauen gemütlich im Stroh lagen und ihre Ferkel von Box zu Box herumspazierten und im Stroh herumstöberten, ohne sich von den fremden Besuchern stören zu lassen. Ein Bild wie aus einem Bilderbuch, bei dem jemandem, der mit Schweinemast nichts zu tun hat, gar nichts Besonderes aufgefallen wäre. Doch der Bauer zu Besuch konnte mit dem Staunen gar nicht mehr aufhören: Wie ruhig und gelassen die Sauen da herumlagen, obwohl so viele fremde Leute durch ihren Stall liefen! Es war viele Jahre her, seit er zuletzt solche Schweine gesehen hatte. In seinem Dorf leben längst alle Sauen zwischen so engen Gittern, dass sie sich darin kaum umdrehen konnten, ihre Ferkel werden in fensterlosen Ställen im Dämmerlicht turbogemästet, die Sonne sehen sie nur zweimal in ihrem Leben, einmal beim Umtreiben in den größeren Maststall und ein paar Monate später auf dem Weg zum Schlachthof durch die Ritzen im Viehtransporter. Und wehe, es macht jemand in diesen Ställen plötzlich das Licht an oder es kommen Kinder kreischend hereingelaufen! Das ist strengstens verboten, denn die Schweine würden sich so erschrecken, dass einige auf der Stelle an Herzinfarkt sterben würden, nervös und schreckhaft, wie sie nun einmal sind. Der Bauer hatte ganz vergessen, dass Schweine eigentlich gar nicht so empfindlich sind, sondern das erst werden, wenn man sie wegsperrt und so viel füttert, dass sie fett werden und schwache Herzen bekommen. Als dieser Bauer in den kleinen Demeter-Stall kam und die Ferkel sah und die dicken Sauen, erinnerte er sich, wie es früher in seinem Dorf ausgesehen hatte. Und er verstand, glaube ich, zum ersten Mal, worum es den Ökobauern geht.

Solche Geschichten wollte ich aufschreiben und sagen, wie gut es ist, dass die Konsumenten bei Lebensmitteln die Wahl haben, die sie bei Kleidung und Schuhen eben nicht haben – oder nur in sehr viel eingeschränkterer Form. Und dass sie diese Wahl nutzen: Immer mehr Leute kaufen Bioprodukte, die Branche wächst wie kaum eine andere in der Rezession, jedes Jahr um 12 bis 15 Prozent[142], sie ist ein Musterbeispiel dafür, wie politischer Konsum funktionieren kann: Hätte es nicht Leute gegeben, die nach Fleisch von glücklichen Schweinen und nach Eiern von frei laufenden Hühnern gefragt hätten, gäbe es heute weder Naturkosthäuser noch Bauernhofläden und auch keine 16 000 Biobauernhöfe allein in Deutschland.[143]

Die mehr als 30 000 deutschen Biobauern hätten dann entweder keine Arbeit oder eine sehr viel weniger befriedigende. Und auf ihren Feldern, immerhin 4,5 Prozent der landwirtschaftlichen Nutzfläche, würden bei nicht-ökologischer Bewirtschaftung chemisch-synthetische Pestizide ausgebracht, die nach wie vor ökologisch und gesundheitlich alles andere als unbedenklich sind.[144] Die beständige Nachfrage nach ökologischen Produkten hat auf diese Weise eine ganze Branche neu geschaffen, deren Existenz die offizielle Agrarpolitik überhaupt nicht vorgesehen hatte.

Das alles wollte ich schreiben, und um die Gegenseite noch mal zu hören und ein bisschen frischen Stoff zu sammeln, besuchte ich vorher ein Seminar über die Zukunft der Schweinehaltung, sprach mit zwei Kleinbauern aus dem brasilianischen Regenwald und sah den Film *We feed the world*.[145] Und danach fehlten mir die Worte. Obwohl ich eigentlich nichts wesentlich Neues gehört hatte, kam mir die ganze Biobranche plötzlich sehr klein und wirkungslos vor, als wäre es wirklich nur eine winzige Nische, die dem großen agroindustriellen Komplex kaum etwas entgegenzusetzen hat.

Die Zukunft der Schweinemast

In Sachsen-Anhalt planen niederländische Agrarinvestoren Mastanlagen für mehr als 80 000 Schweine in einem einzigen Stall, im brasilianischen Regenwald roden Agrarunternehmer großflächig Regenwald und vertreiben die Kleinbauern, die vorher dort gelebt haben, um Soja für den Export anzubauen, das alles mit staatlicher Unterstützung, und die US-amerikanischen Saatgutkonzerne Monsanto und Pioneer Hi-Bred arbeiten zielstrebig an der weltweiten und unumkehrbaren Verbreitung genmanipulierten Saatgutes und an der Integration der gesamten Produktionskette, also an der Abschaffung der freien Bauern. Und das alles – und viele andere ökologisch und sozial katastrophale Dinge – geschehen in einem Weltwirtschaftssystem, das jeden Tag etwa 25 000 Menschen verhungern lässt.[146] Es schien mir plötzlich sehr zweifelhaft, ob ein paar Kühe mit Hörnern auf der Weide und eine Handvoll Bunter Bentheimer Schweine in der Suhle etwas gegen die Finanzkraft und den politischen Einfluss der großen Agrarkonzerne ausrichten konnten. Und ob nicht nach den vielen Agrar- und Ernährungsskandalen, nach all der Berichterstattung über BSE, Dioxineier und Gammelfleisch die Verbraucher viel zu wenig von der Möglichkeit des politischen Konsums Gebrauch machten. *Der Marktanteil für Ökolebensmittel lag vor dem Boomjahr 2006 bloß irgendwo zwischen einem und vier Prozent.*[147]

»Wenn die Leute Bio wollen, dann machen wir Bio«, sagte Helmut Rehhahn auf dem Seminar »Richtig Schwein – Markt und Management« in Oldenburg, als ich mich nach dem Mittagessen an seinen Tisch setzte. Nichts sei leichter als das, er könne produzieren, was die Leute wollten, auch Biofleisch im großen Maßstab, bloß: »Dann gehen tausende kleiner Biobauern pleite.«[148] Und dabei lächelt er sehr freundlich und etwas süßlich, als wolle er sagen: Und das wollen wir doch auch nicht, oder? Dabei ist Helmut Rehhahn gar kein Typ, der ohne Weiteres den *bad guy* abgeben würde. Die Fachzeitschrift *Ernährungsdienst* hatte ihn zum Seminar über die Zukunft der Schweinemast eingeladen, damit er den Landwirten, Unternehmern und Agrarwissenschaftlern erklärt, wie die riesigen Mastanlagen funktionieren, und vor allem, wie man sie genehmigt bekommt. Auf dem Podium beginnt er leise, fast zurückhaltend zu sprechen. Er verschweigt nicht, dass er als Landwirtschaftsminister von Sachsen-Anhalt zurücktreten musste, weil er auf die Vergabe von Fördermitteln Einfluss genommen haben soll. Erst nach sechs Jahren Rechtsstreit mit seinen ehemaligen Behörden habe er diesen Vorwurf widerlegen können. Heute berät er Agrarunternehmer, die große Mastanlagen bauen wollen, und scheint wieder gut im Geschäft zu sein. Drei neue Großanlagen in Sachsen-Anhalt mit bis zu 80 000 Plätzen auf brachliegenden Militärflughäfen plane er, eine vierte und eine fünfte seien in der Pipeline.

»Solche großen Anlagen gehen nur über längere Zeit gut, wenn sie einen hochreinen Tierbestand haben und diesen nur unter sich vermehren«, erklärt er den Schweinemästern. »Die Blutauffrischung haben wir in den letzten Jahren nur über die Vaterlinie gemacht, und diese Tiere dann auch noch in entsprechend ausgelagerten Quarantäneställen ohne Kompromisse gehalten.«

Man müsse solche Anlagen als geschlossene Systeme aufbauen, als Grundsatz müsse gelten, dass Krankheiten nicht aus dem Nichts entstünden, sondern über Menschen, Futtermittel und Tiere hereingetragen würden. Deshalb müsse man beim Personen-, Material- und Fahrzeugverkehr klare Schnittstellen einrichten und Schleusen konsequent nutzen. »Solche Kriterien waren bei uns zu DDR-Zeiten üblich, auch aufgrund der Angst der Staats- und Parteiführung vor Sabotage.«

Wenn man Rehhahn zuhört, versteht man, dass Mastanlagen,

wie er sie plant, Hochsicherheitszonen sind, eher Fabriken als Ställe. Sie liefen »grundsätzlich ohne eigenes Land« und ohne eigene Arbeitskräfte, »bis auf das unmittelbare Tierbetreuungspersonal«. Er spricht von Genehmigungsverfahren, Behörden, Politikern und Anwohnern, deren »Goodwill zu aktivieren« sei, nur von den Schweinen und wie sie dort leben, spricht er nicht. Es werden so viele sein, dass die Schweinefabriken alle drei Minuten ein schlachtreifes Schwein ausspucken (in Wirklichkeit werden sie natürlich in großen Partien zum Schlachthof gefahren). Fragt man ihn danach, sagt er, dass man die Schweinehaltungsverordnung selbstverständlich einhalten werde. Und in der Tat: Den Schweinen ist es vermutlich egal, ob sie zu Tausenden oder Hunderttausenden in dämmrigen Räumen, ohne Tageslicht, eingepfercht sind. Sie längst von Nutztieren zu bloßen landwirtschaftlichen Produkten degradiert worden.

Bei den Anlagen, wie Rehhahn sie plant, fallen jährlich 120 000 Kubikmeter Gülle an, das bedeute 4000 Fahrten von der Stallanlage zu den Feldern, »eine erschreckende Zahl, mit der wird ständig hantiert«. Wenn man das aber runterbreche auf zwanzig am Tag und zwei in der Stunde, höre sich das für die Anwohner schon weniger erschreckend an. Geschickt sei es aber, wenn man es schaffe, auch eine Bewegung *für* die Anlage »aufzustellen«, die offen sage, sie sei für diese Investition, sagt Rehhahn. Er denkt offenbar an eine Art gelenkter Bürgerinitiative – als Gegengewicht zu den Gegnern, die selbst im investitionsarmen Osten zahlreich sind.[149] *Solche Art von verdeckten PR-Aktionen haben sich vor allem in den USA etabliert* – grassrooting *nennen die PR-Strategen das.* »Sie müssen im Territorium verwachsen sein – oder reinwachsen«, rät Rehhahn den westdeutschen Landwirten. »Denn wenn erst einmal Hunderte gegen ein solches Projekt unterschrieben haben – und ich hab einen Fall, da geht das in die Zehntausende –, dann bekommen auch die Politiker Beklemmungen, sich offen dazu zu bekennen. Und wenn sie die politische Seite nicht mehr hinter sich haben, bekommen die Behörden Probleme in ihrer Entscheidungsfreudigkeit.« Auch die Medien müsse man für das Projekt begeistern und den Gegnern unter ihnen die bereits existierenden Großanlagen zeigen. »Wenn natürlich einer vom Wirtschaftsteil mit Ihnen spricht, ist das was anderes, als wenn Sie etwa von MDR Kultur eine Einladung bekommen.« An dieser Stelle wird Rehhahns Ton schärfer, er kann sich einen kleinen Stich gegen seine Gegner nicht verkneifen. Aber er weiß ja, dass ihm die Schweinemäster in den karierten Hemden zustimmen werden: »Das sind nicht unsere Freunde, das sind eben Intellektuelle aus verschiedensten Bereichen, alle grundsätzlich gegen die Massentierhaltung, die bei Aldi einkaufen, aber darüber reden, dass alle Schweine glücklich gehalten werden müssen.« Und dann schwärmt er von den Möglichkeiten, Zuschüsse für die Wiederinstandsetzung von Feldwegen zu bekommen, von eigenen Biogasanlagen, die sich nach ein paar Jahren amortisierten, und den Dachflächen, fünf bis zehn Hektar groß, die sich bestens für Photovoltaikanlagen eigneten. Als Rehhahn sprach, schwiegen die Bauern im Konferenzraum, und man spürte förmlich, wie sie dachten: »So billig werden wir nie produzieren können.«

Dieses wird die Zukunft der Schweinemast sein, und sie werden nicht dabei sein. Nicht mit ihren Ställen für ein paar tausend Schweine, die bis vor Kurzem noch für riesengroß gehalten wurden und von Tierschützern als Massentierhaltung kritisiert wurden. Ein Mischfuttervertreter steht schließlich auf und fragt, was alle wissen wollen: Wie viel es koste, einen Mastplatz in einer ostdeutschen Großanlage zu bauen? Er habe sich viel mit größeren Anlagen westdeutscher Investoren in Dänemark beschäftigt, und wenn man die mit den Ställen hier im Westen vergleiche, bekomme man Bauchschmerzen. Rehhahn nennt keine konkreten Zahlen, er sagt nur, die Vollkosten für die Großanlagen auf ehemaligen Militäranlagen lägen deutlich unter den sonst üblichen. Das Gelände sei erschlossen, die Grundstückskosten gering, und wenn man die Ställe auf der Landebahn baue, müsse man keine neuen Flächen versiegeln. Noch jemand meldet sich zu Wort: »Von solchen Vollkosten, davon träumt ein landwirtschaftlicher Betrieb hier. Die Top-Betriebe im Osten schaffen es, ein 28-Kilo-Ferkel – unter Berücksichtigung aller Kosten – für 40 Euro zu produzieren. Ich mach mir keine Sorgen um den Standort hier, solange sich die Schweinepreise noch einigermaßen halten. Die Großen im Osten verdienen dann eben mehr und wir hier ein bisschen weniger, platt gesagt. Nur wenn die Preise wirklich runtergehen, auf sagen wir einen Euro oder einen Euro zehn pro Kilo Schlachtgewicht?« Was dann ist, spricht er nicht aus. Aber alle haben das Bild vor Augen: Die bäuerlichen Familienbetriebe, auch die rationalisierten, die ohnehin mit einem traditionellen Bauernhof nicht mehr viel zu tun haben, würden dann verschwinden. Schweine würden nur noch in wenigen Fabrikanlagen gemästet, an Orten, wo die wirtschaftliche Not so groß ist, dass die Riesenanlagen genehmigt werden, meistens in den neuen Bundesländern oder gleich noch weiter im Osten. »Wir haben wahrscheinlich nur noch relativ kurze Zeit, größere Investitionen in Ostdeutschland zu tätigen. Die rechtlichen und betriebswirtschaftlichen Verhältnisse in Polen oder in der Ukraine sind noch nicht so weit für solche Investitionen, aber in den nächsten Jahren wird sich das verändern. Und dann gehen solche Investitionen weiter in diese Länder, weil es natürlich billiger ist.« Deshalb solle man lieber jetzt in Deutschland investieren, meint Rehhahn, zum Beispiel bei den Rinderstandorten, die bald durch die Konzentration der Milchproduktion brachfallen würden. »Das ist zwar zeitlich noch nicht so richtig zu erkennen, aber es wird starke Konzentrationen geben«, sagt Rehhahn, und man denkt: Wie gut, dass keine Milchbauern im Raum sind. So deutlich würden die Vertreter der westdeutschen Bauernverbände nämlich niemals sagen, dass auch die neuen Ställe mit hundert Kühen, für die sich viele Bauern hoch verschuldet haben, offensichtlich als Auslaufmodelle gelten. »Heute sind nur noch Standorte interessant, die deutlich jenseits fünf Millionen Liter Milch produzieren können, eher zehn Millionen«, fährt Rehhahn fort, »also tausend Kühe wenigstens. Alle anderen werden irgendwann aus der Produktion verschwinden.« Er spricht, als verkünde er völlig unzweifelhafte Tatsachen, als sei die bevorstehende Konzentration der Milchproduktion längst entschieden und von jedermann akzeptiert.

Nach ihm tritt Wilhelm Jäger vom Fleischwerk Tönnies in Rheda-Wiedenbrück auf das Podium und erklärt, dass seine Kunden – gar nicht unbedingt die Verbraucher, sondern die Einzelhändler – vorrangig nach dem Preis kauften, »leider ist das so«. Sein Unternehmen, Tönnies, gehört zu den Großen und Expandierenden der Branche, es schlachtet acht Millionen Schweine im Jahr und verkauft Fleisch an Aldi, Lidl und Rewe. Das Fernsehmagazin *Report Mainz* berichtete im Dezember 2005, dass der Grillfleischhersteller Disselhoff Sachsenkrone, der zu Tönnies gehört, Fleisch mit abgelaufenem Verfallsdatum umetikettiert habe.[150] »Viele Qualitätsprogramme, die einen Mehrwert darstellten, sind wieder vom Markt verschwunden, weil der Preis letztendlich das alles bestimmende Kriterium ist«, sagt Jäger in Oldenburg. Und nach dieser Annahme handelt sein Unternehmen, obwohl Wissenschaftler meinen, dass sie gar nicht richtig ist. Zwei Marketingfachleute der Universität Göttingen haben bei einer Umfrage unter Kunden der Kette Edeka herausgefunden, »dass immerhin 25 % der befragten Edeka-Kunden eine atypische Preis-Absatz-Funktion aufweisen, d.h. aus Risikoüberlegungen heraus im Zweifelsfall lieber das etwas teurere Fleischprodukt kaufen«. Die Wissenschaftler konstatieren nüchtern eine verpasste Chance: »Diese Preisbereitschaft wird derzeit von der Branche nicht abgeschöpft.« Das Marketing von Unternehmen wie Tönnies, Westfleisch oder Vion, das vornehmlich auf Kostenführerschaft ausgerichtet sei, halten sie für »unternehmenspolitisch durchaus riskant, da in einer Branche dauerhaft nur ein Unternehmer Kostenführer sein kann und ein ruinöser Verdrängungswettbewerb droht«.[151] Auf den Bioboom der Jahre 2006 und 2007 hat Tönnies dann doch – zögernd – reagiert. 200 bis 400 Bioschweine kauft Tönnies pro Woche in ganz Deutschland und schlachtet sie in Rheda-

Wiedenbrück. »Mit 0,4 % der gesamten deutschen Schlachtungen ist der Bioschweinemarkt aber für uns immer noch eine Nische«, sagte ein Unternehmenssprecher im September 2007.

Von wegen Agrarwende

Größer, konzentrierter, billiger – es ist, als sei in Deutschland niemals eine Agrarwende ausgerufen worden. Als habe niemals ein BSE-Skandal das Land aufgeschreckt, als habe Gerhard Schröder als Bundeskanzler niemals gegen Agrarfabriken gewettert und Renate Künast als Verbraucherschutzministerin niemals gefordert, eine Kuh solle Gras fressen und ein Kälbchen Milch trinken.[152] »Ziel ist allein die Maximierung des Gewinns. Boden, Pflanzen und Tiere werden endgültig zum Produktionsmittel funktionalisiert, eine bäuerliche Berufsethik, in der jedes einzelne Tier zu seinen Lebzeiten an sich geachtet wird, fällt dem Denken an Kapitalverzinsung zum Opfer«, kritisiert Ulrich Jasper, der Chefredakteur der *Unabhängigen Bauernstimme*. Die neue Dimension von Schweinemast hat für ihn mit bäuerlicher Landwirtschaft nichts mehr zu tun: »Tiere haben zu funktionieren, werden zur Sache. Wie lange sie das mitmachen, ist offen. Wo zieht die Natur die Grenzen, die wir mit der Verfütterung von Tiermehl an Wiederkäuer schon einmal weit überschritten haben – mit verheerenden Folgen für Verbraucher und Bauern?«[153]

Doch die Lehren aus dem BSE-Skandal scheinen in Vergessenheit zu geraten. Die EU hat Fischmehl wieder als Futter für junge Wiederkäuer freigegeben und das Fütterungsverbot von Tiermehl gelockert, der Bundesrat hebt das Käfigverbot für Hühner auf, das Renate Künast mit viel Mühe durchgesetzt hatte[154] – und kaum jemand regt sich darüber auf. *Die Industrialisierung der Landwirtschaft schreitet nahezu ungebremst voran, und »der Zwang zur Kostenführerschaft« lässt keine Spielräume für Tierschutz, nachhaltige Entwicklung und regionale Vermarktung.*

Diese Entwicklung droht auch die Biolandwirtschaft zu erfassen: »Die Preise für einen Sack Biogetreide sind in den letzten zwei Jahrzehnten um mehr als die Hälfte gefallen«, sagt Ulrich Jasper. »Auch für Milch, Gemüse und Fleisch bekommen die Biobauern immer weniger, und das, obwohl die Nachfrage inzwischen wieder größer als das Angebot ist.« Zusammen mit dem Agrarwissenschaftler Götz Schmidt hat er 2001 ein Buch über die Notwendigkeit einer Agrarwende veröffentlicht und darin eine neue Landwirtschaftspolitik entworfen, in der Tiere als Lebewesen geachtet werden und Bauern nicht Rationalisierungszwängen unterworfen sind, sondern als Wahrer von Vielfalt und Nachhaltigkeit agieren.[155] Aber auch mit einer Grünen als Verbraucherschutzministerin war das nicht durchzusetzen: Renate Künast hatte nur wenig Handlungsspielraum im eigenen Ministerium, das über Jahrzehnte ausschließlich mit konservativen Beamten besetzt worden war, gegenüber den CDU-geführten Länderregierungen und einer stark durch Lobbyisten beeinflussten EU-Kommission. Deshalb geschah in den Jahren nach der BSE-Krise etwas Paradoxes: Renate Künast rief die Grüne Agrarwende aus, der Handel verlangte nach Bioprodukten, und trotzdem sanken die Erzeugerpreise für die Biobauern.

Das Verbraucherschutzministerium förderte den ökologischen Landbau, viele Bauern wagten deshalb die Umstellung auf Bio. Dadurch überstieg das Angebot kurzfristig die Nachfrage, und die Preise fielen. Inzwischen hat sich das wieder geändert, die Nachfrage hat das heimische Bioangebot bei einigen Produkten sogar überholt. Doch noch haben die Biobauern nichts davon. »Das Verblüffende ist, dass das bisher nicht dazu führt, dass die Bauern nun höhere Preise durchsetzen können«, erklärt Ulrich Jasper. »Das liegt nicht zuletzt daran, dass nun die Discounter in das Biogeschäft groß einsteigen. Aldi begleitete das im Juni 2006 mit ganzseitigen Anzeigen ausschließlich zu Bioprodukten, Lidl reagierte eine Woche später mit Bio- und Fairtrade-Produkten. Die Szene ist sehr verunsichert, was das zu bedeuten hat. Während einige die Hoffnung haben, dass die

Nachfrage den Angebotsdruck weiter dämpft, fürchten andere, dass nun vollends die gleichen Mechanismen greifen wie in der konventionellen Lebensmittelwirtschaft.« Nun bestimmen die Starken am Markt, wo es langgeht, was gefragt ist und zu welchem Preis. Und bisher gehörten die Bauern in diesem Spiel selten zu den Starken. »Die Discounter wollen große Mengen einer Sorte Möhren, möglichst gleich lang, gleich dick, gleich rot. Das geht auch ohne Spritzmittel und Mineraldünger, das zeigen Betriebe, die in großem Maßstab Biogemüse anbauen. Sie machen das äußerst effektiv und rationalisiert. Aber mit einer vielfältigen Fruchtfolge, mit Kreisläufen Pflanze-Tier-Boden und einer bodenschonenden Erntetechnik hat das nicht mehr viel zu tun.« Der rationalisierte Bioanbau verwässert den ursprünglichen Biogedanken, und dass er sich ausbreitet, ist auch eine Folge des *europaweit gültigen Bio-Siegels*, das Renate Künast eingeführt hat.[156] Die Vorteile dieses Siegels liegen auf der Hand: Das einfache Zeichen, ein grünes Sechseck auf weißem Grund mit schwarzer Schrift, erleichtert den Einkauf. Wer Bio kaufen will, muss nicht lange überlegen, was denn jetzt eigentlich der Unterschied zwischen Naturland und Landliebe ist (Naturland ist ein Bioanbauverband, Landliebe nicht!), sondern kann sich auf ein klares Zeichen verlassen. Lebensmittel, die das Bio-Siegel tragen, sind mindestens nach der EU-Öko-Verordnung produziert worden. Doch genau das bringt die Demeter-, Bioland- oder Naturland-Bauern in Schwierigkeiten: *Die EU-Verordnung ist weniger streng als die Richtlinien der etablierten Bioanbauverbände, sie erlaubt zum Beispiel, die Biotiere auch mit einem kleinen Anteil von Nicht-Biofutter zu füttern oder Gülle aus konventionell wirtschaftenden Betrieben als Dünger zu kaufen. Und sie akzeptiert gemischte Betriebe, die nur in einem Betriebszweig nach der Ökorichtlinie produzieren.* Die meisten Bioverbände lassen das nicht zu, weil sie das Risiko von Verunreinigungen durch Nicht-Biofutter oder Spritzmittel fürchten.[157] In Zukunft wird der Unterschied noch größer: Die neue EU-Bioverordnung setzt die Standards noch tiefer.

Das Bio-Siegel garantiert sozusagen Bio light. Das ist besser als Erzeugnisse aus industrialisierter Landwirtschaft, und es ermöglicht die Eroberung der Supermärkte. Doch es führt auch zu sinkenden Preisen für die Erzeuger und gefährdet damit die Bauern, die Biolebensmittel der Premiumklasse erzeugen. »Wenn der Discounter Biobutter billiger aus Österreich bekommt als von bayerischen oder nordrhein-westfälischen Biomolkereien, dann kauft er sie dort und lässt die Ware über die Alpen fahren. Hauptsache Bio«, meint Ulrich Jasper. »Das Bio-Siegel ist ein Gütezeichen, aber ob das, was sich dahinter verbirgt, immer noch das ist, was sich die Gründerväter und -mütter der biologischen Landwirtschaft – oder die Verbraucher – vorgestellt haben, ist eine andere Frage.« Für viele Bäuerinnen und Bauern, für die der Aufbau ihrer Biohöfe eine Herzenssache war, ist das eine bittere Entwicklung: Viele haben ihre Höfe umgestellt, weil sie dem Wachstums- und Rationalisierungsdruck entkommen wollten. Und dieser Druck hat sie nun eingeholt. So wie sich die Emsländer Schweinemäster vor den Riesenanlagen im Osten fürchten, blicken die deutschen Biobauern sorgenvoll auf die großen Betriebe etwa im Süden Spaniens, die unter Einhaltung der EU-Öko-Verordnung, aber in industriellen Größenordnungen Gemüse anbauen.

Was das für die Zukunft der Biolandwirtschaft heißt, wissen auch die Experten nicht zu sagen. »Der Biomarkt spaltet sich auf, differenziert sich. Das sagen jene, die noch längst nicht alles verloren sehen. Wenn der Biomarkt wächst, entsteht Platz für besondere Qualitäten, für kleine Nischen in der großen sozusagen.« Für die klassischen Biohöfe aber, für die die magischen drei Buchstaben nicht nur die Abwesenheit von Spritzmitteln und Kunstdünger bedeuten, sondern ein ganzheitliches Modell vom bäuerlichen und nachhaltigen Wirtschaften und kurzen Vermarktungswegen, sind das Fragen des wirtschaftlichen Überlebens. »Bio allein ist heute keine ausreichende Antwort auf den Strukturwandel in der Landwirtschaft«, weiß Jasper. Als Kaufempfehlung für den politischen Konsumenten klingt das möglicherweise komplizierter, als es ist. Einfach gesagt: Wer kleine Höfe erhalten will, soll bei kleinen Höfen kaufen. Doch diese Lösung hilft nur denjenigen, die sich das finanziell und zeitlich leisten können.

Skandal mit Ansage: Gammelfleisch

Es ist sehr merkwürdig, dass das Gegenmodell zu den Biobauernhöfen mit ihren geschlossenen Wirtschaftskreisläufen und offenen Ställen als konventionelle Landwirtschaft bezeichnet wird. Denn es sind ja gerade die Biobauern, die nach den Prinzipien wirtschaften, die sich über Jahrhunderte bewährt haben und deshalb als konventionell gelten könnten. Diese Bezeichnung beanspruchen aber die anderen Bauern, die sich der Industrialisierung gebeugt haben. Wie anfällig ihre Art zu wirtschaften ist, zeigen die immer neuen Lebensmittelskandale. Als im Herbst 2005 ans Licht kam, dass eine Firma in Deggendorf Schlachtabfälle als Lebensmittel verkauft hatte, waren weder die Kontrolleure noch die Fleischvermarkter sonderlich überrascht. Allen war bekannt, dass es in Deutschland eine ganze Branche von Spezialisten für Gammelfleischverarbeitung gab. In Schlachthöfen und Fleischfabriken hatten sich diese Zwischenhändler immer wieder gemeldet und nach Ware kurz vorm Verfallsdatum gefragt. Auch der grünen Bundestagsabgeordneten und ehemaligen NRW-Landwirtschaftsministerin Bärbel Höhn kam das zu Ohren: Es sei doch bekannt, dass es Unternehmen gebe, die mit fragwürdigem Fleisch handeln, hatten ihr Veterinäre gesagt. Auf ihre Frage, warum das denn keiner öffentlich gemacht habe, hätten sie gesagt, man wolle schließlich nicht der Nestbeschmutzer sein.[158]

Selbst Hugo Gödde, der Geschäftsführer der vorbildlich wirtschaftenden Erzeugergemeinschaft Neuland, hat solche Anrufe erhalten, etwa von einem Großhändler, der achtzig Metzgereien beliefert. »Haben Sie Fleisch, das morgen abläuft? Können wir das nicht für einen kleinen Preis kaufen?«, fragte der, und Gödde lehnte natürlich ab.[159] Die Marke Neuland wurde über Jahre hinweg als Premiumprodukt aufgebaut. Die Bauern der Erzeugergemeinschaft schlachten und verarbeiten jede Woche etwa tausend Schweine und hundert Rinder, vor allem in Nordrhein-Westfalen und Niedersachsen, und zwar immer unter eigener Kontrolle. »Unsere Bauern transportieren ihre Tiere selbst zum Schlachter«, sagt Hugo Gödde. »Das ist wichtig für uns, dass der Bauer auf dem letzten Weg dabei ist. So haben wir unser Fleisch selbst in der Hand, vom Stall bis zur Theke.« Ein einziger falscher Verkauf könne so die Arbeit von Jahrzehnten zunichte machen. Schließlich sei allen in der Fleischbranche der schlechte Ruf dieser Händler bekannt. »Da zähle ich doch meine Finger nach, wenn ich denen die Hand gegeben habe.«

Was ist aber mit den Händlern und Metzgereien, bei denen es nicht auf Marke und Qualität, sondern allein auf den Preis ankommt? »Solange es sich wirtschaftlich lohnt, wird mit vergammeltem Fleisch gehandelt werden«, prophezeit Matthias Wolfschmidt von der Verbraucherorganisation Foodwatch. »Die Gerichte haben keine Möglichkeit, ein Unternehmen höher als mit 10 000 Euro zu bestrafen – solche Summen sind keine wirksame Abschreckung. Wir brauchen dringend ein System, in dem sich Lügen und Betrügen nicht lohnen!«[160] Wirkungsvoll wäre zum Beispiel, Bußgelder für Verstöße gegen die Hygiene- und Lebensmittelgesetze einzuführen. Etwa so, wie Autofahrer Strafen für zu schnelles Fahren zahlen müssen, sollten die Fleischhändler sofort zur Kasse gebeten werden, »und zwar gekoppelt an den Umsatz«, fordert Wolfschmidt. »Betrügen muss teurer sein als Qualitätssicherung – das ist heute leider nicht der Fall. Die Bußgelder, die heute verhängt werden, sind viel zu niedrig.«

Die Agraringenieurin Andrea Fink-Kessler, die Verbraucherzentralen in Lebensmittelfragen berät, erklärt, wie das gekommen ist: »Nach der BSE-Krise wurde die Verwertung von Risikomaterial verboten. Dadurch ist die Entsorgung sehr teuer geworden, für kleine Unternehmer noch mehr als für große, weil die Preise gestaffelt sind.«[161] Seit vor etwa vier Jahren auch die Discounter Frischfleisch anbieten, ist die gesamte Branche unter Druck geraten: Kleine Metzger und Händler geben auf, größere fusionieren, und dieser Prozess wird sich in den nächsten Jahren noch verschärfen. Maximal fünf Unternehmen werden dann noch eine wirklich bedeutende Rolle spielen, so eine Analyse der *Lebensmittelzeitung*.[162]

Diese Entwicklung ist auch eine Folge der EU-Politik. In den letzten Jahrzehnten sind die europäischen Hygienevorschriften so verschärft worden, dass Dorfschlachter, selbstschlachtende Bauern und kleine Metzgereien die erforderlichen Investitionen nicht leisten konnten. Und deshalb stehen die kleineren Fleischverarbeiter unter so großem Druck, dass einige der Versuchung erliegen, abgelaufenes Fleisch oder Schlachtabfälle zu verwerten, statt hohe Entsorgungskosten dafür zu zahlen. Die Kontrolleure der Untersuchungsämter sind als Tierärzte nicht dafür ausgebildet, solche falschen Deklarierungen zu entdecken. Dazu müssten sie auch die Bücher über Vieheingänge und Warenausgänge lesen können. Die Struktur der staatlichen Kontrollen ist ebenso ungenügend: Für die Überwachung der immer größer werdenden Schlachthöfe sind nämlich die kommunalen Veterinäruntersuchungsämter zuständig. Das bedeutet einen engen und oft persönlichen Kontakt zwischen Kontrolleur und Kontrolliertem. Ein Kreisveterinär, der den möglicherweise größten Gewerbesteuerzahler seiner Gemeinde genauer als üblich inspiziert, muss ein mutiger Mann sein. Das Kontrollsystem hat mit der Entwicklung der Lebensmittelwirtschaft nicht Schritt gehalten.

Bärbel Höhn hat versucht, diese Zustände als Verbraucherschutzministerin in NRW zu ändern, doch sie ist gescheitert: Bereits Ende der Neunzigerjahre und zuletzt 2004 bemühte sie sich, eine staatliche Behörde zur Lebensmittelüberwachung aufzubauen. Die Kommunen, die ihre eigenen Behörden nicht verlieren wollten, opponierten erfolgreich. An der kommunalen

Struktur der Überwachung und ihren Schwächen hat sich bis heute nichts geändert – außer dass die Kommunen unter Sparzwang auch bei den Untersuchungsämtern gespart haben. Dabei wäre es durchaus möglich, etwas zu verbessern: Foodwatch schlägt etwa rotierende Kontrollen vor (sodass die Kontrolleure nicht länger ihre Nachbarn anschwärzen müssten) und vor allem die Veröffentlichung aller Untersuchungsergebnisse.

Verbraucherschützer und Grüne setzten schon lange auf ein größeres Informationsrecht für die Verbraucher: Wenn jeder Fleischkäufer das Recht hätte zu erfahren, welche Händler seinen Supermarkt beliefert haben und ob solche darunter sind, gegen die zurzeit die Staatsanwaltschaft ermittelt, hätte das eine viel abschreckendere Wirkung als die oft geringen Strafen, die die Gerichte bei Verstößen gegen das Lebensmittelrecht verhängen. Doch solche Rechte per Gesetz zu garantieren, scheint nicht möglich zu sein. Renate Künast hatte als Bundesministerin ein Verbraucherinformationsgesetz geplant, das Lebensmittelhersteller nicht nur gegenüber den Behörden, sondern auch gegenüber Verbrauchern verpflichtet hätte, Auskunft über alle Zutaten zu erteilen. Diese Forderung aber wurde ziemlich bald fallen gelassen. Aber die Unionsparteien und die FDP lehnten auch den entschärften Gesetzesentwurf (ohne direkten Auskunftsanspruch gegenüber den Unternehmen) im Bundesrat ab. Auch im neuen Verbraucherinformationsgesetz der schwarzroten Koalition, über das im Sommer 2006 verhandelt wurde, wird davon nicht die Rede sein. Darin geht es nur um die Frage, unter welchen Umständen man einen Anspruch auf Information gegenüber den Behörden hat (vgl. Neuntes Kapitel).

Als der Gammelfleischskandal im Herbst 2005 Schlagzeilen machte, setzte das CDU-geführte Verbraucherschutzministerium in Düsseldorf nicht auf Verbraucherrechte, sondern auf die freiwillige Selbstkontrolle der Branche. Im 7-Punkte-Plan des Verbraucherschutzministers Eckhard Uhlenberg hieß es: »Wir werden einen Dialog zur Einführung von Qualitäts- und Herkunftszertifikaten initiieren, die den Menschen als einfache und verlässliche Wegweiser zu garantiert hochwertigem Fleisch dienen.«[163] Ähnlich vollmundig war nach dem BSE-Skandal das QS-Siegel für Qualität und Sicherheit eingeführt worden, als Instrument der freiwilligen Selbstkontrolle, mit dem Bauern, Fleischer und Händler »Transparenz und Vertrauen« schaffen wollten. »Eine Lachnummer«, nennt das Matthias Wolfschmidt von Foodwatch. »Sowohl die Einzelhandelskette Real als auch der Fleischhändler Thomsen in Kiel, die verdorbenes Fleisch umetikettiert und angeboten haben sollen, waren QS-zertifiziert.« Das Siegel garantiert die Rückverfolgbarkeit der Tiere über die Fabrik bis zurück in den Maststall. Falls also Rückstände im Fleisch entdeckt würden, könnte man damit genau den Bauern herausfinden, der das Tier gemästet hat. Ansonsten aber steht das Siegel nicht für eine besondere Qualität, nicht für eine bessere Behandlung der Tiere, nicht für besseres Futter und auch nicht für bessere Erzeugerpreise. Es garantiert im Wesentlichen nur, dass bei der Herstellung die Gesetze eingehalten wurden.

Alternativmodell Neuland

Wie es besser gehen könnte, machen die Neuland-Mäster vor. Ihr Vieh lebt auf Stroh und hat Auslauf auf der Weide, die Tierschutz-Standards sind zum Teil strenger als die mancher Bioverbände, und mitmachen darf nur, wer höchstens 650 Mastschweine hat.[164] Die Neuland-Richtlinien haben Bauern gemeinsam mit Tier-, Natur- und Verbraucherschützern Ende der Achtzigerjahre entwickelt.[165]

Der einzige Nachteil des Neuland-Fleisches ist, dass es teurer ist als Industriefleisch, zumindest unter den herrschenden Bedingungen. Gäbe es eine Pestizidabgabe oder würden Umweltschäden wie Überdüngung direkt den Verursachern angelastet, fiele der Kostenvergleich günstiger für die Neuland- und Biobauern aus. Unter den aktuellen Rahmenbedingungen aber brauchen Bauern, die ihre Schweine auf die Weide lassen und ihnen große Strohställe bauen, höhere Erzeugerpreise, als die Industrieschlachter ihnen zahlen.

Ein Land, das es mit dem Staatsziel Tierschutz ernst meint (das immerhin seit August 2002 im Grundgesetz verankert ist), sollte die Art und Weise, wie die Neuland-Bauern ihre Tiere behandeln, als gesetzliches Minimum vorschreiben. Man läge ja nicht völlig daneben, wenn man es als artgerechtes Verhalten bezeichnen würde, dass Schweine im Schlamm suhlen und Kühe auf einer Weide grasen. Doch das Gegenteil ist der Fall: Die Bundesanstalt für Landwirtschaft und Ernährung in Frankfurt hat es den Neuland-Bauern untersagt, damit zu werben, dass sie Fleisch aus artgerechter Tierhaltung produzieren. Das würde nämlich implizieren, dass andere Landwirte ihre Tiere nicht artgerecht halten, was wiederum verboten wäre. Deshalb dürfen die Neuland-Bauern auch nicht schreiben, dass die von Neuland vorgeschriebene Mutterkuhhaltung (bei der die Kälber bei den Kühen bleiben) »die artgemäße Herdenstruktur« ermögliche. »Diese Angaben sind nicht genehmigungsfähig«, teilte die Behörde mit, »weil nach Paragraf 2 des Tierschutzgesetzes eine art- und tiergerechte Haltung gesetzlich vorgeschrieben und damit selbstverständlich ist.«[166] Man muss sich das auf der Zunge zergehen lassen: Wenn zwischen Millionen eingepferchten Hühnern, Schweinen und Mastbullen ein paar Tiere auf der Weide herumlaufen, dürfen ihre Halter nicht damit werben – aus Gründen des Verbraucherschutzes? Weil es selbstverständlich ist? »Solche Angaben sind irreführend, weil damit zwar objektiv vorhandene, aber gesetzlich ohnehin vorgeschriebene Eigenschaften des Rindfleisches hervorgehoben werden«, erläutert die Bundesanstalt, wie mir scheint, reichlich unpräzise: Eine Haltungsform ist ja keine Eigenschaft des Fleisches, sondern bezeichnet eher einen Prozess, eine Qualität, die den Verbraucher aber auch interessieren könnte. Die Behörde argumentiert weiter: »Die Hervorhebung derartiger selbstverständlicher Eigenschaften kann bei dem Verbraucher, dem nicht bekannt ist, dass es sich um einen gesetzlich vorgeschriebenen Umstand handelt, den Eindruck hervorrufen, dass es sich dabei um ganz besondere Eigenschaften handelt, die vergleichbare Lebensmittel nicht haben.« Wenn das wirklich so wäre mit der Selbstverständlichkeit, müsste die Bundesanstalt alles daran setzen, Käfighühner und Spaltenbodenschweine auf der Stelle zu befreien. Denn dass die industrielle Haltungsform den Tieren ein natürliches Verhalten ermöglicht, das behaupten nicht einmal mehr die Befürworter. Selbst in einem Buch der industriefreundlichen »Bauförderung Landwirtschaft« über »praxisgerechte Schweinehaltung« ist zu lesen: »Das Erkunden der Umwelt mit Ohren, Augen und Nase, hierzu zählt auch das Durchsuchen des Bodens durch Wühlen, stellt ein eigenständiges Bedürfnis der Tiere dar. Gerade in diesem Bereich kann die landwirtschaftliche Nutztierhaltung zu den größten Einschränkungen für die Schweine führen.«[167] Aus diesen Ausführungen könnte man ableiten, dass Schweine nicht auf harten Spaltenböden leben dürfen, sondern nur dort, wo sie mit ihren Nasen im Matsch oder zumindest im Stroh herumsuhlen können. Aber juristisch gesehen gibt es eben einen Unterschied zwischen »natürlich« und »artgerecht«, und die juristische Definition von »artgerecht« darf sich offensichtlich über »eigenständige Bedürfnisse« der Tiere hinwegsetzen.

Nach langen Debatten gab es schließlich einen Kompromiss: Neuland darf seine Tierhaltung als »besonders artgerecht« bezeichnen.[168]

Irgendwie bleibt das komisch: Das QS-Siegel darf sich dafür rühmen, die Gesetze einzuhalten, die Neuland-Bauern dürfen es nicht. Und warum beanstandet niemand, dass der Schlachtgigant Tönnies mit einer Herde freilaufender Rinder auf seiner Website den Eindruck erweckt, auf diese Weise würden die Tiere gehalten, die in seinen Schlachthöfen verarbeitet werden? Es mag ja sein, dass Tönnies vereinzelt auch Weiderinder schlachtet, aber schönfärberisch ist das Bild der sonnenbeschienenen Rinder vor dem schönen Fachwerkhof allemal.

Tierquälerei

Die Amtszeit von Renate Künast hat gezeigt, wie schwierig es ist, Tierschutz durchzusetzen, selbst wenn der politische Wille da ist. Nach gefühlten hundert Jahren Protest gegen Legehennenkäfige lud die neue grüne Verbraucherschutzministerin im Jahr 2001 die bislang belächelten oder ignorierten Tierschützer an den Verhandlungstisch: Sie hatten ein gemeinsames Ziel, nämlich die Befreiung der Legehennen, und Renate Künast war fest entschlossen, sich nicht dem Druck der Eier-Lobbyisten zu beugen. Und tatsächlich setzte sie sich – zunächst – durch: *Die Legehennenhaltungsverordnung vom März 2002 verbot die Käfighaltung ab 2007, ein paar Jahre eher als von der EU ohnehin vorgeschrieben.* Außerdem sollten die sogenannten Kleinvolieren oder ausgestalteten Käfige, die die EU auch zukünftig erlaubt, in Deutschland verboten sein.[169] Die Legehennen sollten frei herumlaufen dürfen, am besten draußen, mindestens aber in großen Ställen. Das war eigentlich gar nicht revolutionär, denn *das Bundesverfassungsgericht hatte ja schon 1999 entschieden, dass Legebatterien gegen das Tierschutzgesetz verstoßen.* Und in der Schweiz und im österreichischen Vorarlberg wurde die Käfighaltung schon vor über zehn Jahren verboten. Dennoch war der Zentralverband der Deutschen Geflügelwirtschaft fassungslos und zog alle Register, die ihm einfielen: Er beschwor den wirtschaftlichen Ruin der Hühnerhalter und drohte, seine Mitglieder würden mitsamt ihren Käfigen ins Ausland abwandern. Gleichzeitig versuchte er, die Verordnung auf dem Rechtsweg zu kippen. Legehennenhalter erhoben im September 2002 und im März 2003 Verfassungsbeschwerden gegen die Hennenhaltungsverordnung und strengten parallel dazu vor acht Verwaltungsgerichten vorbeugende Feststellungsklagen an. Damit strebten sie einen Schutz »vor möglichen juristischen Angriffen«[170] durch die Legehennenverordnung und einen Bestandschutz für ihre Käfige an. Und auch auf der politischen Ebene machten die Lobbyisten Druck, und das mit Erfolg: Weil für sie auf Bundesebene unter einer rot-grünen Regierung nichts zu holen war, ließen die unionsgeführten Landesregierungen einen Erpressungversuch im Bundesrat anzetteln. Vor allem in Hannover konnten sich die Legehennenhalter sicher sein, dass ihre Sorgen verstanden würden. Jedes dritte in Deutschland produzierte Ei stammt schließlich aus Niedersachsen, und der Landwirtschaftsminister Hans-Heinrich Ehlen ist ein Agrarpolitiker vom alten Typ mit Stallgeruch und enger Bindung an den Bauernverband,[171] der von nationalen Sonderregelungen in Sachen Tierschutz nicht viel hält. Niedersachsen und weitere konservativ regierte Bundesländer drohten deshalb offen, im Bundesrat der Umsetzung der EU-Schweinehaltungsverordnung nicht zuzustimmen, wenn die Legehennenhaltungsverordnung nicht wieder abgeschwächt würde. Das kam Ehlen vermutlich auch persönlich nicht ungelegen, denn seine Familie betreibt einen großen Schweinestall.[172]

Renate Künast aber ließ sich nicht erpressen, sie blieb bei ihrem Käfighaltungsverbot. Ihren politischen Handlungsspielraum aber hat das nicht vergrößert: Solange sie Verbraucherschutzministerin war, blockierte der Bundesrat die Umsetzung der EU-Schweinehaltungsverordnung. *Und kaum war die rot-grüne Koalition abgewählt, kippte der Bundesrat das Käfighaltungsverbot.* Das war im April 2006, einige Monate also, bevor es überhaupt in Kraft getreten wäre. Das Erschreckende ist: Die Legehennenhalter waren sich dieses Erfolges so sicher, dass sie sich gar nicht erst bemüht hatten, andere Haltungsformen zu testen. Sie ließen ihre Hühner ungerührt in den Käfigen hocken, warteten geduldig auf den bevorstehenden Regierungswechsel und frohlockten, als Gerhard Schröder seine Bundeskanzlerschaft früher als erwartet hinschmiss.

Menschen, die sich selbst als Realisten bezeichnen, sagen, dass die neue EU-Verordnung zur Hühnerhaltung auch aus Sicht des Tierschutzes ein Erfolg ist: Denn in den ausgestalteten Käfigen, die manchmal auch euphemistisch als Kleinvolieren bezeichnet werden, haben die Hühner mehr Platz als in den alten Minikäfigen. Und es stimmt: Hühnern in der Europäischen Union geht es besser als zum Beispiel in Asien. Und auch die Schweine haben nach den neuen EU-Vorschriften mehr Platz als in Asien und selbst in den USA. Wenn man aber das Wünschenswerte nicht sofort auf das ökonomisch Mögliche reduziert, bleibt die traurige Erkenntnis, dass Tierschutz offenbar politisch nicht durchsetzbar ist. Die Europäische Union gestattet es zwar ihren Mitgliedsländern, die Vorgaben der EU im eigenen Land nach Belieben zu verschärfen. Doch das bedeutet natürlich sofort einen Wettbewerbsnachteil gegenüber Importeiern aus anderen Ländern. Wäre Deutschland also beim Käfigverbot geblieben, hätte es den Import von Eiern aus Käfighaltung konsequenterweise auch verbieten müssen. Doch das wiederum verbietet die WTO. Legehennen und Mastschweine sind gefangen in einer Wirtschaftsordnung, in der akzeptable Mindeststandards nicht vorgesehen sind.

97,6 % der 4,5 Milliarden Hähnchen werden so produziert, dass sie in nur fünf Wochen ihr Schlachtgewicht erreichen – mit zum Teil antibiotikahaltigem Mastfutter, Wachstumshormonen, bei künstlichem Licht etc. 70 % dieser Tiere, so die Schätzung des Bundes Naturschutz in Bayern, können sich nicht mehr normal fortbewegen.

Anderen Tieren ergeht es nicht besser: Zwischen 1980 und 2000 verdreifachte sich in Deutschland wegen der großen Nachfrage die Zahl der gezüchteten und geschlachteten Puten auf 9 Millionen, deren größter Teil in 400 Großbetrieben gehalten wird, wie die Heidemark Gruppe oder Velisco. In 16 Wochen werden die hauptsächlich in Niedersachen eingepferchten Puten auf 19 Kilo hochgezüchtet und können sich, wie Wissenschaftler feststellten, mit ihren Knochenschäden und hohem Brustfleischanteil kaum noch bewegen, geschweige denn fortpflanzen, was daher auf künstlichem Wege geschehen muss. Da diese Tiere oft zu 5000 in einem Riesenstall zusammengepfercht sind, werden sie aggressiv, sodass man schon den Küken die Schnäbel kupieren muss (vgl. Franz Kotteder, *Die Billiglüge*, München 2005, S. 132).

Die Zukunft hat schon begonnen

Die Schweinemast wird, wenn wir Konsumenten es nicht verhindern, sehr bald nur noch von einigen großen Unternehmen bestimmt werden. Angeführt vom amerikanischen Fleischkonzern Smithfield Foods, dem größten Schweinefleischerzeuger und -verarbeiter der USA mit einem Umsatz von elf Milliarden US-Dollar. *Der Konzern, der in Smithfield, Virginia, seinen Sitz hat, deckt mit seinen vielen Tochtergesellschaften die komplette Wertschöpfungskette von der Zucht bis Endvermarktung des Schweinefleisches ab. Sein Marktanteil von über 30 % ist in den USA größer als z. B. der von Coca-Cola im Getränkemarkt.* Er hat sich gerade darangemacht, vom Agrar- und Billiglohnland Rumänien aus den europäischen Markt zu erobern. In Oldenburg berichtete der Chefredakteur der Fachzeitschrift *Fleischwirtschaft*, Rainer Schulte Strathaus, den deutschen Schweinebauern über die Strategie ihres übermächtigen Konkurrenten: »Neben Rumänien ist Smithfield Foods auf dem europäischen Vieh- und Fleischmarkt heute schon in Frankreich, England und Polen mit Tochtergesellschaften vertreten. In Spanien hält der US-Konzern gut ein Fünftel der Anteile des dortigen größten Fleischvermarktungsunternehmens.« Wie der Konzern Monsanto die Kontrolle über die Äcker dieser Welt anstrebt, so arbeitet sich Smithfield Foods – von der Öffentlichkeit beinahe unbemerkt, von Börsianern begeistert verfolgt – auf die Weltherrschaft der Schweineställe und Schlachthöfe vor. Denn das ist neu: Während ein Schlachtbetrieb wie Tönnies auf Arbeitsteilung setzt und sagt, er brauche große Mastanlagen ebenso wie die starken Familienbetriebe, strebt Smithfield die Vereinigung der ganzen Produktionskette an: Der US-Konzern mästet einen großen Teil der Schweine, die er schlachtet und verarbeitet, selbst. Dieses System ist das Ende der bäuerlichen Landwirtschaft, aber das wird nicht auf den Fleischstücken stehen, wenn sie bei uns im Supermarkt liegen. Darauf werden vermutlich süße rosa Schweinchen abgebildet sein. Mit Ringelschwänzchen.

Hans-Wilhelm Windhorst, Professor für Strukturforschung an der Universität Vechta, rät den deutschen Bauern deshalb, schnell ihre Bestände zu vergrößern und sich in geschlossenen Produktionssystemen zu integrieren, sich also vertraglich an Schlachthöfe zu binden und die Herkunft und Aufzucht ihrer Tiere lückenlos zu dokumentieren. »Der Trend zur Fleischkonzentration in Europa läuft mit großer Geschwindigkeit, der ganze Ostblock wird uns in Größenordnungen überrollen, die selbst für die Bauern in Vechta und Cloppenburg nicht realisierbar sind«, sagt Windhorst voraus.[173] Die Stückkosten vieler Betriebe in Deutschland seien im Vergleich zu Osteuropa einfach zu hoch und die Bestände zu klein. »Die holländischen Investoren stehen Gewehr bei Fuß, sie würden sicher gerne fünfzig Mastanlagen für jeweils 20000 Schweine in Ostdeutschland bauen, wenn sie dafür eine Genehmigung bekämen.« Zurzeit gehe es zwar auch den kleineren Schweinemästern noch recht gut, vor allem, weil sie seit Ausbruch der Vogelgrippe viel Schweinefleisch nach Asien verkaufen, doch sobald dieser Boom nachlässt, könne sich das schnell ändern. Spätestens wenn die Welthandelsorganisation WTO eine Öffnung des europäischen Schweinemarktes durchsetzt (zurzeit gelten Importbeschränkungen), werde der Druck auf die europäischen Schweinemäster durch die Konkurrenz aus Kanada, den USA und Brasilien ungeheuer groß. Weiterzumachen werde sich nur für Betriebe mit unermesslich großen Beständen lohnen.

In modernen Schweineställen versorgt schon heute eine einzige Arbeitskraft 3000 Schweine, und die Robotisierung der Arbeit wird noch weiter zunehmen, Fütterungscomputer und automatische Belüftungsanlagen sind längst Standard. Schweine wird es dann nur noch in großen Mastanlagen rings um die großen Schlachthöfe geben, und im Rest des Landes gar nicht mehr, vielleicht noch ein paar in Süddeutschland, wenn ihnen nicht die Discounter mit einem neuen Frischfleischangebot den Garaus machen.

Dass es so kommen wird, daran zweifelt kaum jemand. Nicht

einmal die Bauern, die vor knapp zwanzig Jahren das Neuland-Programm entworfen haben. Hugo Gödde sagt, er fühle sich, als lebe er im Dorf von Asterix und Obelix. Natürlich beweist Neuland, dass tier- und bauerngerechte nachhaltige Fleischproduktion möglich ist, dem widerspricht er nicht. Doch es sei eine kleine Alternative geblieben, der große Durchbruch in Richtung fünf bis zehn Prozent Marktanteil sei ausgeblieben. »Früher war es egal, dass Neuland klein war, da waren wir im Aufbruch, im Wachstum«, sagt Hugo Gödde. »Heute spüren wir den Rollback, die Rückkehr der Agrarpolitik zum alten Denken, und es ist traurig, dass wir, die Gegner dieser Politik, nicht besser organisiert sind.«

Und was ist mit den Leuten, die diese Marktordnung und das internationale Geschäft mit dem industriell hergestellten Fleisch überhaupt erst möglich machen? Den Käufern? Die Lebensmittelskandale der letzten Jahre haben gezeigt, dass die industrielle Tierproduktion gesundheitliche Risiken für die Konsumenten birgt: Wachstumshormone und Arzneimittelrückstände im Fleisch, BSE und die Gammelfleischfunde sind die Kollateralschäden einer industrialisierten Landwirtschaft, die nicht möglichst gut, sondern möglichst billig produzieren soll. Das Einzige, was die Konsumenten vor neuen Skandalen schützt, ist die Angst der Produzenten vor der Angst der Konsumenten vor verdorbener oder giftiger Nahrung und vor ihrer Waffe, der Kaufverweigerung. »Wenn sie zwei oder drei Mal mit Logo in der Tagessschau waren, können sie eigentlich den Laden dichtmachen«, hatte Wilhelm Jäger vom Schlachtbetrieb Tönnies mit einem leicht drohenden Ton den Schweinemästern gesagt. »Denn das ist ja das Fatale: Es wird über Wochen das Thema hochgekocht über die Medien.« Der Verbraucher werde verunsichert und reagiere dann emotional, sagte Jäger, und es klang wie ein Vorwurf: Warum regt sich der Verbraucher bloß so auf, wenn er erfährt, dass er gerade vergammeltes Fleisch gegessen hat! Jäger fährt fort, zum Glück sei die Aufregung nur kurzfristig. Dennoch sei es wichtig, dass die Kette der Informationen vom Bauern zum Verarbeiter lückenlos sei. Das hört sich gut an, doch man versteht: Es geht hier um die Verhinderung von negativen Schlagzeilen, es geht nicht um Tierschutz oder andere qualitative Verbesserungen. »Da kommt noch was auf uns zu«, sagt der Foodwatch-Kampagner Matthias Wolfschmidt. »*Futtermittel sind mit der höchste Kostenfaktor in der Produktion von Fleisch, Milch und Eiern, etwa 50 Prozent machen sie aus. Bauern unter Preisdruck geraten leicht in Versuchung, daran zu sparen und von Futtermittelherstellern zu kaufen, die mangelnde Qualität anbieten.*«

Von den Sicherheitsversprechen der Fleischindustrie hält er nichts, aber er leitet daraus keine Empfehlung zu politischem Konsum ab. »Was erwarten Sie vom Verbraucher?«, hatte ich ihn gefragt. Und er hatte ziemlich heftig geantwortet: »Wir erwarten gar nichts vom Verbraucher.« Ich war überrascht, denn mein Schluss nach den Recherchen zur Zukunft der Schweinemast war, dass man das Fleisch aus industrieller Produktion nicht kaufen darf, wenn man will, dass Tiere wie Tiere behandelt werden und dass es auch in Zukunft Bauernhöfe geben soll. Aber Matthias Wolfschmidt will die Verantwortung unter den aktuellen Gegebenheiten gerade nicht dem Verbraucher aufhalsen. »Die Vorstellung, dass man mit dem Einkaufskorb allein die Produktionsbedingungen verbessern kann, ist eine Denkfigur der rot-grünen Bundesregierung. Renate Künast hat den Bürgern gesagt: Sei dir über dieses und jenes bewusst und entscheide dann, wie du einkaufst! Für mich klang das, als wollte sie sagen: Sei du ein guter Mensch, und dann wird die Welt gut. Doch dieses Kämpfen mit moralischen Attitüden halte ich für äußerst problematisch, denn um wirklich verantwortungsvoll einkaufen zu können, haben die Bürger nicht ansatzweise die Informationsrechte.« Wir seien »Weltmeister in Moralphilosophie«, meint Wolfschmidt, da sei es kein Wunder, dass wir uns auf dem ethischen Feld austoben. »Doch Verantwortung kann man nur ausüben, wenn man über Informationsfreiheit verfügt.«

Foodwatch setzt deshalb einen Schritt vorher an, bei den Gesetzen und Verordnungen, die regeln, wie produziert und verkauft werden darf. Die sind aber von der Ministerialbürokratie und von Wirtschaftsbeteiligten bestimmt worden und eben nicht von den Konsumenten. Deshalb haben sie zwei Fehler: Die Konsumenten wissen zu wenig, und sie dürfen betrogen werden. »Wir gelten als mündige Wahlbürger, doch als Konsumenten nimmt man uns unsere Freiheitsrechte. Wir sollen uns damit abfinden, dass wir betrogen werden und nicht erfahren dürfen, was wir über die Produkte, die wir kaufen, wissen wollen. Klug konsumieren und mit dem Einkaufskorb Marktmacht ausüben, setzt aber verlässliche und transparente Informationen voraus.«

Der Foodwatch-Kampagner kritisiert den paternalistischen Ansatz bei den Lebensmittelkontrollen. Das Grundgesetz garantiert dem Bürger ein Recht auf körperliche Unversehrtheit, das bedeutet: Der Staat muss seine Bürger auch vor gefährlichen Produkten schützen, deshalb kontrolliert er die Lebensmittel, die sie verzehren. Die Ergebnisse dieser Kontrollen aber hält er vor ihnen geheim – wofür es aus Sicht der Konsumenten keinen nachvollziehbaren Grund gibt. »In Niedersachsen wird im Durchschnitt jede dritte Lebensmittelprobe von Frischfleisch beanstandet. In Bayern liegt die Beanstandungsquote ebenfalls bei knapp einem Drittel. Davon stellt sich die Hälfte als gesundheitsschädlich heraus. Doch um welche Produkte oder Hersteller es sich dabei handelt, erfahren Verbraucher nicht einmal auf Nachfrage.«[174] *Auch während des Gammelfleischskandals behielten die Behörden für sich, welche Firmen möglicherweise Schlachtabfälle oder verdorbenes Fleisch von den Zwischenhändlern gekauft hatten.* Selbst das neue Verbraucherinformationsgesetz, das der Bundestag Ende Juni 2006 beschlossen hat, ändert das nicht: Darin steht zwar, die Behörden sollen Auskunft geben, aber eine Pflicht dazu ist gesetzlich nicht verankert.

Verdorbene Lebensmittel in den Handel zu bringen gilt offensichtlich als eine Art Kavaliersdelikt. Wer sich davor schützen will, weiß nicht wie.

Generell kann man dem Kunden alles mögliche erzählen.

Zum Beispiel dieses: »Landliebe verwöhnt Sie mit dem gesunden Genuss erlesener Zutaten: Die Milch kommt von ausgewählten Bauernhöfen – Früchte und Obst sind von hochwertiger Qualität. Das schmeckt man bei Landliebe, ob Milch, Joghurts, Desserts oder alle anderen Premiumprodukte: ein gesunder Hochgenuss.« Diese Sätze stehen auf der Internetseite von Landliebe, der Premiummarke der Molkerei Campina, und daneben sitzt eine Bäuerin vom Typ Sofia Loren im blauen Kittelkleid mit tiefem Ausschnitt und rührt selbstvergessen in einer Holzschüssel: so sieht Liebe auf dem Land aus. Und darunter liegt – man glaubt es kaum, so viel Klischee auf einmal! – eine braune Kuh auf einer Blumenwiese neben einem Bauernhof mit einer winkenden Bauersfrau. Oh ja, auf einem solchen Hof und bei einer solchen Bäuerin wollen wir gerne unsere Milch kaufen! Aber das Bild zeigt offensichtlich die Vergangenheit. Unter »Qualitätsgarantie« schreibt Campina nämlich folgendes: »Unsere Landliebe-Philosophie verpflichtet uns, Produkte anzubieten, die schmecken wie damals auf dem Land zubereitet.« Der Geschmack kommt vermutlich vom natürlichen Fettgehalt der Landliebe-Milch, mehr verrät Campina nicht, nur so viel: »Alle Bauernhöfe, die Milch für unsere Landliebe-Produkte liefern dürfen, werden nach den strengen Richtlinien der Campina GmbH ausgewählt und kontrolliert.« Und wie lauten diese strengen Richtlinien? Fragt man bei Campina nach, erhält man die Bestätigung, etwas gefragt zu haben, aber keine Auskunft. (Sehr geehrte Mitarbeiter der Pressestelle, ich recherchiere gerade über den Milchmarkt. Könnten Sie mir sagen, nach welchen Kriterien Sie die Bauernhöfe aussuchen, die Milch für die Landliebe-Produkte liefern? Und wie die Richtlinien der Campina GmbH diesbezüglich lauten? Und wie die Einhaltung kontrolliert wird? Herzlichen Dank. – Sehr geehrte Frau Busse, Sie haben gerade über die Website www.campina.de eine Mitteilung an Campina verschickt. Sie erhalten so schnell wie möglich Antwort. Mit freundlichen Grüßen, Webmaster www.campina.de. Die Antwort blieb aus.)

Der Käufer im Laden kann glauben, was auf der Packung steht, oder es bleiben lassen. »Er kann keine Korrelation zwischen Preis und Qualität herstellen«, sagt Matthias Wolfschmidt. »Es gibt dazu keine normativen Regelungen.« So bleibt Qualität vor allem eine Frage des Marketings. Besser wäre, der Konsument dürfte Bescheid wissen. Foodwatch fordert deshalb Qualitätssiegel auch für Produkte aus der konventionellen Landwirtschaft, sowohl für die Produkt- als auch für die Prozessqualität, ein Siegel, das ein gesundes Produkt garantiert, das unter guten Bedingungen hergestellt wurde. »Premiumprodukt« hieße dann nicht nur teurer und schöner angemalt, sondern tatsächlich auch besser.

Die Wettbewerbsnachteile der ökologischen Produktion müssten beseitigt werden: Es gibt weder eine Pestizidabgabe noch eine Mineraldüngerabgabe, die Kosten für die Reinigung des Trinkwassers zahlt die Allgemeinheit und nicht der Verursacher, der die Pestizide aufs Land gebracht hat. Außerdem fehlt es oft noch an Wissen, weil es keine unabhängigen Experten gibt. Matthias Wolfschmidt nennt ein Beispiel: »Wenn wir als Bürgerorganisation eine lebensmittelrechtliche Expertise suchen, haben wir schlechte Karten: Alle Juristen, die auf Lebensmittelrecht spezialisiert sind, arbeiten entweder im Ministerium oder für die Wirtschaft. Finden Sie mal einen unabhängigen Lebensmitteljuristen«, sagt Matthias Wolfschmidt, und er klingt fast ein bisschen zynisch. »Da laufen Sie gegen die Wand. Foodwatch musste sich die Fachleute selbst heranziehen.« Solches Wissen und das Recht auf Information müssen die Bürgerinnen und Bürger laut einfordern, das wäre die erste Aufgabe des politischen Konsumenten. »Erst wenn dieser Dschungel gelichtet ist, dann kann man den Leuten sagen, macht Politik mit dem Einkaufskorb!«

Beim politischen Konsum gibt es aber kein Erst und Dann. Jeder, der heute mit dem Einkaufskorb Politik macht, stärkt mit seiner Einkaufsentscheidung sowohl die Unternehmen, die verantwortungsbewusst produzieren, als auch Organisationen wie Foodwatch, die sich für bessere politische Rahmenbedingungen einsetzen.

Siebtes Kapitel

Wie ich damit aufhörte, Regenwald zu essen

Nah, also gut?

Matthias Stührwoldt, der Kultautor der Biobauernszene, hat erzählt, wie ein Kollege das Schild »Bioland: Wir arbeiten ohne Gentechnik!« an seinem Kuhstall beäugte und sagte: »Oi, dat mach ich doch auch.« Stührwoldt war erstaunt, denn der Mann war gar kein Biobauer und kaufte ganz gewöhnliches Kraftfutter beim Händler. Also fragte er nach, und es kam heraus, dass der Bauer tatsächlich gentechnisch verändertes Futter verfütterte – ohne es überhaupt gewusst zu haben.

Ein anderes Mal diskutierte seine Frau auf einem Elternabend über die Frage, welche Milch im Kindergarten eingekauft werden sollte. Das Thema kam auf Gentechnik, und eine Mutter sagte: »Neinnnn, das gibt's doch nicht hier aufm Dorf!« Das klang für Stührwoldt, als wären die Bauern in Stolpe, Schleswig-Holstein, die guten, die so etwas nie tun würden, und als gingen nur verdorbene Stadtbauern zu ihrem Dealer, um Gentech-Soja für ihre Kühe zu kaufen.

Es ist ein eigenartiges Phänomen, wie viele Bürger an dem Glauben festhalten, was aus ihrer Nähe komme, könne nicht schlecht sein. Je unüberschaubarer und unheimlicher die entfesselte Weltwirtschaft auf uns wirkt, desto vertrauensseliger glauben wir an die guten Waren aus unserer Nachbarschaft. So verkauft etwa ein Metzger auf einem Hamburger Wochenmarkt sein Fleisch mit dem Hinweis, es stamme von Bauern aus der

Umgebung. Und die würden ihre Tiere gut behandeln. Einfach so, weil sie von hier seien. Tatsächlich sind Waren von hier besser als Waren von weit weg, einfach weil kurze Transportwege besser sind als lange. Und weil Umweltstandards, Transparenz und Kontrollen in Deutschland trotz aller Mängel besser sind als in vielen anderen Ländern.

Dennoch ist es mit den Lebensmitteln von hier nicht so leicht, wie der Hamburger Metzger das seinen Kunden erzählt hat. Was wären denn lokale Lebensmittel in einer globalisierten Futtermittelwirtschaft? Weiß der Kunde am Fleischstand auf dem Wochenmarkt, dass er – möglicherweise – ein Stück abgeholzten Regenwald mitnimmt, wenn er einen Schweinebraten kauft? Und weiß der Bauer in Schleswig-Holstein oder der Agrarunternehmer in Sachsen-Anhalt, dass er mittelbar an Regenwald- und Kleinbauernvernichtung beteiligt ist, wenn er Soja aus Brasilien kauft? Wenn er nicht gerade Mitglied von Greenpeace oder *Rettet den Regenwald* ist, weiß er es vermutlich nicht.

Ein Dorf verschwindet

Schließlich haben die Kautschuksammler und Maniokbauern im Amazonasgebiet selbst nicht geglaubt, dass ihr Wald für Sojafelder gerodet werden würde. Maria Ivete Bastos dos Santos hat als Delegierte des Landarbeiterverbandes in Santarém um 1998 zum ersten Mal die Warnung gehört: Die Sojabohne wird kommen! Aber niemand habe daran geglaubt, eben weil sich niemand vorstellen konnte, was das überhaupt sein sollte, Soja. Keiner wusste, wie die Hülsenfrucht eigentlich aussah, die bis dahin viel weiter im Süden Brasiliens angebaut wurde. Denn im Regenwaldklima gedieh sie gar nicht – bis Pflanzenzüchter vor einigen Jahren neue, tropenfeste Sorten züchteten. Im Jahr 2000 aber kam dann der große Ansturm, auf den die Kleinbauern im Planalto, dem Hochplateau von Santarém, nicht vorbereitet waren.

Greenpeace hat Maria Ivete Bastos dos Santos und den von Sojabauern vertriebenen Kleinbauern Silvino Pimentel Vieira nach Deutschland eingeladen, damit möglichst viele Leute hier erfahren, wie es zugeht, wenn Politiker, Industrielle und Agrarunternehmer beschließen, Sojafelder in den Dschungel zu schlagen.[175] Das wurde erst lukrativ, als der US-Agrar-Konzern Cargill in Santarém, wo der Fluss Tapajós in den Amazonas mündet, eine riesige Verladestation für Soja baute. Dort wird das Soja auf Schiffe verladen, die es nach Europa und China transportieren (die USA versorgen sich selbst mit Soja). Gleichzeitig wurde die Asphaltierung der Straße aus dem Bundesstaat Mato Grosso nach Santarém beschlossen, was aber bis zum Sommer 2007 noch nicht geschehen ist. Auf diesem Weg sollte Soja aus den klassischen Anbaugebieten südlich des Amazonas nach Europa transportiert werden, was viel einfacher und günstiger ist als auf dem langen Landweg zu den Häfen im Süden, São Paulo und Paranaguá.

Dass diese Pläne Silvino von seinem Land mehr als 25 Kilometer weit entfernt im Planalto mitten im so gut wie unberührten Regenwald vertreiben würden, ahnte er damals noch nicht. Dort lebte er zusammen mit seiner Frau, fünf seiner sieben Kinder und zwei Enkelkindern auf 25 Hektar Land, mit denen er so umging, wie er es von seinen indigenen Vorfahren gelernt hatte. Nur einen sehr kleinen Teil bewirtschaftete er tatsächlich: den Obst- und Gemüsegarten und das etwa ein Hektar große Maniokfeld, das er immer ein Stückchen weiter anlegte, bis er nach ein paar Jahren wieder auf dem Ursprungsfeld ankam. Auf diese Weise wurde nie mehr als ein Hektar Wald auf einmal gerodet. Ein großer Teil seines Landes blieb also beinahe unberührter Regenwald, in dem er jagte und Beeren, Nüsse oder Palmenblätter zum Dachdecken sammelte. Die Familie Pimentel Vieira erntete Früchte und Gemüse für den eigenen Bedarf und verkaufte einen kleinen Teil auf dem Markt in der Stadt, um ein bisschen Geld in die Hand zu bekommen. Was sie dort betrieb, war beinahe eine Selbstversorgungswirtschaft, also nichts Schützenswertes in den

Augen von Investoren und Agrarunternehmern, aber etwas sehr Wertvolles aus Sicht von Ökologen und Klimaforschern, die immer wieder die Bedeutung eines intakten Regenwalds am Amazonas für das Weltklima betonen. Die Nordestinos, Brasilianer aus dem trockenen Nordosten, die in den Siebzigerjahren in die Gegend von Santarém umgesiedelt wurden, übernahmen die Wirtschaftsweise der Indigenen. »Doch Ende 2000 tauchten plötzlich Leute aus dem Bundesstaat Paraná ganz im Süden von Brasilien im Dorf auf und wollten Land kaufen«, erzählt Silvino Pimentel Vieira. Er hat sich uns mit Vornamen vorgestellt und spricht jetzt sehr ruhig über die Geschehnisse der letzten Jahre, die ihn damals sehr aufgeregt haben müssen. Vor dem Fenster des alten Speichers, in dem Greenpeace seine Büros hat, strömt die Elbe in Richtung Nordsee, Silvino nennt sie igarape, einen Bach. Als einen Urwaldbauer Amazoniens kann man ihn sich kaum vorstellen, er wirkt eher wie ein sehr sanfter Arzt oder ein Lehrer, mit dem sorgfältig geschnittenen Haar, den auffallend weißen Zähnen und seiner ruhigen konzentrierten Art zu erzählen. »Die Sojafarmer kauften kleine Parzellen, mal hier, mal da, bis wir schließlich umzingelt waren.«

Die Pressesprecherin von Greenpeace hat ein Foto auf den Tisch gelegt. Es zeigt eine winzige Schneise Wald, die auf drei Seiten von nacktem roten Boden mit Treckerspuren umgeben ist. Auf den intensiv gedüngten und gespritzten Feldern wächst Soja und sonst nichts, die gigantische Artenvielfalt des Regenwaldes ist dort auf eine einzige Pflanze reduziert. So, sagt Silvino, sah es auch bei uns aus. »Ich war damals der Ortsvorsteher meines Dorfes Tracuá und versuchte die Nachbarn zu warnen. Das Land werdet ihr immer haben, sagte ich ihnen, dort werdet ihr immer arbeiten können, das Geld aber wird bald verschwunden sein.« Silvino hatte mehr von der Welt gesehen als die meisten seiner Nachbarn, er hatte schon einmal in der Stadt gelebt und war zu Fortbildungen bis nach São Paulo gereist. Er hatte gesehen, was es bedeutet, wenn der Wald abgeholzt wird. Und ihm war von Anfang an klar, dass Geld einfach verschwindet, wenn man es in der Hand hält, vor allem, wenn man keine Erfahrung damit hat. In Tracuá lebten früher 45 Familien, und nur noch elf sind übrig geblieben, vielleicht weil sie Silvinos Warnungen gehört haben, vielleicht weil sie ihre alten Nachbarn in den Favelas von Santarém besucht haben. Bei den meisten, die verkauft haben, erzählt Silvino Pimentel, war das Geld nach wenigen Monaten weg. »Weil sie keine Ausbildung hatten, bekamen sie keine Arbeit, ihre Kinder haben sich Banden angeschlossen, sie leben nun am Rande der Gesellschaft.« Hunderte von ehemaligen Bauern leben heute in den Außenbezirken von Santarém, ohne Einkommensmöglichkeiten und in *frustração total*, wie Silvino sagt.

»Unsere Gemeinde hat sich beinahe aufgelöst«, erzählt er. »Und das Nachbardorf ist ganz verschwunden.« Es kommt kein Autobus mehr nach Tracuá, dazu sind es zu wenige Menschen. *Was früher ein Dorf von Kleinbauern war, ist heute Großgrundbesitz weniger Sojafarmer.* Die kleineren von ihnen bewirtschaften 500 Hektar, die größeren bis zu 3000, riesige Flächen, unvorstellbar groß für Silvino Pimentel. Landwirtschaft in diesen Dimensionen existierte für ihn früher nicht, und die Monokultur hat seine Art zu wirtschaften, auf einem kleinen Stück Quasi-Urwald inmitten der Kahlschläge, unmöglich gemacht. »Die Sojafarmer verpesten die Luft mit ihren Pestiziden, meine Hühner und meine Hunde sind krank geworden, unsere Pflanzen sind von einem unbekannten Schimmelpilz befallen, gegen den niemand etwas zu tun weiß, immer öfter hört man von Schlangenbissen, weil die Schlangen keine Rückzugsgebiete mehr haben.«

Irgendwann gab die Familie Pimentel auf und verkaufte ihr Land, immerhin für mehr als 70 Real pro Hektar, etwa 30 Euro, wie die ersten Verkäufer seines Dorfes. Als die anderen damals zögerten, waren die Preise auf 500 Real gestiegen, da seien alle aus dem Häuschen gewesen, so viel Geld schien ihnen das zu sein. Eine Chance, die sie nutzen mussten, so viel würde ihnen nie wieder jemand für ihr Stückchen Waldland bieten! So dachten sie und kamen doch nur bis in die Slums von Santarém. Silvino verkaufte für 1800 Real, und er hat das Geld tatsächlich bekommen, anders als manch anderer, der sich auf Ratenzahlung eingelassen hat und noch immer auf sein Geld wartet. Immerhin, die drei Sojafarmer, die sein Dorf gekauft haben, seien nie gewalttätig geworden, anders als in anderen Dörfern. Bei einem Pater der katholischen Kirche kam die Familie unter, flußabwärts am Tapajós. Silvino baut dort Manoik an, er züchtet Fische und hat begonnen, Mahagoni und andere Bäume zu pflanzen. Es bringe ihn zum Verzweifeln, zurück in sein Dorf zu gehen und zu sehen, wie schlecht es denen geht, die ausharren, und zu hören, mit welchen Tricks die Sojafarmer sie in die Knie zwingen. Immer wieder würden Kleinbauern beschuldigt, mehr Bäume gefällt zu haben, als die brasilianischen Umweltgesetze erlauben. Offiziell darf man nämlich nur 20 Prozent seiner Fläche roden. Dabei seien es die Sojafarmer selbst gewesen, die diese Bäume gefällt hätten. Die Strafe aber bekämen die Kleinen.

Dann erzählt Maria Ivete Bastos dos Santos von den politischen Hintergründen: dass es die Politiker aus Santarém gewesen seien, die die Sojabauern geholt hätten. Vor allem der ehemalige Bürgermeister, inzwischen selbst einer der ganz großen Sojabauern der Gegend, und sein Vize seien selbst nach Paraná und Mato Grosso gefahren und hätten dort Sojabauern überredet, an den Amazonas zu kommen. »Die gesamte politische und ökonomische Elite der Region hat den Ausbau des Hafens und die Sojaverladastation von Cargill unterstützt«, sagt Ivete. Da, wo heute die Silos von Cargill stehen, war ursprünglich der Stadtstrand von Santarém. »Aber Cargill und Soja standen für wirtschaftlichen Aufschwung und für Fortschritt, jede Menge Arbeitsplätze haben sie versprochen, aber noch bevor der Soja-Umschlagplatz überhaupt in Betrieb genommen wurde, hatten sie schon Hunderte von Menschen arbeitslos gemacht: die Baraqueros, die davon gelebt haben, dass die Leute, die am Wochenende zum Baden an den Fluss kamen, gegessen und getrunken haben. Auch ein kleines Fischerdorf gab es, das ist alles plattgemacht worden.« Nun fürchtet Ivete, dass auch der Rest des Uferbereiches verloren gehen könnte, wenn sich Unternehmen, die Saatgut und Düngemittel verkaufen, dort ansiedeln.

2002 wurde sie zur Präsidentin der Landarbeitervereinigung des Bezirks Santarém gewählt, einer Gewerkschaft, die seit den Achtzigerjahren für eine Landreform kämpft, gegen die Plantagenbesitzer und die großen Rinderzüchter, für die Landlosen und die Kleinbauern. Als Ivete Vorsitzende wurde, gab es nur noch den Kampf gegen das Soja. Sie startete eine große Informationskampagne, führte Kleinbauern in die Stadt und zeigte ihnen, wie elendig diejenigen in den Favelas lebten, die ihr Land verkauft hatten. »Wahrscheinlich ist diese Kampagne der Grund, warum es überhaupt noch Dörfer auf dem Plateau von Santarém gibt.« Wenn sie das nicht gemacht hätten, glaubt Ivete, wohnten dort gar keine Menschen mehr.

Und es ist ihr auch gelungen, die kleinen Siedlungen direkt am Fluss zu schützen: Die Gleba Lago Grande, die Gemeinde der Gemüsebauern und der Fischer am Ufer des Tapajós, ist zu einer Art Sammelreservat erklärt worden. »Das war ein schwerer Kampf«, sagt Ivete. »Aber es war sehr wichtig. Denn wenn das Soja auch die Gleba Lago Grande erobert hätte, wären noch einmal 20 000 vertrieben worden.« Damals bekam Ivete die ersten Morddrohungen. Einer der gefürchteten Grilleiros – so nennen die Brasilianer die Leute, die mit gefälschten Papieren Land an sich reißen und für ihr Eigentum erklären – fing sie vor ihrem Büro ab und drohte ihr, sie solle endlich aufhören, solchen Wirbel zu machen. Das Land in der Nähe von Pacoval, einem abgelegenen Regenwalddorf, gehöre ihm. Ivete sagte, wenn das stimme, wolle sie ein Dokument sehen. Und er zeigte ihr ein Papier einer Behörde des Bundesstaates Pará. Sie bestand darauf: »Das Regenwaldland gehört dem Land Brasilien, nicht dem Bundesstaat Pará, das Papier ist nichts wert.« Der Grilleiro habe sich furchtbar aufgeregt und geschrien: »Du machst meine Geschäfte kaputt!« Und die ganze Zeit habe seine Pistole an der Hüfte gebaumelt. Ivetes weiches Portugiesisch, das eher gesungen als gesprochen klingt, passt nicht zu den Dingen, von denen sie berichtet.

Vier Tage später sollte es ein Treffen von Landarbeitern in dem Regenwalddorf Pacoval geben. Dort wurde ihr ausgerichtet, dass man sie mitten in der Versammlung erschießen werde. Ihr Fahrer brachte sie fort, beinahe gegen ihren Willen, und heute glaubt sie, dass sie ihr Überleben nur den getönten Scheiben des Wagens verdankt. Denn als der Fahrer mit ihr wegfuhr, kamen ihnen große Toyota-Geländewagen entgegen, aus denen Männer ausstiegen, die die Bauern verprügelten und ihre Häuser niederbrannten.

Über diesen Überfall berichteten die Zeitungen, das brachte den Kleinbauern ein bisschen Aufmerksamkeit. Doch seitdem steht Ivetes Name auch auf den Todeslisten, die im Bundesstaat Pará kursieren, genau wie der Name der amerikanischen Ordensschwester Dorothy Stang dort stand, bis sie 2005 erschossen wurde. »Schwester Dorothy ist 1997 auf die Liste gekommen und erst acht Jahre später erschossen worden«, erzählt Ivete mit einem beinahe unbeteiligten Gesicht, als referiere sie aus der Buchhaltung, und ich bin beschämt über meine Frage von eben, wie ernst solche Todeslisten zu nehmen seien. »In den letzten 15 Jahren sind im Bundesstaat Pará 1800 Personen erschossen worden, hauptsächlich Anführer aus der Arbeiterbewegung und religiöse Führer. Im letzten Jahr standen 72 auf der Liste, elf von ihnen sind schon tot.« Draußen glitzert das Elbwasser, ein Containerschiff zieht vorbei, und drinnen sitzt eine Frau, die lächelnd auf ihre Mörder wartet.

Warum fürchten Sie sich nicht, Ivete? Was macht Sie so mutig? »Ich habe die ersten 35 Jahre meines Lebens in einem abgelegenen Gebiet im Urwald gelebt, mit mangelhafter Gesundheitsversorgung, ohne Schulbildung. Ich weiß, wie schwer das Leben der armen Leute dort ist. Nun bin ich Präsidentin der Landarbeitervereinigung geworden, und es ist meine Aufgabe, ihnen zu helfen. Es ist nur natürlich, dass ich für sie eintrete. Die Leute beten für mich, und das gibt mit Kraft.« Der Rückhalt in der Bevölkerung könnte sie tatsächlich schützen: Nach der Ermordung von Schwester Dorothy habe der katholische Sender Radio Rural, das einzige Radio, das die Landarbeiterbewegung unterstützt, alle Menschen aufgerufen, Ivete zu schützen. Die Empörung über die Ermordung der Ordensschwester damals sei so groß gewesen, dass die Mörder vielleicht zwei Mal überlegen, bevor sie erneut eine Frau erschießen.

Es gibt ein Zeugenschutzprogramm für Leute wie sie, sagt Ivete, aber das will sie nicht in Anspruch nehmen. Inzwischen steht Ivete unter 24-Stunden-Polizeischutz und erhält dennoch weiter Drohungen. Die Täter, die Landräuber und die Killer sollten sich verstecken, nicht sie. Sie will reden, die Leute aufklären, verhindern, dass noch mehr Bauern ihr Land verlieren. Deshalb ist sie auch nach Deutschland gekommen: Die Verbraucher hier sollen wissen, was der Kauf von Soja bedeutet, dass die Pflanze den Regenwald tötet.

Soja als Futtermittel für Tiere

Es geht dabei weniger um Tofu oder Sojamilch im Supermarktregal, was mengenmäßig kaum etwas ausmacht, sondern es geht um verstecktes Soja. Soja im Fleisch. Denn *etwa 80 Prozent der nach Deutschland exportierten Sojabohnen werden geschrotet an Schweine, Hühner und Kühe verfüttert.* Sie sind ein ideales Futtermittel: billig, eiweißreich und im Vergleich zu den Ackerbohnen, die hier wachsen, leicht verdaulich. In den letzten Jahren ist die Nachfrage nach Soja stark gestiegen, weil die Europäische Union nach dem BSE-Skandal verboten hat, Tiermehl zu verfüttern. Vermutlich sind die Erreger der Rinderseuche BSE aus toten Schafen ins Kuhfutter gelangt, deshalb war das Tiermehl-Fütterungsverbot eine richtige Entscheidung. Die Landwirte brauchten damals schnell einen günstigen Eiweißersatz, wovon die brasilianischen Sojabauern profitieren und worunter der Regenwald leidet. Auf einer Fläche so groß wie Großbritannien wird in Brasilien inzwischen Soja angebaut, fünf Prozent davon sind ehemaliger Regenwald, doch dieser Anteil wird immer größer.[176]

Greenpeace folgt den Sojabohnen aus dem Regenwald zu den Hühnchen bei McDonald's. Denn der US-Konzern Cargill handelt nicht nur mit Soja, sondern verarbeitet die Bohnen auch zu Futter und mästet selbst Tiere in industriellen Anlagen, unter anderem Hühner für McDonald's.[177] »Greenpeace-Recherchen machen die Verbindung von Amazonas-Soja zu mehreren europäischen Lebensmittelfirmen deutlich: zu dem Fast-Food-Giganten McDonald's, der niederländischen Firma Vion, zu der z. B. die Norddeutsche Fleischzentrale AG (NFZ) und der schwäbische Fleischproduzent A. Moksel AG (Food Family) gehören und zu deutschen Futtermittelherstellern wie Raiffeisen. Sie stehen am Ende der Soja-Kette, tragen aber dennoch Verantwortung für die Urwaldzerstörung.«[178] Diese Verantwortung reicht noch weiter zu den Käufern von Chicken McNuggets und Billigfleisch im Supermarkt, das von Tieren stammt, die mit brasilianischem Soja gefüttert wurden. Das waren allein in Deutschland im Wirtschaftsjahr 2003/2004 3,3 Millionen Tonnen. »Jedes Mal, wenn Sie ein Chicken McNugget kaufen, könnten Sie ein Stück vom Amazonas-Regenwald wegnehmen«, sagte Greenpeace-Koordinator Gavin Edwards im April 2006 zu Beginn der Kampagne gegen McDonald's.[179] Greenpeace ruft die Mitglieder seines »Einkaufsnetzes« dazu auf, sich bei dem brasilianischen Präsidenten Lula zu beschweren, und setzt auf die Bildermacht von klassischen Greenpeace-Aktionen: Im April 2006 protestierten Aktivisten im Amsterdamer Hafen, als ein Schiff von Cargill einlief, und im Mai blockierten brasilianische Greenpeace-Anhänger die Soja-Verladestation von Santarém mit ihrem Schiff *Arctic Sunrise*, sodass die Soja-Transportschiffe nicht entladen werden konnten, zumindest so lange nicht, bis die brasilianische Polizei die Umweltschützer verhaftet hatte. Doch dann wendete sich die Haltung der Behörden: Im März 2007 entschied ein Gericht, dass der

Hafen von Santarém geschlossen werden müsse, weil das Umweltgutachten, das der Hafenbetreiber vorgelegt hatte, lückenhaft sei. Diese Schließung war nur von kurzer Dauer – trotzdem ein großer Erfolg für die Gegner einer ungehemmten Ausbeutung des Regenwalds. *Nach einer Studie von US-amerikanischen und brasilianischen Wissenschaftlern wird der Regenwald am Amazonas bis zum Jahr 2050 fast zur Hälfte verschwunden sein, wenn sich Sojafelder und Rinderweiden weiter so schnell ausbreiten.*[180]

Das wird nun vielleicht doch noch in letzter Sekunde verhindert: Nach den Protesten im Sommer 2006 haben sich die großen Getreidehändler Cargill, Bunge und ADM mit Greenpeace-Aktivisten in Sao Pao getroffen und sich auf ein zweijähriges Moratorium geeinigt. Die Getreidehändler haben versprochen, zunächst zwei Jahre lang kein Soja aufzukaufen, das auf neugerodeten Regenwaldflächen angebaut wurde. »Das ist ein erster wichtiger Schritt, eine Atempause für den Urwald«, meint Oliver Salge von Greenpeace. »Jetzt müssen den Worten von Cargill, Bunge, ADM und Maggi Taten folgen. Wir werden kontrollieren, ob sich die Getreidehändler wirklich daran halten.« Ohne das Engagement von politischen Fast-Food-Konsumenten wäre dieses Moratorium vielleicht nicht zustande gekommen. Greenpeace hatte dazu aufgerufen, Protest-E-Mails an McDonald's als großen Soja-Abnehmer zu schicken. Und der massenhafte Protest hat offenbar gewirkt. McDonald's nahm deutlich Stellung – gegen Soja aus dem Regenwald. Die Sojafarmer hat das Moratorium in wirtschaftliche Schwierigkeiten gebracht und die Vertreibung der Kleinbauern zumindest verlangsamt.

Die Geschichte mit den Sojabohnen aus dem Regenwald hat eine einfache Moral und ist doch kompliziert. Das Einfache zuerst: Esst weniger Fleisch! *Je weniger Fleisch, desto weniger Soja, desto mehr Regenwald.* Weniger Fleisch zu essen ist ohnehin besser, global gesehen, denn *um Fleisch zu erzeugen braucht man viel mehr Fläche als für eine vergleichbare Menge pflanzlicher Nahrung.* Und die zweite Empfehlung: Kauft das Fleisch bei Neuland-Bauern, die Importfuttermittel ganz verbieten, oder bei Bioverbänden, die den Zukauf von Futtermitteln einschränken.[181]

Bloß: Noch liefert Brasilien – im Gegensatz zu den anderen großen Soja-Exporteuren Argentinien und den USA – gentechnikfreies Soja. Bis 2005 war der Anbau von gentechnisch veränderten Pflanzen in Brasilien verboten, nur im Süden wurde dennoch Gensoja gesät und geerntet.[182] Ausgerechnet die nördlichen Anbaugebiete im ehemaligen Regenwald sind im Wesentlichen gentechnikfrei geblieben. So greift ein Landwirt, der dem einen Übel ausweichen will, möglicherweise auf das andere zurück und kauft Regenwaldsoja statt Gensoja. Ein Label für Soja, das nicht aus Regenwaldgebieten kommt, gibt es bislang noch nicht.

Das Schweizer Unternehmen Fenaco aber importiert tropenwaldfreundliches Soja aus Brasilien. Die Umweltstiftung WWF teilte mit, dass Ende Juni 2006 die ersten tausend Tonnen ökologisch und sozial gerecht produziertes und gentechnikfreies Soja im Basler Rheinhafen eingelaufen seien. Dieses Soja sei nach den sogenannten Basler Kriterien produziert worden. Der WWF hat diese Standards mitentwickelt und hofft, dass der Schweizer Importeur den anderen Futtermittelhändlern ein Vorbild ist.[183] Diese Sojabohnen sind sicherlich besser als die üblichen, doch ob man sie deswegen als nachhaltig bezeichnen kann, bleibt fraglich. Die Schweizer *Wochenzeitung* berichtete über einen argentinischen Agrarwissenschaftler, der kurz vor der Ankunft der ersten Lieferung der tropenwaldfreundlichen Sojabohnen selbst in die Schweiz gereist war, um dem WWF und anderen Umweltschützern zu erklären, dass industriell produzierte Sojabohnen prinzipiell nicht nachhaltig seien. Auch sie würden Arbeitsplätze vernichten (eine einzige Arbeitskraft für 500 Hektar Soja), traditionelle Formen der Landwirtschaft verdrängen und damit indirekt Hunger schaffen.[184]

Das läuft auf die philosophische Grundsatzfrage zu: Gibt es ein wahres Leben im falschen? Jeder Landwirt und jeder Konsument muss sie für sich allein beantworten: Lieber die besseren als die schlechteren Sojabohnen? Oder grundsätzlich gar keine? Die *Wochenzeitung* hat ausgerechnet, dass die gesamte Schweizer Landwirtschaft – und damit erst recht die deutsche, die zu einem viel geringeren Teil biologisch wirtschaftet – ohne Sojaimporte zusammenbrechen würde: »Für die Produktion von einem Kilo Hühnerfleisch braucht es etwa zehn Kilo pflanzliches Eiweiß. Konkret beansprucht die Schweizer Bevölkerung pro Kopf und Jahr 230 Quadratmeter Soja, um den hiesigen Fleisch-, Eier- und Milchkonsum zu decken. Das entspricht einer Anbaufläche von 161 000 Hektaren – was weit mehr als die Hälfte des gesamten Schweizer Ackerlandes wäre. Die Schweizer Bauern und Bäuerinnen überleben nur, solange sie Futtermittel zu Spottpreisen importieren können.«

Das alles macht den politisch korrekten Konsum von Milch und Fleisch ziemlich kompliziert. Denn unter Umständen könnte auch Biomilch von Kühen stammen, die mit Soja aus dem Regenwald gefüttert wurden, auch wenn die Gefahr geringer ist, eben weil Biobauern ihr Futter zum großen Teil selbst anbauen.

Ganz auf Soja als Futtermittel zu verzichten, ist zwar möglich, aber für den einzelnen Landwirt umständlich und teuer. Aus ökologischer Sicht wäre es ein großer Gewinn, sowohl für den Regenwald in Brasilien als auch für die Äcker in Europa. Denn das Eiweiß aus der Sojabohne müsste durch andere eiweißreiche Pflanzen ersetzt werden. Eiweiß enthalten – neben Kleegras und Luzerne – vor allem die sogenannten Großleguminosen: Erbsen, Ackerbohnen und Lupinen. Das sind Pflanzen, die Stickstoff aus der Luft binden und im Boden anreichern und deshalb im Biolandbau eine wichtige Rolle als *natürlicher Dünger* spielen. »Würden die konventionellen Landwirte wie die Biobauern mehr Leguminosen anbauen und daraus eigenes Futter machen, hätte das gleich zwei positive Nebeneffekte«, erklärt Gerald Wehde von Bioland. »Der Stickstoff, den die Pflanzen aus der Luft binden, ersetzt Kunstdünger, und die Fruchtfolge würde aufgelockert. Immer nur Weizen und Mais oder Weizen und Raps im Wechsel laugt die Böden auf Dauer aus.«[185] Bioland hat es mit dem Soja so geregelt: Die Bauern versuchen, so viel Eiweißträger wie möglich selbst anzubauen. Bioland-Geflügelbetriebe kaufen nur wenig Soja dazu, und zwar aus Futtermühlen, die ausschließlich Biofutter verarbeiten. Die meisten beziehen ihr Soja aus Norditalien. Futtermittel aus der sogenannten Dritten Welt sind bei Bioland verboten.[186] Bei Milchkühen ist es am einfachsten, ganz auf Soja zu verzichten, bei Legehennen und Mastgeflügel ist es komplizierter, weil Hühner und Puten spezielle Eiweißzusammensetzungen und Aminosäuren brauchen.

Das alles ist auch ein politisches Versäumnis: Jahrelang hat die Europäische Union den Landwirten eine Prämie für den Anbau von Silomais bezahlt, deshalb war es für die Milchbauern rentabler, ihre Kuhweiden umzupflügen und Mais darauf anzubauen, den die Kühe als Silage zu fressen bekamen – im Stall. Hätte die EU stattdessen den Anbau von Grünland und Leguminosen in Europa gefördert, lebte Silvino Pimentel Vieira vielleicht noch auf seinem Land und Maria Ivete Bastos dos Santos müsste sich nicht vor Auftragsmördern fürchten. Doch wenn man im Europaparlament nachfragt, warum es nicht statt der ökologisch fragwürdigen Maisförderung eine Prämie für den Anbau von Eiweißpflanzen für die europäischen Bauern gibt, wird man wie so oft auf übereuropäische Zwänge verwiesen: Den Anbau von eiweißhaltigen Futterpflanzen konnte die Europäische Union nur in sehr begrenztem Maße fördern, weil die USA das im Kontext der WTO-Agrarverhandlungen so ausgehandelt hatten, im sogenannten Blair-House-Abkommen: In Europa sollte nicht zu viel Eiweiß angebaut werden, weil die USA sonst einen Absatzmarkt für ihr Sojatierfutter verlieren würden.

Achtes Kapitel
Hühnerbeine für Kamerun und Coffee for free!

Was vom Huhn übrig bleibt

Die Industrieländer importieren billige Rohstoffe aus Entwicklungsländern, verarbeiten sie weiter und machen damit Gewinne, die sie selbstverständlich nicht an die Produzenten in den Entwicklungsländern zurückgeben. Nestlé zum Beispiel kauft billigen Kaffee auf dem Weltmarkt, verrührt ihn mit Magermilchpulver und allerlei Zusätzen und verkauft ihn teuer als »Nescafé Cappuccino cremig-zart« mit einer sanft geschwungenen italienischen Flagge auf der Dose. So weit, so bekannt. Umgekehrt aber läuft es genauso: *Europa exportiert tonnenweise billige unverarbeitete Lebensmittel nach Afrika.*

Ohne die Recherchen des Evangelischen Entwicklungsdienstes, eed, ohne die Öffentlichkeitsarbeit der globalisierungskritischen Organisation Attac und der Arbeitsgemeinschaft bäuerliche Landwirtschaft (AbL) wäre dieser verblüffende Warenstrom vermutlich nur Handels- und Agrarexperten bekannt. Denn wer fragt sich schon, wo der Rest vom Huhn bleibt, wenn er Hähnchenbrustfilet isst. Attac und die AbL luden im Herbst 2005 eine Bürgerrechtlerin aus Kamerun zu einer Art Deutschlandtournee ein, um hier bekannt zu machen, welchen Schaden diese Billigexporte aus der EU in Afrika anrichten. *Zehntausende von Bäuerinnen und Bauern in Kamerun – in anderen afrikanischen Ländern ebenso – haben ihre Lebensgrundlage verloren, weil das Hühnerfleisch aus Europa derart billig angeboten wurde, dass*

die afrikanischen Geflügelzüchter nicht mithalten konnten.[187]
Bis 1996 importierte Kamerun so gut wie kein Geflügelfleisch, aus einem einfachen Grund: weil das Land keines benötigte. Die lokalen Geflügelhalter deckten den Bedarf und brachten die Hähnchen lebendig auf den Markt – sehr sinnvoll in einem Land ohne geschlossene Kühlketten. Im Dezember 1995 aber wurde Kamerun Mitglied der neu gegründeten Welthandelsorganisation WTO und verpflichtete sich, seine Zölle langfristig niedrig zu halten. Währenddessen änderten sich die Konsumgewohnheiten in Europa. Die Leute kauften immer seltener ganze Hühner und immer mehr Hühnchenteile, vor allem das Brustfilet. »Ende der Achtzigerjahre änderte sich das gesamte Rezeptangebot in Frauenzeitschriften, Kochbüchern und Fernsehsendungen: Ganze Hähnchen kamen praktisch nicht mehr vor«, sagt Francisco Mari vom Evangelischen Entwicklungsdienst. »Alle wollten mageres Hähnchenbrustfilet ohne Haut und Fett.« 1993 verkauften die Supermärkte in Deutschland 70 Prozent ganze Hähnchen, 2005 nur noch 24 Prozent.[188]

Das wirkt wie das Ergebnis einer geschickten Marketingaktion, denn an Hühnchenteilen lässt sich mehr verdienen als an ganzen Hühnern. Die wellness-orientierten Konsumenten zahlen offenbar gerne einen guten Preis für die vermeintlich gesunde Hähnchenbrust aus Industrieproduktion. »Ein Kilogramm Brustfilet kostet acht bis neun Euro, ein ganzes Huhn – inklusive 150 Gramm Brustfilet – nur vier Euro«, erklärt Francisco Mari. »Allein das kleine Brustfiletstückchen bringt den Schlachtbetrieben die Hälfte ihrer Einnahmen.« Mit Brust und Schlegeln lässt sich also Geld verdienen, so viel, dass Deutschland sogar noch Brustfilet aus dem Ausland importieren muss, 120 000 Tonnen aus Brasilien und Thailand, die vor allem bei Lidl und Aldi verkauft werden. Die Art, wie Hühner in Deutschland gehalten werden, kann man zu Recht beklagen, doch ihre Artgenossen in Brasilien und Thailand werden noch schlechter behandelt: Dort gibt es nicht einmal mehr Mindeststandards wie die freiwillige Vereinbarung der deutschen Geflügelindustrie. »Dort werden aber jedes Jahr 114 Millionen Hähnchen für unsere Hähnchenbrustfilets geschlachtet«, hat Francisco Mari ausgerechnet.

In den europäischen Schlachtbetrieben werden Brust und Schenkel vom Huhn getrennt. Was übrig bleibt, ist in der Europäischen Union nur schwer zu vermarkten. Hühnerbeine und Formfleisch will bei uns keiner mehr haben, höchstens zu Chicken Nuggets oder Chips verarbeitet. Den Rest verschiffen die Geflügelverarbeiter deshalb nach Afrika. 18 000 Tonnen Geflügelreste exportierten die EU-Länder 2005 allein nach Kamerun, für sagenhafte 60 bis 80 Cent das Kilo. Zum Vergleich: Die deutschen Geflügelmäster bekommen 70 Cent pro Kilogramm lebendes Huhn, die Schlachtereien verkaufen Hühnerfleisch für etwa 1,40 Euro weiter an ihre Abnehmer.

Die Händler in Kamerun aber legen auf die 60 bis 80 Cent pro Kilo Einkaufspreis noch einmal das Doppelte drauf und verkaufen das brustlose Resthuhn halb aufgetaut auf den Märkten. Das ist ein gutes Geschäft: Die Händler machen 100 Prozent Gewinn und knocken dennoch die heimische Konkurrenz aus. Denn für einen Kilopreis von 1,50 Euro kann kein Geflügelhalter in Kamerun Hühner mästen. Im Jahr 2002 hielten die heimischen Produzenten einen Anteil von 60 Prozent, 2003 waren es nur noch 37 Prozent.

So funktioniert eben Kapitalismus in einer globalisierten Wirtschaft mit günstigen Transportkosten, könnte man sagen. Mit den europäischen Hühnerbeinen auf dem Markt von Jaunde, Kamerun, kann man wunderbar die internationale Arbeitsteilung und das Theorem der komparativen Kosten erklären, auf das Globalisierungsbefürworter immer wieder verweisen: Danach soll jedes Land das produzieren, was es besonders gut kann. Und weil der hocheffiziente High-Tech-und-Wissens-Standort Deutschland eben besonders gut billiges Hühnerfleisch produzieren kann, exportiert Deutschland Hühnerfleisch in die Billiglohnländer Westafrikas.

Der Export hat nur einen Haken: Tiefkühlhähnchen ohne Tiefkühltruhen sind gefährlich. Das Hühnerfleisch wird gefroren nach Afrika transportiert und taut beim Ausladen und beim Transport in der Tropensonne. Wenn es Tage später verzehrt wird, haben sich in den Hühnerresten Salmonellen und andere Bakterien stark vermehrt. Das Centre Pasteur in Jaunde hat das importierte Hühnerfleisch im Jahr 2004 untersucht und festgestellt, dass über 80 Prozent der Proben ungenießbar waren.[189]

Christiana Schuler, die in Berlin Agrarwissenschaften studiert und im Attac-Agrarnetz mitwirkt, hat eine Vortragsreise der kamerunesischen Bürgerrechtlerin Tilder Komichii durch Deutschland begleitet. »Uns ging es darum zu zeigen, wie die Regeln der WTO die Rechte der einzelnen Länder einschränken, sich durch Zölle vor gefährlichen Importen zu schützen«, erzählt sie. »Und wie Strukturunterschiede es möglich machen, so billig zu exportieren. Die industrielle Hühnerproduktion in Europa hat die kleinen Betriebe in Kamerun plattgemacht. Das waren häufig Frauen, die ein paar hundert Hühner halten und nun ihre Lebensgrundlage verloren haben. Über 110 000 Arbeitsplätze sind deswegen allein in Kamerun verloren gegangen.«[190] Dass ein Hochlohnland wie Deutschland billiger produziert als Kamerun mit seinen extrem niedrigen Löhnen, habe viele Leute, die zu den Vorträgen gekommen sind, schockiert.

Doch Tilder Komichii konnte von Erfolgen berichten: Es ist ihr und anderen engagierten Mitstreitern gelungen, eine soziale Bewegung gegen die lebensgefährlichen Importhühner auf die Beine zu stellen. Die Nachfrage nach lokalem Geflügel ist seit 2005 wieder gestiegen, die Regierung hat allen Spielraum, den das WTO-Regelwerk zulässt, genutzt, um die Importmengen zumindest vorläufig zu senken, und sie hat ein Gesetz zur Besteuerung von Geflügel aus Übersee erlassen.[191]

Die europäischen Hühnerbeine in Kamerun werfen politische Fragen auf, auf die Attac und andere Nichtregierungsorganisationen eine klare Antwort haben. »Wir stellen grundsätzlich die Exportorientierung der EU-Agrarwirtschaft in Frage«, sagt Christiana Schuler. Denn Hühnerbeine sind nur ein Beispiel, *auch Zucker, Tomaten und Milchpulver aus Europa ruinieren die Märkte in armen Ländern.*[192] Das ist die Folge einer politischen Grundsatzentscheidung: Denn die Welthandelsorganisation WTO fordert freie Märkte und möglichst wenig Reglementierung auch für die Bereiche Landwirtschaft und Ernährung. Das freie Spiel globaler Kräfte gilt auch für die verderblichen Früchte des Feldes und für die Tiere. »Das größte Interesse am Export von Nahrungsmitteln hat die verarbeitende Industrie«, erklärt Rudolf Buntzel vom eed, der seit Jahren den Zusammenhang von Welthandel und Hunger erforscht. »Denn sie verdient am Export, und nicht die Bauern. Bei den WTO-Agrarverhandlungen hat sich immer wieder gezeigt, wie schwer es ist, die Exportsubventionen für EU-Agrarerzeugnisse zu kürzen. Denn diese Subventionen erhalten ja weiterverarbeitende Betriebe.«[193] Machte man stattdessen eine Agrarpolitik für die europäischen Bauern, könnte man damit auch den Kleinbauern in den übrigen Ländern helfen. Orientierte sich die Welthandelspolitik am Menschenrecht auf Ernährung statt am Prinzip des freien Handels, müsste sie anders als jetzt gestaltet werden: Lokale und regionale Lebensmittelproduzenten müssten vor Dumping-Importen geschützt werden.[194]

Das Buch zum Film *We feed the world*, das der Regisseur Erwin Wagenhofer zusammen mit dem Journalisten Max Annas verfasst hat, endet in einer regelrechten Hass-Arie auf die globale Nahrungsmittelindustrie. Dazu zählen sie »jene Konzerne, die fertige und halbfertige Nahrung für den Einzelhandel herstellen, dazu die großen Einzelhändler selbst, außerdem die mächtigsten der Saatgutfirmen und den Bereich der industrialisierten Landwirtschaft, der Rohstoffe, Futtermittel und verkaufsfertige Waren rund um den Erdball verschiebt«. Diese Industrie sei ein verheerender politischer Faktor, denn sie habe sich nur zwei Zielen verschrieben: »Erstens vom in den reichen Ländern zirkulierenden Geld möglichst viel abzuschöpfen und zweitens gleichzeitig die Märkte der armen Länder zu beherrschen, um über ihre Ressourcen verfügen zu können.« Das Ergebnis fassen Wagenhofer und Annas knapp zusammen: »Durch ihre weltumspannende Arbeit sterben Jahr für Jahr viel mehr Menschen als durch die Kriege der Erde.«[195]

Als politischer Konsument kann man gegen die Exporte europäischer Hühnerreste nach Afrika nicht viel tun. »Esst so viel ganze Hühner, wie es nur geht«, sagt Christiana Schuler, aber sie meint das eher als Scherz. Sie hält politische Beteiligung für wirkungsvoller. »Es ist gut, wenn fünf Prozent der Verbraucher Biolebensmittel kaufen, oder wenn sich fünf Prozent an einer politischen Kampagne beteiligen würde, das wäre richtig super!«, sagt sie. »Fünf Prozent sind eine kritische Masse, damit könnte man politisch richtig was bewirken.«

Fairtrade Kaffeehandel

Tatsächlich haben wir Konsumenten es in der Hand, einige der Grausamkeiten des globalisierten Lebensmittelhandels zumindest zu mildern, vor allem da, wo es nicht um Export, sondern um Import geht und wo fair gehandelte Produkte zu kaufen sind: Kaffee, Tee, Kakao, Schokolade, Reis, Bananen und Orangensaft.

Vor allem Kaffee ist ein Musterbeispiel für die Notwendigkeit – und Wirksamkeit – von politischem Konsum. Bei kaum einem Produkt klafft ein so großer Graben zwischen der Inszenierung von Kaffeegenuss und den schäbigen Bedingungen, unter denen der Rohstoff gehandelt wird. In der Werbung wird über Kaffee gesprochen wie über Mode oder Sex: Er ist verführerisch, erlesen, sanft oder geheimnisvoll, er hat Verwöhnaroma und sogar Charakter. Und die Leute glauben's und zahlen gerne für diese schönen Ideen. *Für einen Plastikbecher mit Milchkaffee wird in den deutschen Fußgängerzonen locker drei bis vier Euro gezahlt. Der Milchbauer bekommt davon etwa drei Cent, der Kaffeebauer im Extremfall, wie im Jahr 2001, nur 0,3 Cent, sonst etwa das Doppelte.* Für den Kaffee in einer Tasse Kaffee zahlt man also weniger als einen Cent.

Ökonomen sagen allerdings: So darf man nicht rechnen, denn die Wertschöpfung einer Tasse Kaffee ist hauptsächlich eine heimische, der Kunde zahlt schließlich für das Café, das Personal und die Kaffeemaschine. Doch genau das ist ja das Problem: Es gäbe vermutlich eine große Bereitschaft, auf die vier Euro noch zehn Cent für die Kaffepflückerinnen draufzulegen, bloß ist es strukturell irgendwie nicht möglich, das so zu regeln, dass die Pflückerinnen das Geld auch bekommen. Die wirtschaftliche Logik verbietet das: Denn danach bestimmen Angebot und Nachfrage den Preis, und solange das Angebot größer als die Nachfrage ist, bleibt der Preis eben niedrig. Diese ökonomische Grundregel gestattet den Einkauf zu billigen Preisen, auch unter den Herstellungskosten. Der Wettbewerb der Kaffeehändler und -röster verpflichtet sie dazu. Doch genau hier kann der politische Konsument eingreifen: Wenn ein Kaffeeröster nämlich wüsste, dass er den besser bezahlten Rohstoff im Supermarkt auch teurer verkaufen kann, weil seine Kunden das so möchten, würde er den Erzeugern mehr zahlen und das als Qualitätsvorteil verkaufen. Von einem Glas Pulverkaffee im Supermarktregal gehen etwa 20 Prozent an die Anbauer.

Auf den Internetseiten des Kaffeerösters Jacobs erfährt man, wie viel Arbeit der Anbau macht: »Über 4 lange Jahre muss eine Kaffeepflanze großgezogen und geschützt werden, bevor sie die ersten Früchte trägt. Die jährliche Erntemenge eines Strauches entspricht etwa einem Pfund Kaffee. Um einen Sack Rohkaffee zu 60 Kilogramm zu füllen, müssen also rund 100 gut tragende Arabica-Bäume abgeerntet werden.«[196] Wer aber diese Arbeit erledigt und ob er oder sie dafür bezahlt wird, darüber erfährt man bei Jacobs nichts. 75 Prozent des Kaffees wird von Kleinbauern geerntet, die vom großen Preisverfall ab 1999 existenziell betroffen waren, ebenso wie die Saisonarbeiter auf den großen Kaffeeplantagen etwa in Brasilien. Vor allem die Hilfsorganisation Oxfam machte bekannt, was für Folgen der Preisverfall hatte: Während wir Konsumenten uns vom Verwöhnaroma einlullen ließen, mussten viele der etwa 25 Millionen Kaffeebauern weltweit ihre Kinder aus Geldmangel von der Schule nehmen, es fehlte ihnen an Geld für Medikamente und Kleidung. Viele von ihnen verarmten.[197] Sogar die Weltbank, die für gewöhnlich auf der Seite der Weltmarkt- und Globalisierungsfreunde steht, schlug damals Alarm: Kaffee sei so billig wie vor hundert Jahren, die Preise lägen an vielen Orten unter den Herstellungskosten, das könne so nicht weitergehen, heißt es in einer Studie aus dem Jahr 2003.[198]

Bis 1989 regelte das Internationale Kaffee-Abkommen, wie viel Kaffee angebaut wurde. Anbau- und Konsumländer verständigten sich darin auf Exportmengen, die relativ hohe und stabile Preise garantierten. Dieses Quotenabkommen funktionierte einigermaßen gut – auch weil überschüssiger Kaffee damals wie durch ein Überdruckventil nach Bedarf in die Länder des Ostblocks verkauft werden konnte, die sich an dem Abkommen nicht beteiligt hatten. Doch nach dem Zusammenbruch des Kommunismus funktionierte das nicht mehr, das Abkommen über die Produktionsquoten scheiterte, und *heute bestimmen die Börsen in London und New York, was Rohkaffee kostet.*

Das *manager magazin* empfahl seinen Lesern im Frühjahr 2006, am weltweiten »Hunger nach Rohstoffen« mitzuverdienen. Der Investmentmanager Jim Rogers predigte gern, dass sich die besten Investmentideen auf jedem Frühstückstisch fänden, nämlich Zucker, Weizen, Kaffee oder Kakao. Er investiere aber nie in die Aktien der Rohstoffproduzenten, sondern kaufe für seinen Fonds mit Hilfe von Termingeschäften die Waren selbst.[199] Das ist nun nichts Neues, außer dass Rohstoffe nach Jahren niedriger Preise für die Banken und Börsen wieder interessant geworden sind: An den internationalen Finanzmärkten werden gewaltige Summen bewegt, und die Entscheidungen einiger weniger Rohstoffhändler, Börsenmakler und Finanzinvestoren haben existenzielle Konsequenzen für sehr viele Menschen am Anfang der Produktionskette, für Arbeiter wie für Kaffeebauern.

Wegen einer schlechten Ernte in Brasilien steigen die Preise seit 2004 wieder. Gleichzeitig hat auch der Druck der Kampagnen gewirkt (und auch die überzeugenden Wachstumsraten des fair gehandelten Kaffees, in anderen Ländern mehr als in Deutschland): Es laufen Verhandlungen über soziale und ökologische Mindeststandards im Kaffeeanbau. Schon 2004 einigten sich die Produzenten der wichtigsten Anbauländer, Oxfam, die Christliche Initiative Romero und andere Nichtregierungsorganisationen mit vier der fünf großen Kaffeeröstern – Sara Lee, Kraft Foods (u. a. Jacobs Kaffee), Nestlé und Tchibo – und Händlern auf den Common Code for the Coffee Community, der soziale und ökologische Kriterien einfordert. Das deutsche Unternehmen Melitta hat sich angeschlossen. Seit Oktober 2007 ist der 4C-Kaffee im Handel, etwa 2,8 Millionen Säcke sollen im ersten Jahr nach diesen Standards produziert werden. Die Kontrollen sind weniger streng als beim fairen Handel, doch ein Standard für die Mainstream-Ware ist ein guter Anfang, um vielen Bauern zu helfen.[200]

Wer es aber vorzieht, den Kaffee, den er trinkt, schon jetzt so zu bezahlen, dass die Kaffeebauern etwas davon haben, kann fair gehandelten Kaffee inzwischen nicht nur in Weltläden oder Biofachgeschäften, sondern auch im Supermarkt bekommen, sogar in Discountern, die mit ihrer Preispolitik die Not der übrigen Kaffeebauern noch verstärken. *Das Fairtrade/Transfair-Siegel auf der Kaffeepackung garantiert Mindestpreise und langfristige Lieferbeziehungen*[201] – Dinge, die eigentlich selbstverständlich sein sollten, wenn reiche Leute arme für sich arbeiten lassen.

Mehr als eine Million Bauern und Arbeiter in etwa 50 Ländern profitieren vom Handel mit dem Fairtrade-Siegel, und die Pressemitteilungen der internationalen Fairtrade-Organisation FLO vom Juni 2006 klingen geradezu euphorisch: *Weltweit wurden im Jahr 2005 Waren mit Fairtrade-Siegel für 1,1 Milliarden Euro verkauft, das sind 37 Prozent mehr als im Jahr davor.*[202] 2006 waren es schon 1,6 Milliarden Euro und 41 Prozent Wachstum. In Deutschland hat sich die Menge verdoppelt. Das sind beeindruckende Wachstumraten, allerdings immer noch auf bescheidenem Niveau.

Viele Kaffeebauern auf der ganzen Welt würden gerne von sicheren Preisen profitieren, die Fairtrade garantiert, aber sie können das nicht, weil der Absatz nicht groß genug ist. In Deutschland beträgt der Anteil für Fairtrade-Kaffee immer noch weniger als zwei Prozent,[203] was nicht wirklich beeindruckend ist: Denn Kaffee ohne Fairtrade-Siegel zu kaufen war zumindest in den Jahren der Preiskrise, von 2000 bis 2003, kaum besser als ihn zu klauen. An der Ladenkasse zahlte man zwar die Kosten für den Transport, die Röstung des Kaffees und für die Werbung, doch die Kaffeebohnen selbst bezahlte man nur zum Teil. *Take one and get more for free*, damit hätten die Kaffeeanbieter in diesen Jahren werben können: Kaufen Sie ein bisschen Kaffee und nehmen Sie nochmal so viel umsonst mit! Der Rest ist ein Geschenk von Juanita! Sie hat zwar den ganzen Tag nichts Ordentliches gegessen und kein Geld mehr, ihre Kinder zur Schule zu schicken, aber ein paar Stunden Bohnenpflücken, damit Sie Ihren Kaffeeduft genießen können, das tut sie gewiss gerne.

»Der Fairtrade-Kaffeehandel ist eine Insel der Seligen«, sagt ein Entwicklungshelfer, der oft in Guatemala unterwegs ist, und es klingt fast ein bisschen spöttisch. »Wenn der Absatz des Fairtrade-Kaffees wirklich wachsen würde und endlich aus der Nische herauskäme, dann würde ich sagen: Das ist der richtige Weg. So aber bleibt es ein sehr elitärer Bereich von drei bis vier Prozent des weltweiten Kaffeeumsatzes. Und was ist mit den restlichen vierundzwanzig Millionen Kaffeebauern?« Die fänden es wahrscheinlich ziemlich cool, wenn so viele Leute in den reichen Kaffeetrinker-Ländern fair gehandelten Kaffee kauften, dass sie auch mitmachen könnten. Und wenn sie so viel Geld für ihre Arbeit bekämen, dass sie davon leben könnten, und nicht nur dann, wenn eine Dürre in Brasilien die Preise kurzfristig nach oben treibt.

Regionale Wirtschaftskreisläufe

Bei Kaffee, Kakao und den übrigen Nahrungsmitteln, die nur in den Tropen oder wärmeren Ländern wachsen, ist es wichtig, auf fairen Handel zu achten. Bei allen anderen kommt es auf Nähe an. *Wer als politischer Konsument auf die Katastrophen der globalen Ernährungsindustrie reagieren will, sollte regionale Produkte kaufen.* In den letzten Jahren ist eine Art kleiner Gegenbewegung zur Globalisierung entstanden: die Regionalisierung von Wirtschaftskreisläufen.

Ein gutes Beispiel ist die Ökobrauerei Neumarkter Lammsbräu in der Oberpfalz. Im Frühjahr 2006 hat sie eine »Aktion für mehr Lebensmittelsicherheit und faire Bezahlung der Landwirtschaft« gestartet. Sie zahlt den Landwirten, die Gerste, Weizen, Dinkel und Hopfen liefern, einen höheren Preis und wirbt dafür auf ihren Bierflaschen: »Wir zahlen pro 20er-Kiste einen Euro mehr an die heimische Landwirtschaft als konventionelle Brauereien«[204] – ein Projekt ähnlich wie die Erzeuger-fair-Milch der Upländer Bauernmolkerei.

»Uns geht es dabei vor allem um regionale Arbeitsplätze«, sagt Franz Ehrnsperger, der Inhaber der Ökobrauerei. »Eine Studie der Universität Augsburg hat gezeigt, dass die überwiegende Mehrheit der Leute nicht weiß, dass es einen Zusammenhang zwischen dem Kauf von regionalen Produkten und dem Erhalt regionaler Arbeitsplätze gibt. Auch vielen Entscheidungsträgern, Bürgermeistern zum Beispiel, war das nicht klar.«[205] Die Konsumenten, aber auch die Politiker haben die Bedeutung der regionalen Wirtschaftskreisläufe einfach noch nicht begriffen. In Ostdeutschland könne man sehen, was es bedeutet, wenn die regionale Wirtschaft zusammenbricht. Je stärker die Globalisierung aber werde, desto wichtiger sei es, gleichzeitig auf Regionalisierung zu setzen. »Millionen von Arbeitnehmern kegeln mit ihren Einkaufsentscheidungen Millionen anderer Arbeitnehmer aus ihren angestammten jahrezehntealten Arbeitsplätzen«, zum Beispiel in der Landwirtschaft und im

Lebensmittelhandwerk. Die Entscheidung der Deutschen, immer mehr Billigbier (für fünf bis sechs Euro pro Kasten) zu kaufen, habe die deutschen Brauereien in den letzten zehn Jahren 10 000 Arbeitsplätze gekostet. Im Jahr 2005 ist in Deutschland genauso viel Bier getrunken worden wie 2004 (115 Liter pro Kopf), dennoch hat sich der Umsatz der deutschen Brauereien um mehr als eine Milliarde verringert, und sofort ist die Zahl der Arbeitsplätze um 3000 gesunken. *Eine Ökobrauerei dagegen verschafft vier Mal so vielen Menschen Arbeit wie eine große konventionell wirtschaftende.* »Wer einen Kasten Lammsbräu kauft, zahlt dabei fünf Euro und neun Cent Lohnkosten«, erklärt Ehrnsperger. Bei einem Kasten Billigbier liege der Anteil gerade bei 66 Cent. »Wer diese Lebensmittel kauft, zerstört Arbeitsplätze.« Die Werbeaktion der Neumarkter Lammsbräu hilft, das Bewusstsein für diesen Zusammenhang zu schaffen, die Brauerei plant, den fair-Gedanken auch auf den Handel und die Gastronomie auszuweiten.

Wirtschaftswissenschaftler und Politiker sind eben erst dabei, diese Dimension von regionalen Wirtschaftskreisläufen zu entdecken. Jahrzehntelang verfolgte die Förderung der Länder für die strukturschwachen ländlichen Regionen nämlich eine ganz andere Politik. »Man setzte auf die Logik der komparativen Kostenvorteile«, kritisiert Jochen Dettmer vom Bundesverband der Regionalbewegung, »und gab Anreize wie Autobahnanschlüsse und billige Erschließungskosten für exportorientierte Fabriken für die billige Weltmarktproduktion.« Das Versagen der Wirtschaftspolitik in den neuen Bundesländern sei auf diese Politik zurückzuführen: Überall wurden große Gewerbegebiete angelegt, die sich gegenseitig Konkurrenz machten, und natürlich gelang es nicht allen, tatsächlich Industrieunternehmen anzusiedeln. Für die übrig gebliebenen Gebiete aber hatten die meisten Wirtschaftswissenschaftler und Politiker keine neuen Ideen. Das Verbraucherschutzministerium unter Renate Künast startete schließlich das Pilotprojekt »Regionen aktiv« mit achtzehn Modellregionen, die neue Modelle nachhaltiger Landentwicklung austesten sollten.[206] Vor allem aber waren es Praktiker wie die Gründer der Upländer Bauernmolkerei oder des Netzwerkes der Gemeinden rund um München, *Unser Land*[207], die vormachten, wie Wirtschaftsförderung im ländlichen Raum aussehen könnte: Sie schufen regionale Binnenkreisläufe und erhöhten so die Wertschöpfung auf dem Land. Fleischer und Bäcker blieben im Dorf, Bauern lernten wieder, wie man Käse macht und vor allem, wo und wie man ihn selbst verkaufen kann. Nach der klassischen Rationalisierungslogik, der Ökonomen und auch der Deutsche Bauernverband immer noch folgen, sollen Bauern dagegen möglichst viel möglichst billig erzeugen und an die Verarbeiter abliefern, die die landwirtschaftlichen Erzeugnisse in möglichst großen Strukturen weiterverarbeiten und vermarkten. Je mehr die Lebensmittelindustrie verkauft und exportiert, desto größer wird der Gewinn für alle sein, für Verarbeiter und auch für die Erzeuger, so lautete das Versprechen der Industrie. Für ihre Rohstofflieferanten – die Bauern – aber hat es sich nicht erfüllt: Während die Preise im Laden stiegen, sanken die Erzeugerpreise. Einzelne Bauern wehrten sich dagegen, sie gründeten Hofläden und fuhren ihre Möhren selbst zum Markt. Und dann geschah etwas Überraschendes: Der Lebensmitteleinzelhandel entdeckte die regionalen Marken, stellte Produkte aus der Region ins Regal und begann dafür zu werben. Es war, als wollten die Supermärkte ein Gegengewicht zu dem standardisierten, deutschlandweit gleichen Warenangebot schaffen, das sie selbst durchgesetzt hatten. »Bei dem aktuellen Trend zur Regionalisierung geht es um Sicherheit und Überschaubarkeit und auch um emotionale Bindung«, sagt Frieder Thomas, der am Kasseler Institut für ländliche Entwicklung forscht. »Aber es gibt Hindernisse. Die Logistik der großen Ketten ist längst überregional organisiert, die Supermärkte werden von wenigen günstigen Lagern aus beliefert. Sogar das Handelsunternehmen Tegut, das ökologischen und regionalen Produkten gegenüber sehr aufgeschlossen ist, kann aufgrund seiner Logistik manche Produkte nicht aus der Nähe beziehen, wenn sie zum Beispiel nur auf vielen einzelnen Höfen erzeugt werden, die sich nicht zu einer Erzeugergemeinschaft zusammengeschlossen haben. Manche Bauern aus der nahe gelegenen Rhön sind darüber natürlich sauer.« Und es gibt noch ein anderes Problem: *Die regionalen Herkunftskennzeichen sind für Konsumenten äußerst unübersichtlich.* »Jeder kann mit Regionalität werben, ohne dass das geschützt oder kontrolliert würde«, sagt Jochen Dettmer. Der Bundesverband der Regionalbewegung, den er als Bundesgeschäftsführer der Neuland-Erzeugergemeinschaft mitbegründet hat, hat sich zum Ziel gesetzt, das zu verbessern. »Es muss einen staatlichen Kennzeichnungsschutz geben, um Trittbrettfahrer rauszukegeln«, Firmen also, die mit Regionalität werben, ohne tatsächlich in regionalen Kreisläufen nachhaltig zu wirtschaften. »Der Markt alleine aber kriegt so eine Kennzeichnung nicht hin.«

Kennzeichen für regionale Produkte

Zurzeit gibt es zwei Kennzeichen der Europäischen Union, die einzelne regionale Produkte vor Nachahmern schützen: die »geschützte Ursprungsbezeichnung« und die »geschützte geografische Angabe«. Bei den Konsumenten sind sie aber nie richtig bekannt geworden. Vermutlich, weil ihre Bedeutung nicht leicht genug nachzuvollziehen ist. »Bei der geschützten geografischen Angabe (g.g.A.) besteht eine Verbindung zwischen mindestens einer der Produktionsstufen, der Erzeugung, Verarbeitung oder Herstellung und dem Herkunftsgebiet oder es kann sich um ein Erzeugnis mit besonderem Renommee handeln«, heißt es in der Definition der Generaldirektion Landwirtschaft der EU.[208] »Mindestens eine der Produktionsstufen« bedeutet, dass etwa ein Schinken schon dann »Schwarzwälder Schinken« heißen darf, wenn er im Schwarzwald geräuchert wurde. Wo das Schwein herkommt, ist dabei ganz egal, es geht allein um die Tradition der Herstellung. Nürnberger Bratwürste sind so ein

Produkt: garantiert in Nürnberg hergestellt, aber ohne Zutaten aus Nürnberg. Dass sie als geschützte geografische Angabe bezeichnet werden dürfen, ist dennoch vorteilhaft für die Wertschöpfung der Region. Die Würstchen verkaufen sich gut, und niemand außerhalb darf die Rezeptur nachmachen. Für den Konsumenten aber ist das etwas verwirrend. Wenn er nicht extra auf den Info-Seiten der Europäischen Union nachsucht, weiß er nicht, ob die eine oder andere Wurst nun nur g.g.A. oder vielleicht doch g.U. ist, und was das eigentlich genau bedeutet. Denn die strengere g.U., die »geschützte Ursprungsbezeichnung«, verlangt, dass »Erzeugung, Verarbeitung und Herstellung« in einer bestimmten Region erfolgen. Der Parmaschinken ist eine solche geschützte Ursprungsbezeichnung, dennoch landen Schweine aus deutschen Mastbetrieben im Parmaschinken – sie müssen bloß eine bestimmte Zeit vor der Schlachtung in italienischen Ställen gestanden haben.

Es wäre auch nützlich, wenn man sich beim Einkaufen auf ein Zeichen verlassen könnte, das regionale Wirtschaftskreisläufe und Wertschöpfung auszeichnet. Damit könnte man ohne umständliche Recherchen zum Beispiel Fleisch kaufen, für das kein Regenwald gerodet wurde, oder Apfelsaft von den heimischen Streuobstwiesen. In einzelnen Regionen gibt es solche Zeichen, in der Eifel zum Beispiel, die sich am Pilotprojekt des Verbraucherschutzministeriums *Regionen Aktiv* beteiligt hat und eine eigene Dachmarke mit dem Namen Eifel für landwirtschaftliche Produkte und Holz entwickelt hat: ein kleines e vor buntem Hintergrund.[209] Aber einen regionalen Warenkorb kann man sich natürlich auch ohne Siegel und Zeichen zusammenstellen.

Rudolf Buntzel, der Beauftragte für Welternährungsfragen des Evangelischen Entwicklungsdienstes, hat klare Konsumempfehlungen: »Erstens möglichst regional, zweitens saisonal, drittens direkt vom Erzeuger und viertens ökologisch. Und wenn man etwas konsumieren will, was hier nicht wächst, sollte es aus fairem Handel kommen.«

Wir müssen also auch im Bioladen beim Einkaufen mitdenken. Häufig werden dort Biohonig aus Kolumbien, Biowein aus Südafrika und Bioäpfel aus Neuseeland angeboten. Richtig »bio« ist es aber nicht, wenn Waren einmal um die ganze Welt geflogen werden müssen. *Für den Transport von einem Kilo Äpfel von Neuseeland bis Frankfurt werden zwei bis vier Liter Kerosin in die Luft geblasen.* Das bedeutet pro Kilo geflogener Äpfel einen Zuwachs von zehn Gramm Treibhausgas Kohlendioxid in der Atmosphäre. Ökologisch sinnvoller ist es, Äpfel zu kaufen, die nicht am anderen Ende der Welt vom Baum gefallen sind. Sechs Milliarden Euro kosten in der Bundesrepublik allein die Transporte von Lebensmitteln, und immer öfter sind auch Bioprodukte mit an Bord. *Der Biomarkt muss also aufpassen, dass er durch die Globalisierung nicht ähnliche Strukturen ausbildet wie der konventionelle Lebensmittelmarkt.* Denn das vom Bundesumweltministerium verliehene Bio-Siegel bestätigt nur, dass die gekennzeichneten Produkte nach den Anforderungen der EU-Öko-Verordnung erzeugt und kontrolliert wurden – die Länge der Transportwege findet da keinen Niederschlag.

Eine andere Antwort auf den Boom des Hähnchenbrustfilets heißt *Slow Food*,[210] eine internationale Bewegung für Esskultur. Gegründet wurde sie in den frühen Achtzigerjahren von dem Piemonteser Carlo Petrini. Sie wendet sich gegen den Einsatz von Konservierungsstoffen, Emulgatoren und künstlichen Aromen in der Nahrung und lehrt den Zusammenhang von Biodiversität, Kochkunst und Geschmacksvielfalt. Sie versucht so, Moral und Genuss miteinander in Einklang zu bringen. Im Unterschied zu den klassischen Gourmets tischen die Anhänger von *Slow Food* nicht die Delikatessen dieser Welt auf, sondern sie setzen auf »die Wahrung regionaler Geschmacksvielfalt« und praktizieren damit das Gegenteil von dem, was McDonald's und andere Fast-Food-Ketten als globalisierte Essunkultur etabliert haben.

Kollektive Speisekammer statt Supermarkt

Es gibt weitere Gegenentwürfe zu regenwaldsoja-gefütterten Industriehuhnbrüsten in Schnellrestaurants, lanciert von Menschen, die aus der industrialisierten Landwirtschaft ausgestiegen sind und erfolgreich Alternativmodelle auf dem Markt etabliert haben.

Karl Ludwig Schweisfurth ist so einer. Er hatte die Fleischerei seiner Eltern zu Europas größter Wurstfabrik Herta ausgebaut, doch mit 55 Jahren hatte er genug von dieser Art Massenproduktion. 1985 verkaufte er die Firma und baute in Glonn bei München einen Biobauernhof auf, die Hermannsdorfer Land-Werkstätten: eine geschlossene Bioproduktionskette von der Weide bis zur Wurstküche. Seine Schweine leben und sterben ohne Angst, auf artgerechte Weise, sodass keine Adrenalinausstöße und Antibiotika das Fleisch überschwemmen. Der Sohn, Georg Schweisfurth, eröffnete 1998 in München den ersten Biosupermarkt, Basic, der inzwischen mehrere Filialen hat. Im Sommer 2007 gerieten die Basic-Supermärkte in die Schlagzeilen, als bekannt wurde, dass die Schwarz-Gruppe, die Eigner des Billig-Discounters Lidl, die Basic-Supermärkte aufkaufen wollte. Es gab viel Protest von Kunden und Produzenten. Mehrere Lieferanten, unter anderem der Biogroßhändler Dennree, kündigte die Verträge. Auch die Hermannsdorfer Landwerkstätten des Basic-Mitbegründers Georg Schweisfurth boykottierten Basic. Daraufhin stoppten die Basic-Eigner den Verkauf, die Schwarz-Gruppe hält nun einen Anteil von 23 Prozent.

Und es gibt Bauern, die mit ihren Vermarktungsmodellen den Ausstieg aus den fatalen globalen Nahrungskreisläufen ermöglichen. Der Kattendorfer Hof nördlich von Hamburg zum Beispiel kommt dem, was früher als richtiger Bauernhof galt, ziemlich nahe.[211] Dort wirtschaften zwei kinderreiche Betriebsleiterfamilien und ein Dutzend weiterer Angestellter nach den strengen anthroposophischen Demeter-Richtlinien. Konventionelle Landwirte würden bei einer Hofbesichtigung vermutlich glauben, sie seien in einem Museum ihrer Kindheit gelandet, und die Hände über dem Kopf zusammenschlagen: Die Schweine schlafen im Stroh und suhlen sich im Schlamm, die Kälber befreien sich ab und zu aus ihren Ställen und springen auf dem Hof herum, die Kühe werden mit Gras gefüttert und bekommen kein künstlich angereichertes Hochleistungsfutter, gemolken werden sie an einem Melkstand, an dem nur vier Kühe gleichzeitig gemolken werden können. In den Augen konventioneller Landwirte sieht das nach viel überflüssiger Handarbeit und nach zu wenig Kapital für neue Maschinen aus. Erst auf den zweiten Blick würden sie staunen: Etwa darüber, wie ruhig es im Sauenstall ist und wie entspannt die als hektisch und schreckhaft geltenden Muttersauen auf die unbekannten Besucher reagieren. Oder dass die Kattendorfer kein Eiweißfutter für die Schweine zu kaufen brauchen, weil sie die Molke aus der Käserei in die Tröge leiten – was für die jungen Schweine, ihrem Gerenne und Gequieke nach zu urteilen, eine Delikatesse sein muss. Und vor allem würden die konventionellen Kollegen über die Preise staunen, die die Kattendorfer auf den Hamburger Wochenmärkten erzielen. »Ich möchte, dass der Kunde bei mir am Marktstand den ethischen Preis bezahlt, einen Preis, der der Ware angemessen ist«, sagt Klaus Tenthoff, einer der vier Betriebsleiter. »Ich möchte, dass die Ware eine Würdigung erfährt.«[212] Der Kattendorfer Hof beliefert einige Hamburger Wochenmärkte, doch das Besondere des Hofes ist eine Art Speisekammer, in der sich zurzeit knapp zweihundert Menschen bedienen.

Sie bilden eine Wirtschaftsgemeinschaft von Erzeugern und Verbrauchern. Jedes Mitglied zahlt pro Monat etwa 120 Euro, wer weniger verdient, bekommt einen ermäßigten Preis, gewissermaßen als Ernährungspauschale an den Hof, und darf sich dafür holen, was er braucht: Milch, Fleisch, Käse, Gemüse, Getreide, Kartoffeln, Eier. Immer, wenn der Hofladen auf hat, so viel er möchte und ohne zu zahlen. Inzwischen gibt es zwei Depots in Hamburg. Jedes Mitglied hat einen Schlüssel und kann sich rund um die Uhr bedienen. »Es machen viele Film- und

Fernsehleute mit, die oft bis nachts arbeiten und erst dann was zu essen holen, wenn die anderen Läden längst geschlossen sind«, erzählt Klaus Tenthoff. So ergänzen sich eine uralte bäuerliche Kreislaufwirtschaft und das urbane Leben im flexiblen Kapitalismus.

Die Bauern vom Kattendorfer Hof vertrauen darauf, dass niemand mehr nimmt, als er für sich und seine Familie braucht, etwa um es anderswo zu verkaufen. »Wir geben dem Kunden einen Vertrauensvorschuss, das honoriert er. Und gleichzeitig vertraut er uns ja auch, dass wir das, was wir zusichern, auch produzieren. Wir sind sehr gefordert, immer alles dazuhaben.« Viele Mitglieder hätten sich erst nicht getraut, etwas aus den Regalen der Kattendorfer Speisekammern mitzunehmen, ohne direkt dafür zu bezahlen. Und das Erstaunliche ist: »Es machen nicht nur überzeugte Ökos mit, sondern auch Leute, die früher bei Aldi gekauft haben und denen die Idee gefallen hat.«

Das Modell der gemeinsamen Speisekammer gibt den Bauern Planungssicherheit und befreit sie von den Preisstürzen des anonymen Marktes. Es bindet die Kunden an den Hof, und es schließt so die Kluft zwischen konsumierenden Städtern und produzierenden Landwirten. Damit ist – ökologisch korrekt – die uralte Einheit von ernten und essen wieder hergestellt. Denn in der Speisekammer gibt es natürlich nur das Gemüse, das gerade reif ist oder sich lagern lässt, also keine Erdbeeren im Winter und keinen Lauch im Frühsommer.

Das Modell, nach dem der Kattendorfer Hof wirtschaftet, könnte Bauern und Konsumenten als Vorbild dafür gelten, wie man den Katastrophen der globalen Ernährungsindustrie entkommen kann (zumindest für den Teil der Nahrungsmittel, die bei uns wachsen). Dabei würde ein Wissen wieder vermittelt, das über Jahrtausende eine Selbstverständlichkeit war: Die Konsumenten wüssten, wo gewachsen ist, was sie essen, wann es geerntet und wie es hergestellt wurde. Es wäre eine Art Erdung der Gesellschaft. In dem Verzicht auf volle Supermarktregale und darauf, dass immer alles zu kaufen sein muss, egal von wie weit es herbeigeschafft wird, könnte dabei auch eine Art Gewinn sein. In der Kattendorfer Speisekammer gibt es keine Kartoffelchips.

Das Modell der Speisekammer würde die weltumspannenden Lebensmittelströme in kleine Bäche aufteilen: Es wäre das Ende vieler Vieh- und Futtermitteltransporte, und es gäbe den Bauern ihre Unabhängigkeit zurück, befreite sie vom Zwang, sich an den Weltmarkt anzupassen. Der Bauernhof als Speisekammer für die Nachbarn und die Bewohner der nächstgelegenen Städte oder einfach mehr Hofläden und eine gestärkte regionale Direktvermarktung: das könnten Modelle für die Zukunft einer bäuerlichen und nicht industrialisierten Landwirtschaft sein.

Auf dem Kattendorfer Hof ist das so gut gelungen, dass man sich fragt, warum nicht mehr Bauern und Konsumenten dabei mitmachen. Vielleicht liegt das daran, dass bei den allermeisten Bauern im Moment keine Aufbruchsstimmung herrscht. Es ist gerade nicht die Zeit für Utopien in der deutschen Landwirtschaft, eher die Zeit der Überlebenskämpfe. Die großen Agrokonzerne schicken sich an, die Bauern als das erste Glied in der Produktionskette unter ihre Kontrolle zu bringen – mit Hilfe der Grünen Gentechnik. Denn das patentgeschützte Gensaatgut wird die Bauern den großen Lifescience-Unternehmen ausliefern, bei denen alles in einer Hand liegt: die Saatgutforschung, die Entwicklung von Pestiziden und die Rechte am Getreide auf den Feldern der Bauern.

Es gibt viele Bauern, die das alles nicht wollen, weder die Industrialisierung noch die Gentechnik, doch es gibt nur wenige, die wüssten, was dagegen zu tun ist. Das ist nicht erstaunlich, denn der Deutsche Bauernverband, der eng mit der Futter- und Düngemittelindustrie verflochten ist, hat diejenigen, die über Auswege aus dem erzwungenen Strukturwandel nachdachten, konsequent entmutigt. Den Kattendorfer Hof zum Beispiel hat noch kein Reporter der verbandsnahen landwirtschaftlichen Wochenblätter besucht, die meisten konventionell wirtschaftenden Bauern wissen gar nicht, dass es solche Modelle gibt und dass sie funktionieren. Egal, wo in Deutschland man mit konventionell wirtschaftenden Bauern spricht, sie sagen mit beinahe identischen Worten, als hätte es ihnen jemand eingeflüstert: »Bio ist eh nur eine Nische, und die Leute kaufen nur das Billigste.« Es gibt Bäuerinnen, die vor dem Kühlregal im Discounter über die niedrigen Erzeugerpreise klagen. Wenn man sie darauf hinweist, dass sie selbst gerade dabei sind, diese miserablen Preise zu schaffen, schütteln sie heftig mit dem Kopf und sagen: »Ach was, ich mit meinem kleinen Einkauf, das macht doch keinen Unterschied.«

Wahrscheinlich würden mehr Bauern anders wirtschaften, wenn sie wüssten, dass sie ausreichend Kunden hätten, die ihre gut produzierten Waren kaufen. Und wahrscheinlich wäre es gar nicht so schwer, viele kleine Speisekammern zu organisieren. In beinahe allen Bauerndörfern, denen gerade die Bauern aussterben, gibt es Liebhaber, die schottische Hochlandrinder züchten oder Fasane oder Zwergkaninchen, einfach so, weil es ihnen Freude macht. Mit wenig mehr Aufwand könnten sie zum Beispiel auch Hühner halten und das Dorf mit Eiern versorgen. Um die Chancen gemeinschaftlicher Landwirtschaft zu nutzen, müssten sich die Dorfbewohner nur zusammensetzen und überlegen, wer welche Tiere halten oder welches Gemüse anbauen möchte und wie viele Leute – aus ökologischer Überzeugung oder dörflicher Solidarität – sich als Abnehmer verpflichten würden. Im besten Fall würden die gemeinschaftlich organisierten Hühnerhöfe oder Gemüsegärten neue Arbeitsplätze schaffen, im schlechtesten einer Rentnerin einen kleinen Nebenverdienst verschaffen. Warum sollte eine Dorfgemeinschaft, die sich nicht schwer damit tut, Schützenfeste oder Sportwochen zu organisieren, nicht in der Lage sein, diese Gemeinschaft zu mehr zu nutzen? Vielleicht müssten die Bauern ihr Verhältnis untereinander überdenken: Die drei bis vier Jahrzehnte Rationalisierung und Strukturwandel haben ein Klima der Konkurrenz unter den Landwirten geschaffen: Wer schließt den Hof? Wer macht weiter? Wer baut den größten Stall oder wer hat den besten Trecker? Wenn es gelänge, stattdessen die Frage zu stellen:

Welches Dorf hat den höchsten Selbstversorgungsgrad und welches hat die größte regionale Wertschöpfung, wäre einiges gewonnen.

Ein paar Hühner kann man leicht mit wenig Aufwand halten. Mit der dörflichen Milch- und Fleischproduktion ist es schwieriger, denn die Hygienestandards, die auf die industrielle Verarbeitung ausgerichtet sind, sind für kleine Betriebe nur schwer einzuhalten. Doch selbst wenn es allein bei Hühnereiern bliebe, wäre das ein großer Erfolg für die bäuerliche Landwirtschaft: Es könnte die Rückgewinnung eines Wirtschaftszweiges bedeuten, den die Bauern längst an eine Handvoll Industrieller verloren haben.[213]

Neuntes Kapitel

Warum die Politik nicht das Gift aus der Quietschente bekommt

Unfruchtbar durch Chemie?

Irgendwann Ende der Neunzigerjahre hatten die Umweltminister der EU eine gute Idee: Sie wollten die Europäer vor giftigen Chemikalien schützen. In den Jahren zuvor hatten Meldungen über die sogenannten Umwelthormone und ihre giftige Wirkung sogar die Fortschrittsoptimisten verunsichert: In Fischen und in Frauen fand man plötzlich Chemikalien mit hormonähnlicher Wirkung, und keiner wusste genau, was sie dort anrichten, denn – das hörten die Bürger und staunten – es gab keine Daten und Testergebnisse über die Stoffe, nur besorgniserregende Studien. Ärzte in verschiedenen europäischen Ländern entdeckten, dass es offenbar einen Zusammenhang gab zwischen der nachlassenden Spermiendichte von Männern überall in Europa und bestimmten Industriechemikalien.[214] Amerikanische Forscher fassten diese Erkenntnisse 1996 in ihrem Buch *Our Stolen Future* zusammen, das im gleichen Jahr auch in Deutschland erschien.[215] Anfang 1997 brachte der *Stern* das Thema auf die Titelseite: »Kranke Spermien durch Umweltgifte: Angriff auf die Männlichkeit«.[216] Spätestens da wusste die Öffentlichkeit, was den Forschern schon viel länger bekannt war: *Eine ganze Reihe von Chemikalien steht im dringenden Verdacht, wie Hormone auf Menschen und Tiere zu wirken, mit negativen Folgen für die Fruchtbarkeit und hohem Krankheitsrisiko.* »Spätestens seit Anfang der Achtzigerjahre ist klar und durch Studien bewiesen, dass es für viele der auf dem Markt befindlichen Chemikalien nicht hinreichend Informationen für ein vollständiges toxikologisches Wirkungsprofil gibt«, sagt der Kieler Toxikologe Hasso Seibert.[217] Das hat sich bis heute nicht geändert, obwohl Wissenschaftler seitdem immer mehr Studien zusammengetragen haben, die zeigen, wie gefährlich manche Chemikalien sind. Und obwohl die Politik immerhin versucht hat, eine Lösung zu finden. Im Oktober 2003 legte die EU-Kommission einen Entwurf für eine neue Verordnung vor, die verlangte, was eigentlich selbstverständlich war: Wer Chemikalien verarbeitet, soll vorher prüfen, ob sie ungefährlich sind, und das auch beweisen können. Und zwar nicht nur bei den neuen Stoffen, sondern auch bei den alten, die jahrzehntelang bedenkenlos verrührt worden waren, ohne jemals getestet worden zu sein. Kaum hatte die EU-Kommission ihre Pläne bekannt gegeben, heulte eine PR-Maschine auf und dröhnte so lange durch Brüssel, Straßburg und die Hauptstädte Europas, bis die ursprüngliche Forderung an die Chemie-Industrie nicht mehr wiederzuerkennen war. *Tausende von Lobbyisten in Brüssel hämmerten und feilten erfolgreich: Als der Gesetzesentwurf im Straßburger Parlament ankam, waren schon 70 000 ungeprüfte Chemikalien herausgefallen. Nun sollten nur noch die Stoffe geprüft werden, von denen mehr als eine Tonne hergestellt wurde, und das auch nur unter bestimmten Bedingungen.* Die endgültige Fassung ist im Juni 2007 in Kraft getreten.

Ohnehin ist die Chemieindustrie fein raus: Während jeder Klettergerüsthersteller haftbar gemacht wird, wenn sein Klettergerüst unter dem Gewicht eines Kindes zusammenbricht, kann sich ein Chemikalienhersteller ziemlich sicher sein, dass man der Wirkung seiner Stoffe nicht so schnell auf die Spur kommt. Die endlosen Prozesse um gesundheitsgefährdende Holzschutzmittel etwa haben gezeigt, wie schwer es ist, Ursache und Wirkung in Chemiefragen zusammenzubringen und nachzuweisen, dass tatsächlich dieser oder jener Stoff genau diese oder jene Krankheit auslöst. Die über 100 000 eingesetzten Chemikalien finden mühelos ihren Weg aus den Fabriken in die Welt und lassen sich inzwischen überall nachweisen, in der Luft und im Wassser, in Nabelschnüren und Muttermilch, im Bauchspeck und im Rückenmark. Bloß was sie dort – im Wechselspiel mit all den anderen Stoffen – bewirken, weiß keiner so genau. Kritische Chemiker sprechen deshalb auch von einem gigantischen Freilandversuch der chemischen Industrie. Dem komplizierten Zusammenspiel der 100 000 Chemikalien mit den natürlichen Stoffen einer dynamischen und zum großen Teil unerforschten Natur lässt sich leicht der eine oder andere Giftstoff hinzufügen, ohne dass es jemand nachweisen könnte. Der politische Wille, solche Gefährdungen wenigstens zu erschweren, war stark, doch das Fleisch war zu schwach und das Brett zu dick.

Das Gleiche gilt für die Produkte der chemischen Industrie: Was sie enthalten, dürfen die Hersteller für sich behalten, auch wenn einige der Inhaltsstoffe umstritten sind. Seit Jahren ist etwa bekannt, dass Plastik oft sogenannte Weichmacher – Phthalate – enthält, darunter auch solche mit hormonaktiver Wirkung. Diese Stoffe sind gefährlich, aber wenn man Dinge aus Plastik kauft, erfährt man nicht, ob sie darin enthalten sind und – was entscheidender ist – ob sie sich daraus lösen. Denn nichts verpflichtet die Unternehmen, über die Inhaltsstoffe ihrer Produkte Auskunft zu geben.

Die Art und Weise, wie und vor was Verbraucher informiert und gewarnt werden, ist verwirrend: Auf beinahe jedem Kinderspielzeug steht der Hinweis: »Enthält Kleinteile. Nicht geeignet für Kinder unter 3 Jahren.« Auf die Idee kommen besorgte Eltern meist selbst, aber es schadet nichts, noch einmal gewarnt zu werden.

Diese Fürsorglichkeit der Kinderspielzeughersteller (die eine Folge des strengen amerikanischen Haftungsrechts ist) könnte zu der falschen Annahme verleiten, dass Hersteller die Käufer ihrer Produkte generell vor Gesundheitsgefahren warnen. Und das ist genau nicht der Fall: Etwa Kinderplanschbecken, die oft aus PVC mit Weichmachern gemacht sind. Die Zeitschrift *Öko-Test* kommt zu folgender Einschätzung: »Die meisten Planschbecken sind derart gespickt mit Schadstoffen, dass einem um die Gesundheit der Kleinen angst und bange werden muss. Die Bewertung ist dementsprechend: Zehn Becken erhalten ein ›ungenügend‹, die besten Produkte erreichen ein ›befriedigend‹.«[218] Es müsste auch auf Planschbecken stehen: Achtung, enthält Weichmacher!

Die Fakten sind etwa so: Wenn auf dem Planschbecken steht, es ist aus PVC, kann man sicher sein, dass Weichmacher darin sind, denn sonst wäre das Becken hart wie ein Brett. Der Hersteller aber sagt nicht, was darin ist, und der Händler weiß es vielleicht gar nicht. Und ein Recht, als Käufer von dem einen oder anderen Genaueres zu erfahren – gibt es nicht. Und die Stellungnahme des Bundesinstituts für Risikobewertung (zu einem älteren *Öko-Test*-Bericht) hilft da auch nicht recht weiter: »Das BfR kommt zu dem Ergebnis, dass die von *Öko-Test* nachgewiesenen Gehalte an Phthalaten, Dibutylzinn, Tributylzinn und anderen zinnorganischen Verbindungen im Kunststoff bei üblichem Gebrauch der Planschbecken keine gesundheitliche Gefährdung für Kleinkinder darstellen. Im Sinne eines vorsorglichen Verbraucherschutzes empfiehlt das BfR aber, den Einsatz von Phthalaten in Spielwaren so zu beschränken, dass keine gesundheitlich bedenkliche Belastung der Kinder unter Anwendungsbedingungen erfolgt. Erhebliche Vorbehalte hat das BfR gegenüber der Verwendung von zinnorganischen Verbindungen in Spielzeug und empfiehlt, ein Einsatzverbot zu prüfen.«[219] Kurz: Eigentlich unbedenklich, aber doch lieber verbieten. Was soll man damit nun anfangen?

Interessant ist auch die folgende Mitteilung des Bundesinstitutes für Risikobewertung über die Gefährlichkeit der Chemikalie Isopropylthioxanthon (ITX), die in kartonverpackten Getränken gefunden wurde: »Mangels Daten ist eine gesundheitliche Bewertung derzeit nicht möglich«, steht darin knapp und klar. Und was leitet sich daraus ab? »Im Rahmen ihrer Verantwortung für die gesundheitliche Unbedenklichkeit ihrer Produkte sollten Hersteller deshalb alle Anstrengungen unternehmen, um den Übergang der Substanzen in Lebensmitteln zu vermeiden und die für eine gesundheitliche Bewertung erforderlichen Daten zu erarbeiten.« Sollten. Jahre nach der Einführung.

Grundsätzlich gilt für Chemikalien: Es bleibt kompliziert, ihre Gefährlichkeit einzuschätzen. Oft gibt es keine Studien über ihre Wirkung, und wenn doch, dann kommen sie zu unterschiedlichen Einschätzungen. Vielleicht würde ein Konsument gerne selbst entscheiden, welchen dieser Studien er traut, ob er meint, sich lieber keine Sorgen zu machen, weil er ohnehin überall von möglicherweise gefährlichen Chemikalien umgeben ist, oder ob er lieber vorsichtig ist und die Gefahrenquellen meidet. Doch dazu müsste er wissen, was in Gebrauchsgegenständen enthalten ist, und das kann er eben nicht.

Der hilflose Staat

Der Streit um die europäische Chemikalienverordnung ist nur ein Beispiel dafür, wie es der Politik misslingt, dafür zu sorgen, dass wir sicher einkaufen. Im Fall REACH ist der Gesetzgeber schon am Gesetz gescheitert, in anderen Fällen werden Gesetze immerhin verabschiedet, bleiben aber wirkungslos. Beim Feinstaub aus Dieselruß etwa war das so: 1999 hat die EU Grenzwerte festgelegt, wie viel von dem winzigen, Lungenkrebs auslösenden Staub in der Luft herumfliegen darf, und zwar in einer Richtlinie, die in den folgenden Jahren in den einzelnen EU-Ländern in nationales Recht umgewandelt werden musste. In Deutschland dauerte das ein halbes Jahrzehnt. *Seit 2005 darf auch bei uns nicht öfter als an 35 Tagen im Jahr die Luft mit mehr als 50 Mikrogramm Feinstaub pro Kubikmeter verschmutzt sein. Dieser Grenzwert gilt aber leider nur auf dem Papier.* An der mentalitätsgeschichtlich tief verankerten allgemeinen deutschen Fahr- und Verschmutzungserlaubnis hat er nichts geändert. Schon im März 2005 hatten einige Städte die 35-Tage-Grenze überschritten. Greenpeace nahm das als Anlass, an die Krebsgefahr zu erinnern und daran, dass Feinstaub vor allem Kinderlungen schadet. Politiker nahmen die Wörter Sonntagsfahrverbot und Rußpartikelfilter in den Mund (aber schrieben sie nicht auf Gesetzesvorlagenpapier), und ein Kabarettist begrüßte sein Publikum mit »Sehr geehrte Damen und Herren, liebe Feinstaubsauger!«. Und dann verschwand das Wort aus den Medien und den Köpfen, als hätte jemand die Toilettenspülung betätigt.

Natürlich wäre es eine Aufgabe der Politik, für Verbraucherschutz sowie ökologische und ethische Mindeststandards bei der Warenproduktion zu sorgen.

Grundsätzlich reagiert die Industrie ja rasch auf klare gesetzliche Verordnungen. Nur ein Beispiel: Als Mediziner erkannten, dass die besonders bei der Zubereitung von Pommes frites und Chicken Wings in Fast-Food-Ketten wirksamen Transfette – künstliche Fettsäuren, die bei der Härtung von Pflanzenölen entstehen – das Herzinfarktrisiko um 25 % steigern, sofern man mehr als 5 Gramm davon am Tag zu sich nimmt, erließ die dänische Regierung 2004 ein Gesetz, das Nahrungsmittel mit mehr als 2 % Transfetten schlicht und einfach verbot. Es dauerte nur zwei Monate, bis die dänischen Lebensmittelhersteller und Fast-Food-Ketten sich auf Alternativen umgestellt hatten. Aber gerade in Deutschland ist die staatliche Organisation von Verbraucherschutz eine vertrackte Aufgabe. Motivation und Fragen der Zuständigkeit scheinen die zentralen Probleme zu sein. Und bevor sie gelöst werden können, gibt es schon auf der nationalen Ebene Probleme mit der Motivation und der Zuständigkeit. Die Politikwissenschaftler sind sich nicht einig, ob die nationale Politik nicht kann oder nicht will und ob der Spielraum der nationalen Politik gegenüber der geballten Wirtschaftsmacht in einer globalisierten Ökonomie wirklich so gering ist, wie Skeptiker meinen. Im weltweiten Standortwettbewerb lässt sich trefflich mit dem Abzug von Arbeitsplätzen drohen: von Unternehmern, wenn ein Politiker wirtschaftsunfreundliche Ideen äußert, aber auch von Politikern, wenn das Volk ihre Reformpläne nicht versteht. Tatsächlich haben deutsche Unternehmen in den letzten Jahren immer mehr Fabriken im Inland geschlossen und im Ausland neu aufgebaut, doch ob sie das ließen, wenn die Lohnnebenkosten in Deutschland ein kleines bisschen günstiger wären, ist zumindest fraglich. Wenn Politiker also mit dem Standortargument eine wirtschaftsfreundliche Politik begründen, ist nicht ganz klar, ob sie dabei nicht im vorauseilenden Gehorsam handeln oder das Argument als Ausrede benutzen. Die Kanzler, Minister und Staatssekretäre, die es sich nach Beendigung ihrer Amtsgeschäfte im Schoße gut zahlender Wirtschaftsunternehmen bequem machen, nähren diese Skepsis. Außerdem, so heißt es, würden neue Regelungen zum Verbraucherschutz und ethische, ökologische oder soziale Standards die unternehmerische Freiheit einschränken. Doch wenn irgendetwas in den politischen Debatten gerade nicht gefragt ist, dann sind es Einschränkungen welcher Art auch immer. Freiheitseinschränkende Grundsatz- und Wertedebatten sind gerade nicht en vogue, es ist einfach nicht die Zeit, um politische Beschränkungen durchzusetzen oder überhaupt nur ins Gespräch zu bringen. Immer, wenn in den Sabine-Christiansen-Sendungen in den letzten Jahren wieder einmal Deutschland vor dem Untergang beklagt wurde, leuchteten die Schlagworte schlanker Staat und Bürokratieabbau als Lösungen am Horizont. Völlig klar, dass sich niemand in der Politik gerade zu sagen traut: Wir verbieten allen deutschen Unternehmen, Waren zu verkaufen, die Kinder hergestellt haben. Oder Autos, die mehr als sechs Liter verbrauchen – auch wenn es vernünftig wäre.

Und selbst wenn es eine nationale Regierung ernst meinte mit Nachhaltigkeit, Verbraucherschutz und Ökologie, so könnte sie ihre Vorstellungen vermutlich nicht durchsetzen: Die Handlungsfähigkeit der Staaten in einer globalisierten Welt ist zumindest angeschlagen. Gegenüber der unkontrollierten Weltwirtschaft und den neuen supranationalen Organisationen ist der gute alte Nationalstaat in die Defensive geraten.[220] Der Soziologe Ulrich Beck formuliert es ziemlich radikal: Die »abgeschlossenen nationalen Machtbehälter« sind irreal geworden, es gibt sie nicht mehr.[221] An ihre Stelle sind »neuartige, hochfragile, hochflexible, weder demokratisch noch staatlich legitimierte, ökonomisch bestimmte Meta-Machtgebilde« getreten. Sie sind »*nicht mehr* nur Wirtschaft, aber auch *noch nicht* Staaten«, ihre Herrschaft ist weder legal noch illegal, sondern »translegal«. Diese Meta-Macht »besitzt die Macht, die staatlich dominierten Regeln legitimer Herrschaft im nationalen und internationalen Raum umzuschreiben.«[222]

Eine wirkungsvolle Instanz auf globaler Ebene, die diese neuen Machtgebilde kontrollieren und Standards durchsetzen könnte, aber ist nicht in Sicht. *Global ungovernability*[223] nennen die Politologen diesen Zustand, globale Unregierbarkeit. Weder der UNO noch ihren Töchtern, der Welternährungsorganisation FAO oder dem Kinderhilfswerk Unicef, gelingt es, ihre Mitgliedsländer auf verbindliche Standards festzulegen. Die einzige einigermaßen handlungsfähige Weltorganisation ist die Welthandelsorganisation WTO, und die hat natürlich anderes im Sinn als Regulierungen. Die WTO verbietet ihren 148 Mitgliedern neue Abweichungen von der reinen Lehre des Freihandels (allerdings bei vielen Ausnahmen in der Praxis). Nach ihren Vorstellungen sollen am Ende alle Länder davon profitieren, dass alles frei gehandelt und verkauft werden darf – auch wenn am Anfang nur einige wenige Gewinne machen. Das ist zwar wie ein Boxkampf ohne Pausen und Gewichtsklassen, doch ist die Theorie vom freien Handel nach wie vor tonangebend – bei denen, die von ihr profitieren, und das sind (noch!) die reichen Staaten des Westens.

Warum der uneingeschränkt freie Handel nicht nachhaltig funktionieren kann, hat der ungarische Gelehrte Karl Polanyi schon 1944 analysiert. In seinem Werk *The Great Transformation* beschreibt er, wie sich die Ökonomie im 19. Jahrhundert gegenüber der Gesellschaft verselbständigt hat und wie die menschliche Gesellschaft dabei »zu einem Beiwerk des Wirtschaftssystems herabgesunken« ist. »Die Auswirkungen auf das Leben der Menschen waren unbeschreiblich grausam«, schreibt er über die Industrielle Revolution in England. »Die menschliche Gesellschaft wäre tatsächlich vernichtet worden, hätte es keine schützenden Gegenströmungen gegeben, die das Wirken dieses selbstzerstörerischen Mechanismus dämpften.«[224] Was Polanyi vor über fünfzig Jahren über den staatlich geförderten Wirtschaftsliberalismus des 19. Jahrhunderts schrieb (er brach »mit dem Eifer eines Kreuzzuges« aus und wurde zu »einem geradezu militanten Glaubensbekenntnis«)[225], ähnelt den Argumenten der Globalisierungskritiker von heute. Wenn es um den rechten Glauben über den freien Markt geht, wird auf beiden Seiten gern leidenschaftlich gestritten.

Es hat also verschiedene Ursachen, dass es der Politik nicht gelingt, soziale und ökologische Standards durchzusetzen: Viele Politiker halten es für ein Thema, das bei Wählern keinen Eindruck macht, und wenn sie sich doch darum kümmern, müssen sie gegen die liberale Grundstimmung ankämpfen, gegen die große Mehrheit derjenigen, die auf die Selbstheilungskräfte des freien Marktes vertrauen, und gegen Heerscharen von Lobbyisten, und das alles bei unklaren Kompetenzen und Zuständigkeiten auf den verschiedenen politischen Ebenen.

Lobbyismus

Die einzelnen EU-Länder haben Kompetenzen an Brüssel abgegeben, und dort greifen die Lobbyisten noch aufdringlicher ein als in den einzelnen Hauptstädten. Das heißt nicht, dass Lobbyismus grundsätzlich schlecht wäre. In einer hoch technisierten und hoch reglementierten Welt müssen sich Politiker beraten lassen, bevor sie entscheiden, am besten natürlich von unabhängigen Experten, doch ohne die Unternehmen und Verbände wird es nicht gehen. Doch solange diese Unabhängigkeit von Politikberatern nicht garantiert werden kann, scheint es pragmatischer, auf Transparenz bei der Lobbyarbeit zu setzen. Dies fordern die Journalisten Cerstin Gammelin und Götz Hamann in ihrem Buch *Die Strippenzieher*.[226] Doch da tut sich wenig. Währenddessen wird der Einfluss der Lobbyisten immer größer und keineswegs transparenter. »Die Macht dieser fünften Gewalt wird weiter wachsen, weil in komplexen Situationen alle Akteure im Entscheidungsprozess strukturell überfordert sind«, schreiben Thomas Leif und Rudolf Speth in ihrem Buch über die »stille Macht«. Bloß herrsche leider »keine Waffengleichheit zwischen ökonomischen und gesellschaftlichen Interessen«.[227] *Die Industrielobby hat mehr Geld als Verbraucherschützer, und sie weiß ihren Einfluss gut zu tarnen.*

Außerdem passiert beim Gesetzemachen oft etwas Paradoxes: Obwohl alle Parteien immer wieder beteuern, dass sie dringend Bürokratie abbauen wollen, verkomplizieren sich die Dinge beim Entwerfen neuer Gesetze so sehr, dass schließlich alles noch detaillierter geregelt ist als zuvor. In den Gesetzen und Verordnungen stehen die Paragrafen immer dichter, und was eigentlich gut und einfach gemeint war, wird so unüberschaubar, dass keiner mehr den Durchblick zu haben scheint.

Die EU-Verordnungen zur Hygiene sind ein Beispiel dafür: In den alten Gesetzen war alles bis ins letzte Detail geregelt, sogar die Höhe der Fliesen in den Schlachträumen. Viele dieser Regelungen waren sinnvoll für die fehleranfällige industrielle Produktion, aber zum Teil überflüssig für kleine Hofschlachter und Dorfmetzger, die ganz andere Arbeitsabläufe haben als Fließbandschlachtereien und industrielle Fleischverarbeiter. In der Neufassung des EU-Hygienerechts – Anfang 2006 in Kraft getreten – sollte das alles verbessert und vereinfacht werden, Detailvorschriften wurden gestrichen und stattdessen Eigenverantwortung verlangt. Bloß eine neue Vorschrift ist – ganz gegen die Ankündigung – in den Gesetzestext aufgenommen worden, nämlich die Pflicht, Hackfleisch ab sofort bei 2 Grad Celsius zu verarbeiten. Dafür darf aber ab dem 1. Januar auch eingefrorenes und wieder aufgetautes Fleisch durch den Wolf gedreht werden. Das ist gut für die Supermärkte, die bislang mit dem frischen Hackfleisch ihre Schwierigkeiten hatten, weil es nur einen Tag im Regal liegen durfte. Auf zwei Grad herabgekühlt und unter Schutzatmosphäre verpackt gilt es künftig zehn Tage lang als frisch. Die kleinen Metzger haben davon gar nichts, sie müssen neue Kühlanlagen kaufen und verlieren gleichzeitig einen weiteren Vorteil: Im Zuge der großen Vereinfachung haben die Brüsseler Beamten auch die Unterscheidung von industriellen Großanlagen und kleinen Betrieben aufgehoben. Das heißt, auch die kleinen Fleischverarbeiter müssen nach neuem EU-Recht jeden Tag mikrobiologische Proben ziehen. Vom großen Versprechen der Vereinfachung ist für sie wenig geblieben. Der hessische Biolandwirt Hans-Jürgen Müller, der auch als Gutachter für das Verbraucherschutzministerium gearbeitet hat, hält die Hackfleisch-Verarbeitung für ein Ergebnis effizienter Lobbyarbeit der Großindustrie.

In Deutschland ist das Politikmachen aus einem weiteren Grund besonders schwer: In das Gerangel zwischen der Bundesregierung und den Ländern mischen sich so viele weitere Spieler (Verbände, Gewerkschaften, Think Tanks, Berater, Lobbyisten, Medien und auch das Bundesverfassungsgericht), dass am Ende keiner mehr weiß, wo eigentlich das Tor steht.[228] Aus einfachen Reformvorschlägen werden so komplizierte Gesetze, über die dann gerne gesagt wird, dass sie nicht aus einem Guss sind. Das alles erklärt nur, warum es so wenig gelingt, die Bürger innerhalb eines Landes oder der EU besser vor gefährlichen Waren zu schützen und Mindest-Standards durchzusetzen.

Schwerer aber wiegt, dass es praktisch unmöglich scheint, auch nur irgendetwas weltweit zu verbessern. Wir gucken als Bürger und Konsumenten einer globalisierten Ökonomie noch immer mit einem stark eingeschränkten nationalen Blick zuerst auf unser Land und dann, gelegentlich, auf den Rest der Welt. Unser Bezugsrahmen ist Deutschland, und was jenseits der Festung Europa liegt, nehmen wir eher unscharf wahr. Und vor allem mit anderen Maßstäben. Ulrich Beck hat erklärt, warum dieser nationale Blick veraltet ist und wie er die weltweite Ungleichheit zementiert: Ausblenden legitimiert Nichtstun, sagt er, es legitimiert solche Taten, die die großen Ungleichheiten verschärfen. Es kostet nämlich keine Wählerstimmen bei einer Bundestagswahl, wenn die EU die Verschiffung von Hühnerklein nach Kamerun so kräftig subventioniert, dass dort die Geflügelhalter pleitegehen. Und wenn sie dann verelenden, merkt es hier keiner. »Der nationalstaatliche Blick ›befreit‹ vom Blick auf das Elend der Welt«, schreibt Ulrich Beck, und man spürt seinen Zorn auch hinter den kühlen Begriffen seiner Fachsprache. »Es ist erstaunlich, wie stabil die großen Ungleichheiten, an denen die Menschheit leidet, in stillschweigender Komplizenschaft zwischen staatlicher Autorität und staatsfixierter Sozialwissenschaft durch organisierte Nicht-Wahrnehmung ›legitimiert‹ werden.«[229] Die Folge sei eine globale Umverteilungspolitik, meint Beck. Wir haben den Nutzen und die Armen im Süden die Risiken. Und keiner stört sich dran, nur zur Weihnachtszeit ein kleines bisschen.

Das ist alles überhaupt nicht befriedigend: Es gibt einen Haufen weltweiter Probleme und kaum Institutionen, die sie auch nur ansatzweise lösen könnten. Selbst die Vereinten Nationen sind ja nur vereinte Nationen, deren Mitglieder immer auch nationale Interessen verfolgen. Und selbst wenn internationale Abkommen sich mit den eigenen Interessen der Länder decken, geht es kaum besser, weil immer irgendein kurzfristiges Interesse gegen langfristiges Engagement spricht. Das mühsame Ringen um das Kioto-Protokoll zum Klimaschutz zeigt das: Seit Mitte der Neunzigerjahre wird verhandelt, und noch immer steigt der weltweite CO_2-Ausstoß. Und wenn es der internationalen Politik nicht einmal gelingt, die Weltkatastrophe Klimawandel zu verhindern, die auch den mächtigsten Ländern mächtig schaden wird, wie kann man dann hoffen, dass sie mittellose zwölfjährige Näherinnen in Bangladesch vor einem Zwölf-Stunden-Tag schützt oder ahnungslose Schwangere vor dem Gift in Tablettenhüllen?

Der Historiker Eric Hobsbawm hat das schon 1994 so zusammengefasst: Die Krisenjahrzehnte des 20. Jahrhunderts »zeigten auf, dass die kollektiven Institutionen des Menschen die Kontrolle über die Folgen der kollektiven menschlichen Aktion verloren hatten«.[230] Das habe das »neoliberale Utopia« so attraktiv gemacht, weil seine Anhänger verkündeten, in einer liberalen Weltwirtschaft erreiche man das Bestmögliche für alle auch ohne kollektive Entscheidungsprozesse.

Wenn es in der Politik kompliziert wird, zitieren erfahrene Demokraten gerne den großen Max Weber, der schon vor hundert Jahren bemerkt hat, dass es mit der politischen Gestaltungskompetenz nicht so weit her ist: »Politik ist das Bohren dicker Bretter«, hat Max Weber geschrieben. Das ist nicht schön, aber kaum zu ändern. Nur Diktatoren hacken auf das Holz ein, Demokraten müssen eben bohren und feilen. Bloß sollte der Bürger seinen Politikern dabei nicht staunend und mäkelnd zusehen. Abwarten und dabei lästern bringt nämlich gar nichts. Wenn es unseren politischen Institutionen eben nur im Schneckentempo gelingt, Konsumstandards zu heben, uns vor unseren Waren zu schützen und zu garantieren, dass niemand sonst durch sie zu Schaden kommt, müssen wir das selbst in die Hand nehmen. Unsere Einkaufsmacht nutzen, um damit Politik zu machen.

An dieser Stelle würde die Berliner Wirtschaftsjournalistin Ulrike Herrmann behaupten, ich sei in die »neoliberale Falle« getappt. In der *taz* hat sie Ende 2005 kritisiert, dass es falsch sei, Unternehmern einen Vorwurf zu machen, die bei exorbitanten Gewinnen massenhaft Mitarbeiter entlassen. »Die Enttäuschten regen sich zwar über einige Chefs ohne ›Anstand‹ auf, aber das tun sie nur, weil sie an den guten Unternehmer glauben, der für Gerechtigkeit sorgen soll. Der Staat kommt nicht mehr vor – das ist genau das FDP-Konzept. Der moralische Appell an die Firmenchefs ist eine Entpolitisierung, die hochpolitisch ist.«[231] Der Staat solle es vielmehr richten, meint Herrmann. Der Artikel 14 des Grundgesetzes – Eigentum verpflichtet – sei kein moralischer Appell an Einzelne, sondern er ermächtige den Staat, das Parlament, diese Verpflichtungen zu konkretisieren.

Und sie hat recht: Die Kurzzeitempörung bleibt wirkungslos, wenn sich daraus keine politischen Forderungen entwickeln.

Die Gefahr einer von rechten und linken Staatsskeptikern angeheizten Entpolitisierung sollte man ernst nehmen. Schließlich haben die übereifrigen Promoter einer liberalen Gesellschaft – allen voran die einflussreiche Initiative Neue Soziale Marktwirtschaft – der Öffentlichkeit so lange das große Lob der freien und eigenverantwortlichen Wirtschaft und des schlanken Staats und der deregulierten Bürger vorgesungen, dass nicht nur die Sabine-Christiansen-Zuschauer und *FAZ*-Leser das für ein schönes Lied halten, sondern auch viele hohe Beamte und Politiker selbst. Auch Joseph Heath und Andrew Potter kommen nach gut 300 Seiten Entlarvungsarbeit am Konsumrebellenmythos zu dem Schluss, dass der Staat lösen müsse, was die Einzelnen nicht erreicht haben. Umweltschützer und Globalisierungsgegner seien durch ihre antikonformistische Gegenkulturverherrlichung so verblendet, dass sie an geläuterte Verbraucher glauben, die sich in spontaner Harmonie zur Weltverbesserung zusammenfinden, aber nicht an politische Lösungen. »Statt sich mit der Wirksamkeit von Umweltschutzmaßnahmen zu beschäftigen, geben sie nur aufgewärmte Gegenkulturmythologie zum Besten – die Kritik der Massengesellschaft im ökologischen Gewand.«[232] Auch die populäre Maxime »global denken, lokal handeln« erscheint den Autoren fragwürdig: Zwischen den beiden Perspektiven des Vogels und des Frosches werde die mittlere Ebene der politischen und wirtschaftlichen Institutionen außer Acht gelassen, was ein Unglück sei, weil sich eben dort alles abspiele.[233] Tatsächlich treffen sich an dieser Stelle gelegentlich die staatsskeptischen Öko-Utopisten von gestern mit den Liberalisierungs-Utopisten von heute zur gemeinsamen Staatsdemontage. Doch der Vorwurf ist veraltet: *Die meisten Umwelt- und Verbraucherorganisationen haben sich längst auf das Kleinklein der politischen Lobbyarbeit eingelassen und feilen genau wie ihre Konkurrenten aus der Wirtschaft an Gesetzesentwürfen – leider nur mit sehr viel weniger Geld und Personal.* Die Berliner Organisation Foodwatch etwa antichambriert für ein verbessertes Verbraucherinformationsgesetz und versucht gleichzeitig, die Verbraucher zu informieren und zu mobilisieren, mit gerade einer Handvoll Mitarbeitern.

Umwelt- und Gesundheitskosten auf die Preise aufschlagen?

Das politische Gegenmodell verdient dennoch Beachtung, auch wenn es vermutlich vorerst nicht durchsetzbar ist. Es basiert auf einer ganz einfachen Idee: Man müsste die externen Umwelt- und Gesundheitskosten auf den Preis der Waren aufschlagen. Das ist eine alte Forderung der Umweltbewegung, die der deutsche Ökonom Karl William Kapp Ende der Vierzigerjahre im amerikanischen Exil entwickelt hat. Er rechnete vor, wie viel Geld die Bürger von Pittsburgh für die Reinigung verrußter und verrosteter Brücken zahlen mussten, für die Beseitigung von Schäden also, die sie gar nicht selbst verursacht hatten, sondern die Stahlindustrie. Kapp forderte, was eigentlich selbstverständlich sein sollte, nämlich dass die Stahlwerke für die Schäden aufkommen müssten.[234] In seinem Buch *Volkswirtschaftliche Kosten der Privatwirtschaft* erklärt Kapp, warum dies nicht nur für Fabriken an den Rivers of Steel gelten solle, sondern grundsätzlich und für alle Unternehmen. Es wäre eine elegante Lösung des gesamten Konsum-, Umwelt- und Ressourcen-Problemkomplexes, wenn jeder für den Schaden, den seine Produkte anrichten, zahlen müsste. Angeberautos und Flugreisen wären viel teurer und Waren aus nachhaltiger Produktion im Vergleich zu Massenware aus Sweatshops viel günstiger.[235]

Doch schon das simple Beispiel einer Tasse Kaffee, das Heath und Potter zur Erläuterung dieser Idee wählen, zeigt, wie kompliziert es mit dem Bezahlen der externen Kosten ist. »Man sollte leben können wie man will, man sollte seine Persönlichkeit wunschgemäß entfalten dürfen, aber man sollte auch dazu bereit sein müssen, jeden, dem diese Entscheidungen irgendwelche Umstände machen, in vollem Umfang zu entschädigen«, schreiben sie.»Wenn ich Unmengen von Kaffee trinken will und dafür den vollen Preis bezahle, wird niemand geschädigt.« Es ist erstaunlich, wie zwei Philosophen, die so viele kluge Gedanken entwickelt haben, plötzlich bei der Erläuterung ihrer Ideen naiv werden. Ihr Beispiel zeigt, dass sie das Ausmaß der eigenen Idee nicht verstanden haben. Denn was der volle Preis für Kaffee ist und vor allem, wie er durchzusetzen wäre, darüber haben sie sich offensichtlich keine Gedanken gemacht. Nun ist es ausgesprochen wahrscheinlich, dass es einem Kaffeebauern irgendwo in Lateinamerika, Afrika oder Vietnam tatsächlich Umstände macht, wenn Joseph Heath in Toronto eine Unmenge Kaffee trinkt, und ziemlich sicher wird der Kaffeebauer dafür nicht in vollem Umfang entschädigt – selbst dann nicht, wenn man unter dem vollen Umfang den bescheidenen Anspruch eines Dritte-Welt-Landes versteht. In den letzten Jahren sind die Kaffeepreise weltweit so gefallen, dass viele Kaffeebauern völlig verarmt sind. Vermutlich gibt es kaum etwas, was ausbeuterischer wäre, als (nicht fair gehandelten) Kaffee zu trinken. Unter die externen Kosten fällt nicht nur die Luftverschmutzung in Kanada, sondern auch die Verelendung im Kaffeegürtel. Und genau da liegt das Problem der Bezahlung der externen Kosten: Es ist ziemlich kompliziert, sie per Gesetz auf den Kaffeepreis in Kanada zu schlagen. Das primäre Ziel der Welthandelsorganisation WTO ist das bislang jedenfalls nicht gewesen. Doch das Kaffeetassen-Beispiel zeigt sehr schön, wie die Konsumtheoretiker in die Konsumismus-Falle laufen: Sie sind so vernarrt in ihre Konsumrebellenkritik (»Öko-Getue der Reichen«[236]), dass sie sich um die Auswirkungen dieser Art von Konsum auf die Hersteller gar nicht kümmern. Und das ist ziemlich konsumgesellschafts-zentristisch.

Auch wenn der große Wurf einer staatlichen Regelung – alle externen Umwelt- und Sozialkosten müssen bezahlt werden – vermutlich vorläufig nicht realisierbar ist: Ansätze dazu gibt es immerhin, zum Beispiel bei der Verkehrswegeplanung. Wenn heute im Bundesverkehrsministerium neue Straßen geplant werden, müssen die voraussichtlichen Umwelt- und Gesundheitsschäden berücksichtigt werden. Wie viel zusätzlichen CO_2-Ausstoß würde der Autobahnausbau verursachen? Und wie viel Klimaschaden richtet das an? In den »Grundzügen der gesamtwirtschaftlichen Bewertungsmethodik« des Bundesverkehrswegeplans 2003 ist erläutert, wie das berechnet wird. Der erwartete Lärm und die Abgase fließen als externe Kosten in die Bewertung ein. Eine Tonne CO_2 wird mit 205 Euro veranschlagt, das ist sogar ein Vielfaches des Preises, den die Unternehmen im Emissionshandel mit den Verschmutzungsrechten zahlen müssen. Und eine solche Kostenrechnung macht den LKW-Verkehr extrem teuer. Die Krux ist nur, dass man sich nur schwer darauf einigen kann, was noch alles als externe Kosten zu gelten hat. Die Freunde des freien Automobilverkehrs kommen nämlich schnell mit der Gegenfrage: Und wie viel externe Kosten, zum Beispiel als Arbeitszeitausfall, entstehen bei den täglichen Staus?

Grundsätzlich haben also diejenigen recht, die nach staatlichen Regelungen zur Schadensbegrenzung der Konsumfolgen rufen. *Wir dürfen nicht aufhören, die Politik in die Pflicht zu nehmen, auch wenn es den Anschein hat, sie komme dieser Pflicht nur zögerlich nach.* Andere Kritiker der Umweltbewegung kommen indessen zum gegenteiligen Schluss: nicht die Politik, sondern der private Bereich könne etwas bewirken. Ein Beispiel ist der Münchner Zoologe Josef Reichholf. Er meint, beim Versuch, der Umwelt zu helfen, habe der Staat so viel falsch gemacht, dass es an der Zeit sei, dass Privatinitiativen die Rettung der Kulturlandschaft in die Hand nehmen. Die Roten Listen der bedrohten Tierarten würden auch deshalb immer länger, weil der Staat beispielsweise das Abbrennen von Böschungen und das Ausgraben kleiner Kiesgruben – aus Gründen des Naturschutzes – unterbunden habe. Diese Maßnahmen hätten einigen gefährdeten Tierarten den Lebensraum genommen. Weil der staatliche Tier- und Naturschutz demnach mehr Schaden angerichtet als Gutes bewirkt habe und weil Reichholf nicht an die Einsicht der Staatsdiener glaubt, fordert er, private Umweltorganisationen sollten nicht länger um bessere Gesetze buhlen, sondern selber zur Tat schreiten: Vogelschützer sollten wie in England oder Italien Land aufkaufen und darin private Vogelschutzzonen errichten. Die dürften dann weder intensiv wirtschaftende Landwirte noch Jäger betreten, aber die Naturfreunde hätten freien Zugang.[237]

Doch der Streit darum, wer die Verantwortung denn nun übernehmen soll, ist ein scholastischer Zeitvertreib. Er erinnert an eine Frage, die Philosophen im Mittelalter jahrhundertelang schwer beschäftigt hat: ob die Theologie oder die Philosophie die wichtigste Wissenschaft sei. Die Frage wurde nie abschließend beantwortet und am Ende einfach vergessen, beide Wissenschaften gibt es immer noch. Auch bei der Frage der Weltverbesserung durch Konsum geht es nicht um das Hin- und Herschieben der Verantwortung von einem zum anderen, die Untätigkeit des einen Akteurs entschuldigt nicht die Untätigkeit des anderen. Ganz im Gegenteil. Der Ruf nach dem Staat, der es regeln soll, verleitet zur Bequemlichkeit. Umfragen bringen eine solche Haltung gelegentlich ans Licht: Die Europäische Kommission hat 2005 fast 30 000 Europäer in 25 Ländern nach ihrer Einstellung zur Energieversorgung befragen lassen, und herausgekommen ist »a clear demand for action for authorities on all levels«, also eine klare Handlungsaufforderung an die Politik – bei eher bescheidener eigener Handlungsbereitschaft: 56 Prozent der Deutschen sind laut Eurobarometer nicht bereit, mehr Geld für Strom aus erneuerbaren Energien zu bezahlen.[238]

Engagierte Konsumenten und staatlicher Verbraucherschutz dürfen sich nicht ausschließen, sondern müssen sich gegenseitig ergänzen oder sogar bedingen. »Die Stärkung der Position des Konsumenten hängt von der Gesetzgebung ab«, weiß Ulrich Beck. »Eine Haftungsregelung wie in Amerika, die jedes Unternehmen direkt in die Verantwortung nimmt, oder ein Verbraucherinformationsgesetz helfen den politischen Konsumenten.« In der Zukunft könnte eine Koalition zwischen dem Staat und den Akteuren der Zivilgesellschaft stärker sein als die alte Koalition zwischen Staat und Kapital.[239]

Zehntes Kapitel
Nichts sehen, aber genau beobachtet werden

Wirkungslose Kontrollen – behördliche Geheimhaltung

Als ich ein kleines Dorfkind war, kannte ich alle Ställe im Dorf. Ich wusste, welche Weiden zu welchen Höfen gehörten und welcher Bauer seine Tiere gut behandelte und welcher nicht. Dass in den Milchpulversäcken für die Kälber Mehl aus toten Tieren war, wusste ich allerdings nicht. Die meisten dieser Ställe stehen heute leer. Am Dorfrand ist vor ein paar Jahren ein neuer Stall entstanden, eine Mastanlage mit Hunderten von Tieren, mit verriegelter Tür und ohne Fenster. Wie es drinnen aussieht, weiß ich nicht.

Aus der Landwirtschaft, die früher in der Überschaubarkeit eines Dorfes eine beinahe öffentliche Angelegenheit war, ist ein Wirtschaftszweig geworden, der nach den Regeln der Industrie funktioniert. Und Industrialisierung bedeutet unter anderem Produktion hinter verschlossenen Türen. Die industrialisierte Nutzviehhaltung ist für den Konsumenten ebenso unsichtbar geworden wie der größte Teil der übrigen Produktion. Und ganz ähnlich, wie sich im Verlauf der letzten Jahrzehnte in den Dörfern Ställe und Wohnhäuser voneinander entfernten, wie sich in den Städten Gewerbe- und Wohngebiete voneinander trennten, haben sich schließlich auf globaler Ebene Produktion und Konsum voneinander abgelöst.

Denn ähnlich wie das Vieh hinter den verschlossenen Türen verschwunden ist, so sind viele Produktionsstätten vieler anderer Wirtschaftszweige aus unserem Land verschwunden, aus den Augen und aus dem Sinn. *Die globale Arbeitsteilung hat Konsumenten und Produzenten voneinander entfernt, die Produktionsstätten weiter aus dem Blick der Konsumenten genommen als je zuvor.* Die Textilfabriken in Südostasien oder Mittelamerika sind für unsere Augen unsichtbar. Natürlich gibt es Ausnahmen: Es gibt Reporter, die über Missstände in den Freihandelszonen berichten, und Medien, die das gelegentlich veröffentlichen. Im Wesentlichen aber ist die Produktion unsichtbar. Eine gläserne Manufaktur, wie die von Volkswagen in Dresden, wo vor den Augen möglicher Autokäufer die Luxuslimousine *Phaeton* zusammengebaut wird, bestätigt als viel beworbene Ausnahme den Zustand der Unsichtbarkeit als Regel. *Deshalb wird das Bild, das wir uns von unseren Waren machen, immer stärker durch die Eigendarstellung der Hersteller in der Werbung geprägt und eben nicht von den tatsächlichen Prozess- und Produktqualitäten.* »Überall dort, wo die Modelle weitgehend perfektioniert sind, tritt ein gewisser Stillstand auf, der sich nur noch ästhetisch überspielen lässt – man denke an die Automobilindustrie, die ganz gewiss über ein weitgehend zu Ende gedachtes Produkt verfügt«, schreibt der Philosoph Peter Sloterdijk und meint es offenbar ganz unironisch. »Man kann zwar weiter Mikroinnovationen akkumulieren, etwa den einklappbaren Außenspiegel, und diese als Revolution feiern, aber jedermann ist klar, dass es über das schon sehr Gute hinaus keine wirkliche Verbesserung geben kann.«[240] Eine wirkliche Verbesserung wäre das schadstofffreie, nicht mehr mit Benzin betriebene Auto – vielleicht lenken all die werbeästhetisch aufwändig hochgejazzten »Mikroinnovationen« von dieser Herausforderung nur ab.

Eben weil die Bilder der Werbung so dominant sind, dass sie offensichtlich sogar Philosophen verwirren, ist es leicht, die Ungerechtigkeiten bei der Herstellung und den Schaden bei der Nutzung der Waren zu vergessen oder zu verdrängen. Und damit lenkt man sich selbst von dem Gedanken ab, dass es so etwas wie globale Verantwortung der Konsumenten für die Produzierenden geben könnte.

Wir sehen nicht, wie die Dinge hergestellt werden, die wir konsumieren, und lassen uns nur zu gern von dem wenigen ablenken, das wir gelegentlich aus den Medien erfahren. Vermutlich waren Bücher wie *No logo!* von Naomi Klein oder das *Schwarzbuch Markenfirmen* auch deshalb so erfolgreich, weil sie uns gezeigt haben, wie sehr wir uns ablenken und täuschen lassen. Vielleicht ist es an der Zeit, die Scheuklappen abzulegen und den Slogan der Media-Markt-Kampagne »Lasst euch nicht verarschen!« beim Wort zu nehmen. Dazu müssten wir aber mehr wissen dürfen.

»Es werden den Verbrauchern Informationen über Herstellungsbedingungen von Produkten vorenthalten«, sagt Edda Müller, Honorarprofessorin in Speyer und bis Juli 2007 Vorstand des Bundesverbands der Verbraucherzentralen. »Es werden den Verbrauchern die Informationen vorenthalten, ob zum Beispiel Lebensmittel oder tierische Erzeugnisse von Tieren stammen, die mit gentechnisch veränderten Futtermitteln gefüttert worden sind. Warum tut man das eigentlich? Weil man eben doch befürchtet, dass der eine oder andere Verbraucher dieses für wichtig halten würde.«[241]

Das Leitbild der Verbraucherzentrale ist der verantwortungsbewusste Konsument, und ganz ähnlich hat es Renate Künast als Verbraucherschutzministerin formuliert. Mit diesem Leitbild vom klugen, gut informierten Verbraucher setze sie sich »von der früher den Verbraucherschutz dominierenden Vorstellung eines uninformierten und eher passiven Verbrauchers ab«, schrieb die Konsumforscherin Lucia Reisch, Professorin für Konsumentenverhalten in Kopenhagen, im Jahr 2003. »Damit wird den Verbrauchern implizit und grundsätzlich eine Mitverantwortung zugewiesen.«[242] Um die aber wahrnehmen zu können, muss der Verbraucher sich auch informieren können. Wie sonst soll er entscheiden, was er kaufen soll, wenn er nichts in der Hand hat, um Preis und Qualität zu bewerten, und nur ein Werbeplakat vor Augen? Zum verantwortungsvollen Konsum braucht man mehr Zugang zu Informationen als die deutschen Gesetze erlauben. Die deutschen Verbraucher wissen nämlich nichts, und schlimmer noch: Sie wissen nicht einmal, dass sie nichts wissen. Noch 2003 fand Lucia Reisch deutliche Worte: »Während Rechtszugang in der Bundesrepublik in hohem Maße gegeben ist und durch das im Rahmen der aktuellen Schuldrechtsmodernisierung erweiterte Verbandsklagerecht noch mal verbessert wurde, stehen wir im Hinblick auf den Zugang zu Information – access to information – auf der Stufe eines Entwicklungslandes.«[243] Und Foodwatch illustrierte seine Kritik an den Entwürfen zum neuen Verbraucherinformationsgesetz im Sommer 2006 mit einer Frau, die mit verbundenen Augen ein Stück Fleisch zum Mund führt. »In Artikel 153 des EG-Vertrages werden Verbraucher als mündige, selbstbestimmte Marktteilnehmer qualifiziert. In Deutschland sind die Informationsrechte bislang so gravierend unterentwickelt, dass (wahl)mündige Bürger zu weitgehend unmündigen Konsumenten degradiert werden.«[244]

Wissenschaftler nennen diesen Zustand »asymmetrische Informationsverteilung«: Die Hersteller wissen alles über die Produktion ihrer Waren, ihre Kunden fast nichts. Und das hat Folgen für alle: »Solange eine herausragende Qualität hier nicht glaubhaft signalisiert wird, werden auf solchen Märkten Anbieter unterdurchschnittlicher Qualität tendenziell Gewinne erzielen, während Anbieter überdurchschnittlicher Qualität mit Verlusten rechnen müssen. Letztere werden daher entweder den Markt verlassen oder ihre Qualität ebenfalls absenken. Beides setzt einen negativen Kreislauf aus Qualitätsminderung und Preissenkung in Gang, der zum Zusammenbruch des Marktes führen kann.« Dabei verhindert die mangelnde Information nicht nur eine bessere Qualität, sie schützt sogar Täter, zum Beispiel diejenigen, die alle Jahre wieder Erdbeeren mit Pestizidrückständen auf den Markt bringen.

»In jedem Frühjahr werden Erdbeeren zum Beispiel aus Spanien mit erheblichen Grenzüberschreitungen von Pestizidrückständen verkauft, und im Sommer folgen Erdbeeren zum Beispiel aus deutschen Selbstpflückbetrieben, bei denen zu hohe Pestizidwerte festgestellt werden«, erklärt Carina Weber vom Pestizid Aktions-Netzwerk (PAN). »Seit Jahren machen wir von PAN darauf aufmerksam, ebenso wie der WWF und Greenpeace. Doch die Unternehmen, die diese Erdbeeren herstellen, sind nicht erkennbar, ebenso wenig wie die Supermärkte, die sie verkaufen.«[245]

Dabei hält sie die Lebensmittelüberwachung in Deutschland im Vergleich zu anderen europäischen Ländern nicht für schlecht, was etwa die Anzahl der Proben und der untersuchten Wirkstoffe angeht. Nur: Es fehlt an Transparenz. »Die britische Regierung hat ein *name-and-shame*-System etabliert, bei dem Ross und Reiter benannt werden. Die Öffentlichkeit kann nachlesen, welcher Lebensmittelanbieter durch hohe Pestizidrückstände aufgefallen ist«, sagt Carina Weber. »Dadurch ist eine enorme Mobilität entstanden, die Probleme zu lösen.«

In Deutschland gibt es das nicht. Zwar hat die Bundesregierung Anfang 2005, also noch zur Zeit der rot-grünen Koalition, ein Pestizid-Reduktionsprogramm gestartet[246] – ein wichtiger Schritt, doch wirksamer wäre es, wenn die Proben der staatlichen Lebensmittelkontrolle öffentlich gemacht würden, was auch mit dem neuen Verbrauchergesetz nicht der Fall ist.

»Es könnte zum Beispiel sein, dass ein bestimmtes Bundesland bei der Lebensmittelüberwachung schludert und regelmäßig Verstöße durchgehen lässt. So etwas könnte passieren, ohne dass die Menschen es erfahren. Weil nicht veröffentlicht wird, wo die Proben gezogen wurden.« Das ist so, als würde eine staatliche Medienüberwachung bekannt geben: In den gestern veröffentlichten Medien waren sieben Falschmeldungen, aber welche, können wir Ihnen leider nicht sagen. *Stellen Sie sich vor, der TÜV gäbe bekannt: Unsere Prüfung hat ergeben, dass zwei von acht Karussells auf der Kirmes sicherheitstechnisch bedenklich sind. Welche, dürfen wir leider nicht sagen. Gute Fahrt!*

Ein staatlicher Lebensmittelüberwacher zieht also los und nimmt Proben auf einem Erdbeerfeld, auf dem Großmarkt und im Supermarkt, er findet Erdbeeren oder Paprika oder Rucola, die nach geltendem Recht nicht verkauft werden dürfen, aber er darf nicht sagen, wo er sie gefunden hat. Die Konsumenten erfahren, meistens erst durch die alternative Lebensmittelüberwachung von Test-Zeitschriften und Greenpeace, wo und durch wen pestizidhaltige Erdbeeren in den Handel gekommen sind.

Auch die föderale Struktur erschwert effizientere Kontrollen: Die Zulassung der Pestizide ist Aufgabe des Bundes, die Kontrollen übernehmen die Länder. »Es gibt Pestizide, die immer wieder durch zu hohe Grenzwerte auffallen und immer wieder in Lebensmitteln oder in der Umwelt gefunden werden«, sagt Carina Weber. »Aber es ist ganz schwer, diesen Pestiziden die Zulassung zu verweigern. Bezüglich des Datenaustausches zwischen den kontrollierenden Ländern und dem zulassenden Bund gibt es noch einiges zu tun.«

Es gibt selten einfache Lösungen für verfahrene Situationen, doch die Veröffentlichung der Proben wäre so etwas. »Die Probenahmestellen sollten bekannt gemacht werden«, fordert das Pestizid Aktions-Netzwerk. »Mit einem *name-and-shame*-System würde der illegale Bereich vermutlich ziemlich schnell beseitigt.«

Das Bundesinstitut für Risikobewertung (BfR) verfügt über eine Produktdatenbank mit Rezepturen für alle möglichen Gebrauchsgegenstände, die die Hersteller zum Teil freiwillig zur Verfügung gestellt haben. Für bestimmte Produkte wie etwa Kosmetika ist das Pflicht: Ihre Rezepturen müssen beim Bundesamt für Verbraucherschutz und Lebensmittelsicherheit hinterlegt werden. Bei Vergiftungsfällen etwa kann das Bundesinstitut auf seine Produktdatenbank zurückgreifen, die aber weder komplett noch öffentlich ist. »Die Rezepturen sind Betriebsgeheimnisse und werden uns freiwillig unter dem Siegel der Vertraulichkeit mitgeteilt. Deshalb können und dürfen wir sie nicht der Öffentlichkeit zugänglich machen«, sagt Jürgen Kundke vom BfR. »Aber wir schlagen natürlich Alarm, wenn wir aufgrund der Rezeptur oder von Meldungen der Ärzte oder Giftnotrufzentralen sehen, dass von dem Produkt möglicherweise Gesundheitsgefahren ausgehen. Das Produktsicherheitsgesetz verlangt, dass ein Produkt auch bei vorhersehbarem Fehlgebrauch sicher sein muss. Es ist laut Gesetz aber allein die Aufgabe des Herstellers, das sicherzustellen.« *Betriebsgeheimnis vor Verbraucherinformation, das ist die rechtliche Grundlage für die verschlossenen Datenbanken der Behörden.* Und der Konsument, der nicht gewarnt wird, muss sich informieren, ohne sich informieren zu können – Risikogesellschaft at its best. Daran wird auch das neue Verbraucherinformationsgesetz nichts wesentlich verbessern.

Ein weiteres beeindruckendes Beispiel für mangelnde Informationsrechte der Konsumenten hat der Gammelfleischskandal vom Winter 2005/2006 hervorgebracht: Damals war bekannt geworden, dass die Firma Berger in Passau mit ungenießbarem Fleisch gehandelt hatte. Der damalige bayrische Verbraucherschutzminister Werner Schnappauf startete eine Rückrufaktion, und Foodwatch fragte nach: Wie viele Proben aus welchen Gründen beanstandet worden seien, in welchen dieser Fälle eine Rückrufaktion gestartet worden sei, in welchen nicht und warum das unterblieben sei. Die Foodwatch-Aktivisten wollten auch die Namen der Hersteller und Inverkehrbringer der beanstandeten Produkte wissen und ob rechtliche Maßnahmen ihnen gegenüber ergriffen worden seien – alles Dinge, die man als Konsument von Fleischprodukten vielleicht nicht uninteressant finden würde. Das Ministerium aber schwieg dazu. Die gewünschten Informationen seien nicht als Umweltinformationen im Sinne der Richtlinie 2003/4/EG anzusehen (die der Öffentlichkeit den Zugang zu Umweltinformationen ermöglichen soll), damit bestehe keine Rechtspflicht zur Beantwortung der Fragen. Eine Nennung der betroffenen Firmen sei nicht durch das Gesetz gedeckt.[247]

Es gab bis zur Verabschiedung des Verbraucherinformationsgesetzes ein weiteres Gesetz, auf das sich die Verbraucherschützer hätten berufen können, nämlich Paragraf 40 des Lebensmittel- und Futtermittelgesetzbuches. Darin steht, dass die Behörden die Öffentlichkeit bei Verdacht auf Gesundheitsgefährdung informieren *können*, aber nur, wenn sie annehmen, dass die betroffenen Produkte noch nicht verzehrt sind. Danach *dürfen* sie es nicht mehr: »Eine Information der Öffentlichkeit darf nicht mehr ergehen, wenn das Erzeugnis nicht mehr in den Verkehr gelangt und nach der Lebenserfahrung davon auszugehen ist, dass es, soweit es in den Verkehr gelangt ist, bereits verbraucht ist.« Übersetzt: Liebe Konsumenten, kann gut sein, dass Sie gerade Joghurt oder Gummibärchen mit Gelatine aus vergammelten Schlachtabfällen gegessen haben, aber nun ist es ja eh zu spät, wo Sie bestimmt schon alles aufgegessen haben, da wollen wir Sie nicht unnötig beunruhigen! Mit freundlichen Grüßen, Ihr Amtsgeheimnis. Diese Einstellung teilen auch die Wirtschaftsverbände: In einer gemeinsamen Presseerklärung einer Reihe von Wirtschaftsverbänden, angeführt vom Bundesverband der Deutschen Industrie, war folgende Warnung zu lesen: Die Vorgaben zur Neuordnung des Lebensmittel- und Futtermittelrechts schössen weit über das Ziel hinaus. »Das Gesetz erfasst nicht nur Lebensmittel und Futtermittel, sondern auch eine Vielzahl anderer Produktgruppen. Die hier festgeschriebenen Regelungen können dazu führen, dass die Konsumenten durch Fehlinterpretationen und Panikmeldungen verunsichert werden. Das wiederum kann für die betroffenen Unternehmen unübersehbare wirtschaftliche Konsequenzen haben. Absatzeinbrüche und Unternehmenskrisen sind nicht auszuschließen.«[248] Die Wirtschaftsverbände forderten stattdessen eine sachgerechte Information, wobei sie recht dürftig verhüllen, dass sie ausschließlich die Sache der Wirtschaft meinen, der das Gesetz gerecht werden soll. Denn natürlich soll ein Unternehmen, das gegen Hygieneverordnungen oder andere Vorschriften verstoßen hat, Absatzeinbrüche hinnehmen. Damit die anderen, die besser gewirtschaftet haben, mit Absatzsteigerungen belohnt werden. Das ist ja gerade der Sinn eines umfassenden Informationsrechtes.

Der Brief des bayerischen Ministeriums an Foodwatch endet übrigens mit folgendem Satz: »Eventuell bestehende Schadensersatzansprüche von Käufern beanstandeter Produkte sind auf dem Zivilrechtsweg geltend zu machen.« Bloß wie man das anstellen soll, wenn man eben nicht weiß, in welchen Produkten das beanstandete Fleisch gelandet ist, das sagt der Ministerialrat leider nicht.

Das ist nicht nur für die Konsumenten misslich, sondern auch für die Wirtschaft: *Die behördliche Geheimhaltungspraxis schützt die Unternehmen, die schlecht arbeiten. Wären ihre Namen genannt worden, so hätten die Unternehmen einen Vorteil, die keine vergammelten Produkte verwendet haben.* Die viel beschworenen Selbstregulierungskräfte des Marktes aber können nur greifen, wenn die Behörden die Karten offenlegen.

Im Frühjahr 2006 hat das Bundesverwaltungsgericht sogar entschieden, dass ein mit Bußgeldern verfolgter Rechtsverstoß als *Geschäftsgeheimnis* zu gelten hat. Die Eichdirektion Nord hatte bei Kontrollen herausgefunden, dass einige Hersteller ihre Lebensmittelpackungen zu gering befüllten. Der Bundesverband der Verbraucherzentralen hatte gefragt, welche, und keine Antwort bekommen und dagegen geklagt. Die Gerichte aber entschieden, dass die Kontrollergebnisse unter das Geschäftsgeheimnis fielen.[249] Die Käufer haben also kein Recht darauf zu erfahren, wer sie betrogen hat.

Das neue Verbraucherinformationsgesetz

Konsumenten in den USA können sich seit 1966 auf den Freedom of Information Act berufen (der einer amerikanischen Zeitung sogar Zugang zum Terminkalender von Präsident George Bush verschafft hat)[250], und mehr als 50 Länder haben sich in ihrer Gesetzgebung daran orientiert. In Frankreich, Großbritannien und Dänemark sind Unternehmen dazu verpflichtet, Daten zu ökologischen und sozialen Aspekten ihres Handelns zu veröffentlichen. Die deutsche Gesetzgebung hinkt hinterher: Im Sommer 2006 debattierte der Bundestag über einen Entwurf des Verbraucherinformationsgesetzes in einer Fassung, die weit hinter den ursprünglichen Entwurf aus der Zeit der rot-grünen Koalititon zurückreicht. Damals hatte Renate Künast noch die große Lösung im Blick. Zur Selbstbestimmung der Verbraucher gehörten, so ihr Gesetzentwurf, »Risikokommunikation (insbesondere Gesundheit und Sicherheit des Verbrauchers und seiner Familie, Rückverfolgbarkeit), wirtschaftliche Interessen (und zwar nicht nur Kenntnis von Preisen, sondern auch Kenntnis von den Qualitätsmerkmalen und damit Kenntnis von dem Preis-/Leistungsverhältnis), Wirtschaftsethik (u. a. Kenntnis über Herkunft, Produktionsweise, Handelskette, Ökobilanz).«[251] Das alles sollten Konsumenten wissen dürfen, die Opposition, damals schwarzgelb, ließ das Gesetz im Wahlkampf im Bundesrat scheitern.

Dabei sprechen die rechtlichen Grundlagen eindeutig für ein weitreichendes Verbraucherinformationsgesetz: Aus Artikel 2, Absatz 1 des Grundgesetzes, dem Recht auf Persönlichkeitsverwirklichung, leiten Juristen auch ein Selbstbestimmungsrecht der Verbraucher ab. Der EG-Vertrag hat den »mündigen Verbraucher« zum Leitbild ernannt.[252] Und seit Januar 2006 gilt das Informationsfreiheitsgesetz, das allen Bürgern ohne besondere Begründung ein allgemeines Akteneinsichtsrecht gewährt, allerdings begrenzt durch viele Ausnahmeklauseln und nur für die Bundesbehörden – und damit gerade nicht für Lebensmittelkontrollen, weil die Sache der Länder sind. (Ein paar Länder haben eigene Informationsfreiheitsgesetze.) Das Bundesverfassungsgericht entschied schließlich im Juni 2002, dass auch ein funktionsfähiger Markt »ein möglichst hohes Maß an Informationen der Marktteilnehmer über marktrelevante Faktoren« verlange.[253]

Dennoch bleibt die neue Version des Verbraucherinformationsgesetzes aus dem Jahr 2006, ausgearbeitet von der schwarz-roten Koalition, weit hinter der alten aus dem Hause Künast zurück. »Es ist aber auf jeden Fall eine Verbesserung der Ausgangslage«, sagt die Konsumforscherin Lucia Reisch, die Vorsitzende der Verbraucherkommission Baden-Württemberg. »Die Unternehmen können nicht mehr durch den Verweis auf Geschäftsgeheimnisse alles abblocken.« Das Betriebsgeheimnis ist kein Totschlagargument mehr, die Behörden *sollen* die Verbraucher nun informieren, wo sie es früher nur nach genauer Abwägung *konnten,* das ist die Quintessenz des neuen Gesetzes.[254] Der Greenpeace-Experte Manfred Redelfs aber hält diese Soll-Formulierung für zu schwach: »Daraus kann man eben keinen Rechtsanspruch auf Information ableiten. Alles, was nur unverbindlichen Empfehlungscharakter hat, ist aber als Verbraucherinformationsgesetz eine Mogelpackung. Die zahlreichen Ausnahmeklauseln im Gesetz höhlen den Grundsatz der Transparenz leider wieder aus.«[255] Die große Lösung – ein Unternehmen fragen zu dürfen, wie und woraus seine Produkte hergestellt worden sind, die man gerade gekauft hat – ist politisch nicht durchzusetzen.

RFID-Chips oder Der gläserne Kunde

Man sieht also nicht viel als Konsument – aber man wird gesehen. Während es den Unternehmen und ihren Lobbyisten gelungen ist, das Wissen über Rezepturen und Herstellungsbedingungen weiterhin als ihr Geheimnis zu schützen, arbeiten sie ziemlich erfolgreich am gläsernen Kunden. Eifrig sammeln und tauschen sie Kundendaten, Einkaufs- und Surfgewohnheiten. Und die meisten ahnungslosen Einkäufer arbeiten daran eifrig mit, indem sie bereitwillig Payback- und andere Kundenkarten ausfüllen. Und bald werden die Handelshäuser kleine Spione ausschwärmen lassen, die ihre Kunden mit Röntgenaugen durchleuchten und ihnen auf Schritt und Tritt folgen, die *RFID-Chips (Radio Frequence Identification).*

Das sind reiskornkleine Chips mit Antenne, die an Waren oder ihren Etiketten angebracht werden und in den nächsten Jahren den Strichcode ersetzen sollen, funkende Etiketten sozusagen. Sie haben eine weltweit eindeutige Seriennummer, deshalb kann mit ihnen im Unterschied zum Strichcode jedes einzelne Joghurtglas oder jedes Paar Schuhe eindeutig ausgezeichnet werden, und – der entscheidende Unterschied – sie können per Funk unbemerkt auch aus der Entfernung gelesen werden. Die Tickets für die Fußballweltmeisterschaft 2006 trugen RFID-Chips, ebenso wie die neuen biometrischen Reisepässe. Wenn man mit RFID-gekennzeichnete Ware und einer Kundenkarte mit RFID einkauft, könnte man in Zukunft einfach aus dem Laden herausspazieren, ohne dass man an einer Kasse warten müsste.

An dieser wunderschönen Welt des Einkaufens arbeitet man seit drei Jahren im sogenannten Future Store in Rheinberg bei Düsseldorf. Dort hat die Metro AG, einer der größten Handelskonzerne der Welt und Besitzer unter anderem von Kaufhof, real, Praktiker, Saturn, Media Markt und Extra, einen ihrer Supermärkte mit RFID-Chips und allerlei technischem Wunderzeugs ausgerüstet. Zur Eröffnung im April 2003 hat sie das Model Claudia Schiffer zum Einkaufen eingeladen. Begleitet von Bodyguards schob sie den Einkaufswagen mit Bordcomputer durch die Gänge und ließ sich vor Fernsehkameras über die Vorzüge der neuen Technik informieren. Sie wählte Tafelspitz an der Fleischtheke, und der Computer teilte ihr den Kaloriengehalt mit und lieferte ein Rezept dazu. »Unglaublich! Zutaten für vier Personen!« Frau Schiffer ist auftragsgemäß begeistert. Währenddessen legt eine andere Testkäuferin eine Wassermelone auf die intelligente Obstwaage und strahlt beglückt. »Im Moment habe ich es nicht ganz geglaubt, aber sie hat erkannt, dass es 'ne Wassermelone ist.« Auch der Konzernchef selbst, Hans-Joachim Körber, ist zur Eröffnung herbeigeeilt. »Wir haben alles in diesem Laden zusammengefasst, was heute Stand der Technik ist«, erzählt er dem Reporter des WDR und blickt dabei etwas angestrengt in die Kamera, als hätte er gerade ein kompliziertes technisches Problem gelöst. »Das ist sehr komplex, man sieht es nicht, aber es ist sehr komplex, und bisher haben wir Technik immer zum Laufen gebracht, zum Nutzen des Kunden.« Claudia Schiffer spürt diesen Nutzen sofort, an der Do-it-yourself-Kasse, wo sie ihre Waren ganz ohne Kassiererin einscannen kann. »Mir gefällt es lieber per Computer, weil das halt viel schneller geht. Ich hab nicht viel Zeit, da muss es halt sehr schnell gehen, und natürlich macht es Spaß.«[256]

Die Metro AG ist für ihren Future Store mit dem Big Brother Award ausgezeichnet worden, dem »Oscar für die Datenkraken«, den der Verein FoeBuD organisiert.[257] Denn natürlich geht es der Metro AG nicht nur um den möglichen Nutzen für die Kunden und auch nicht um den Spaß, den Claudia Schiffer als Kassiererin ihrer eigenen Einkäufe hat. Den Handelsunternehmen, die RFID einsetzen, geht es erstens um eine erleichterte Logistik (jeder gekaufte Philadelphia-Käse meldet sich an der Kasse sozusagen ab, sodass das System weiß, wann Nachschub ins Regal gestellt werden muss) und zweitens um Kundenbeobachtung. Das würde die Metro Future Store Initiative nicht einmal bestreiten, sie teilt es vielmehr ganz unverhüllt auf ihrer Homepage mit: »Der steigende internationale Wettbewerbsdruck treibt den Wandel der Branche voran. Um in Zukunft erfolgreich zu sein, müssen Händler ihre Konzepte optimieren und Kosten senken. Gleichzeitig müssen die Unternehmen die individuellen Bedürfnisse der Verbraucher besser erkennen und schnell darauf reagieren. Moderne Technologien helfen ihnen dabei.«[258] Metro sagt allerdings nicht, dass die versteckten RFID-Chips auch nach dem Einkaufen weiterfunken. Beim Metro Future Store waren sie nämlich gar nicht auf die Waren geklebt (nur eine Handvoll Produkte waren tatsächlich mit RFID ausgestattet), sondern auf den Kundenkarten.

Die Aktivisten von FoeBuD fanden das nach einer Besichtigung des Future Store heraus, zu der sie Katherine Albrecht von der amerikanischen Verbraucherorganisation CASPIAN – *Consumers against Supermarket Privacy Invasion and Numbering* – eingeladen hatten. Kaum jemand auf der Welt dürfte sich mit den Plänen der Handelshäuser zur RFID-Technik so auskennen wie sie – mit Ausnahme der Unternehmen selbst natürlich. Die Bielefelder Netz-Aktivisten von FoeBuD hatten den Besuch organisiert, und Metro wollte die Datenschützer lieber selbst durch den Store führen als auf eigene Faust gehen zu lassen.[259] Dabei erfuhren sie Folgendes: Der Einkaufswagen mit Bordcomputer funktioniert nur, wenn sich die Einkäuferin mit ihrer Kundenkarte identifiziert. Ab dann registriert das System jede Bewegung des Einkaufswagens. Am Ausgang des Stores steht ein Gerät, das die Informationen auf den RFID-Chips deaktiviert, man müsse nur die Waren auf die Ablage davor legen (was das Einkaufen eher nicht beschleunigt). Auf dem Bildschirm erscheint die Anzeige »RFID-Tag Informationen«. In der oberen Zeile stehen die 13-stellige Barcode-Nummer und Zusatzinformationen, darunter die ID-Nummer des RFID-Chips. Der Deaktivator, so sagten die Metro-Leute, deaktiviere nun diese Informationen, indem er sie mit Nullen überschreibe. Was passierte, verblüffte Katherine Albrecht: In der oberen Zeile erschienen erwartungsgemäß zweiundzwanzig Nullen, nur die Buchstaben und Zahlen in der unteren Zeile blieben unverändert. Ausgerechnet die Seriennummer, mit der der Chip eindeutig identifizierbar ist, wird nicht überschrieben. »Der Deaktivator deaktiviert nicht«, berichtet Mrs. Albrecht, »das bedeutet, dass jeder die Seriennummer mit einem 13,56 MHZ Lesegerät erfassen kann – auch nachdem die Kundin das Produkt gekauft hat und glaubt, dass sie den Chip ›deaktiviert‹ hat und den Laden verlässt.«[260] Das sei schlimmer, als die RFID-Chips einfach an den Waren zu lassen, denn damit wiege man den Konsumenten in ein trügerisches Sicherheitsgefühl. In der Metro-Broschüre zu den RFID-Chips behauptet der Future Store nämlich ausdrücklich, außerhalb des Geschäftes funktionierten die Chips nicht mehr.

Nach der dreistündigen Führung luden die Metro-Leute Katherine Albrecht und ihre Bielefelder Kollegen auf einen Kaffee ein und plauderten freundlich. »Sie haben ihre Sache gut gemacht«, schrieb Katherine Albrecht später. »Als wir losfuhren, hatte ich das Gefühl, alles Wichtige über den Metro Future Store und den RFID-Einsatz zu wissen, was, im Nachhinein gesehen, wahrscheinlich ihr Ziel war. Sie müssen einen großen Seufzer der Erleichterung ausgestoßen haben, als ich den Store verließ, ohne das Geheimnis ihrer Kundenkarte entdeckt zu haben.«[261]

Es war Zufall, dass sie es bemerkten: Am Tag darauf berichtete die amerikanische Verbraucherschützerin auf einer FoeBuD-Veranstaltung in Bielefeld von ihrem Besuch im Future Store. Sie wollte demonstrieren, das die angeblich deaktivierten RFID-Chips an den Waren nicht deaktiviert waren. Dazu hielt sie die Karten an ein RFID-Lesegerät, das sie für etwa 300 Dollar über das Internet gekauft hatte, und identifizierte jeden einzelnen Chip. Padeluun, der Vize-Direktor von FoeBuD, hielt auch eine Metrokundenkarte vor das Gerät, mehr aus Spaß als aus Misstrauen, und auf dem Bildschirm erschien ein Zahlencode. Es dauerte einige Augenblicke, bevor die Aktivisten von FoeBuD den Zuhörern die Bedeutung dessen erklären konnten, was sie gerade entdeckt hatten. Ohne die Kunden darüber zu informieren, hatte Metro seine Kundenkarten mit RFID-Chips ausgestattet. Die Nachricht raste durch die Medien, Datenschützer demonstrierten vor dem Future Store, und keine vier Wochen nach seiner Entdeckung nahm Metro den RFID-Chip von der Karte.

Das war ein kleiner Etappensieg für die Daten-Aktivisten. Oder wie *Spiegel-online* schrieb: »Es ist ein ungleicher Kampf – eine Handvoll ehrenamtlich arbeitender Enthusiasten des FoeBuD gegen milliardenschwere Konzerne – doch er zeigt Wirkung.« Denn der Metro Future Store zeigt, wie das Einkaufen in Zukunft ablaufen und wie fürsorglich sich der Handel mit Hilfe dieser Technik um seine Kunden kümmern könnte. Denn mit dem RFID-Chip auf der Kundenkarte können Bewegungsprofile der Kunden erstellt werden. *Im Unterschied zu den bereits existierenden Kundenkarten, die nur erfassen, was ein Kunde tatsächlich gekauft hat, registriert das RFID-System auch, vor welchem Regal jemand lange stehen geblieben ist, und kann solches Wissen für individuell angepasste Werbung nutzen.* Etwa so: Der RFID-Chip einer Kundenkarte meldet, dass Herr X lange vor dem Regal mit Porno-DVDs stehen bleibt, ein paar Tage später erhält seine Frau Infopost über Ratgeberliteratur in Beziehungskrisen. Vielleicht hilft es ihr, vielleicht hat sich Herr X aber dort auch nur mit seinem Freund unterhalten.

»Eine neue Qualität des Datensammelns«, nennt das Rena Tangens, die Begründerin von FoeBuD. »Mit einer mit RFID-Chip versehen Kundenkarte wird nicht mehr nur die Liste der Sachen, die man kauft, gespeichert, sondern eine solche Karte kann verraten, wo ich mich gerade aufhalte, wie lange und mit wem zusammen. So kann aus der Information, vor welchem Regal, in welcher Abteilung ich länger war, ein Interessenprofil generiert werden, auch ohne dass ich etwas gekauft habe. Und diese Karte kann auch in der Handtasche gelesen werden, ohne dass die Besitzerin es bemerkt.«[262]

Die Missbrauchsmöglichkeiten sind unerschöpflich, und das Gefährliche daran ist, dass man heute noch nicht weiß, wozu die gesammelten Daten in Zukunft genutzt werden könnten, und dass viele Kunden deshalb bereitwillig den Unternehmen ihre Daten mitteilen, etwa um eine Kundenkarte zu bekommen. Es erscheint ihnen völlig unwichtig, ob ihr Supermarkt weiß, dass sie am 12. März 2004 Hühnerfleisch aus Brasilien und Shrimps aus Thailand gekauft haben. Doch das könnte sich ändern. »Wer in den Neunzigern häufiger besonders billiges Rindfleisch im Sonderangebot gekauft hat – und wir nehmen jetzt mal an, es hätte zu dieser Zeit schon Kundenkarten à la Payback gegeben –, könnte so möglicherweise heute kein Angebot mehr für eine günstige Krankenversicherung bekommen, denn die möchte das Risiko einer Creutzfeld-Jacob-Erkrankung ausschließen«, schreibt Rena Tangens. »Dabei war das Fleisch für den Hund bestimmt, der längst in den ewigen Jagdgründen weilt – aber danach wird nicht mehr gefragt.«[263]

Die RFID-Technik erweitert die Werbe- und Kontrollmöglichkeiten. Gute Kunden könnten beim Einloggen mit guten Angeboten gelockt werden, die ärmeren, bei denen sich das nicht lohnt, müssten mehr zahlen. Bei der Verleihung des Big Brother Awards an Metro trug Rena Tangens folgendes Szenario vor: »Marion Z. bekommt einen Bußgeldbescheid der Stadt Duisburg. Das Papier eines von ihr gekauften Mars-Riegels wurde im Ententeich des Stadtparks gefunden. Marion Z. grübelt und kommt darauf, dass sie den Riegel einem Kind beim Martins-Singen geschenkt hat. Zähneknirschend zahlt sie 10 Euro Bußgeld.«[264] *Verbraucherschützer und Kritiker fordern, dass die RFID-Chips, die großen Unternehmen in der Warenlogistik unbestreitbar Vorteile bringen, automatisch an der Kasse deaktiviert werden sollen.* Das hört sich nach einer vernünftigen Lösung an, doch Metro hat andere Pläne. Das Vorstand-Mitglied Zygmunt Mierdorf sagte, es sei durchaus sinnvoll, wenn der RFID-Chip nach dem Einkauf weitersende, wenn der Kunde dies wünsche. »Wir wollen den Kunden auch nach seinem Einkauf betreuen können, wenn es um Rücknahme, Garantieabwicklung oder das Mindesthaltbarkeitsdatum geht. Auch in der Abfallentsorgung würde vieles erleichtert werden: Über Informationen im Müll kann man in der Entsorgungsanlage viel effizienter sortieren. Das geht natürlich nicht, wenn der Chip am Ausgang gelöscht wird.«[265]

Die RFID-Technik macht es möglich, jeden Einkauf in Zukunft auf Schritt und Tritt zu überwachen und zu archivieren, doch es ist zweifelhaft, ob es eine breite Auseinandersetzung darüber geben wird, was das für die Konsumenten bedeutet. »Es gibt keinen fairen Wettstreit der Meinungen«, warnt Rena Tangens. »Keine Zeitung in Deutschland kann es sich leisten, auf die Anzeigen der vielen zu Metro gehörenden Supermärkte zu verzichten.«[266] Und es gibt weitere Wege der Einflussnahme: Die Bundeszentrale für politische Bildung zum Beispiel hat eine Journalistenfortbildung zum Thema »Intelligenz im Supermarkt« veranstaltet – finanziert von der Metro AG.[267] Nach einem kritischen Beitrag der ZDF-Sendung Frontal 21 verklagte Metro das ZDF gleich auf Unterlassung.[268]

Es gibt ein Informationsgefälle zwischen Unternehmen und Konsumenten, und das erschwert den politischen Konsum. Dabei geht es auch ums Grundsätzliche: um die Rechte, die ein Bürger hat und nicht aufgeben sollte. »Allerorts werden aus Bürgern ›Kunden‹ gemacht, und ihnen wird suggeriert, Kunden würden besser behandelt. Ein fataler Irrtum. Kunden genießen ihre Rechte nur solange sie etwas kaufen, Bürger haben Grundrechte, die sie schützen – vor staatlichen und anderen Übergriffen.«[269] Der gläserne Konsument aber wird kein freier Bürger sein, er steht vor einer anonymen Struktur, von der er nicht weiß, wie sie ihn beobachtet, was sie von ihm gespeichert hat und nach welchen Regeln sie ihn behandelt. Das nimmt ihm die Handlungsfreiheit – und das Gefühl, etwas verändern zu können. Ohne das wiederum ist politischer Konsum nicht möglich.

Zu der Frage, wie viel Konsumenten wissen und wie viel über sie gewusst wird, lässt sich resümieren: Wir sehen nichts, aber wir werden gesehen. Wir dürfen nichts erfahren, aber wir werden ausspioniert. Kundenkarten sagen den Handelsunternehmen, wann ich was gekauft habe, daraus erstellen sie individuelle Konsumprofile, und die verkaufen sie weiter an andere Firmen, die sie wiederum mit ihren eigenen Datensammlungen kombinieren. Irgendwann könnte es in den Konzernzentralen große Dateien geben, in denen so ziemlich alles dokumentiert ist, was ich jemals gekauft habe, wie ich mich kleide, was ich für Bücher lese und was für Filme ich sehe. Die Marketingexperten dort werden vermutlich besser wissen als ich selbst, was ich als Nächstes kaufen könnte.

Psychologen wie Clotaire Rapaille analysieren unsere unbewussten kulturellen Prägungen und erklären den Unternehmen, wie sie ihre Produkte bis ins letzte, scheinbar noch so unbedeutende Detail zu gestalten haben, damit sie uns in unserem Inneren berühren und wir ihre Produkte kaufen. (Rapaille verrät, wie man Bedürfnisse kreieren kann, von denen die Konsumenten gar nichts ahnten, rühmt z. B., wie Nestlé in Japan, einer Tee-Nation, den weitgehend unbekannten Kaffeegenuss heimisch machte, indem man auf die Idee verfiel, schon Schulkindern Süßspeisen mit künstlichem Kaffeearoma anzudrehen, damit sie dann als Erwachsene diesen Geschmack wiedererkennen und dafür zu zahlen bereit sind.[270])

Die Handelsunternehmen durchschauen uns mit Röntgenblick, während wir uns nicht bewegen können, ohne auf ihre Werbeplakate zu gucken. Wir werden gleichzeitig durchleuchtet und von der Werbung bombardiert. In unseren Köpfen stecken Werbesprache und -ästhetik, in den Großrechnern der Handelshäuser liegen unsere Konsumgewohnheiten.

Es wäre an der Zeit, den Gegenangriff zu organisieren und die Unternehmen so zu durchleuchten, wie sie das ihrerseits mit den Konsumenten tun. Ideal dazu wären kleine handtaschentaugliche RFID-Lesegeräte, die nicht nur lesen könnten, was die Handelsunternehmen selbst auf die RFID-Chips geschrieben haben. Diese Informationen müssten vielmehr mit einer Datenbank verbunden werden, in die Aktivisten aus der ganzen Welt ihre Informationen über Produkt und Unternehmen einspeisen, etwa den Eintrag aus dem *Schwarzbuch Markenfirmen* über den Hersteller, die Testergebnisse von *Öko-Test* und die Berichte der Kritischen Aktionäre. Damit man wirklich wüsste, was man gerade kaufen will oder eben nicht.

Elftes Kapitel

Blut an den Handys und politisch korrekte Pflastersteine

Grabsteine aus Indien

Im Jahr 2000 eröffnete in einem Freiburger Gewerbegebiet ein Grabstein-Discounter. Steine aus farbig poliertem Granit gab es dort, industriell gefertigt und zu Preisen, bei denen kein Handwerker mithalten konnte. Bis dahin hatten die Freiburger Steinmetze dem Druck der Industrie widerstanden. »Wir haben hier die bekannteste der fünf Meisterschulen und von daher eine gute handwerkliche Struktur der Betriebe, in denen bis dahin noch individuelle Grabmale hergestellt wurden«, erzählt der Freiburger Steinmetz Jörg Bollin. »Aber als der Discounter plötzlich mehr als fünfhundert industriell hergestellte Steine aus Indien auf einmal im Angebot hatte, mussten wir umdenken.«[271] Bollin wollte Steinmetz bleiben und arbeiten, wie er das immer getan hatte: einen vorgefertigten Stein mit Hammer und Meißel vollenden. Solche Grabsteine sind natürlich viel teurer als industriell gefertigte Steine aus deutschen Steinbrüchen, die im Einkauf nur etwa 600 bis 800 Euro kosten. Seit etwa zwanzig Jahren aber werden immer mehr industriell gefertigte Steine aus Indien importiert, »fix und fertig geschliffen, für etwa 200 Euro«. Etwa ein Drittel der Grabmale auf deutschen Friedhöfen stammt inzwischen aus Indien, schätzt der Deutsche Natursteinverband in Würzburg. »Sie haben den Markt überschwemmt, und das hat das deutsche Steinmetzhandwerk mehr und mehr geschädigt«, sagt Bollin, sehr sachlich, als ginge es gar nicht um seinen eigenen Beruf, von dessen Ende er da berichtet. »Die indischen Steine sind beliebt, den Laien besticht ihre breite Farbpalette, die durch die Politur erst zum Ausdruck kommt.«

Es war Zufall, dass Bollin in dieser Zeit einen Unternehmensberater kennenlernte, der sich für seine Steine interessierte. Er klagte ihm seine Sorgen, und der Ökonom dachte pragmatisch: »Warum frischt ihr den Indienmarkt nicht mit neuen Formen auf?«, fragte er den Steinmetz. Und Bollin fand, dass das eine gute Idee sei: Er schloss sich mit zwei Kollegen zusammen und gründete eine Firma, die Grabsteine nach eigenen Entwürfen in Indien fertigen lassen sollte. Der Unternehmensberater empfahl ihnen, sich vorher mit einem Bekannten zu unterhalten, der sich gut in Indien auskenne, und das war Benjamin Pütter, der Kinderarbeitsexperte von Misereor.[272]

»Als mich die drei Steinmetze fragten, ob sie von dort bedenkenlos Steine importieren könnten, versicherte ich ihnen, dass sie das wohl könnten«, erinnert sich Benjamin Pütter, der seit sechsundzwanzig Jahren regelmäßig in Indien arbeitet. »Ich war mir ganz sicher. In den Steinbrüchen, die für den Export arbeiten, kann es gar keine Kinderarbeit geben, dachte ich, weil Kinder weder 45 Kilogramm schwere Bohrer halten noch 20 Tonnen schwere Blöcke sprengen können – dachte ich.«

Doch die Kinder konnten.

Benjamin Pütter fuhr zu den Granitbergen im Südosten Indiens, wo die Steine für die deutschen Friedhöfe gesprengt werden. Wann immer er sich vorher anmeldete, sah er kinderfreie Steinbrüche. Kam er ohne Anmeldung, ließ man ihn aber nicht hinein. Pütter wunderte sich über die mannshohen Stacheldrahtzäune um die Steinbrüche und die bewachten Tore. Er ließ sich Visitenkarten drucken, die ihn als Steinhändler aus Deutschland auswiesen, und da öffneten sich die Tore, und Pütter sah, was zwei Jahrzehnte lang kein Steinimporteur hatte sehen wollen: »Überall waren Kinder, zwei Drittel der Arbeiter waren Kinder!«

Zehnjährige Jungen standen an schweren Kompressoren, ohne Mundschutz und ohne Ohrenschutz, von Steinstaub umwirbelt. »Unter einem Unterstand, wo Tee getrunken wurde, wollte ich ihnen Fragen stellen, doch sie verstanden mich nicht. Ich dachte erst, mein Hindu sei so schlecht, doch sie waren alle schon schwerhörig.«

Misereor arbeitet seit mehr als 25 Jahren mit Partnerorganisationen in Indien zusammen, die Menschen aus der Sklaverei befreien. Pütter war bei einigen dieser Befreiungsaktionen dabei. Er wusste, dass erwachsene Menschen in Indien in Lohnknechtschaft gehalten werden und Kinder an Teppichhändler oder andere Unternehmer regelrecht verkauft werden. »Doch selbst unsere Partnerorganisation Qwarids ging davon aus, dass es nur in den Steinbrüchen, die für den lokalen Markt arbeiten, Kinderarbeit gibt, aber in den internationalen nicht, weil der Export ein anderes Geschäft sei.« Ein Geschäft offenbar, bei dem sich Steinimporteure, Grabmalhändler, Architekten, Straßenbaufirmen, Küchenstudios und ihre öffentlichen und privaten Auftraggeber zwanzig Jahre lang nicht weiter gefragt hatten, warum die schönen indischen Granit- und Quarzitsteine eigentlich so unschlagbar günstig waren. Aber man hätte darauf kommen können.

Kinderarbeit für unsere Städte

Im November 2005 verlegte der Pflasterer Sven Gerlant Mosaikpflaster auf dem Oranienplatz in Berlin-Kreuzberg. Dabei fiel ihm auf, dass viele Steine seltsam geschlagen waren. Sie waren zu flach und hatten leicht schräge Seiten. »So etwas kriegt man mit der Maschine nicht hin, es bedeutet enorm viel Handarbeit, einen Stein so zuzuschlagen«, dachte er und fragte sich: »Wer macht denn so was?« Gerlant recherchierte im Internet und las zum ersten Mal von Kinderarbeit in indischen Steinbrüchen. Er sprach mit dem Bauleiter des Bezirksamtes darüber und besuchte die öffentliche Bausitzung am Oranienplatz, wo er die gemütliche Runde mit seiner Befürchtung konfrontierte, dass dieser Stein aus Steinbrüchen mit Kinderarbeit stammen könnte.

»Hier zeigte man sich etwas verstört und äußerst betroffen. Man will sich nun um Aufklärung bemühen.« Im Februar hörte er von einer Unicef-Bescheinigung, mit der bestätigt werden solle, dass bei der Herstellung der Steine keine Kinder mitgearbeitet hatten. Gerlant fragte nach, wurde vertröstet, und als ich Ende April mit ihm telefonierte, wartete er noch immer. Bei einer seiner Nachfragen hörte er, er solle sich nicht so haben, wenn man es so streng sähe, dürfte man auch kein Steak essen, weil die Kinder beim Bauern geholfen haben könnten.

Im Bezirksamt Friedrichshain-Kreuzberg gibt man sich hilfsbereit, der zuständige Bezirksstadtrat kramt in seinen Unterlagen und liest mir vor, was der Natursteinhändler an die ausführende Baufirma geschrieben hat: »Im Weiteren möchten wir Ihnen versichern, dass unsere Produzenten in Indien nicht mit Kindern produzieren. Wir werden Ihnen in den nächsten Tagen ein Zertifikat der Weltorganisation Unicef übergeben, in dem dies dokumentiert ist.«

Wenn Flunkern so einfach wäre! Benjamin Pütter, vom Pflasterer Sven Gerlant in Kenntnis gesetzt, fragte bei Unicef nach, in Deutschland, in Indien und bei der Zentrale in New York: Nirgendwo auf der Welt stellen Unicef-Büros solche Bescheinigungen aus, grundsätzlich nicht. Wie sollte Unicef das auch tun? Betriebe auf die Einhaltung sozialer Standards zu kontrollieren, ist eine komplizierte Angelegenheit, die selbst eine UN-Organisation nicht einfach so unternehmen kann. Die Erfahrungen in der Textilindustrie haben gezeigt, dass es nicht ausreicht, anspruchsvolle Kodizes zu formulieren und jemanden vorbeizuschicken, der nachfragt, ob alles in Ordnung sei. Doch der Berliner Natursteinhändler klingt ein bisschen empört, als ich ihn nach den Vorwürfen frage, und argumentiert mit undurchsichtiger Logik: »Wir bekommen seit fünfzehn Jahren Materialien aus Indien, und wir sind keine Wildwestlieferanten, von daher ist der Vorwurf von Hause aus ad absurdum zu führen.« Der Vorwurf stamme im Übrigen von einem Steinmetz, der sich von der Baufirma nicht gut behandelt fühlte. Und außerdem gehe es um ein Material, das seit zehn Jahren gehandelt werde und überall in Deutschland verbaut worden sei. Wenn nun plötzlich jemand ein Zertifikat von ihm wolle, dann solle er das gleich in der Ausschreibung sagen. Und dann beschreibt er sein Dilemma: Es sei immer die Rede davon, dass man die europäischen Vorkommen mehr nutzen müsse. Doch wenn er einen solchen – oft teureren – Stein anbiete, riskiere er, den Auftrag nicht zu bekommen. »Es muss nur irgendeiner der Wettbewerber einen Chinapreis abgeben, da werden die Auftraggeber weich wie Butter«, sagt der Natursteinhändler. Und vermutlich hat er recht. Letztlich könne man gegen Kinderarbeit nichts machen, solange nicht die Lebensverhältnisse ausgeglichen seien, fügt er hinzu, als hätte er schon ganz vergessen, dass er in seinem Schreiben an die Baufirma versichert hatte, dass seine indischen Produzenten ja gar »nicht mit Kindern produzieren«.

Auch der Kölner Heumarkt ist mit Steinen aus Indien gepflastert. Das ist ein gutes Beispiel dafür, wie ungerecht freier Welthandel ist, wenn nicht für alle die gleichen Regeln gelten. Es ist wirtschaftlich sinnvoll, Steine vom anderen Ende der Welt nach Deutschland zu schaffen, weil sie günstiger sind als die aus deutschen Steinbrüchen. Die Transportkosten für Steine sind so günstig, dass sie kaum ins Gewicht fallen. Bei Luxusartikeln ist der Anteil noch geringer: Einen Container mit zweihundert Marmorwaschbecken kann man für 1440 Euro aus China herbringen lassen, das macht 7 Euro für ein Waschbecken, das im Einkauf etwa 200 Euro kostet und im Geschäft für mehr als das Doppelte verkauft wird.[273] So kommen die günstigen Produktionskosten in China und Indien richtig zum Tragen. *Die deutschen Steine sind aber auch deshalb teurer, weil die Abbruchzeiten in deutschen Steinbrüchen aus Lärmschutzgründen begrenzt sind, weil Umweltauflagen eingehalten werden müssen, die Arbeiter Schutzkleidung tragen und die Verarbeitungsstätten mit Staubfiltern ausgestattet sein müssen. Das sind keine unsinnigen und gewinnmindernden bürokratischen Hindernisse, sondern Schutzmaßnahmen, die auch in Indien nötig wären. Dass sie dort nicht gelten, bezeichnen Ökonomen gerne als Standortvorteil und nicht als Gerechtigkeitsnachteil.*

Wie man eine Branche zum Umdenken zwingt

In seiner Eingabe an den Beschwerde-Ausschuss hat Sven Gerlant gefordert, die Bezirksverordnetenversammlung solle aktiv gegen Kinderarbeit vorgehen und ihr Vergabe- und Auftragswesen ändern und soziale Kriterien bei den Ausschreibungen vorschreiben. Nur bei der Grünen-Fraktion fand er Gehör. Währenddessen hatte Benjamin Pütter die Initiative XertifiX auf die Beine gestellt.[274] Nachdem er viele Jahre lang die indischen Kontrolleure des fairen Teppichhandels für das Rugmark-Siegel kontrolliert hatte, war er sich sicher, dass ein ähnliches Siegel auch für Steine möglich sein müsste. »Bei Steinen kann man viel leichter nachweisen, woher sie kommen, als bei Teppichen«, sagt er. »Im Teppichhandel gibt es manchmal bis zu zwölf Zwischenhändler, die alle kaum etwas voneinander wissen. Das ist beim Handel mit Steinen anders, manche Steinmetze haben direkten Kontakt mit indischen Steinbrüchen, andere haben zwei oder drei Zwischenhändler. Und anders als bei Teppichen kann ein Steinmetz an einem Stein genau erkennen, aus welchem Berg er geschlagen wurde. Es gibt weniger als hundert Berge in Südindien, in denen Granit und andere Steine für den Export abgebaut werden. Und weil die Baufirmen immer wieder die gleiche Farbe möchten und damit Steine aus demselben Steinbruch, können die Steinhändler ihre Lieferanten nicht so einfach wechseln wie die Teppichhändler. Es müsste also möglich sein, diese Steinbrüche kontrollieren zu lassen.«

Pütter erzählte einem Fernsehjournalisten von den Kindersklaven in den indischen Steinbrüchen. Der begleitete ihn dorthin und drehte einen Dokumentarfilm, der Ende 2003 auf *Arte* ausgestrahlt wurde. »Dieser Film brachte den Stein ins Rollen«, erinnert sich Pütter. »Der größte deutsche Steinimporteur versuchte, kurz vor der Ausstrahlung den Film zu verbieten, statt sich an die Spitze der Bewegung zu setzen und für bessere Arbeitsbedingungen in den Steinbrüchen einzutreten. Nach der Sendung rief mich eine Mitarbeiterin einer Steinmetzzeitschrift an und viele andere Händler und Politiker, die alle sagten: ›Das kann doch nicht sein!‹ Sogar die Kinderkommission des Deutschen Bundestages hat mich später zur Berichterstattung eingeladen.« Das war im Dezember 2003, und Pütter beschloss zu handeln. Er hatte zwar kein Geld (die Hilfsorganisationen waren noch skeptisch), aber er spürte den Rückenwind des großen öffentlichen Interesses. Er fand prominente Mitstreiter, den CDU-Politiker Norbert Blüm, den Schauspieler Klaus Maria Brandauer, die IG Bau. Mit ihnen gründete er XertifiX. Gleichzeitig machte er sich daran, ein Kontrollsystem aufzubauen. Zusammen mit der indischen Hilfsorganisation Qwarids bildet er nun Kontrolleure aus, die als XertifiX India die großen Export-Steinbrüche auf Kinderarbeit überprüfen sollen. *Ein Siegel von XertifiX bekommt nur, wer keine Kinder beschäftigt und Erwachsenen den staatlichen Mindestlohn zahlt.* Der deutsche Importeur muss dafür drei Prozent seines Einkaufspreises an XertifiX überweisen, 2,5 Prozent, um die Kontrolleure zu bezahlen, und ein halbes Prozent für Hilfsprojekte für befreite Kinderarbeiter. »Weil das aber nicht reichen wird, haben wir eine feste Zusammenarbeit mit den großen Hilfswerken vereinbart«, sagt Benjamin Pütter, »und gleichzeitig versuchen wir die Steinhändler davon zu überzeugen, eigene Sozialprojekte in Indien zu unterstützen.« So sorgt XertifiX dafür, dass die Kindersklaven nicht aus den Steinbrüchen vertrieben werden, sondern in Rehabilitationszentren oder Schulen kommen. Zunächst aber verweigerten die indischen Steinbrüche den Kontrolleuren den Zugang. Anfang Mai 2006 gab es endlich den ersten Vertrag: Ein großer deutscher Importeur unterschrieb einen Lizenzvertrag mit XertifiX, und auf indischer Seite verpflichteten sich zwei große Exporteure. Sie beziehen Steine von etwa einem Dutzend Steinbrüchen, die alle kontrolliert werden.

»Die große Masse der Steinhändler hofft immer noch, das Problem totschweigen zu können«, sagt Benjamin Pütter. Doch immer mehr Unternehmen lassen sich von XertifiX kontrollieren, zuletzt das größte deutsche Bestattungsunternehmen Ahorn Grieneisen in Berlin. »Die deutschen Steinverarbeiter, die mitmachen wollen, finden auch Partner in Indien.« Etwa hundert Kindersklaven haben die Kontrolleure in den indischen Steinbrüchen entdeckt, sie gehen jetzt, zusätzlich von Misereor unterstützt, in eine Schule. Vor allem dem Druck einiger Stadtverwaltungen und des bayrischen Landtags sei es zu verdanken, dass Bewegung in die Szene gekommen sei. Noch sind lange nicht alle importierten Grabmale, Pflastersteine und Küchenplatten kinderarbeitsfrei, doch das Beispiel zeigt, dass eine Handvoll engagierter Leute eine ganze Branche umkrempeln können, dass politischer Konsum möglich ist.

Grenzen des politischen Konsums

Manchmal ist der Konsument aber auch machtlos, etwa im Fall von Coltan aus dem Kongo. Coltan ist seltenes Erz, aus dem das Metall Tantal gewonnen wird. Für die Herstellung von Handys, Computern und Spielkonsolen ist es beinahe unersetzlich. Aus dem säure- und hitzebeständigen Tantal werden winzige Kondensatoren mit hoher elektrischer Kapazität hergestellt. Und weil in den letzten Jahren immer mehr Menschen Rechner und Mobiltelefone kauften, stieg der Bedarf und damit der Preis für Coltan. 500 Gramm Coltan kosteten 1999 30 Dollar und zwei Jahre später 380 Dollar.[275] Einer der begehrtesten Rohstoffe der Welt steckte im Boden eines der ärmsten Länder Afrikas, im Kongo. Die Menschen dort hätten reich werden können. Der Afrika-Korrespondent der *Süddeutschen Zeitung*, Michael Bitala, schrieb 2003: »Vor zwei, drei Jahren schien für die Ostkongolesen ein Märchen wahr geworden zu sein. Sie brauchten nur eine Schaufel und ein paar Säcke, und schon konnten sie zentnerweise Reichtum aus dem Boden graben. Sie bekamen ein Vermögen für schwarzen Sand. Bis zu 2000 Dollar im Monat sollen einzelne Schürfer verdient haben – und das in einem Land, in dem das durchschnittliche Jahreseinkommen laut Weltbank bei 80 Dollar liegt. Fast kein Bauer ging noch aufs Feld, fast kein Schüler noch in die Schule, und selbst viele der untereinander verfeindeten Rebellen, die das Grenzgebiet zu Ruanda und Uganda seit 1996 unsicher machen, zogen in die Minen.«[276]

Wäre der Kongo ein funktionierender Staat, wäre er – möglicherweise – reich geworden. Doch als die Preise für Coltan plötzlich stiegen, gab es schon lange keinen Staat mehr im Kongo. 1997 war der Diktator Mobutu Sese Seko gestürzt worden, und von allen Seiten waren Soldaten der Nachbarländer ins Land gedrungen. Sie hinterließen Milizen und Rebellen, die sich daran machten, die Reichtümer des Landes zu plündern und sich gegenseitig und die übrigen Kongolesen zu erschießen oder niederzumetzeln. Waffen gab es genug. Die große Nachfrage nach Coltan heizte die Kämpfe der verschiedenen Gruppen untereinander an – und finanzierte sie. Die Flugzeuge, die das Coltan über Ruanda und Uganda auf den Weltmarkt brachten, kehrten beladen mit Gewehren und anderen Waffen zurück. Über drei Millionen Menschen starben in dieser Zeit im Kongo vor den gleichgültigen Augen der Weltöffentlichkeit. Und – wie nebenbei wurden auf der Suche nach den gewinnbringenden Rohstoffen noch große Teile des Lebensraumes der gefährdeten Gorillas zerstört. In diesen Jahren war Coltan der blutigste Rohstoff der Welt, doch wer sich damals ein Handy kaufte, erfuhr nichts davon.

»Der Hauptprofiteur der kongolesischen Coltan-Vorkommen ist das Nachbarland Ruanda, das die 27-fache Fläche des eigenen Staates im Ostkongo erobert und sich damit Zugriff auf 70 Prozent der Coltan-Reserven verschafft hat«, schrieb Bitala. »Zwar ist die ruandische Armee im Herbst 2002 offiziell abgezogen, doch noch immer kontrolliert die Regierung in Kigali das Besatzungsgebiet. Ihre Schergen sind die Rebellen der RCD-Goma, einer berüchtigten kongolesischen Miliz, die Zivilisten ermordet, vergewaltigt und ausraubt. Diese Truppe hatte für einige Zeit das Handelsmonopol für Coltan an sich gerissen, und die mit ihr verbündete berüchtigte Waffen- und Goldhändlerin Aziza Gulamali Kulsum organisierte den Export. Die indischstämmige Kongolesin verkaufte das Coltan und zahlte dafür Ruanda und den Rebellen einen guten Anteil – mit dem diese wiederum Waffen kauften, um ihren Krieg im Kongo fortzuführen. (...) Es wird geschätzt, dass Ruanda im Jahr 2001 fast eine Viertelmilliarde Dollar mit kongolesischem Coltan verdient hat. Die Fluglinien Sabena und Swissair haben jahrelang den wertvollen Sand von Kigali nach Europa geflogen.«

2002 veröffentlichten die Vereinten Nationen einen Bericht über die Ausbeutung im Kongo, der den Zusammenhang von Coltanhandel und Kriegswirtschaft bestätigte. Danach haben kriminelle Gruppen von Soldaten und Geschäftsleuten mit engen Kontakten zu den politischen Eliten des Landes eine sich selbstfinanzierende Kriegswirtschaft aufgebaut, die auf der Ausbeutung der Mineralvorkommen beruht.[277] Die UN-Experten analysierten die Handelswege und nannten siebzehn Länder in Asien, Amerika, dem Nahen Osten und Europa als end-user-countries.[278] Und sie fanden Hinweise, dass auch deutsche Unternehmen daran beteiligt waren, vor allem die Firma H.C. Starck, die zum Bayer-Konzern gehörte.[279] Das Unternehmen behauptet zwar, seit August 2001 kein Coltan aus Zentralafrika bezogen zu haben, den UN-Experten lägen aber Dokumente vor, die das Gegenteil sagen. H.C. Starck wies das zurück und argumentierte, die UN-Experten hätten ihre Vorwürfe nicht beweisen können, deshalb müsse das Unternehmen aus dem Bericht gestrichen werden, was im UN-Abschlussbericht 2003 auch geschah. In einer Pressemitteilung aus dem November 2003 heißt es: »H.C. Starck war im UN-Bericht vom Oktober 2002 fälschlicherweise vorgeworfen worden, trotz gegenteiliger Aussagen weiterhin illegal Rohstoffe aus der DRC zu beziehen.«[280] Weiterhin!

2001 fielen die Preise für Coltan wieder, gehandelt wird aber weiterhin, das Geschäft ist offensichtlich noch lukrativ, bloß die Arbeiter in den Minen bekommen weniger bezahlt. »Kongos Geschäft mit Tantal- und Zinnerzen floriert«, stellte Dominic Johnson im Februar 2006 fest, inzwischen sei es das Zinnerz Cassiterit, das einen Exportboom erlebe.[281] In den Jahren 2004/2005 sei in den Regenwäldern um Walikale erbittert um diese Vorkommen gekämpft worden. »Die ökonomische Begleiterscheinung des kongolesischen Friedensprozesses ist die Herausbildung einer schmalen Elite aus mächtigen Militärs und Geschäftsleuten aller früheren Lager, die die Märkte unter sich aufteilt oder sich eben untereinander bekämpft.«

Die Autoren des ersten UN-Berichts zur Ausbeutung der Rohstoffe im Kongo haben sich gegen ein Embargo ausgesprochen. Es würde den Menschen und der Umwelt nicht helfen. Massive technische und finanzielle Unterstützung wäre gefragt, um die humanitären Auswirkungen solcher restriktiven Maßnahmen auszugleichen. Man brauche ethische und transparente Geschäftspraktiken. Das gehe nicht ohne einen politischen Prozess.[282] Dominic Johnson und Aloys Tegera schlagen vor, wie man diesen initiieren könnte: Für ihre Studie »Digging deeper« haben sie zwei Jahre lang im Osten von Kongo recherchiert. Sie meinen, dass die Ausbeutung nur dann ein Ende haben wird, wenn auch die Menschen, die in der Nähe der Minen wohnen, an den politischen und wirtschaftlichen Entscheidungen beteiligt werden.[283]

Der Coltan-Handel und die Handys sind ein Beispiel für Waren, bei denen der Konsument durch eine Kaufverweigerung nichts ausrichten kann. »Die Handelswege sind so verschlungen und die Wirkung geht um so viele Ecken«, sagt Dominic Johnson. »Ein Boykott nützt den Leidtragenden ebenso wenig wie eine Fortsetzung der Ausbeutung.«[284] Gänzlich machtlos ist der politische Konsument jedoch selbst in diesem Fall nicht: Denn der Druck, den Medien und Nichtregierungsorganisationen auf H.C. Starck und Bayer ausübten, zeigte den Konzernen wenigstens, dass ihre Geschäftspraktiken auch dort beobachtet werden, wo sie sich unbeobachtet wähnen.

Zwölftes Kapitel
Die Entdeckung des politischen Konsumenten

Die Universalisierung des Marktes

Jahrhundertelang glaubten die Menschen, dass die Machtverhältnisse auf dieser Welt unveränderlich seien, dass der König von Gottes Gnaden regiere und dass sie als Untertanen Teil dieser göttlichen Ordnung seien und infolgedessen zu gehorchen hätten. Irgendwann ging ihnen auf, dass es auch anders sein könnte. Und sie machten sich daran, die Ordnung der Dinge zu ändern. Es war ein langer und gewaltiger Prozess vom Feudalreich zum Rechtsstaat, vom Untertan zum mündigen Staatsbürger, und er scheint in den reichen westlichen Konsumgesellschaften an ein vorläufiges Ende gekommen zu sein. Es ist erstaunlich, wie selbstverständlich den Bürgern dieser Staaten Rechtssicherheit und Wohlstand vorkommt, obwohl dieser Zustand noch nicht sehr lange währt. Die meisten halten die Vorteile, die der demokratische Rechtsstaat ihnen bietet, für so selbstverständlich, dass sie gar nicht bemerken, wie einige dieser vor Jahrhunderten hart erkämpften Rechte erodieren. Doch alles, was es umsonst gibt, wird schnell selbstverständlich.

Es scheint, als sei der Markt an die Stelle der Politik getreten, als sei die politische Ordnung des demokratischen Staates bloß der Rahmen, innerhalb dessen die Bürger vor allem als Konsumenten agieren. *Der Markt hat sich immer mehr Sphären des öffentlichen und privaten Lebens angeeignet, und wir sind Zeugen der letzten Welle dieser Gefräßigkeit: Aus den Schulen, Univer-*

sitäten und Krankenhäusern zieht sich der Staat immer weiter zurück und eröffnet so Märkte für Bildung und Gesundheit; auch Altenpflege und Kinderbetreuung sind als Dienstleistungen zu kaufen. Kommerzielle Fitnesscenter ersetzen die Sportvereine mit ihren ehrenamtlichen Übungsleitern, mobile Hausmeister die Nachbarschaftshilfe, überdachte und bettlerfreie Shoppingmalls verdrängen Straßen und Plätze. Die politischen Reformen der letzten Jahre verstärken das noch. Sie zielen allesamt auf einen Rückzug des Staates und ein Vordringen der Wirtschaft. Die Welthandelsorganisation WTO strebt mit dem GATS-Abkommen eine Liberalisierung des grenzüberschreitenden Handels mit Dienstleistungen an.

Beinahe alle Bereiche des Lebens unterliegen dem Marktkalkül, und das hat Folgen: Die Universalisierung des Marktes nämlich ent-moralisiert uns. Das »an den Eigeninteressen orientierte Nutzenkalkül« – am deutlichsten sichtbar in der kapitalistischen Profitmaximierung – sei zum »Leitprinzip auch der nicht über Kapitalbesitz Verfügenden« geworden, schreibt der Soziologe Dominik Schrage.[285] *Profitmaximierung forever!* Das bedeutet nicht nur Kapital- und Warenakkumulation als Lebensziel für alle, sondern das verankert auch das Leitprinzip des unersättlichen Häwelmanns – »Mehr! Mehr!«, schreit Theodor Storms Kinderbuchheld unablässig – als allgemeinen gesellschaftlichen Imperativ. Und es ist eine sehr bequeme Moral, die die Gier zur Tugend erhebt: Der Markt funktioniert dann am besten – behaupten seine Anhänger –, wenn jeder Einzelne möglichst ungehindert nach seinem eigenen Vorteil strebt. Um das zu belegen, zitieren die Marktliberalen gern Adam Smith und seine unsichtbare Hand, die die Eigeninteressen der Bürger als Einzelkämpfer zum gelungenen Ganzen zusammenfügt (und unterschlagen dabei, dass Smith dabei immer auch an einen reglementierenden Staat als Gegenstück dachte). Gegen diesen Wunderglauben lässt sich leicht der eine oder andere Klassiker in Stellung bringen, Thomas Hobbes etwa mit seinem homo homini lupus oder Jean-Jacques Rousseaus Diktum, der Mensch sei von Natur aus gut, erst die Gesellschaft verderbe ihn. Aber solche Theorien sind natürlich nicht so wirkungsvoll wie die Dauereinflüsterungen der Neo-Liberalen, die den Egoismus als gesellschaftliche Tugend adeln. Denn die Anhänger des Marktglaubens behaupten: Kaufe und verkaufe, was du willst und so viel du willst, und du bist ein guter Mensch! Solche Sätze hört man lieber als die klassische Moral der Einschränkung und des Verzichts.

Ich glaube ganz und gar nicht, dass dieses kalte Nutzenkalkül das moralische Empfinden verdrängt, aber es steht zumindest selbstbewusst daneben. Im Kopf haben die meisten wohl eine Wertemelange, etwa so wie ein Mediziner, der sich dem Eid des Hippokrates in seiner modernen Fassung verpflichtet fühlt und der gleichzeitig beim Einstellungsvertrag erfährt, dass sein Krankenhaus ein Profitcenter ist. Das wird als Widerspruch empfunden, den man lieber verdrängt, als sich ihm zu stellen.

Je weiter sich nun der Markt ausbreitet und je weiter sich der Staat aus seinen Kerngebieten zurückzieht, desto wichtiger wird es für die Bürger, ihre Stellung gegenüber der Wirtschaft zu stärken. Deshalb ist es heute – nach der Emanzipation des Untertans zum Staatsbürger – an der Zeit für eine Emanzipation des Konsumenten. Wie sich einst die Untertanen vom autoritären Staat emanzipierten, so müssten sich die Konsumenten heute von einem Markt emanzipieren, dem sie bislang allzu oft beinahe blind vertrauten. Denn auch nach einem halben Jahrhundert Einkaufserfahrung im Wirtschaftswunderland tritt der Konsument oft als eine Art freiwilliger Untertan des Marktes auf. Sein emanzipatorischer Akt beschränkt sich auf den Preisvergleich und auf gelegentliche Bekundungen tieferer Zuneigungen: Ende November 2005 starteten zwei Kinderschokolade-Fans eine Protestaktion gegen das neue Gesicht auf der Schokoladentafel. Nach drei Tagen hatten sie schon 10 000 Unterschriften für das alte Gesicht auf der Schokoladentafel gesammelt. Die Initiatoren nennen sich »kritische Verbraucher« und »Nostalgiker, denen man ein Stück Kindheitserinnerung raubt«, und sie schreiben: »Wir sind einfach nur enttäuscht von Ferrero.«[286]

So viel Gefühl für eine Schokoladentafel – wer Romane der Pop-Literaten oder *Generation Golf* von Florian Illies gelesen hat, wird sich darüber nicht wundern. Illies erzählt darin, wie wichtig Marken und Produkte in seiner Kindheit im »langweiligsten Jahrzehnt des 20. Jahrhunderts«, den Achtzigerjahren, waren. Nutella, Playmobil, ein Golf Cabrio und *Wetten, dass...?* als identitätsstiftende Momente einer Kindheit, auch wenn das bedauernswert klingt: Das Büchlein wurde ein Bestseller.

Der Konsument – so viel lässt sich vorsichtig festhalten – pflegt emotionale Bindungen zu seinen Marken und lässt sich allzu gern verführen. Ab und zu konsultiert er Einkaufsratgeber, meist aber nur, um nicht mehr zu zahlen als nötig. Er ist natürlich zu abgeklärt, um den Versprechen der Werbung zu glauben (die nur selten Konkretes verspricht, sondern lieber Images kreiert), aber er glaubt mit Recht an die Wirkung der Waren: an ihre Coolness und den Status, den sie ihrem Besitzer verleihen. Und er hat Vertrauen: Mit der gleichen Alltagserfahrung, mit der er seinem Nachbarn den Rücken zuwendet, ohne zu fürchten, dass dieser ihm eine Gartenharke über den Kopf zieht, vertraut der Konsument seinen Marken, obwohl er es eigentlich besser wissen könnte. Wenn er eine Jeans kauft, hat er den schönen Hintern aus der Werbung im Kopf, er sieht die freundliche Verkäuferin, den netten Laden und hält das alles für die Welt seiner Waren. Er steht sozusagen vor der Reklametafel und lugt nicht durch das Loch im Lattenzaun, um einen Blick auf die Fabrik zu werfen. Er nimmt einfach mal an, ohne groß darüber nachzudenken, dass die Hersteller schon ungefähr alles richtig machen. Irgendwie weiß er, dass das nicht stimmt, aber daran will er beim Einkaufen nicht denken. Dieser lang anhaltende Einkaufsirrtum wird nur gelegentlich durch Schadstoffdebatten oder Lebensmittelskandale erschüttert. Doch sich so bereitwillig täuschen und verführen zu lassen, ist für den Konsumenten im Zeitalter der wirtschaftlichen Globalisierung und der allgemeinen Marktausweitung nicht nur unangemessen. Es kann auch gefährlich werden.

Der Konsument – ein schlafender Riese

So etwa ist – grob skizziert – die Lage des Konsumenten in den reichen, stabilen und stagnierenden Ländern des Westens zu Beginn des neuen Jahrhunderts:

Er genießt sein Leben in der Konsum- und Erlebnisgesellschaft. Er hat die freie Wahl bei der Lebensgestaltung, das findet er schön und nur manchmal anstrengend. Solange er Geld hat, genießt er das Einkaufen. Bloß wenn es ihm ausgeht, merkt er, wie sehr das, was ihn ausmacht, vom Konsum geprägt ist. Er steht etwas hilflos vor den beiden Megatrends Individualisierung und Globalisierung, er sieht Traditionen zerfallen und alte Sicherheiten langsam schwinden. Er weiß, dass die Wirtschaft ihm keine Beschäftigung mehr garantiert und der Staat keinen Wohlstand. Er fühlt, dass er enorme Herausforderungen meistern muss, und weiß, dass es dafür keine Vorbilder gibt. Seine Eltern hatten andere Sorgen. Er ist auf sich zurückgeworfen und begreift, dass er sein Leben selbst in die Hand nehmen muss. Wenn es ihm gut geht, fühlt er sich stark und frei, an anderen Tagen ohnmächtig. Er zweifelt, ob dem Staat die vielfach angekündigten Reformen gelingen werden und ob sein Land im weltweiten Wettbewerb so erfolgreich bleiben wird, wie es lange war.

Er hört, dass nur der flexible Mensch im globalen Wettbewerb bestehen wird (Mobilität wird zur Kardinaltugend ausgerufen) und dass er sein Leben lang lernen muss. Er spürt das Verantwortungsvakuum in der globalisierten Welt und ist skeptisch, ob es politischen Institutionen – welchen auch immer – gelingen wird, die wirtschaftliche Globalisierung so zu gestalten, wie es ihm die Politiker im eigenen Land immer versprochen haben. Er hört von *peak oil*, Umweltkatastrophen in China und

Klimawandel, und ihm schwant, dass die weltweiten ökologischen Probleme in den nächsten Jahrzehnten auch ihn betreffen werden. Die wiederkehrenden Lebensmittelskandale erschüttern ihn nicht, dazu ist er zu abgeklärt, doch bisweilen fühlt er sich ausgeliefert und nicht beschützt. Wenn er von Kinderarbeit und Sweatshops hört, hat er ein vages Unrechts- und Ohnmachtsbewusstsein.

Es gibt einen Haufen Weltprobleme, und wir stehen davor und sagen, schlimm, ja, aber was können wir denn machen? Und das ist zu dumm, denn tatsächlich können wir was machen, bloß wir merken es einfach nicht.

Das wäre die längst überfällige Einkaufsrevolution: die politische Emanzipation des Konsumenten von der geschmacks- und gefühlsprägenden Macht der Werbung, von Politikverdrossenheit und Globalisierungsangst. Einkaufen als politisches Engagement für weniger Gift und mehr Gerechtigkeit. Die zeitgemäße Antwort auf die Veränderungen der Gesellschaft.

Politischer Konsum bedeutet die Ausweitung der Politik auf den Markt in einer Zeit der Ausweitung der Märkte und des Rückzugs der Politik. Er bedeutet individualisiertes politisches Engagement in einer individualisierten Gesellschaft, das in kollektive Aktionen münden kann. Politischer Konsum ist heute leichter als jemals zuvor, weil man sich immerhin ohne großen Aufwand die nötigen Informationen beschaffen kann. Der Protest gegen den Coltanabbau im Kongo hat gezeigt, dass die Konzerne selbst im tiefsten afrikanischen Busch auf Dauer nicht unsichtbar bleiben. Vieles von dem, was man wissen muss, um politisch einzukaufen, steht längst im Internet: auf den Seiten von Umwelt- und Verbraucherschützern, Kritischen Aktionären und Gewerkschaften. Oder in Büchern wie dem *Schwarzbuch Markenfirmen* oder anderen kritischen Konsumführern. Oder in Zeitschriften wie *Öko-Test*. Was noch fehlt, ist eine Datenbank, die alle diese Informationen bündelt und sie per Mausklick oder besser noch beim Einkaufen per SMS abrufbar macht: Wer hat für wie viel Lohn diese Hose zusammengenäht? Wie viel Pestizide stecken in der Baumwolle? Kommt das Coltan in diesem Handy aus dem Kongo? Welche Kriegspartei hat daran verdient? Und wie sieht der Hühnerstall aus, aus dem die Eier für diesen Kuchen stammen. Bitte ein Foto!

Und die Zeit für politischen Konsum ist noch aus weiteren Gründen günstig: Verbraucherschutz ist ein eigenständiges Politikfeld geworden, die Politiker sind sensibilisiert, die Nichtregierungsorganisationen gut aufgestellt, um direkten Einfluss auf die Politik zu nehmen. Gleichzeitig sind sie bereit, auch mit Unternehmen zu verhandeln, die ihrerseits unter zunehmendem internationalen Konkurrenzdruck stehen und um Käufer buhlen müssen.

Das Verblüffende daran ist, dass diese Haltung – konsequent und kollektiv angewendet – uns Konsumenten eine gigantische Macht über die Märkte eröffnet. Denn politischer Konsum ist eine Glaubenssache: *Halten wir Konsumenten uns für machtlos, sind wir es auch. Glauben wir aber, dass unsere Einkäufe politische Entscheidungen sind, ähnlich wie Wahlen oder Volksentscheide, verändern wir die Nachfrage und – schneller als wir glauben – auch das Angebot.* Damit könnten wir die Standards setzen, zu denen produziert wird, und zwar in allen Dimensionen: ökologisch, sozial, beim Verbraucherschutz, beim Arbeitsplatzerhalt im eigenen Land und anderswo, bei der weltweiten Gerechtigkeit. Und das Schöne ist: Die Weltverbesserung durch Konsum ist einfach zu haben: Es ist völlig ungefährlich, ein bestimmtes Produkt zu kaufen oder zu boykottieren – anders als ein Streik erfordern *boycott* und *buycott* kein persönliches Risiko. Oft ist es nicht einmal teurer, die korrekten Waren zu kaufen.

»Der schlafende Riese Konsument erwacht und verwandelt den Kaufakt in eine Abstimmung über die weltpolitische Rolle der Konzerne, die diese mit ihren eigenen Waffen – Geld und Nicht-Kauf – schlägt«, hat Ulrich Beck in seinem Buch *Macht und Gegenmacht im globalen Zeitalter* geschrieben.[287] Die Weltkonzerne drohen mit dem Abzug von Arbeitsplätzen und mit Nicht-Investieren, deshalb fürchten wir ihre Macht. Die Konsumenten müssten einfach ihrerseits mit Nicht-Kaufen drohen, und schon bekämen es die Unternehmen mit der Angst zu tun. Denn sie befinden sich in einer prekären Lage: Sie sind völlig unkalkulierbaren Risiken ausgesetzt und wissen nicht, wie die Konsumenten, ihre Kunden, reagieren werden. »Was heute geht, kann einem morgen um die Ohren fliegen«, sagt Beck. »Fluorchlorkohlenwasserstoffe (FCKW) etwa waren jahrzehntelang akzeptiert, keiner hat auch nur daran gedacht, dass sie als Nebenfolge die Ozonschicht gefährden und damit den Klimawandel beschleunigen.« Ähnlich ist es heute mit der Gentechnik: Niemand kann genau beurteilen, wie gefährlich Essen mit genmanipulierten Zutaten wirklich ist. »Es gibt ein Risiko und mehr oder weniger eingestandenes Nicht-wissen«, sagt Beck, und wenn die Konsumenten das wahrnehmen, haben die Unternehmen keine Chance. »Wer hätte etwa gedacht, dass Genfood heute in Großbritannien als Frankensteinfood gilt?«[288] Ausgerechnet bei den Briten, die sonst nicht für besondere Aufmerksamkeit in Fragen der Cuisine bekannt sind.

Die Unternehmen sind abhängig von ihren Kunden. »Selbst die allmächtigen Weltkonzerne können ihre Konsumenten nicht entlassen«, schreibt Beck. »Das Erpressungsmittel, in anderen Ländern zu produzieren, wo die Konsumenten noch brav sind und alles schlucken, was ihnen vorgesetzt wird, ist ein gänzlich untaugliches Instrument. Erstens ist der Konsument globalisiert und als solcher für die Konzerne hocherwünscht. Zweitens kann man Konsumentenprotesten in einem Lande nicht durch den Ausmarsch in andere Länder begegnen, ohne sich selbst zu verstümmeln. Auch gelingt es nicht, die nationale Solidarität der Konsumenten gegeneinander auszuspielen. Konsumentenproteste sind *als solche* transnational. *Die Konsumgesellschaft ist die real existierende Weltgesellschaft*. Konsum kennt keine Grenzen – weder die der Herstellung noch die des Verbrauchs. Die Konsumenten sind dies alles nicht, was die Arbeiter sind. Das macht ihre bislang kaum entfaltete Gegenmacht für die Macht des Kapitals so gefährlich.«[289]

Als ich diese Sätze über die »kaum entfaltete Gegenmacht« zum ersten Mal las, musste ich an Bullen denken, die ehrfurchtsvoll vor dem dünnen Draht eines Weidezauns stehen und glauben, sie könnten nicht hinüber. Das gibt es wirklich: große mächtige Tiere, die sich von einem Zaun einschüchtern lassen, den sie mit zwei Schritten und ohne jeden Kraftaufwand niedertrampeln könnten. Bloß weil sie denken, Zaun ist Zaun – oder weil sie gar nicht denken. Erst wenn sie in Rage geraten und losstürmen, merken sie, dass der Zaun sie gar nicht aufhalten kann. Mit der Entdeckung der Konsumentenmacht könnte es ähnlich sein. »Wir stehen da erst am Anfang«, sagt Ulrich Beck.

Die Wissenschaft entdeckt den politischen Konsumenten

Der politische Konsument ist ein alter Hase. Es gibt ihn schon seit vielen hundert Jahren, wahrscheinlich noch länger. Im amerikanischen Unabhängigkeitskrieg boykottierten die Siedler Waren aus dem britischen Königreich, um gegen die hohen Einfuhrzölle zu protestieren, die das britische Parlament ihnen auferlegt hatte, und die Inder folgten ihrem Beispiel, als sie sich gegen die britischen Kolonialherren auflehnten. 1880 bekam die Einkaufsverweigerung als politisches Druckmittel ihren Namen: Charles Cunningham Boycott, ein pensionierter Offizier der britischen Armee, kümmerte sich damals als Verwalter um die irischen Ländereien eines britischen Lords. Als er im Sommer 1880 die irischen Bauern für einen Hungerlohn zur Ernte auf die Felder schickte, weigerten sie sich. Boycotts Frau bat sie, die Ernte nicht verkommen zu lassen, und sie gaben nach. Als die Ernte eingefahren war, ließ Charles Boycott sie aus ihren Unterkünften werfen. Die aufgebrachten Bauern überredeten daraufhin Boycotts Hausmädchen, Kutscher und Stallburschen, ihren ausbeuterischen Chef auf der Stelle zu verlassen. Diese Geschehnisse erörterte ein paar Tage später der amerikanische Journalist James Redpath mit einem Geistlichen aus dem County Mayo. Der Journalist meinte, *ostracism,* also Ächtung, sei nicht der richtige Begriff für das, was die Angestellten des Herrn Boycott veranstaltet hätten. Die Bauern würden das Wort nicht verstehen, doch ihm, Redpath, fiele kein besseres ein. Der Geistliche gab ihm recht und sagte nach kurzem Überlegen: »Warum nennen wir es nicht: Sie boykottierten ihn?« So prägte ein irischer Pfarrer den Begriff Boykott, und die irischen Bauern verstanden ihn sofort.[290]

Der Begriff *politischer Konsument* dagegen ist erst hundertzehn Jahre später entstanden, im Herbst 1994. Damals untersuchte der Zukunftsforscher Steen Svendsen mit seinen Kollegen vom Copenhagen Institute for Future Studies neue Wege der politischen Partizipation. Sie fragten die Käufer von Ökoprodukten nach den Gründen ihrer Kaufentscheidungen und fanden heraus, dass diese Leute ihren Einkauf als eine politische Handlung verstanden. Steen Svendsen nannte sie *politiske forbruger,* politische Konsumenten. »Der Trend war ziemlich offensichtlich«, erzählt Svendsen, »weg von den politischen Parteien über die lokalen Basisgruppen und Initiativen der Siebzigerjahre, hin zur individuellen Politik auf dem Marktplatz.«[291] Politisches Handeln im Supermarkt – das klang damals nach einer ziemlich abgefahrenen Idee, an die niemand so recht glaubte.

Sechs Monate später gab die Ölfirma Shell bekannt, sie werde ihre ausrangierte Ölplattform *Brent Spar* in der Nordsee versenken. Auf der ganzen Welt weigerten sich daraufhin viele Autofahrer, bei Shell zu tanken, so lange, bis Shell aufgab und verkündete, die Brent Spar an Land zu entsorgen. Der *politiske forbruger* und sein Entdecker wurden schlagartig bekannt. »Der Shell-Boykott hat eine neue Dimension der politischen Partizipation gezeigt«, sagt Svendsen. »Plötzlich öffnete sich der Marktplatz als neuer Ort für politisches Engagement – und zwar genau für die Themen, bei denen die Regierung nichts ausrichten kann. Denn was Shell plante, war ja nichts Illegales. Die Ölplattform zu versenken verstieß nicht gegen Gesetze, aber es war natürlich trotzdem nicht in Ordnung. Genau hier haben die Leute angesetzt.« Der Begriff *politischer Konsument* hat während des Boykotts als eine Art Katalysator fungiert, meint Svendsen. »Als der Ausdruck bekannt geworden war, hatte das, was die Leute – jeder für sich – bis dahin getan hatten, plötzlich einen Namen. Vorher waren sie isolierte Individuen gewesen, und jetzt merkten sie, dass es eine Gruppe gab, mit der sie sich identifizieren konnten.« Svendsen hat sein Konzept vom politischen Konsumenten inzwischen auf die Sphäre der Herstellung ausgeweitet, in seinem Forschungsinstitut Public Futures erforscht er die Gestaltungsmöglichkeiten eines politischen Produzenten.

Erst nach dem Shell-Boykott kam die Forschung über politischen Konsum richtig in Gang. Soziologen und Politikwissenschaftler haben den politischen Konsumenten vermutlich deshalb so lange nicht bemerkt, weil er im toten Winkel ihrer Forschung agierte. Gewöhnlich betrachten sie nämlich Politik und Privates getrennt: Politologen untersuchen das Verhältnis der Bürger zu ihrem Staat, und Lebensstilforscher fragen Konsumenten, was sie kaufen. Im politischen Konsum überschneiden sich diese beiden Sphären, und ausgerechnet die prall gefüllte Schnittmenge – die Avantgarde des politischen Konsums – haben die Forscher lange nicht beachtet. Studien etwa über das Internet als politisches Instrument füllen inzwischen ganze Bücherregale, nur zum politischen Konsum fehlen die Daten.[292] Die meisten Politologen waren so vertieft in das nachlassende Interesse an Politik, die allgemeine Politikverdrossenheit, den Rückgang der Wahlbeteiligung und den Mitgliederschwund der Parteien, dass sie ihren Blick erst spät auf die neuen Sphären des politischen Engagements jenseits der etablierten Institutionen gerichtet haben – zum Beispiel im Supermarkt.

Doch jetzt hat auch die Wissenschaft den Bürger als Konsumenten entdeckt: Michele Micheletti, die an der Karlstad Universität in Schweden Politik lehrt, gehört zu den Ersten, die sich mit politischem Konsum systematisch befassen. Beim Vergleichen von schwedischen Statistiken über politische Partizipation hat sie Ende der Neunzigerjahre entdeckt, dass die Zahl von Einkaufsboykotten enorm gestiegen war. 1987 hatten nur 15 Prozent der Schweden angegeben, innerhalb des letzten Jahres bestimmte Produkte aus politischen oder ethischen Gründen boykottiert zu haben, 1997 waren es 29 Prozent, beinahe jeder Dritte. Das Eigenartige war: Kaum ein Politikwissenschaftler schien das bemerkenswert zu finden. »Dabei war der Anstieg dramatisch«, erzählt sie, »denn in den beiden Jahren, in denen die Bürger befragt wurden, gab es gar keine Boykottaufrufe in den Medien. Die Bürger hatten ganz allein entschieden, was sie boykottieren wollten.« Dass die Bürger in Schweden eher als die Wissenschaft begriffen hatten, dass Einkaufen mit Politik zu tun hat, hat Michele Michelettis Forscherneugier geweckt. 2001 und 2004 lud sie Wissenschaftler aus der ganzen Welt zu einer Konferenz über politischen Konsum nach Stockholm ein und war froh, dort endlich Leute zu treffen, die verstanden, worüber sie redete.[293]

Zu erforschen, wie verbreitet politischer Konsum ist, ist ziemlich kompliziert. Man kann nicht einfach eine Frage stellen wie: Sind Sie Mitglied in einer Partei? Sondern man muss einen ganzen Katalog von Fragen zur Einstellung und zum tatsächlichen Verhalten entwickeln und wird dann immer noch stolpern über das Phänomen, das die Sozialforscher *attitude-behaviour gap* nennen, die Lücke zwischen Einstellung und Verhalten. Das bedeutet, vereinfacht und zugespitzt: Alle sagen, Umweltschutz ist wichtig, bloß handelt keiner danach. Um überhaupt einen Anfang zu machen, haben Dietlind Stolle, Marc Hooghe und Michele Micheletti über tausend Studenten an ihren Universitäten in Belgien, Kanada und Schweden befragt. Sie wollten wissen, wer warum und wie oft seine Einkäufe von politischen oder ethischen Überlegungen abhängig macht. Ihre Ergebnisse sind nicht ohne Weiteres verallgemeinerbar, weil Studenten nicht repräsentativ für die Gesellschaft sind, doch die Antworten lassen erste Rückschlüsse zu. Ihre Ergebnisse: Unter den Studenten ist politischer Konsum weit verbreitet. Mehr als zwei Drittel der befragten Studenten in Schweden und Kanada und etwa die Hälfte der Belgier gaben an, dass sie Boykotte für wirksam hielten und beim Einkaufen politische oder ethische Überlegungen berücksichtigten. Die politischen Konsumenten unter den Befragten hielten individuelle Aktionen für wirksamer als die etablierte Politik. Dennoch verdrängt ihr politischer Konsum nicht andere Formen politischen Handelns, bloß gehen sie eher auf Demonstrationen als zur Ortsverbandssitzung einer Partei. Unter den politischen Konsumenten sind mehr Frauen als Männer, Religion und Bildungsniveau der Eltern haben keinen Einfluss. Und was ganz erstaunlich ist: Die Höhe des Familieneinkommens steht in einer negativen Korrelation zum politischen Konsum. Das bedeutet: Je mehr Geld die Eltern eines Studenten haben, desto unwahrscheinlicher ist es, dass sich der Student als politischer Konsument engagiert. Diesen Befund kann man nicht ohne Weiteres verallgemeinern, warnen Stolle, Hooghe und Micheletti, weil nur etwa 600 der befragten Studenten die Frage nach dem Einkommen beantwortet haben. Doch der kritische Einwand, dass politischer Konsum eine elitäre Form politischer Partizipation für Leute mit zu viel Geld sei, scheint damit zumindest entkräftet. Dennoch sagt Michele Micheletti: »Money matters.« Neuere Daten aus Schweden hätten gezeigt, dass Geld doch eine Rolle spielt: Je höher Bildung und Einkommen, desto mehr politischer Konsum. Aber auch das könnte sich wieder ändern, vermutet Micheletti. In Schweden zeichne sich nämlich ein neuer Trend ab: Bio- und Ökolabel seien nicht länger für teure Produkte reserviert, und immer mehr Produkte im mittleren Preissegment seien auch mit Label zu haben – und das nicht einmal teurer als die übrigen.

Politischer Konsum, so lässt sich aus ihren Studien folgern, ist die politische Arbeit von leicht politikverdrossenen Individualisten, die den Glauben an das Gute im Menschen und an die Verantwortung des Einzelnen nicht verloren haben. Die entscheidenden Fragen sind nun: Wie viele gibt es davon? Und was können sie bewirken?

Wo immer Forscher sonst in der Welt nach politischem Konsum gefragt haben, verzeichneten sie einen Anstieg. Es gibt immer mehr Gütesiegel und Produktkennzeichnungen, und die verkaufen sich immer besser. Und es werden immer öfter Waren boykottiert. *Die Vorreiter: England, Schweden und Dänemark.* Jeder dritte Schwede gab 2003 an, bestimmte Waren boykottiert zu haben, und mehr als jeder zweite hatte aus politischen, ethischen oder ökologischen Gründen bestimmte Produkte gekauft.[294] Politisch motiviertes Einkaufen wird weltweit immer bedeutender, halten Michele Micheletti und ihre deutsch-kanadische Kollegin Dietlind Stolle als Zwischenstand fest.[295]

Der politische Konsument in Meinungsumfragen und Statistiken

Wenn man mit Unternehmern oder Wirtschaftsberatern über politischen Konsum diskutiert, sagen die Geistesschlichten unter ihnen, der Mensch suche immer seinen Vorteil, nur darauf sei Verlass. Er kaufe also immer das Billigste oder das, wovon er den größten Nutzen hat, und mit Nutzen meinen sie natürlich den persönlichen. Die etwas Aufgeweckteren nehmen die kleine Gruppe der politischen Konsumenten immerhin zur Kenntnis – aber meist als eine feste und nicht als eine wachsende Größe. Sie sagen: Der Markt ist so flexibel, dass er jedem bietet, was er will. Ein kleiner Teil der Anbieter deckt den Bedarf der besorgten Minderheit an sozial und ökologisch korrekten Produkten, der Rest versorgt die Mehrheit, die sich darum nicht kümmert und nicht mehr zahlen will. Das sei gerade das Tolle am Kapitalismus, dass er so flexibel ist. Doch die Unternehmer, die so denken, machen sich etwas vor: Denn sie fürchten sich natürlich vor der Macht, die wütende und enttäuschte Käufer entfalten können. Die Shell- und Nike-Boykotte haben ihnen gezeigt, dass ihre starken, sorgfältig gepflegten und teuer beworbenen Marken gar keine robusten Bäume sind, sondern zarte Pflänzchen, die aufgebrachte Kunden schnell zertrampeln können. Auch die Umwelt- und Giftskandale der letzten Jahrzehnte haben ihr Bewusstsein dafür geschärft, dass eine Branche von einem Tag auf den anderen ihren Ruf verlieren kann. Wenn aber gerade Premiummarken angreifbar sind, müssten die Markenhersteller ein ökonomisches Interesse an der Frage haben, inwieweit sich ihre Kunden um die ökologischen und sozialen Dimensionen ihrer Marken kümmern.

Dennoch haben die deutschen Unternehmen bislang keine großen Anstrengungen unternommen, die Meinungen ihrer Kunden zu diesen Fragen zu untersuchen – oder sie haben die Ergebnisse nicht veröffentlicht. Wenn man deutsche Meinungsforschungsinstitute nach Umfragen und Zahlen zu verantwortungsvollem Konsum fragt, bekommt man jedenfalls abschlägige Antworten: Sein Haus hätte eine solche Befragung noch nie gemacht, sagte mir Edgar Piel, der Pressesprecher des Instituts für Demoskopie in Allensbach. Politischer Konsum ließe sich nicht mit ein paar Fragen klären, eine solche Studie wäre kompliziert und teuer, und er wüsste nicht, wer das bezahlen sollte.[296] Ein Mitarbeiter von TNS Infratest antwortete: »Der Handel macht schon keine Studien, die wichtig für Kernsortimente wären. Analysen von Nischenmärkten sind da noch weniger wahrscheinlich.«[297] Und auch die Gesellschaft für Konsumforschung antwortet mit Nein: »Zum Thema Verhalten der Verbraucher in punkto ethischer und ökologischer Konsum haben wir keine Studien durchgeführt.«[298]

Zumindest in den kommerziellen Meinungsforschungsinstituten werden – ähnlich wie früher in der Politikwissenschaft – Konsum und Politik also nicht zusammen gedacht. Ein Marktforscher hat es auf den Punkt gebracht, warum das aus seiner Sicht so ist: »Viele Leute spüren zwar, dass wir unsere Unschuld verloren haben. Aber die Situation wird noch nicht als so krisenhaft empfunden, als dass sie ein wirkliches Umsteuern wünschen. Für die Unternehmen bedeutet das, dass sie nur Aufsehen erregende Skandale vermeiden müssen. Ansonsten können sie machen, was sie wollen.« Die Halbwertzeit von Skandalen ist kurz, sobald die BSE-Meldungen und Gammelfleisch-Schlagzeilen die Massenmedien verlassen, kaufen wir wieder, als wäre nichts gewesen. Darauf scheinen sich die Unternehmen zu verlassen. Auf die härter werdende Konkurrenz vor allem im Lebensmittelhandel reagieren sie etwas fantasielos und möglicherweise kurzsichtig mit Preissenkungen. Dass die Qualität ihrer Produkte im Sog dieser Preisspirale mit nach unten gerissen wird, nehmen sie in Kauf. Doch ob die Kunden das dauerhaft mit sich machen lassen, wollen die Unternehmen offenbar nicht so genau wissen.«

Es ist also nicht leicht herauszufinden, ob der schlafende Riese in Kürze aufwachen und seine Muskeln anspannen wird. Auch an den Universitäten gibt es noch keine große Überblicksstudie zum politischen Konsum, nur Hinweise in vielen einzelnen Fachstudien. Doch die Ergebnisse sind alles andere als eindeutig. Mit den einen lässt sich belegen, dass in Deutschland viele verantwortungsvolle Konsumenten leben, die anderen zeigen, dass die Bürger das Beste nur für sich wollen und das am liebsten ganz billig.

Die Ernährungsstudie *Consumers' Choice 2005*, von der Gesellschaft für Konsumforschung (GfK) im Auftrag der Deutschen Ernährungsindustrie erstellt, hat zum Beispiel herausgefunden, dass die Konsumenten »Genuss, Wellness und Convenience« wollten und das alles für möglichst wenig Geld. Die Discounter könnten weiter mit Zuwächsen rechnen, aber auch die Premiummarken hätten Stärke demonstriert. Der GfK-Trendsensor Konsum 2005 habe einen deutlichen Trend zu mehr Qualitätsbewusstsein registriert. Ob dabei auch die ökologische und soziale Qualität der Waren gemeint war, darüber macht die Studie keine Angaben, ganz einfach deshalb, weil sie nicht danach gefragt hat.[299]

Die meisten Studien über das Potenzial von Biolebensmitteln zeigen dagegen ein anderes Bild: Danach sind Gesundheit und Geschmack zwar die wichtigsten Gründe für den Kauf, aber altruistische Motive wie Tierliebe und Umweltschutz spielen durchaus eine Rolle.[300] Auch die Informationskampagne der Verbraucherinitiative zum fairen Handel mit dem trendigen Namen *fair feels good* meldete im Jahr 2005 mit Stolz, dass 2,6 Prozent der Verbraucher regelmäßig und immerhin 23,2 Prozent gelegentlich oder selten fair gehandelte Produkte kaufen, was »einen absoluten Zuwachs von 2,5 Millionen Personen« innerhalb eines Jahres bedeutet.[301] Die jüngste Studie des Heidelberger Forschungsinstituts Sinus Sociovision bestätigt diese Tendenz.[302] *Die Biobranche habe große Wachstumschancen in verschiedenen gesellschaftlichen Milieus:* bei den Postmateriellen, die schon immer eine Agrarwende wollten und auch politisch überzeugt sind, bei den wohlhabenden und standesbewusst »Etablierten«, die auch beim Essen höchste Ansprüche stellen, bei den »Modernen Performern«, der »jungen unkonventionellen Nachwuchselite«, der es vor allem um Energie und Fitness geht, aber auch bei den Konservativen und in der »bürgerlichen Mitte«, die zunehmend von Lebensmittelskandalen verunsichert sei. »Deutlich über die Hälfte« der Postmateriellen kauft schon jetzt Bioprodukte, in der bürgerlichen Mitte und bei den Modernen Performern etwa jeder Dritte. Doch Katja Wippermann, die die Studie für Sinus Sociovision erarbeitet hat, glaubt, dass politische oder ethische Überzeugungen bei der Entscheidung für Biolebensmittel eher im Hintergrund stehen. Sie sieht den Öko- und Umweltgedanken als eine Art Mitnahmeeffekt: »Man kauft Bio, weil es besser schmeckt, und freut sich, wenn man damit – *by the way* – noch etwas Gutes getan hat. Das gibt zusätzlich ein gutes Gefühl.«[303]

Das Imug-Institut für Markt, Umwelt und Gesellschaft, das zur Universität Hannover gehört und sich auf Forschung über nachhaltigen Konsum spezialisiert hat, berichtete im Sommer 2003, dass immer mehr Deutsche in nachhaltige Entwicklungsfonds investieren. 27 Prozent gaben bei einer Befragung an, dass sie solche Investments für attraktiv hielten, 5 Prozent für sehr attraktiv. Banken und Fondsgesellschaften können davon ausgehen, dass jeder dritte Kunde ein offenes Ohr für nachhaltige Investments hat, folgern die Forscher vom Imug-Institut. Bislang hapere es am Vertrieb: Über ein Drittel der Befragten sagten, sie hätten noch keine nachhaltigen Fonds gekauft, weil sie nicht gewusst hatten, wo man sie erhält. Im gleichen Sommer hat das Imug-Institut tausend Deutsche zu ihren Einstellungen zur *Corporate Social Responsibility*, der gesellschaftlichen Verantwortung von Unternehmen, befragt. Das Ergebnis: Zwei Drittel interessieren sich für die sozialen und ökologischen Auswirkungen der Unternehmen, und über die Hälfte wollen Produkte bevorzugen, die – bei gleichem Preis und gleicher Qualität – von Unternehmen kommen, die gesellschaftlich verantwortungsvoll agieren. Das klingt – so herum formuliert – ziemlich vielversprechend, von der anderen Seite betrachtet aber gar nicht: Knapp die Hälfte der Deutschen würden verantwortungsvolle Unternehmen *nicht* bevorzugen, auch wenn es sie weder Geld noch Qualität kosten würde. Konsumforscher würden solche Zahlen vermutlich mit der traditionell hohen Erwartung an staatliche Verantwortung in Deutschland erklären: Die Bürger erwarten viel mehr als etwa die US-Amerikaner, dass sich der Staat um die Verbraucher kümmern soll. Die Verbraucherzentralen werden vom Staat gefördert, und politische Bewegungen richten ihre Proteste und Forderungen deshalb lieber gleich an die Regierung als an ihre Mitbürger. Der Bürger will, dass sich der Staat darum kümmert, dass er, der Bürger und Konsument, sorglos einkaufen kann.

Diese Annahme deckt sich mit den Ergebnissen des Eurobarometers Energie, einer Umfrage der Europäischen Kommission vom Januar 2006: Danach sind 56 Prozent der Deutschen nicht bereit, mehr Geld für Strom aus erneuerbaren Energien zu bezahlen – eine erstaunlich hohe Zahl für Deutschland als einem der größten Windenergieproduzenten Europas.[304] Aber auch diese eher erschreckenden Zahlen kann man mit Positivbeispielen kontern: Das Umweltbundesamt, das alle zwei Jahre das Umweltbewusstsein der Deutschen misst, hat im Jahr 2002 über 2300 Bürger gefragt, ob sie »Produkte von Firmen, die sich nachweislich umweltschädigend verhalten«, boykottierten. 20 Prozent gaben an, dies immer zu tun, 25 Prozent häufig, 23 Prozent selten. Das hieße, mehr als zwei Drittel der Deutschen wären bereits politische Konsumenten. Nur 17 Prozent sagten, sie boykottierten nichts und nie. Damit ist die Boykottbereitschaft gegenüber dem Jahr 2000 um drei Prozentpunkte gestiegen, so steht es im Ergebnisbericht. Im Jahr 2004 wurde nicht danach gefragt. Statt die Frage zu streichen, hätte man sie lieber ergänzen sollen, und zwar um die Nachfrage, welche Unternehmen genau boykottiert werden. Doch darum könne es nicht gehen, sagt Professor Udo Kuckartz, der die Studie konzipiert hat. Seine Aufgabe sei es herauszufinden, welche Einstellungen die Bürger haben und inwieweit sie auch das Mittel Boykott in ihre Kaufüberlegungen einbeziehen. »Die Forschung über die Boykottbereitschaft gegenüber ganz bestimmten Unternehmen ist hingegen keine Angelegenheit seriöser sozialwissenschaftlicher Umweltforschung«, schreibt Kuckartz. »Ich persönlich, wie auch meine Arbeitsgruppe, wir hätten kein Interesse, mit einer solchen Meldung (›35 % der Bürger ziehen in Erwägung, die Produkte der Firma XY zu boykottieren‹) in der Presse zu landen, und dies gilt vermutlich auch für Bundes- und Landesbehörden.«[305] Das ist verständlich, denn eine solche Meldung wäre für das boykottierte Unternehmen ziemlich heikel, aber für politische Konsumenten umso interessanter. Immerhin teilte Professor Kuckartz im Juni mit, dass die Boykottfrage im neuen Fragebogen für das Jahr 2006 wieder enthalten sei.[306]

Der dänische Zukunftsforscher Steen Svendsen hat beschrieben, wie die politischen Konsumenten, als der Begriff des politischen Konsums einmal in der dänischen Presse kursierte, plötzlich wussten, wer sie waren und dass sie nicht allein waren. Einen ähnlichen Effekt könnten Nachfragen zum Boykottverhalten haben: Wenn eine Studie erfragen würde, welche konkreten Firmen boykottiert werden, wüssten die Boykottierer, dass sie nicht als Einzelkämpfer handeln, sondern dass viele ihrer Meinung sind. Doch Kuckartz hatte nun einmal die Aufgabe, das Umweltbewusstsein der Deutschen zu erfragen und nicht ihre Einstellung zu politischem Konsum. Solche Fragen müsste vermutlich ein Verbraucherschutzministerium in Auftrag geben.

Liest man Aufsätze über politischen Konsum, gewinnt man den Eindruck eines kontinuierlichen Streits über halb voll oder halb leer. Das Buch des langjährigen *taz*-Autors Bernhard Pötter mit dem vielsagenden Titel *König Kunde ruiniert sein Land* trägt den Untertitel »Wie der Verbraucherschutz am Verbraucher scheitert«, und Pötter scheut nicht vor deutlichen Anklagen zurück: »Wie der Verbraucher versagt«, heißt eine Kapitelüberschrift, und die Beispiele, die er anführt, geben ihm tatsächlich Grund zum Zorn: Bei Umfragen gibt eine überwältigende Mehrheit an, Eier aus Freilandhaltung zu bevorzugen, tatsächlich kauft aber nur jeder Vierte politisch korrekte Eier. Die Automobilhersteller entwickeln 3-Liter-Autos, aber kaum jemand will sie fahren. Der Strommarkt wird liberalisiert, die Ökostromanbieter haben ein gutes Image, bloß leider wenig Kunden.[307] Das ist – in der Tat – wenig einkaufsrevolutionär und bestätigt die legendäre *attitude-behaviour gap*, die Kluft zwischen Bekunden und Handeln.

Nur die Konsumforscherin Lucia Reisch macht eine klare Ansage: »Wenn die Verbraucher einfache Kennzeichnungen und Alternativen haben, entscheiden sie sich für die politisch korrekten Produkte.« Als Beweis nennt sie die neue Eier-Kennzeichnung. »Lange glaubten viele, es gäbe kein Potenzial für die teuren Eier aus Freilandhaltung – bis Renate Künast eine klare und einfache Eier-Kennzeichnung einführte.«

Woran das lag? Erstens ist die Kennzeichnung so einfach, dass jeder sie versteht, ohne sich lange informieren zu müssen, zweitens stehen alle Produkte nebeneinander, sodass man im Regal bloß auswählen muss – oben, unten, Mitte –, und drittens kosten die fairen Eier nicht wesentlich mehr. Einen 10 bis 15 Prozent höheren Preis bezahlen die Konsumenten für das bessere

Produkt, so ist ihre Erfahrung. Und sie ist sich sicher: Wenn diese drei Bedingungen erfüllt sind, hat der politische Konsum ein großes Potenzial.

Was sich – bei unklarer Datenlage – vorläufig festhalten lässt, ist dieses: Politischer Konsum funktioniert wie Wahlen. *Ein einzelner verweigerter Einkauf verändert nicht viel, ebenso wenig wie eine einzelne Stimme eine Wahl entscheidet. Doch wenn alle, die wählen gehen, auch den Marktplatz als einen Ort verstünden, an dem politische Wahlen stattfinden, dann würde sich eine ganze Menge ändern.*

Dreizehntes Kapitel
Wehe, wenn wir richtig kaufen!

Die Medien entdecken den politischen Konsumenten

Gerade als ich dachte, ich hätte dieses Buch ungefähr zu Ende geschrieben, schickte mir eine Freundin eine E-Mail, in der stand: »Neues zum iPod: vielleicht interessiert es dich?« Und darunter zwei Meldungen der Internetzeitung Heise online: »Produktionsbedingungen von Apples iPod in der Kritik« und »Chinesischer iPod-Fertiger räumt Verstoß gegen Arbeitsgesetze ein«[308]. Die Vorwürfe gegen Apple waren mir neu, und für einen Moment dachte ich, ich muss noch einmal von vorne anfangen, noch ein Kapitel dazu, noch mehr Konsumkatastrophen. Doch das Prinzip war das gleiche wie in der Textilindustrie: 15-Stunden-Tage für etwa 50 Cent die Stunde, Überstunden und Hungerlohn, bei einem Zulieferer, der für viele bekannte Markenhersteller produziert, und natürlich hatte Apple einen Verhaltenskodex, gegen den der Zulieferer verstoßen hatte, was Apple in Zukunft nicht mehr dulden will. Aber ob der Auftraggeber deswegen mehr zahlt an den Zulieferer?

Ohnehin hatte ich auf den vereinbarten 250 Seiten nicht alles untergebracht, was ich erwähnen wollte: Wie Arbeiterinnen in den Blumenplantagen in Afrika und Mittelamerika mit Pestiziden begossen werden, wie viele Ratten für jede einzelne Portion Botox gequält werden, wie umweltvernichtend die Goldgewinnung ist, und dass die Weltmeere so überfischt sind, dass man eigentlich nur Karpfen essen darf. Und die 25-Liter-Geländewagen-Mode hatte ich noch gar nicht erwähnt und Atomstrom auch noch nicht.

Man kann in einem Buch nicht alles zusammentragen, woran man beim Einkaufen denken soll. Die Warenwelt ist zu vielfältig und kompliziert und verschlungen, um sie wirklich zu durchschauen. Wie aber soll man dann politisch konsumieren? Ich wusste plötzlich nicht mehr, ob das ganz einfach oder völlig unmöglich war. Gerade, wenn man das Informationsdefizit für einen kleinen Teil der Waren gelichtet hatte, stellten sich neue Fragen. Man entdeckt zum Beispiel in der *Süddeutschen Zeitung* an einem einzigen Tag auf einer einzigen Seite dieses:[309] »Schmuddelige Massenhaltung: Salmonellen in 30 Prozent der deutschen Legehennenbetriebe« (vermeiden möglich: Bioeier kaufen), »Mutter-Kind-Pillen: Ärzte wissen zu wenig über Arzneien für schwangere Frauen« (vermeiden schon schwieriger), »Schadstoffe am Arbeitsplatz oft zu wenig untersucht« (vermeiden unmöglich).

Eigentlich hatte ich gedacht, ich würde ein Buch mit einer ganz einfachen Botschaft schreiben. Es sollte die Antwort auf die komplizierte Frage geben: Was kann man dagegen tun, dass so vieles auf der Welt so falsch läuft? Und meine Antwort lautete: Richtig kaufen. Wenn man damit aufhört, die falschen Dinge zu kaufen, dann hat man schon eine ganze Menge erreicht. Vor allem, wenn alle damit aufhören. Zuerst hatte ich auf die Erfolge des fairen Handels geblickt, auf die Unternehmen, die ökologischer und sozialer als andere produzierten und trotzdem Erfolg hatten, auf die Wachstumszahlen der Biobranche. Doch im Laufe der Recherchen wich meine Zuversicht, und mir dröhnte der Kopf vor lauter Fehlentwicklungen und Sachzwängen und anhaltenden Ungerechtigkeiten. Dutzende von Organisationen – Greenpeace, eed, Oxfam, CCC, Misereor, CIR, BUND und viele viele mehr – dokumentieren anschaulich und detailreich, welche Folgen unser Konsum für die Umwelt, die Menschen in anderen Ländern und unsere Gesundheit hat. Beinahe alle diese Informationen sind öffentlich zugänglich – und bleiben doch den meisten Konsumenten unbekannt. Vielleicht hatte Bernhard Pötter doch recht, der meint, der Verbraucher habe versagt. Wie hohe Erwartungen darf man haben, an »die Verbraucher« und an sich selbst? Von welcher Seite soll man den politischen Konsum betrachten? Soll man auf den Erfolg von Fairtrade gucken und sagen: Super, fast eine Million Kaffeebauern wird nicht länger ausgebeutet? Oder auf das Elend der restlichen vierundzwanzig Millionen? In Gesprächen auch mit Leuten, die es eigentlich besser wissen könnten, hörte ich immer wieder Stimmen aus dem großen Chor der Ungläubigen: »Die Leute kaufen eh das Billigste!« Es ist längst bewiesen, dass das so nicht stimmt, doch es lähmt mich, diesen Satz immer wieder zu hören, und vor allem den Fatalismus oder die Gleichgültigkeit, die er zum Ausdruck bringt.

Doch gleichzeitig passierte etwas Erstaunliches: *Verantwortungsvoller Konsum wurde ein Medienthema.* Ende April kam ein eher unscheinbar gemachter Dokumentarfilm in die deutschen Kinos, der auf spektakuläre Bilder verzichtete und gar nicht mehr als die Normalität einer Wirtschaftsbranche dokumentierte. Der Leitsatz des Regisseurs: »Der Film heißt WE FEED THE WORLD und nicht They feed the world, weil wir – die Zivilgesellschaft – etwas ändern können. Wir alle sind KonsumentInnen, wir gehen in Supermärkte, und wir können bestimmen, was wir kaufen. Das ist eine Macht.«[310]

Bis Juli hatten etwa 400 000 Deutsche und Österreicher den Film gesehen, in Österreich ist *We feed the World* der meistgesehene Dokumentarfilm aller Zeiten. »Was mich aber besonders freut, ist, dass sehr viele junge Menschen den Film sehen wollen«, sagt der Regisseur Erwin Wagenhofer. »Sie sind mit dem Zustand unserer Gesellschaft nicht mehr zufrieden. Jetzt wollen sie hinter die Kulissen sehen und nicht mehr nur die Werbespots, in denen uns die Nahrungsmittelindustrie eine heile Welt vorgaukelt. Der Film hat eine Diskussion über die Bedingungen angestoßen, unter denen unsere Lebensmittel produziert werden.«[311] Die *FAZ* empfahl ihn nachdrücklich, für die Hamburger Wochenzeitung *Die Zeit* war der Film sogar das wichtigste Thema der Woche. Im Aufmacher auf der ersten Seite fragte sich der Wirtschaftsredakteur Marcus Rohwetter, warum *We feed the world* so viel Empörung auszulösen vermochte. »Er zeigt doch nichts anderes als die Realität moderner Nahrungsmittelproduktion.«[312] Eine Produktionsweise, bei der Schweine und Hühner nicht wie Tiere, sondern wie Produkte behandelt würden. »Optimiert für schnelles Wachstum und reibungslose maschinelle Weiterverarbeitung. Sie sind Objekte derselben industriellen Logik, die Gummi in Autoreifen verwandelt und Rinder in Hackbraten.« Das wüssten oder ahnten die Menschen, schrieb Rohwetter. Wenn *We feed the world* dennoch so viel Empörung auslöse, so läge das daran, dass die Menschen eben doch einen Unterschied zwischen Autoreifen und Lebensmitteln spürten. Er schlägt vor, die Hersteller zur Information zu verpflichten (sämtliche Inhaltsstoffe und Produktionsmethoden offenlegen) und sie auch für die externen Kosten aufkommen zu lassen: »Ferner müsste ein unfairer Wettbewerbsvorteil für konventionell erzeugte Lebensmittel beseitigt werden: Sie sind nämlich auch deswegen bis zur Hälfte billiger als ökologische Ware, weil sie einen Teil ihrer Produktionskosten der Allgemeinheit aufbürden, zum Beispiel Umweltschäden.« Das Gerangel um das Verbraucherinformationsgesetz hat gezeigt, wie schwer, wenn nicht unmöglich es ist, solche Vorschläge umzusetzen, selbst wenn sie noch so sinnvoll sind. Vielleicht ginge es, wenn die Empörung über *We feed the World* anhielte, wenn der politische Konsument solchen Druck ausübte, dass ihn das Verbraucherschutzministerium nicht länger ignorieren könnte.

Es gibt erste Hinweise dafür, dass das passieren könnte. Denn die Medien thematisieren die erwachende Konsumentenmacht immer öfter. Im Januar 2006 hatte das *Greenpeace Magazin* den Anfang gemacht und ein ganzes Heft der persönlichen Verantwortung gewidmet. »Tu was! 57 Tipps für eine bessere Welt«, hieß es. »Druck auf Politiker auszuüben, ist die eine Sache – selber etwas zum Wohl der Gemeinschaft beizutragen, die wichtige andere«, steht dazu im Editorial, und im Heft folgten viele Vorschläge zum politischen Konsum. Dabei ist es unter Umweltschützern durchaus umstritten, ob man tatsächlich auf die Verantwortung der Konsumenten setzen soll. Viele sehen das kritisch, einfach weil nicht alle genug Geld haben, das Bessere zu kaufen, und weil sie fürchten, das lenke von den wirklich Verantwortlichen ab und erleichtere es so den Politikern, sich nicht weiter zu kümmern – der Verbraucher hat schließlich die Wahl. Doch Konsumentenmacht und Umwelt-, Verbraucher- und Wirtschaftspolitik müssen sich ergänzen, nicht gegenseitig verdrängen.

Keine vier Wochen nach dem Erscheinen des »Tu was!«-Heftes von Greenpeace folgte der *Stern*: »Der neue Trend: Einfach die Welt verändern«, stand auf der Titelseite der ersten Februarausgabe, »mit 55 Tipps für eine bessere Welt«.[313] Cornelia Fuchs berichtete darin vom großen Erfolg der englischen Initiative »We are what we do«, die Tipps zur Weltverbesserung verbreiten, und zwar durch ganz einfache Dinge wie etwa Lächeln, Vorfahrt verschenken, Strom sparen und eben auch korrektes Einkaufen. Im *Stern* stand dazu: »Nach der Ego-Gesellschaft ein neues Wir-Gefühl: Wenn alle mitmachen, kann die Wirkung enorm sein.« Und dann folgt die Abgrenzung von denjenigen, die schon früher solche Botschaften verkündet haben, bloß in einem anderen Ton: »Mit hartleibigen Öko-Fundis hat das nichts zu tun.« Wenn die alte grüne Idee vom verantwortungsbewussten Leben in einen neuen mehrheitsfähigen Trend übersetzt wird, muss offensichtlich vorher die Wurzel abgeschnitten werden. Mit dem Fundamentalismus der Konsumverweigerer darf »einfach die Welt verändern« nichts zu tun haben, es muss leicht gehen und Spaß machen. Jeder neue Trend, selbst der zum gemeinschaftlichen Weltverbessern, muss kompatibel mit den Werten der Spaß- und Wellnessgesellschaft sein, scheinen die Journalisten und Marketingleute zu denken, und der Erfolg von »We are what we do« gibt ihnen recht. So sagte der Initiator der Bewegung, David Robinson, der *Stern*-Reporterin: »Wir erzählen nichts Neues. Wir erklären keine Quantenphysik. Aber wir bieten Lesern Informationen, wie sie sich schnell und unkompliziert engagieren können – und dabei noch ein bisschen Spaß haben.«[314] Das Buch von »We are what we do« erschien auf deutsch unter dem Titel *Einfach die Welt verändern. 50 kleine Ideen mit großer Wirkung*.[315] Es wurde ein großer Erfolg. Man kann das vielleicht auch als späte Bestätigung der Soziologen nehmen, die die Kinder der Spaßgesellschaft als keineswegs generell unpolitisch bezeichnen, sondern immer betonen, dass sie sich sehr wohl engagierten – nur lieber kurzfristig und punktuell und eben mit Spaß.

Lohas

Im Mai folgten die Edelzeitschriften und verkündeten, dass grün ab sofort schön sei: Die amerikanischen Ausgaben von *Elle* und *Vanity Fair* brachten Green Issues, grüne Ausgaben, heraus, in denen sie den neuen Lifestyle *Lohas*, propagierten, den *Lifestyle of Health und Sustainability*, das gesunde und nachhaltige Leben. Was für eine Entwicklung! Nachhaltigkeit goes Frauenzeitschrift! Jahrzehntelang haben sich Ökologen und Konsumtheoretiker dafür eingesetzt, den Begriff Nachhaltigkeit und vor allem das dazugehörige Konsummuster einer breiteren Öffentlichkeit zu vermitteln, und plötzlich kommen ausgerechnet die Redakteurinnen von konsum- und kommerzverherrlichenden Modemagazinen und sagen, dass frau in den Bioladen gehen soll.

»Sind Sie auch schon ein Lohas?«, fragt etwa die *Freundin* die Leserinnen ihrer Online-Ausgabe, als sei das etwas, was man früher oder später zwangsläufig werden müsse.[316] »Bioprodukte kaufen, auf Qualität setzen, Körper und Seele pflegen – das könnte Ihr Motto sein? Dann gehören Sie zu den Trendsettern!« Wer wollte das nicht als *Freundin*-Leserin? Für die Lohas, die laut *Freundin* Nirwana-Herzen von Rapunzel knabbern und dazu »organischen« grünen Tee schlürfen, seien Bioprodukte ein Lebensgefühl. Bereits ein Drittel der US-Bürger seien Fans dieser Bewegung, »Top-Promis« wie Madonna, Gwyneth Paltrow und Brad Pitt gehörten dazu, und »auch bei uns werden es täglich mehr«.

Vermutlich war es selten so leicht, zu den Trendsettern zu gehören: Einfach leckeres gesundes Essen im Bioladen kaufen, und schon ist man dabei! *Verbraucherforscher teilen Konsumenten in drei Gruppen: in Wertorientierte, Konformitätsorientierte und solche, denen die sozialen und ökologischen Dimensionen ihres Konsums gleichgültig sind.* Edda Müller, die Vorsitzende der Verbraucherzentralen, schätzt, dass etwa zehn bis zwanzig Prozent zu den Wertorientierten gehören und dass die größte und entscheidende Gruppe aber die Konformitätsorientierten seinen. »Beispielsweise tragen sie, wenn es zum Sozialprestige beiträgt, die richtigen Turnschuhe oder Sportschuhmarken.«[317] Wenn man bei denen ansetze, könne man eine ganze Menge bewegen. Man müsse sie wirksam informieren, Transparenz schaffen und deutlich machen, dieses und jenes gehört sich nicht. Als Edda Müller diese Hoffnung in einem Interview im Oktober 2005 formulierte, ahnte sie vermutlich noch nicht, dass ihr *Freundin* und *Brigitte* dabei zu Hilfe kommen würden.

Auch die *Freundin* grenzt sich wie zuvor der *Stern* von den Wurzeln dieses Lebensstils in der Ökologie-Bewegung ab und stellt klar, dass es sich hier um etwas Schickes, Neues handelt: »Mit den ›Ökos‹ haben die Lohas wenig zu tun. Während die Körner-Freaks dem Konsum kritisch gegenüberstehen und aus ideologischen Gründen Bio essen, kaufen Lohas organisch, weil es gesund ist, gut schmeckt und die Umwelt schützt.« Es ist natürlich frei erfunden und durch keine Studie belegt, dass den »Ökos« ihre Körner nicht schmecken, aber als Abgrenzung von einem als uncool empfundenen Vorgänger taugt es allemal. Die *Freundin* schreibt weiter: »Lohas sind Genießer, die gern mehr für hochwertige Ware bezahlen, ohne auf einen angenehmen Lifestyle zu verzichten. Zwar wollen auch sie mit dem Bio-konsum Stellung beziehen (z. B. für fairen Handel). Dies aber nicht mit der Verbissenheit ihrer Vorgänger. Mit Widersprüchen – etwa Bio kaufen und Porsche fahren – können sie gut leben.«

Vermutlich ist die Konsumfreude der Lohas nicht wirklich nachhaltig im strengen ökologischen Sinn, und natürlich kann man sich darüber mokieren, dass das neue Lebensgefühl gleich mit einer Aufforderung zum Kaufen verbunden ist, ja sich durch Kaufen überhaupt erst konstituiert, und durch Markennamen und Prominente. Ein Zitat aus der *Brigitte*: »Die Liste der Promis, die sich zu einem Leben mit Öko-Anspruch bekennen, ist lang und reicht von A wie Christina Aguilera über N wie Edward Norton bis zu R wie Julia Roberts. Und so kann sich, wer hierzulande ein T-Shirt aus unbelasteter Baumwolle trägt, immer auch ein bisschen wie ein Hollywoodstar fühlen.«[318] So deutlich findet man das Muster »Kaufen, um dazuzugehören« selten beschrieben. Und das Erste, was man erfährt, wenn man auf der Internetseite der Lohas auf das Kästchen »Was ist Lohas?« anklickt, ist eine ökonomische Größe: Die Lohas sind ein Markt. »Lohas beschreibt einen 228,9 Milliarden Dollar schweren Markt für Güter und Dienstleistungen mit dem Fokus auf Gesundheit, Umwelt, soziale Gerechtigkeit, persönliche Entwicklung und nachhaltige Lebensformen.«[319] Dennoch sollte man vorsichtig sein, wenn man Kombinationen wie Bio kaufen und Porsche fahren als inkonsequent verurteilt. Die Kaffeepflückerin verkauft ihre Bohnen gerne auch dem Porschefahrer, wenn er fair zahlt, und aus ihrer Sicht ist der Besitz eines Fiat Punto vermutlich genauso unvorstellbar wie der Besitz eines Porsches. Es gibt gute Gründe, über unökologischen Luxus zu lästern, doch die meisten, die das oft und gerne tun, sitzen im Glashaus. Im weltweiten Vergleich sind sehr viele Deutsche sehr reich, das ist ihnen nicht bewusst, weil sie öfter Porsche-Cayenne-Fahrer sehen als Wanderarbeiter, die zu Fuß von Plantage zu Plantage ziehen. Doch so ist es.

Man kann ausführlich darüber spekulieren, ob der neue Trend Lohas mehr ist als grüne Schminke über dem alten Konsumdenken (»umweltfreundliche Konsumorgie« schrieb die *taz* über die grüne Ausgabe der *Elle*, und die Marktforscher vom Zukunftsinstitut sprechen von »Health-Hedonisten«)[320], doch eine Veränderung der Blickrichtung ist es allemal. Lohas nehmen die Qualität der Waren in den Fokus und sehen die Herstellungsbedingungen zumindest aus den Augenwinkeln. Das eröffnet ungeachtet aller kritischen Fragen nach der Ernsthaftigkeit dieser Haltung eine Chance für politischen Konsum und ist etwas grundsätzlich anderes als der kurzsichtige Blick der »Geiz ist geil«-Konsumenten. Mit denen geht es ohnehin zu Ende, wenn man den Forschungen des Zukunftsinstituts Glauben schenken darf: Der Trendforscher Matthias Horx und seine Kollegen haben in den letzten Jahren auf viele *neue Konsumtrends* hingewiesen, die die Geiz-ist-geil-Mentalität ablösen werden oder längst abgelöst haben: *Selfness etwa, der Folgetrend der Wellness, der das Bedürfnis, sich selbst zu verändern, einschließe, oder Retro (auf Tradition und Herkunft setzen), Neo Nature (die Natur auf der Terrasse suchen) oder Downshiftung (eine neue Einfachheit).*[321]

Wenn die Frauenzeitschriften den Lohas-Trend also in die Friseursalons und Wartezimmer des Landes tragen, wenn die Konformitätsgläubigen glauben, man sollte besser dabei mitmachen, könnte das die Basis für eine breite Bewegung politischer Konsumenten sein. Das würde den Konsumenten als politischen Akteur enorm stärken. Dabei kommt es ganz auf die Menge an: Je mehr Menschen – aus welchen Gründen auch immer – mitmachen und verantwortungsbewusst einkaufen, desto größer ist ihre Wirkung auf die Märkte.

Die Frage nach der Konsequenz aber muss jeder für sich allein beantworten. Wie und in welchem Ausmaß er ethisch korrekt einkaufen und leben will, das zu entscheiden, kann ihm kein Ratgeber abnehmen. Denn es berührt nicht nur die Frage, was kaufen, sondern auch das innere Verhältnis dazu: Warum kaufe ich? Und wozu dient es mir? Was will ich damit zeigen? Es berührt die Frage, ob ich konsumiere, um von innerer Leere abzulenken oder von äußerer Fülle. Ob ich mich von den Erwartungen anderer leiten lasse? Sich selbst diese Fragen ehrlich zu beantworten, ist einigermaßen unangenehm. Oft lauern hinter einer gefühlten kritischen oder postmaterialistischen Einstellung uneingestandene Abhängigkeiten. Es bedarf einer großen inneren Standfestigkeit, auf Konsumgüter zur Selbstdarstellung verzichten zu können. Vielleicht ist das in einer so auf Konsum und Veränderung ausgerichteten Gesellschaft kaum möglich. Doch darüber nachzudenken, lohnt sich. Auch darüber, wie viel wir von dem, was uns geboten wird, wirklich brauchen.

Als ich mit einer Freundin darüber diskutierte und wie selbstverständlich sagte, man kann ja nicht im Sommer auf Äpfel verzichten, da sagte sie: Meine Eltern machen das. Ich war baff: Es gibt Leute, die konsequent und ausschließlich nur solches Obst und Gemüse kaufen, das in ihrer Gegend gerade geerntet wird. Und als ich länger darüber nachdachte und es (ein bisschen) selbst ausprobierte, fand ich heraus, dass es nicht nur Verzicht ist, sondern auch der Genuss-Steigerung dient: Warum schmecken Kirschen so gut? Oder frische Walnüsse? Weil man sich nie über Wochen daran satt essen kann. Mit solchen Konsumveränderungen kann man gut ein bisschen experimentieren.

Politischer und verantwortungsvoller Konsum hat so viele Dimensionen, soziale, ökologische, gesundheitliche, dass es schwer ist, ihnen allen gerecht zu werden. Vielleicht aber sollte man die Ansprüche an sich nicht zu hoch hängen. Damit einen die Erkenntnis nicht erschreckt, dass man beim Konsumieren nicht unschuldig bleiben kann, wenn man sich nicht völlig verrückt machen will. So steht man bei einem plötzlichen Wintereinbruch mit dünnem T-Shirt in der Fußgängerzone einer fremden Stadt, will sich schnell einen warmen Pullover kaufen und muss entweder frieren oder unkorrekt handeln. Wenn man aber weniger die persönliche moralische Unbeflecktheit als die Wirkung seines Tuns im Kopf hat, kann man zu dem Schluss kommen, dass ein bisschen korrekt kaufen auch ein bisschen Veränderung bringt, und dass das ganz in Ordnung ist. Ganz gut ist besser als gar nicht, keine Frage. Aber wenn das eben nicht geht, dann lieber ein bisschen als gar nicht.

Dabei scheint es mir auch wichtig, den politischen Konsum und vor allem das Mittel des Boykotts nicht allein als Verzicht zu verstehen. Wenn ich mich zum Beispiel dazu entschließe, grundsätzlich nicht in Discountern einzukaufen, muss das kein Gefühl der Einschränkung hinterlassen, sondern verschafft einem die Befriedigung, dass man das Vermögen einiger der reichsten Männer dieses Landes mit seinem eigenen Geld nicht um einen Cent vermehren wird. Das befreit einen auch von dem Gefühl der Ohnmacht.

Wie man es besser machen kann!

Wie aber korrekt konsumieren? Die Frage hat neben der persönlichen Dimension (Selbstverständnis und Konsumhaltung) eine technische (woher bekomme ich die Informationen, wo gibt es die Waren, die ich kaufen will?) und eine finanzielle Seite. Politischer Konsum ist eine feine Sache, wenn man richtig viel Geld und Zeit hat. Dann studiert man in Ruhe *Öko-Test*, stöbert im Internet und schickt das Hausmädchen zum Einkaufen. Es gibt nicht viel daran zu rütteln: Die Geldfrage macht verantwortungsvollen Konsum für viele ziemlich schwierig, wenn nicht unmöglich. Ethisch korrekt hergestellte Waren senken zwar möglicherweise die Folgekosten, doch kurzfristig gesehen sind sie erst einmal teurer. Bioware kostet mehr als Lidl-Essen, und Biokleidung ist auf dem Schnäppchentisch im Kaufhaus nicht zu finden, sie kostet etwa so viel wie Markenkleidung. Das ist nicht fair, weil die Folgekosten der industriellen Massenproduktion der Allgemeinheit aufgebürdet werden. Ebenso wie alle Bewohner der reichen Industrieländer dafür werden zahlen müssen, dass sie sich an den Rohstoffen der armen Länder so hemmungslos und ohne die sozialen Folgen zu beachten bedienen.

Das alles ist ungerecht, aber es ist so: Wer wenig Geld hat, ist auch als politischer Konsument benachteiligt. Den Bedarfsermittlungen für Hartz-IV-Empfänger liegen nicht die Lebensmittelpreise eines Bioladens zugrunde. Dabei mag es langfristig günstiger sein, Biolebensmittel zu essen, weil es gesünder ist und möglicherweise Krankheiten verhindert, doch für den Moment nützt das gar nichts: Wer wenig Geld hat, kann nur wenig wirksam mit dem Einkaufskorb wählen gehen.

Eine Kaufempfehlung für Biolebensmittel vom Bauern aus der Region mag deshalb zwar zynisch klingen, dennoch gibt es zwei Überlegungen, die teurere Lebensmittel sozusagen billiger rechnen. Das Erste ist eine ganz praktische Einkaufserfahrung: Wenn man sich eine Abokiste vom Bauernhof liefern lässt, bestellt man in der Regel, was man braucht. Das einzelne Käsestück ist dann zwar teurer als im Supermarkt, in der Summe aber wird es günstiger, weil man keinen Einkaufswagen am Regal mit den Chips vorbeischieben musste und nicht mit süßigkeiten-gierigen Kindern vor der Kasse warten muss. Das Zweite betrifft die in Deutschland besonders verbreitete Erwartung, dass Nahrungsmittel von Natur aus günstig sind. »Der Anteil der Ausgaben für Nahrungsmittel an den gesamten Konsumausgaben nimmt seit Jahren ab. *Die Deutschen geben für Nahrung europaweit am wenigsten Geld aus*«, teilt die Stiftung Ökologie & Landbau nüchtern mit. *In den Fünfzigerjahren gaben wir noch fast die Hälfte unseres Einkommen für Essen aus, heute nur noch 12 Prozent.*[322] Diese Erwartung ist es vermutlich auch, die eine befreundete Ärztin mit Verve verkünden ließ, auf dem Ökomarkt kaufe sie nicht, das sei ihr zu teuer. Hinter ihrer Empörung kam die Vorstellung ans Licht, an den »überteuerten« Biosachen würde sich jemand unverhältnismäßig bereichern. Ich war sehr erstaunt, dass ihr so vieles neu war von dem, was ich über die Gründe der höheren Preise aufzählte.

Für einen ökologisch korrekten Lebensmittelkonsum scheint

es erhebliches finanzielles Potenzial zu geben. In der Studie *Consumers' Choice 2005* steht etwa: »Rund ein Viertel aller Haushalte in Deutschland verfügt über überdurchschnittliche Einkommen und sagt von sich selbst, dass sie sich alles leisten können. (...) Das Marktvolumen dieser Produkte schätzt die GfK auf 60 Mrd. Euro, das entspricht 40 Prozent der gesamten Lebensmittelausgaben – mit steigender Tendenz.«[323] Geld ist also da, eine ganze Menge sogar, nur, wie üblich, ungleich verteilt.

Beim Zugang zur Information dagegen gibt es keine finanziellen Ausschlussgründe, es ist vielleicht eher eine Zeit- und Bildungsfrage, ob man herausfindet, was man wissen will. (Im Anhang habe ich alle Informationen zusammengetragen, die mir im Verlauf meiner Recherchen begegnet sind. Sie sind sicher nicht komplett, aber ein brauchbarer Anfang für den politischen Konsumenten.) Man muss nicht in die Freihandelszonen dieser Welt reisen, um zu erfahren, wie dort gearbeitet wird, dieses Wissen haben verlässliche Organisationen zusammengetragen und bewertet. Von ihnen erfährt man möglicherweise sogar mehr, als wenn man selbst am Ort recherchiert. So argumentierten einige Entwicklungshelfer, die immer wieder auf das Nebeneinander von gut geführten Fabriken oder Plantagen und katastrophalen Zuständen gestoßen sind. Es kann durchaus passieren, dass man mit den besten Eindrücken von einer Recherchereise zurückkommt und doch das Entscheidende nicht gesehen hat, etwa so, wie es Benjamin Pütter anfangs mit den indischen Steinbrüchen ergangen ist. Doch auf etwas anderes muss man achten: *Je stärker die Bewegung der politischen Konsumenten wird, desto größer wird auch die Gefahr von Täuschungsversuchen*. So gibt es immer wieder Label, die wenig bringen, etwa das Qualitätszeichen QS (Qualität und Sicherheit) für landwirtschaftliche Produkte, das kaum über die gesetzlichen Anforderungen hinausgeht, oder das Holz-Siegel MTCC (Malaysian Timber Certification Council), das nach Auskunft von Greenpeace »gar nichts« garantiert. *Grundsätzlich gilt, dass ein empfehlenswertes Label nicht allein von Unternehmensseite aufgebaut werden darf. Es müs-*

sen immer auch unabhängige Organisationen daran beteiligt sein. Ist das nicht der Fall, ist Misstrauen angebracht. Klarheit verschafft die Label-Datenbank der Verbraucherinitiative, die Label erklärt und bewertet (www.label-online.de).

Die Informationen, die man zum verantwortungsvollen Kaufen braucht, gibt es also, sie sind nur etwas verstreut. Schön wäre es, wenn eine Datenbank alles Relevante mit Quellenangabe sammeln würde. Besonders wirkungsvoll wäre ein *Gegenmodell zum RFID-Chip*, ein kleines Lesegerät, das man nur an den Strichcode einer Ware halten müsste und das einem dann alle bekannten Informationen zum Produkt und seinem Hersteller aufs Display spielen würde, sobald man sich im Laden für ein bestimmtes Stück interessiert und überlegt, ob man es kaufen soll. Technisch wäre das bestimmt machbar. Oder noch besser: Alle kaufrelevanten Informationen müssten per Gesetz gleich auf den Etiketten stehen, zusammen mit einer objektiven Bewertung einer unabhängigen Kontrollstelle: alle Bestandteile, alle Zusatzstoffe, Energieverbrauch bei der Herstellung und bei der Nutzung, Prozessqualität und der Verantwortungskoeffizient des herstellenden Unternehmens.

Wünschenswert wäre ebenfalls, wenn die Zusammenhänge von Produktion und Konsum in der Schule gelehrt würden. Schüler sind eine wichtige Zielgruppe der Werbeindustrie, lange bevor sie in der Regel die ersten konsumkritischen oder aufgeklärten Stimmen zum Einkaufen hören. Dabei sind sie gar nicht uninteressiert an dem, was man sonst noch über das Einkaufen wissen sollte. »Vor allem bei Jugendlichen war die Resonanz auf das Buch überraschend groß«, sagt Klaus Werner, der Autor des *Schwarzbuch Markenfirmen*. »Das Buch hat sie tatsächlich wütend gemacht, wie wir im Vorwort prophezeit haben, und dieser Wut ist die Lust zur Veränderung gefolgt. Es sind vor allem Jugendliche, die Informationen weiterverbreiten, kreative Protestaktionen inszenieren etc. Nach weit über hundert Vorträgen in Schulen kann ich sagen, dass die Mär von den unpolitischen und markentreuen Kids unwahr ist – im Gegenteil, ich habe eher das

Gefühl, immer mehr Jugendliche haben langsam die Nase voll vom Markenterror.«[324] Die vielfältigen Projekte zum »Globalen Lernen« könnten ein Anknüpfungspunkt dafür sein, wie man Schülern globale Konsumzusammenhänge erklären kann. Damit sie verstehen, welche Verantwortung sie als Konsumenten wahrnehmen können. Würde man ein Fach wie Warenkunde in das Unterrichtsangebot der Schulen integrieren, so wäre der Akt des Einkaufens von der falschen Selbstverständlichkeit entkleidet, die ihn umgibt. Es könnte ein wichtiger Schritt dahin sein, ein gesellschaftliches Klima zu schaffen, in dem nicht mehr Schnäppchenjäger und Markenfetischisten soziale Anerkennung finden, sondern kritische Käufer, die im Dschungel der modernen Warenwelt den Durchblick wahren und anderes über die Konsumgüter wissen, als die Werbung suggeriert.

Es gibt eine weitere Dimension des politischen Konsums, die beim Betrachten der harten Fakten möglicherweise zu kurz kommt. Der grüne Europaparlamentarier und Biobauer Friedrich-Wilhelm Graefe zu Baringdorf weist darauf hin: Man dürfe dabei nicht nur die intellektuellen Fähigkeiten ansprechen. Der Verbraucher solle nicht mit Hilfe von Beipackzetteln und Testergebnissen aufgeklärt werden, sondern er müsse vielmehr wieder lernen, sich auf seine Sinne und die eigene Urteilskraft zu verlassen. »Man müsse auch riechen und schmecken können, ob ein Produkt gut ist«, fordert Graefe zu Baringdorf. »Das ist eine Fähigkeit, die wir verloren haben.«[325] Die Ernährungsindustrie verfremdet viele Lebensmittel mit Konservierungsmitteln, künstlichen Aromen und Farbstoffen. »Wenn Sie ein ordentliches Aroma in Ihren Pool schütten«, spottet Graefe zu Baringdorf, »dann denken Sie, Sie schwimmen in Erbsensuppe!« Die Fähigkeit, Lebensmittel zu beurteilen, sei von der Bevölkerung zur Ernährungsindustrie gewandert, und die Entwicklung müsse man wieder rückgängig machen. Es kann ja durchaus ein sinnliches Erlebnis sein, statt eines aufdringlichen künstlichen Vanillearomas den echten Geschmack einer Vanilleschote zu erkunden. Und es kann auch eine Offenbarung sein,

Nahrung ohne Glutamat zu sich zu nehmen, jene allgegenwärtigen Geschmacksverstärker, die von ernst zu nehmenden Medizinern als »Nervenzellgift« bezeichnet wurden und die neurogenerative Erkrankungen auslösen können. Die Ablehnung der Gentechnik ist für Graefe zu Baringdorf ein Anzeichen dafür, dass sich da etwas ändert. »Nehmen Sie die radikalste Gruppe, junge Mütter mit Kindern, denen kann die Gentech-Industrie hundert Mal erzählen, dass gentechnisch modifizierte Lebensmittel ungefährlich sind, die Mütter wollen das nicht. Sie folgen intuitiv dem Vorsorgeprinzip und kaufen deshalb solche Produkte nicht.« Ein anderes Beispiel: Eine junge Mutter erklärte mir, sie könne keine Käfigeier essen, weil sie sich bei der Vorstellung der gequälten Kreaturen dermaßen ekele, dass sie solche Eier einfach nicht herunterbrächte. Keine Verstandes-, sondern eine Bauch-Entscheidung.

Die meisten der Konsumenten, die so etwas empfinden und danach handeln, würden ihr Einkaufen vermutlich nicht als politischen Konsum bezeichnen. Genau darauf aber kommt es an: Nur wenn die Einzelnen merken, dass ihre persönlichen Kauf- oder Boykott-Entscheidungen eine politische Dimension haben, wird aus vielen überzeugten Einzeltätern ein mächtiger politischer Akteur. Oder wissenschaftlich ausgedrückt: »Der Normalfall der individuellen moralischen Markierung von Gütern tritt so heterogen auf, dass er im Markt nicht signifikant wird«, schreibt der Wirtschaftswissenschaftler Birger Priddat. Ständig liefen individuelle moralische Bewertungen kontingent, also zufällig, im Konsum mit, die aber wegen ihrer Diversität nicht bemerkt würden. »Sie bleiben vor allem deshalb statistisch unauffällig, weil statistisch kaum danach gefragt wird.«[326] Oder mit den Worten von Ulrich Beck: »Die Gegenmacht des politischen Konsumenten muss organisiert werden: ohne advokatorische, zivilgesellschaftliche Akteure bleibt die Gegenmacht der Konsumenten stumpf.«[327] Das bedeutet, man muss, wenn man sich als politischer Konsument versteht, nicht nur politisch einkaufen, sondern auch den Mund dabei aufmachen, zum Nachfragen und Erklären sich mit anderen verbünden und an Kampagnen beteiligen. Nur so merkt man nämlich, dass man nicht allein ist als politischer Konsument. Und es hat den Vorteil, dass es auch ohne viel Geld geht.

Politischer Konsum ist kein großer Säbeltanz, an dessen Ende ein mutiger D'Artagnan bejubelt wird (oder ein Bruce Willis, der im Kino alle Jahre wieder zeigt, wie man die Welt rettet). Es ist viel banaler. Politischer Konsum ist nur ein winzig kleines Stückchen konkreter Verbesserung hier und da, von diesem und jenem. Aber sobald sich die zusammenschließen, die verantwortungsvoll konsumieren wollen, und die Übrigen mitreißen, hat der politische Konsum das Potenzial zur großen Wirkung. Der politische Konsument tritt auf den Marktplatz und ruft zur Einkaufsrevolution auf: Verliert beim Einkaufen nicht den Kopf, sondern guckt – an der Werbung vorbei – hinter die Fabrikmauern und entscheidet dann, was Ihr kauft! Behaltet – bei aller Freude über Eure schönen neuen Sachen – die ökologischen, sozialen und gesundheitlichen Folgen Eurer Einkäufe im Kopf! Und kauft nur, was Ihr für richtig haltet! Wenn Ihr gegen Sklaverei seid, kauft keine Sklavenarbeit! Kauft kein Teakholz und kein Hühnchenbrustfilet, wenn Ihr Regenwald wollt! Wechselt den Stromversorger, wenn Ihr gegen Atomstrom seid! Boykottiert die Produkte, die Euch nicht passen, und boykottiert die Hersteller, die tun, was Ihr für verwerflich haltet! Schreibt an die Hersteller, löchert die Verkäufer mit Fragen, und erzählt es Euren Freunden! Macht die Shoppingmall zur Arena des politischen Handelns! Und Ihr werdet sehen, wie gefürchtet Ihr seid. Und welche Macht Ihr habt!

Anhang

Informationsquellen für den politischen Konsumenten

Die wichtigsten zuerst:

Die Portale der Verbraucherinitiative
www.oeko-fair.de
mit Einkaufsführer und Branchenbuch
www.label-online
mit Datenbank für Eigenmarken, Gütezeichen, Prüfzeichen, Regionalzeichen, Umweltzeichen: Einfach Begriff eingeben, zum Beispiel »Bioland«, man erhält eine Erläuterung und eine Bewertung von »empfehlenswert« bis »irreführend‹.

Das Portal des Öko-Instituts
Hier stehen Marktübersichten und Produktempfehlungen für Konsumenten, die verantwortungsvoll kaufen wollen:
www.ecotopten.de

Greenpeace-Portale
Das Einkaufsnetz von Greenpeace Deutschland mit Newsletter zu Konsumthemen und vielen Informationen:
http://de.einkaufsnetz.org/
Telefon: 040-30618-0
Fax: 040-30618-100

Produktdatenbank von Greenpeace Österreich mit Informationen über rund 2500 Produkte:
http://marktcheck.greenpeace.at

Das Portal des Verbraucherschutzministeriums
www.verbraucherschutzkompass.de

Autos
Das Auto-Umwelt-Ranking des Wuppertaler Öko-Trend-Instituts:
www.oeko-trend.de
Die Auto-Umweltliste des Verkehrsclubs Deutschland:
www.vcd.org

Blumen
Das Label »fairfleurs« von Transfair kennzeichnet fair produzierte und fair gehandelte Blumen. Zu kaufen in rund 500 Filialen des Supermarktes Kaiser's Tengelmann und in Edeka-Märkten vor allem in Süddeutschland.

Das Siegel FLP (Flower Label Program) kennzeichnet Blumen aus umweltgerechter und menschenwürdiger Produktion. Floristen, die diese Blumen führen, stehen auf der Internetseite www.fairflowers.de.
Die Probleme im konventionellen Anbau:
Hungerlöhne, Unterdrückung freier Gewerkschaften, Gesundheitsgefahren durch massiven Pestizideinsatz in den Blumenfabriken in Mittelamerika und Afrika. Mehr auf der Seite der Menschenrechtsorganisation Fian (www.fian.de) unter Themen/Kampagnen und Blumen.

Bio-Siegel
Das sechseckige Bio-Siegel garantiert die Einhaltung der EU-Öko-Verordnung. Was das genau bedeutet, steht auf der Seite www.bio-siegel.de.
Das Bio-Siegel verbietet unter anderem die Bestrahlung von Öko-Lebensmitteln, den Einsatz von gentechnisch veränderten Organismen, Pflanzenschutz mit chemisch-synthetischen Mitteln.

Weitere Anforderungen:
- Abwechslungsreiche, weite Fruchtfolgen
- Flächengebundene, artgerechte Tierhaltung
- Fütterung mit ökologisch produzierten Futtermitteln ohne Zusatz von Antibiotika und Leistungsförderern

Die Bioanbauverbände haben zum Teil sehr viel höhere Anforderungen an die Landwirte als die EU-Öko-Verordnung (siehe www.oekolandbau.de unter Erzeuger und Einführung):
Biokreis www.biokreis.de
Bioland www.bioland.de
Biopark www.biopark.de
Demeter www.demeter.de
Ecoland www.besh.de/ecoland
Ecovin www.ecovin.org
Gäa www.gaea.de
Naturland www.naturland.de

Auch Fleisch von Neuland-Bauern ist zu empfehlen, Neuland ist kein eigentlicher Bioverband, aber der Verein stellt sehr hohe Anforderungen an den Tierschutz.

Chemie
Das Bundesinstitut für Risikobewertung nimmt Stellung zu gesundheitsgefährdenden Stoffen. Die Informationen sind auch für Laien verständlich und können als pdf-Dokumente heruntergeladen werden: www.brf.bund.de

Datenschutz und Kundenkarten
Der Verein FoeBuD empfiehlt:
Keine Kundenkarten! Sie nützen nur denen, die sie ausgeben.
Datensparsamkeit! Daten nur angeben, wenn sie für den Vorgang wirklich nötig sind.
(»Brauchen Sie wirklich mein Geburtsdatum, um mir eine Hose zu verkaufen?«)
Wenn man sicher sein will, dass ein Unternehmen seine persön-

lichen Daten nicht weitergibt, sollte man bei Bestellungen angeben: »Hiermit widerspreche ich der Nutzung und Übermittlung meiner Daten zu Werbe-, Marktforschungs- und Marketingzwecken.« (Die Formulierung, die Firmen oft in Vordrucken verwenden, reicht nicht aus. »Wir geben Ihre Daten grundsätzlich nicht an unberechtigte Dritte weiter«, bedeutet, dass es auch »berechtigte Dritte« gibt, Unternehmen etwa, die die Datensätze gekauft haben.)
Warum es besser ist, möglichst wenig private Daten zu verteilen, steht auf der Seite www.foebud.org

Discounter

Discounter stehen seit Jahren in der Kritik: wegen ihres Umgangs mit den Mitarbeitern (Lidl verhindert z.B. Betriebsräte) und wegen ihrer ruinösen Preispolitik. Nun bemühen sie sich um Imageverbesserung und nehmen fair gehandelte und ökologische Waren ins Sortiment, Lidl will sogar das *Greenpeace Magazin* verkaufen. Wer sich davon beeindrucken lässt, dem seien folgende Bücher und Links empfohlen:
Andreas Hamann / Gundrun Giese: Schwarzbuch Lidl, 2004,
Andreas Hamann u. a.: Schwarzbuch Lidl Europa, 2006,
Die Lidl-Kampagne von Ver.di im Internet: http://lidl.verdi.de
Frank Kotteder: Die Billig-Lüge. Die Tricks und Machenschaften der Discounter, München 2005,
Charles Fishman: The Wal-Mart Effect. How the World's Most Powerful Company Really Works – and How It's Transforming the American Society, New York 2006.

Drogen

Kein fairer Handel möglich, weil verboten. Wer Drogen kauft, unterstützt eine rechtsfreie brutale Branche – und schädigt sich selbst.

Essen und Trinken
Der perfekte Einkauf: regional, saisonal, direkt vom Erzeuger und ökologisch. Und was man kauft, was hier nicht wächst, sollte aus fairem Handel kommen.
Siehe auch www.slowfood.de
Die Ernährungsportale des Verbraucherschutzministeriums:
www.was-wir-essen.de
www.gutes-vom-bauernhof.de
www.echtgerecht.de
Siehe auch: www.foodwatch.de

Fairer Handel
Kaffee, Tee, Orangensaft, Kakao, Schokolade, Zucker, Bonbons, Bananen, Wein, Reis, Sportbälle und Blumen (fairfleurs) gibt es aus fairem Handel mit transfair-Siegel.
Transfair ist ein gemeinnütziger Verein, der nicht selbst mit Waren handelt, sondern Produkte auszeichnet, die unter fairen Bedingungen hergestellt wurden. Ein Transfair-Siegel garantiert Mindestpreise, Zuschläge und Förderung von kleinbäuerlichen Familien, Selbsthilfeinitiativen und fairen Handelsstrukturen. Transfair setzt sich für eine nachhaltige Entwicklung von Ökologie, Bildung und Frauenförderung ein. Insgesamt profitieren rund 531 Bauernkooperativen und Plantagen in 55 Ländern Afrikas, Asiens und Lateinamerikas vom Fairen Handel mit dem Siegel.
Die Seite von Transfair, dem deutschen Büro der internationalen Fairtrade-Organisation: www.transfair.org
Die Informationskampagne zum fairen Handel und zu Transfair, der Verbraucher Initiative, dem Bundesministerium für wirtschaftliche Zusammenarbeit und Entwicklung: www.fair-feels-good.de

Fast Food
Der ultimative Anti-McDonald's: www.slowfood.de

Fisch

Viele Fischbestände weltweit sind stark überfischt, manche Fischarten wie der Flussaal sind vom Aussterben bedroht, für Aquakulturen in Asien werden Mangrovenwälder gerodet und Gewässer verseucht.

Der Fischführer von Greenpeace sagt, welcher Fisch auf den Tisch darf:

Akzeptabel sind: Karpfen, Hering, Seelachs und Makrele.

Katastrophal sind: Heilbutt, Hoki, Seehecht, Kabeljau/Dorsch, Schellfisch, Scholle, Seezunge, Lachs, Thunfisch, Bonito, Schwertfisch, Rotbarsch, Hai, Tiefseefische, Shrimps, Gambas, Garnelen, Flussaal und Viktoriabarsch.

Den Fischführer gibt es bei Greenpeace, 040/3 60 18-0, www.greenpeace.de

Warum es so wichtig ist, den richtigen Fisch zu wählen, versteht man nach der Lektüre von Hans-Peter Rodenberg: See in Not. Die größte Nahrungsquelle des Menschen: eine Bestandsaufnahme, Hamburg 2004.

Fußbälle

Fußbälle mit Transfair-Siegel (aus fairem Handel, hergestellt ohne Kinderarbeit und Hungerlöhne):

Derbystar in drei verschiedenen Qualitäten bei Karstadt und im Sportfachhandel www.derbystar.de

Einen Ball mit dem Motiv der Kinderserie »Die Wilden Kerle«, ebenfalls von Derbystar, gibt es im Spielwarenhandel und online unter www.wildefußballkerle.de

Fair Deal Trading Partnership Llp.

Die Bälle von Fair Deal Trading Partnership Llp. gibt es in vielen verschiedenen Qualitäten und Ausführungen. Detaillierte Informationen sowie Bestellungen unter: www.fairdealtrading.de

Einen Fußball im Retro-Look vertreibt Fair Life:

Fair Play: Fair Life, Overwegstraße 31, 44625 Herne
Telefon: 023 23/9 94 97 54

Alle Infos unter www.transfair.org und dort unter Produkte und Fußbälle

Geldanlagen
Achtung Etikettenschwindel! Manche Fonds-Betreiber legen Begriffe wie Nachhaltigkeit sehr weit aus. Vor dem Kauf den Jahresrechenschaftsbericht der Fondsgesellschaften anschauen und das Portfolio studieren.
www.oeko-invest.de
www.ecoreporter.de
www.nachhaltiges-investment.de
Buchtipp:
Max Deml / Hanne May: Grünes Geld 2005/2006. Jahrbuch für ethisch-ökologische Geldanlagen, Stuttgart 2005

Gentechnik
Bioprodukte dürfen keine Gentechnik enthalten.
Seit April 2004 müssen alle gentechnisch veränderten Lebensmittel gekennzeichnet sein. Doch die Kennzeichnungspflicht hat Lücken: Sie gilt nicht für Produkte von Tieren, die mit gentechnisch verändertem Futter gefüttert wurden.
Einen regelmäßig aktualisierten Einkaufsratgeber Essen ohne Gentechnik kann man bei Greenpeace kostenfrei unter der Nummer 040/30 61 81 20 bestellen, dort erfährt man, welche Marken gentechnikfrei sind.
Informationsportal zur Umweltsicherheit gentechnisch veränderter Pflanzen, gefördert vom Bundesministerium für Bildung und Forschung: www.biosicherheit.de
Das Informationsportal der Verbraucher Initiative: www.transgen.de
Wer noch mehr wissen will: www.gen-ethisches-netzwerk.de

Grabsteine
Die Organisation XertifiX kennzeichnet indische Grabmale, Pflastersteine, Fassaden- und Küchenplatten, die ohne Kinderarbeit hergestellt wurden.
(Vaubanallee 20, 79100 Freiburg)
E-Mail: info@xertifix.de
www.xertifix.de

Holz
Wer das falsche Holz kauft oder beim Papierkauf nicht aufpasst, fördert eine der größten Umweltkatastrophen der Erde. Umgekehrt kann man mit dem richtigen Holzkauf nachhaltige Waldwirtschaft fördern: Auf die Siegel FSC (Forest Stewardship Council) oder Naturland achten. Greenpeace: »Fast alle anderen Siegel sind fauler Zauber und bieten keine Sicherheit – es handelt sich oft um Scheinzertifikate der Holzwirtschaft!« Welche Anbieter gutes Holz führen, erfährt man unter www.fsc-deutschland.de
Auch ohne Siegel akzeptabel: Buche, Ahorn, Esche, Eiche, Kirsche, Birke, Douglasie, Robinie.
Katastrophal sind fast alle tropischen Hölzer und Rotzeder und Hemlock aus kanadischen Urwäldern.
In deutschen Baumärkten wird noch immer Ramin-Holz aus indonesischen Sumpfwäldern angeboten. Von dort wird das Holz nach Malaysia geschmuggelt, von wo aus es legal exportiert werden darf. Wer Fußleisten aus Ramin kauft, unterstützt mit großer Wahrscheinlichkeit die indonesische Holzmafia und trägt zur Zerstörung der Heimat des Orang-Utans bei.
Mehr Informationen im Holzführer von Greenpeace, www.greenpeace.de

Kaffee, Tee und Schokolade
Am besten aus fairem Handel mit Fairtrade-Siegel, auch mit folgenden Siegeln: Utz kapeh, Rainforest Alliance oder Bird friendly. Sonst Biokaffee kaufen.

Auch Starbucks hat Biokaffee und fair gehandelten im Sortiment, nachfragen!

Kleidung/Textilwaren
Einen guten Überblick über umstrittene Stoffe und Einkaufsmöglichkeiten gibt die Textil-Fibel, die beim *Greenpeace Magazin* in Hamburg zu bestellen ist.
Das Pestizid Aktions-Netzwerk PAN Germany empfiehlt: Nur Textilien mit der Kennzeichnung »100% Biobaumwolle«, »100% organic cotton« oder Baumwolle aus kontrolliert biologischem Anbau »kbA« kaufen.
»Öko-Tex Standard 100« bezeichnet die ökologisch korrekte Weiterverarbeitung der Faser, das bedeutet aber nicht, dass es sich um Biobaumwolle handelt.
Der Internationale Verband der Naturtextilwirtschaft vergibt außerdem das Qualitätszeichen »IVN zertifiziert«. Ab Herbst 2006 soll das neue Label GOTS in den Handel kommen, das sowohl ökologisch als auch sozial korrekte Kleidung auszeichnet.
Auf der Internetseite bio-baumwoll-wegweiser.pan-germany.org ist aufgelistet, wo man Biobaumwollprodukte kaufen kann. PAN Germany empfiehlt unter anderen folgende Versandhäuser: Avalon, Bett&Tuch Naturwarenversand, Didymos, Eine-Welt Team Versand, Engel GmbH Green Life, Handweberei Rosenwinkel, Hans Natur, Hess Natur, Jeromin, Kind-und-Natur, Kirschke Naturversand, Maas Naturwaren, Otto, Panda, Waschbär.

Bei der Beurteilung der weiteren Textillabel hilft das Internetportal der Verbraucher-Initiative www.label-online.de und die Seite www.ecotopten.de

Wer etwas an den Zuständen in der Textilherstellung ändern will, findet auf den Kampagnen-Seiten Hinweise, wo man warum protestieren sollte:
www.cleanclothescampaign.org
www.sauberekleidung.de

Marken
Die Internetseite des Schwarzbuch Markenfirmen:
www.markenfirmen.com (nicht .de, das ist die Konkurrenz!)
Mit der Möglichkeit, eine Protestmail loszuschicken.

Klima retten
Klimakampagne der EU:
http://ec.europa.eu/environment/climat/campaign/index_de.htm

Kosten und Preise
Wer wissen will, was die Waren wirklich kosten, findet Hinweise auf der Seite www.truecosteconomics.org

Label und Siegel
www.label-online.de
Labeldatenbank auf der Seite der Verbraucherinitiative mit Eigenmarken, Gütezeichen, Prüfzeichen, Regionalzeichen, Umweltzeichen: Einfach Begriff eingeben, zum Beispiel »Bioland«, man erhält eine Erläuterung und eine Bewertung von empfehlenswert bis irreführend.

Medikamente
Wer sich für eine verantwortungsvolle Unternehmenspolitik der Pharmaindustrie einsetzen will, findet auf der Seite der Buko-Pharma-Kampagne Informationen, warum das sehr nötig ist, und Hinweise zum Mitmachen:
www.bukopharma.de

Minen
Wer Minenfabrikanten boykottieren will, findet auf der Internetseite des Aktionsbündnisses Landemine eine Datenbank mit Firmen, die an der Produktion von Minen beteiligt sind:
www.landmine.de

Nachhaltigkeit und ökologischer Fußabdruck
Wer lernen will, nachhaltig zu leben, und wissen will, wie viel Ressourcen er verbraucht, findet auf diesen Seiten Hinweise:
www.balance-f.de
www.bestfootforward.com
www.footprintnetwork.org
www.footprint.ch

Papier
Wer durch seinen Konsum keinen Regenwald zerstören möchte und auch nicht die gefährdeten Urwälder in Nordskandinavien, Russland oder Sibirien, sollte grundsätzlich nur Recyclingpapier kaufen, ebenso Toilettenpapier, Küchentücher, Papierservietten, Windeln. Büropapier sollte das FSC-Siegel tragen.

Prostituierte
Manche Frauen werden nach Deutschland geschleust, wie Sklavinnen gehalten und zur Prostitution gezwungen. Mehr Informationen unter www.stoppt-zwangsprostitution.de

Regenwald
Kein Tropenholz, sondern Holz mit FSC-Label kaufen, nur Recyclingpapier verwenden und kein Fleisch essen, dessen Tiere mit Soja gefüttert wurden.
Und nicht tanken: Die Ölpipeline in Ecuador zerstört den Regenwald.

Regional einkaufen
www.modellregionen.de
www.reginet.de
www.unserland.info
www.eifel-qualitaet.de
www.kattendorfer-hof.de und www.stadtlandgemuese.org

Teppiche
Das Siegel Rugmark kennzeichnet Teppiche ohne Kinderarbeit: www.rugmark.de.
Dort stehen auch die Bezugsquellen: »Versandhäuser, allen voran Otto-Versand, Heine, Neckermann, Quelle, Bauer, Bader. Aber auch die Obi- und Domänefilialen, Musterring-Häuser, Teppich Kibek, und viele Teppichfachgeschäfte haben die Teppiche ohne illegale Kinderarbeit in ihrem Warenangebot.«

Tests
Die Klassiker: Die Zeitschriften von Stiftung Warentest (www.stiftung-warentest.de) und Öko-Test (www.oeko-test.de).

Saisonal einkaufen
Wann was geerntet wird, sagt der Ernte-Kalender von Greenpeace.

Strom
Eine Übersicht über Ökostrom-Anbieter findet sich auf der Seite www.ecotopten.de

Welthandel
Wem politischer Konsum nicht reicht: Die Welthandelskampagne Gerechtigkeit jetzt!, ein Bündnis aus 36 Organisationen aus den Bereichen Entwicklung, Kirche, Umwelt, Menschenrechte und Gewerkschaften, informiert über die Ungerechtigkeit des Welthandels und macht zahlreiche Aktionen für eine gerechtere Weltordnung.

Weltverbesssserung in kleinen Schritten
Die Bewegung »We are what we do« aus Großbritannien schlägt vor, wie das gehen könnte: www.wearewhatwedo.org, in Deutschland www.wearewhatwedo.de

Anmerkungen

Einleitung: Wie ich einmal eine Panzermine kaufte

1. Eine Kurzfassung des Buches ist unter dem Titel »Deutsche Landminen. Eine Bestandsaufnahme«, BITS-Report 95.1, im Internet zu finden: auf der Seite www.bits.de unter Publikationen.
2. Die Funde deutscher Minen in Afrika hat Thomas Küchenmeister später auch in Datenbanken der UNO und von verschiedenen Minenräumorganisationen bestätigt gefunden.
3. Otfried Nassauer / Thomas Küchenmeister: Deutsche Landminen, a.a.O., Kapitel 6: Minen aus Deutschland in aller Welt?
4. S. Minendatenbank unter »Ware Mine« auf der Seite www.landmine.de.
5. Mehr dazu unter www.landmine.de.
6. Mail vom 22.12.2005.
7. Gespräch mit Thomas Küchenmeister am 1.3.2006.
8. Vgl. Rae McGrath: Cluster bombs. The military effectiveness and impact on civilians of cluster munitions, London 2000, S. 16.
9. Informationen zu alternativen Geldanlagen sind in dem Buch »Grünes Geld 2005/2006. Jahrbuch für ethisch-ökologische Geldanlagen« von Max Deml und Hanne May beschrieben, siehe auch im Internet unter www.oeko-invest.de oder www.ecoreporter.de.
10. Angabe des Zentralverbandes der deutschen Werbewirtschaft vom 19.9.2005.
11. Damit ist es nun vorbei: Die Bundesregierung hat die EU-Richtlinie aus dem Jahr 2003, die Tabakwerbung verbietet, nach dreijähriger Verzögerung endlich in deutsches Recht umgesetzt.
12. Eine der wenigen Ausnahmen: Der Journalist Bernhard Pötter hat in seinem Buch »König Kunde ruiniert das Land« beschrieben, wie verantwortungslos die Verbraucher einkaufen und was das für Konsequenzen hat (München 2006).
13. Walter Grasskamp: Konsumglück. Die Ware Erlösung, München 2000, S. 17.
14. Mehr Informationen hat die Blumen-Kampagne der Menschenrechtsorganisation Fian (www.fian.de), und wer Blumen aus fairer Herstellung sucht, findet sie auf der Internetseite www.fairflowers.de.

15 Ulrich Beck: Macht und Gegenmacht im globalen Zeitalter, Frankfurt am Main 2002, S. 131.

1. Die Konsumgesellschaft frisst ihre Kritiker

16 Herbert Marcuse: Der eindimensionale Mensch, Frankfurt am Main 1970, S. 27.
17 Sibylle Berg: Nein danke, wir kaufen nichts. In: Frankfurter Allgemeine Sonntagszeitung v. 27.11.2005.
18 Boris Groys: Der Wille zur totalen Produktion. Über die Verachtung des Konsums und ihre Motive. FAZ, Beilage Bilder und Zeiten 16.5.1992.
19 Naomi Klein: No logo! Der Kampf der Global Players um Marktmacht. Ein Spiel mit vielen Verlierern und wenigen Gewinnern (2000), München 2001, S. 131.
20 Ähnlich, nur viel bissiger argumentiert auch Pascal Bruckner in: Ich kaufe, also bin ich, Berlin 2004, siehe 2. Kapitel.
21 Joseph Heath/Andrew Potter: Konsumrebellen. Der Mythos der Gegenkultur, Berlin 2005, S. 13.
22 Ebenda, S. 131.
23 Ebenda, S. 131.
24 Ebenda, S. 143.
25 Ebenda, S. 21 f.
26 Alexander Meschnig / Mathias Stuhr: Wunschlos unglücklich. Alles über Konsum, Hamburg 2005, S. 75, 144 u. 169.
27 Norbert Bolz: Das konsumistische Manifest, München 2002, S. 16 f.
28 Heath / Potter, Konsumrebellen, S. 228 f.
29 Meschnig / Stuhr, Wunschlos, S. 172.
30 Peter Koslowski: I shop therefore I am. Produktivistische und konsumistische Aspekte des Selbst, in: Birger Priddat / ders. (Hg.): Ethik des Konsums, München 2006, S. 28.
31 Neunter Deutscher Trendtag des Trendbüros Hamburg im Mai 2004.

2. Mein schöner neuer Rock hat moralische Löcher

32 Gespräch mit Nils Klawitter am 24.3.2006.
33 Mail von Jenneke Arens vom 27.3.2006. Auf der Seite www.cleanclothes.org/news/05-07-13.htm sind alle Firmen aufgelistet, deren Labels das CCC in den Trümmern gefunden hat.
34 Nils Klawitter: Blut in der Zuliefererkette, in: Spiegel Special Nr. 7/2005, Spiegel-Serie: Globalisierung, S. 66–69, zuerst erschienen im Spiegel Nr. 24 v. 13.6.2005.
35 www.sauberekleidung.de.
36 »KarstadtQuelle finanziert Fonds für die Opfer eines Fabrikeinsturzes in Bangladesch«, Pressemitteilung von KarstadtQuelle 10.4.2006. Vgl. dazu die Bilanz der Kampagne ein Jahr nach dem Unglück: CCC: Spectrum. One Year after the Collapse, April 2006.

37 Gespräch mit Evelyn Bahn am 21.3.2006.
38 Mail vom 23.3.2006.
39 Pressemitteilung der Kampagne für Saubere Kleidung vom 2.3.2006.
40 Abseits! Arbeitnehmerrechte und die Herstellung von Sportbekleidung in Asien, Oxfam Deutschland 2006, S. 3.
41 Gespräch mit Norbert Reintjes am 27.3.2006.
42 Zitiert nach PAN Germany: Vergiftungen durch Pestizide, Hamburg 2005, im Internet nachzulesen unter http://pan-germany.org/info/vergift.htm, die WHO-Angaben stammen aus dem Jahr 1990, genaue Zahlen gibt es nicht, das Pestizid Aktions-Netzwerk geht von einer noch höheren Dunkelziffer aus.
43 Knut Henkel: Das Kreuz mit Bayer, in: Greenpeace Magazin 03/2005.
44 PAN UK: Effects of pesticides on the health of cotton-growing families in West-Africa, London 2003.
45 Gespräch mit Inge Altemeier am 24.4.2006. Siehe auch www.globalfilm.de.
46 Vgl. Katharina Paulitsch: Am Beispiel Baumwolle. Flächennutzungskonkurrenz durch exportorientierte Landwirtschaft, Wuppertal Paper Nr. 148 v. September 2004.
47 Hakeem Jimo: Baumwolle mit Webfehler, in: taz v. 13.12.2005, S. 4.
48 Gespräch mit Christiane Schnura am 20.3.2006.
49 Maik Pflaum: »Wir können beides«. Pilotprojekt zwischen Kampagne für Saubere Kleidung und PUMA AG gestartet. In: Forum Wirtschaftsethik Nr. 4/2005, S. 35. Vgl. auch Kerstin Kohlenberg: Die Näherin und die gekaufte Moral, in: Die Zeit v. 6.4.2006, S. 34, über die Unterdrückung von Gewerkschaftsmitgliedern in Kambodscha.
50 Gespräch mit Ingeborg Wick am 27.3.2006. Das Buch »Made by Women. Gender, the Global Garment Industry and the Movement for Women Workers' Rights«, herausgegeben von der Clean Clothes Campaign 2005, vermittelt einen Eindruck von den Lebensbedingungen der Textilarbeiterinnen in den Billiglohnländern. Der Report ist im Internet zu finden auf der Seite www.cleanclothes.org/pub.htm.
51 Terre des Femmes (Hg.): Tchibo – Jede Woche eine neue Welt? Dokumentation der Tchibo-Kampagne, Tübingen 2006.
52 Pietra Rivoli: Reisebericht eines T-Shirts. Ein Alltagsprodukt erklärt die Weltwirtschaft, Berlin 2006, S. 151.
53 Rivoli, T-Shirt, S. 143 ff.
54 Gespräch mit Rainer Falk am 27.3.2006. Falk ist der Herausgeber des Informationsbriefes Weltwirtschaft und Entwicklung, siehe www.weltwirtschaft-und-entwicklung.org.
55 Rivoli, T-Shirt, S. 161.
56 Statistik der Weltarbeitsorganisation ILO vom Februar 2004, www.ilo.org/public/english/dialogue/sector/themes/epz/stats.htm.
57 Naomi Klein, No logo!, S. 213 f.

58 Klein, No logo!, S. 227f.
59 Ebenda, S. 235.
60 Sabine Ferenschild / Ingeborg Wick: Global Game for Cuffs and Collars. The Phase-Out of WTO-Agreement on Textiles and Clothing Aggravates Social Divisions, Südwind-texte 14, Siegburg 2004, S. 8.
61 ICFTU: Stitched up. How those imposing unfair competition in the textiles and clothing industries are the only winners in this race to the bottom, Dezember 2005.
62 Zitiert nach Werner / Weiss: Schwarzbuch, S. 221.
63 INKOTA (Hg.): Quick fix. Die Suche nach der schnellen Lösung. Was bringen Sozial-Audits den Näherinnen der Sweatshops? Berlin 2006. Auf Englisch im Internet zu finden auf der Seite www.cleanclothes.org unter Publikationen.
64 Die Angabe zu Puma stammt von einer Auskunft von Reiner Hengstmann, Global Head Environmental and Social Affairs der Puma AG v. 28.3.2006. Vgl. auch www.cleanclothes.org/campaign/shoe.htm. Weitere Preiskalkulationen hat das niederländische Centre for Research on Multinational Corporations SOMO berechnet, vgl. SOMO Bulletin on Issues in Garments and Textiles, Nr. 1/2003.
65 taz v. 13.12.2005, S. 1. Andere Kostenfaktoren: Baumwolle 0,38 Euro, Lohn 0,11 Euro, Design 1,15 Euro, Werbung 0,91 Euro.
66 Hans Dembowski: Preiskampf per Mausklick, in: Frankfurter Rundschau v. 18.5.2002.
67 Gespräch mit Martin Schleinhege am 4.4.2006.
68 Vgl. G. Anders: Die Antiquiertheit des Menschen 1. Über die Seele im Zeitalter der zweiten industriellen Revolution (1956), München 1988, S. 273.
69 Gespräch mit Martin Schleinhege am 4.4.2006.
70 Im Forum Umwelt & Entwicklungen haben sich die deutschen Umwelt- und Entwicklungsorganisationen zusammengeschlossen.
71 Jean Ziegler: Das Imperium der Schande, München 2005, S. 49ff.
72 Klein, No Logo!, S. 205.
73 Zitiert nach Klein, No Logo!, S. 207.
74 Klein, No logo!, S. 207.
75 Ebenda, S. 208.
76 Sydney Schamberg: Six Cents an Hour, in Life 6/1996.
77 Jonah Peretti: The Nike Sweatshop Email, in: Andreas Follesdal u.a.: Politics, Products and Markets, S. 128. Eigene Übersetzung.
78 Lance W. Bennett: Branded Political communication: Lifestyle Politics, Logo Campaigns and the Rise of Global Citizenship, in Andreas Follesdal u.a.: Politics, Products and Marktes, S. 101 und 118.
79 Jonah Peretti, The Nike Sweatshop Email, in: Follesdal: Politics, S. 141
80 www.cottonmadeinafrica.com.
81 Unter anderem Kontrolleure der Gewerkschaft *Grupo de Monitoreo Independiente de El Salvador* und der Frauenorganisation ORMUSA.

82 Vgl. dazu Maik Pflaum: »Wir können beides«. Pilotprojekt zwischen Kampagne für Saubere Kleidung und PUMA AG gestartet. In: Forum Wirtschaftsethik Nr. 4/2005, S. 35–41. Im gleichen Heft hat Reiner Hengstmann auch über den Beginn der Zusammenarbeit von CCC und Puma nach einer CCC-Kampagne gegen Puma berichtet: Reiner Hengstmann, Stefan Seidel: Banzer Gespräche als internationales Dialogforum etabliert, S. 7–15.

83 Das Pestizid Aktions-Netzwerk empfiehlt: Nur Textilien mit der Kennzeichnung »100 % Biobaumwolle«, »100 % organic cotton« oder Baumwolle aus kontrolliert biologischem Anbau »kbA« kaufen. »Öko-Tex Standard 100« bezeichnet die ökologisch korrekte Weiterverarbeitung der Faser, das bedeutet aber nicht, dass es sich um Biobaumwolle handelt. Der Internationale Verband der Naturtextilwirtschaft vergibt außerdem das Qualitätszeichen »IVN zertifiziert«. Auf der Internetseite http://bio-baumwoll-wegweiser.pan-germany.org ist aufgelistet, wo man Biobaumwollprodukte kaufen kann. Und bei der Beurteilung der weiteren Textillabel hilft das Internetportal der Verbraucher-Initiative www.label-online.de und die Seite www.ecotopten.de.

84 Vgl. www.transfair.org/produkte/fussbaelle/index.php.

85 Brodde, Kirsten: Drunter und drüber, in: Greenpeace Magazin Nr. 4/2007, S. 59.

3. Der Stoff auf unserer Haut

86 Siehe auch Greenpeace-Factsheet vom April 2004: Tricolsan – gefährlicher Bakterienkiller.

87 Vgl. BfR-Mitteilung v. 26.6.2006.

88 Als Internetdatenbank: www.thk-online.com.

89 Einen guten Überblick über umstrittene Stoffe und Einkaufsmöglichkeiten gibt die Textil-Fibel, die beim Greenpeace Magazin in Hamburg zu bestellen ist. Siehe auch Greenpeace Magazin Nr. 3 v. Mai-Juni 2004 mit dem Schwerpunkt Textilien auf den Seiten 46–69. Ausführliche Infos enthält der »Leitfaden Öko-Textillabels«, der für Hersteller und Einzelhändler gemacht ist, zu bestellen auf der Seite www.itfits.de.

90 Vgl. Thomas Platzek: Einführung in die Problematik der Bekleidungstextilien, Information des Bundesinstituts für gesundheitlichen Verbraucherschutz und Veterinärmedizin (heute: Bundesinstitut für Risikobewertung) v. 8.8.2002. Vgl. www.bfr.bund.de/cd/228.

91 www.oeko-tex.com.

92 Vgl. Thomas Platzek: Einführung in die Problematik der Bekleidungstextilien, Information des Bundesinstituts für gesundheitlichen Verbraucherschutz und Veterinärmedizin (heute: Bundesinstitut für Risikobewertung) v. 8.8.2002. Im Internet nachzulesen unter www.bfr.bund.de/cd/228.

93 »Inge Altemeier und Beate Greindl: »Giftige Kleider«, SWR 2004, siehe auch www.globalfilm.de.
94 Wissenschaftlicher Ausschuss für Toxikologie, Ökotoxikologie und Umwelt der Europäischen Kommission (CSTEE): Outcome of discussions: Opinion on »Assessment of the risks to human health posed by certain chemicals in textiles«, WS Atkins, Final report, vom Plenum des CSTEE angenommen am 5.9.2000 in Brüssel.
95 Andreas Schumacher vom Gesamtverband der deutschen Textil- und Modeindustrie am 11.4.2006.
96 Philipp Urban, Vorsitzender des Hauptverbandes der Deutschen Schuhindustrie, am 5.3.2006.
97 Die sogenannten »BVT-Merkblätter zur europäischen IVU-Richtlinie zur Verminderung der Umweltverschmutzung« mit den jeweiligen »besten verfügbaren Techniken« finden sich auf der Internetseite des European Integrated Pollution Prevention and Control Bureau: http://eippcb.jrc.es/pages/FActivities.htm.

4. Teppichknüpfen in Afghanistan

98 Siehe www.vivo.org.
99 United Nations Development Programme: Common Country Assessment for the Transitional Islamic State of Afghanistan, Kabul 2004, S. 41.
100 ILO: IPEC Action Against Child Labour 2004–2005, Bericht vom Februar 2005, S. 20.
101 Auf der Internetseite www.rugmark.de stehen auch die Bezugsquellen: »Versandhäuser, allen voran Otto-Versand, Heine, Neckermann, Quelle, Bauer, Bader. Aber auch die Obi- und Domänefilialen, Mustering-Häuser, Teppich Kibek, und viele Teppichfachgeschäfte haben die Teppiche ohne illegale Kinderarbeit in ihrem Warenangebot.«
102 Mails von Roya Ghiasy-Xhafa vom 23. und 24.3.2006.
103 Mail von Benjamin Pütter vom 16.4.2006.
104 Nach Angaben von Rugmark Deutschland wurden bis Juli 2003 ca. 2,8 Mio Teppiche mit *Rugmark*-Siegel aus Indien nach Deutschland importiert.
105 Gespräch mit Benjamin Pütter am 24.4.2006.
106 Rebecca Gudisch / Jörg Heimbrecht: Anschlag auf das Hormonsystem. Weichmacher aus Tablettenhüllen reichern sich im Körper an und gefährden den Nachwuchs, Süddeutsche Zeitung v. 7.3.2006, S. 16.
107 Anders: Antiquiertheit, S. 236.
108 Florian Illies: Generation Golf. Eine Inspektion (2000), Frankfurt am Main 2001, S. 181.
109 Anders, Antiquiertheit, S. 273.
110 Anders, Antiquiertheit, S. 270.
111 Susan Sontag: Die Katastrophenphantasie, in: Kunst und Antikunst. 24 literarische Analysen, Hamburg 1968, S. 245.

112 Florian Illies: Anleitung zum Unschuldigsein, Berlin 2001, S. 161.
113 Ebenda, S. 235.
114 Ebenda, S. 132.
115 Ebenda, S. 143.
116 Anders, Antiquiertheit. S. 291.
117 Klaus Werner / Hans Weiss: Das neue Schwarzbuch Markenfirmen. Die Machenschaften der Weltkonzerne, Wien 2003, S. 276.
118 Leo Hickman: Wie werde ich ein besserer Mensch? In: Greenpeace Magazin, Heft 1/2006, S. 4.
119 Auf englisch auch als Buch zu lesen: Leo Hickman: A life stripped bare. My year trying to live ethically, London 2006.
120 Hickman, besserer Mensch, S. 7.
121 Ebenda, S. 4.
122 Ebenda, S. 4.
123 Henning Mankell: Kennedys Hirn, Wien 2006, S. 398 f.
124 John Le Carré: The Constant Gardner, New York 2001, S. 490. Informationen über die Praktiken der Pharmaindustrie sammelt die Buko-Pharma-Kampagne, siehe www.bukopharma.de.

5. Die Preisrevolution eines Biobauern

125 Gespräch mit Josef Jacobi am 13.4.2006.
126 Deutscher Bauernverband: Strategiepapier Milch: Milchproduktion hat Zukunft v. 15.3.2005.
127 Pressemitteilung des Deutschen Bauernverbands vom 11.3.2004.
128 Vgl. Zentrale Markt- und Preisberichtsstelle für Erzeugnisse der Land-, Forst- und Ernährungswirtschaft ZMP in Bonn.
129 Der niederländische Journalist Geert Mak hat über dieses Verschwinden der bäuerlichen Kultur ein Buch geschrieben: Wie Gott verschwand aus Jorwerd. Der Untergang des Dorfes in Europa, Berlin 1999.
130 Markus, Nürnberger: Soja ohne Gentechnik: Und es geht doch! In: Unabhängige Bauernstimme Nr. 289 v. Mai 2006, S. 17.
131 Gespräch mit Prof. Onno Poppinga am 4.5.2006.
132 Klaus-Dieter Sens: An der Kostenschraube drehen, Landwirtschaftliches Wochenblatt (Hessen), Nr. 35/2004, S. 16.
133 Deutscher Bauernverband: Strategiepapier Milch: Milchproduktion hat Zukunft v. 15.3.2005.
134 Vgl. Andrea Fink, Jutta Uhlenbusch: Die Fusion der Molkerei Homberg mit der Kurhessischen Molkerei Kassel, eine erste Einschätzung, Arbeitsergebnisse Heft 2/1986, S. 3–11. Jutta Uhlenbusch: Arbeitsergebnisse Heft 3/1987, Milchpreis und Molkereistruktur in Hessen. Milchpreisvergleich 1982–85, S. 1–8.
135 www.bauernmolkerei.de.
136 Das »Upländer Milchmuhseum« im alten Molkereigebäude zeigt, wie Milch entsteht und wie früher und heute gemolken wurde. Neben der

Dauerausstellung gibt es einen Milchgarten, einen Milchwanderweg, Führungen, Käsekurse etc. Mehr Informationen unter www.muhseum.de.
137 Vgl. Leo Frühschütz: Faire Milch macht's, und: Wir wollen noch mehr faire Milchprodukte, Interview mit Karin Artzt-Steinbrink, Geschäftsführerin der Upländer Bauernmolkerei, beides in Schrot und Korn v. Mai 2006, S. 41 f.
138 www.boerenfairmelk.nl.
139 Gespräch mit Joe Steffen am 23.5.2006.
140 Gespräch mit Franz-Josef Dohle im Januar und am 24.5.2006.

6. Fünf vor Zwölf – Die Landwirtschaft am Abgrund

141 Eine Übersicht über alle Verbände findet man auf der Seite www.oekoregelungen.de.
142 Alexander Gerber, Geschäftsführer des Bundes Ökologische Lebensmittelwirtschaft, BÖLW, am Tag des ökologischen Landbaus, am 20.1. 2006 in Berlin.
143 Agrarpolitischer Bericht 2006 der Bundesregierung, S. 26.
144 Über die Gefahren von Pestiziden informiert die Seite www.pestizidreduktion.de.
145 We feed the world, Österreich 2005, Regie Erwin Wagenhofer.
146 Nach Angaben des Bundesministeriums für wirtschaftliche Zusammenarbeit und Entwicklung vom Mai 2006, http://www.bmz.de/de/themen/ernaehrung/hintergrund/index.html.
147 Mitteilung der ZMP v. 22.5.2006, www.zmp.de. Im Jahr 2006 stiegen die Umsätze des Lebensmitteleinzelhandels mit Ökolebensmitteln um 40 Prozent.
148 Gespräch und Vortrag von Helmut Rehhahn auf dem Seminar »Richtig Schwein« am 4.5.2006 in Oldenburg.
149 Busse, Tanja: Tilman Keller. Ein ostdeutscher Erzieher gründet eine Bürgerinitiative – gegen einen Investor, in: Die Zeit v. 9.2.2006, S. 13.
150 Adrian Peter: Ekelfleisch – Wie die Kontrollen versagen. Report Mainz am 19.12.2005, nachzusehen unter www.swr.de/report/archiv/-/id=1197334/9hl3t1/index.html.
151 Maren Lüth, Achim Spiller: Markenführung in der Fleischwirtschaft, in: Agrarwirtschaft 55 (2006), Heft 3, S. 149. Bei der erwähnten Konsumentenbefragung wurden 177 Kunden in drei norddeutschen Edeka-Geschäften im Januar 2004 befragt.
152 Während der BSE-Krise im Winter 2000/2001.
153 Mail von Ulrich Jasper vom 21.6.2006.
154 Bundesratentscheidung vom 7.4.2006, mehr dazu unter http://www.gruene-bundestag.de/cms/agrar_verbraucher/rubrik/7/7519.htm, und über den Einfluss der Agrarlobby bei dieser Entscheidung: Tanja Busse: Bauern ohne Lobby, in: Thomas Leif, Rudolph Speth (Hg.): Die fünfte Gewalt. Lobbyismus in Deutschland, Bonn 2006, S. 206 ff.

155 Götz Schmidt, Ulrich Jasper: Agrarwende. Oder die Zukunft unserer Ernährung, München 2001.
156 www.bio-siegel.de. Siehe auch: Bonstein, Julia u. a.: Alles Bio, oder was? in: Der Spiegel Nr. 36/2007, S. 24 ff.
157 Der *Nitrofen-Skandal* ist so entstanden: Im Jahr 2002 wurde Öko-Weizen entdeckt, der mit dem Unkrautvernichtungsmittel Nitrofen verunreinigt war: Er war in einer Halle gelagert worden, in der vorher Nitrofen aufbewahrt worden war.
158 Gespräch mit Bärbel Höhn im November 2005. Siehe auch Tanja Busse: Tierreste verzweifelt gesucht. Der Skandal um Schlachtabfälle beweist: Kontrolleure haben gegen die Fleischmafia keine Chance, in: Die Zeit Nr. 43 v. 20.10.2005, und dies.: Gammel zu Geld. Die Ekelgeschäfte mit Fleisch können Kontrolleure nicht stoppen. Politiker müssen dafür sorgen, dass sich Betrug nicht mehr lohnt, in: Die Zeit Nr. 49 v. 1.12.2005.
159 Gespräch mit Hugo Gödde im November 2005.
160 Gespräch mit Matthias Wolfschmidt am 30.6.2006. Siehe auch Stellungnahme der Staatsanwaltschaft Oldenburg, Zentralstelle für Landwirtschaftsstrafsachen vom 15.5.2006 für die Öffentliche Anhörung des Ausschusses für Umwelt- und Naturschutz, Landwirtschaft und Verbraucherschutz am 24.5.2006 im nordrhein-westfälischen Landtag Düsseldorf, S. 3. Immerhin ist der ehemalige Geschäftsführer der Firma, die mit Schlachtabfällen gehandelt hatte, im Dezember 2006 zu einer Haftstrafe verurteilt worden.
161 Gespräch mit Andrea Fink-Kessler im November 2005.
162 Kurt Hoffmann: Konzentrationsprozess dauert an, die Kleinen bleiben auf der Strecke, in: Lebensmittel Zeitung v. 31.3.2005.
163 Pressemitteilung des Ministeriums für Umwelt und Naturschutz, Landwirtschaft und Verbraucherschutz des Landes Nordrhein-Westfalen v. 25.11.2005.
164 Siehe auch www.neuland-fleisch.de.
165 Neuland wurde entwickelt vom Deutschen Tierschutzbund, dem BUND, der Arbeitsgemeinschaft bäuerlicher Landwirtschaft, der Verbraucherinitiative Bonn und dem Bundeskongress entwicklungspolitischer Gruppen. Vgl. Hugo Gödde: Wir lassen die Sau raus. Gedanken zum NEULAND-Programm für tiergerechte und umweltschonende Tierhaltung, in: Arbeitsgemeinschaft für bäuerliche Landwirtschaft (Hg.): Leitfaden zur Regionalentwicklung, Rheda-Wiedenbrück 1998, S. 148.
166 Vorläufiger Ergänzungs- und Anpassungsbescheid der Bundesanstalt für Landwirtschaft und Ernährung an NEULAND e.V. v. 15.12.2003, S. 20 f.
167 Christina Jais / Ralf Waßmuth: Natürliches Verhalten von Hausschweinen, in: Praxisgerechte Mastschweinehaltung. BFL-Spezial, Münster 2002, S. 7.
168 Gespräch mit Hugo Gödde am 31.5.2006.

169 Erste Verordnung zur Änderung der Tierschutz-Nutztierhaltungsverordnung vom März 2002, kurz Legehennenhaltungsverordnung.
170 Mail von Dr. Thomas Janning vom Zentralverband der Deutschen Geflügelwirtschaft v. 14.4.2005.
171 Ehlen ist Vorsitzender des Landvolkverbandes Zeven und Mitglied der Kammerversammlung der Landwirtschaftskammer Hannover, vgl. www.heiner-ehlen.de.
172 Das MDR-Fernsehmagazin Fakt konfrontierte den Minister Hans-Heinrich Ehlen mit Bildern kranker und vernachlässigter Schweine aus seinem eigenen Mastbetrieb, der von Ehlens Sohn bewirtschaftet wird. Ehlen erkannte zunächst nicht, dass es sich um seinen eigenen Betrieb handelte (http://www.mdr.de/fakt/aktuell/987787.html).
173 Gespräch mit Hans-Wilhelm Windhorst am 1.6.2006.
174 Foodwatch: So is(s)t Deutschland, Was das VIG leisten muss, Berlin 2006, S. 7. Siehe www.foodwatch.de.

7. Wie ich damit aufhörte, Regenwald zu essen

175 Alle Zitate aus dem Gespräch mit Silvino Pimentel Vieira und Ivete Bastos dos Santos am 18.5.2006.
176 Greenpeace: Wir essen Amazonien auf, deutsche Zusammenfassung des Greenpeace-Reports Eating up the Amazon, Hamburg, April 2006, S. 1.
177 Nach Angaben von Greenpeace über die Cargill-Tochter Sun Valley, vgl. Pressemitteilung v. 6.4.2006.
178 Greenpeace: Wir essen Amazonien auf, deutsche Zusammenfassung des Greenpeace-Reports Eating up the Amazon, Hamburg, April 2006, S. 3.
179 Der Standard v. 7.4.2006.
180 Modelling conservation in the Amazon basin, in: Nature, Nr. 440 v. 23.3.2006, S. 520.
181 Die EU-Öko-Verordnung erlaubt den Zukauf von 50 Prozent der Futtermittel, die einzelnen Anbauverbände zum Teil deutlich weniger. Dabei muss es sich natürlich um Biofutter handeln. Auch hier lässt die EU Ausnahmen zu (5 % bei Wiederkäuern und 15 % bei allen anderen Tierarten), die Bioverbände sind strenger.
182 Vgl. dazu http://www.transgen.de/gentechnik/pflanzenanbau/159.doku.html. Und Gerhard Dilger: Gentechnik erobert Brasilien. Das größte Land Lateinamerikas ist der letzte nennenswerte Produzent von sauberer Soja außerhalb Europas – aber nicht mehr lange, in: tageszeitung v. 26.6.2004
183 http://www.wwf.de/presse/pressearchiv/artikel/03100/index.html.
184 Susan Boos: Die ruinöse Bohne, Die Wochenzeitung v. 25.5.2006.
185 Gespräch mit Gerald Wehde am 20.6.2006.
186 In den Bioland-Richtlinien heißt es unter Punkt 4.4.3 über die Qualität der Zukauffuttermittel: An den Futterzukauf werden strengste Qualitätsmaßstäbe angelegt, um eine Belastung des Betriebskreislaufes mit Schadstoffen zu verhindern. Importfuttermittel aus der Dritten Welt, Futtermittel

tierischer Herkunft (ausgenommen Milchprodukte gemäß 4.5), Extraktionsschrote und verdorbene Futtermittel dürfen nicht eingesetzt werden.

8. Hühnerbeine für Kamerun und Coffee for free!

187 Evangelischer Entwicklungsdienst / Association Citoyenne de Défense des Intérêts Collectifs (Hg.): Keine chicken schicken. Wie Hühnerfleisch aus Europa Kleinbauern in Westafrika ruiniert und eine starke Bürgerbewegung in Kamerun sich erfolgreich wehrt, Bonn 2006. Daraus stammen auch alle folgenden Zahlen. Die Auswirkungen der Exporte in weiteren anderen Ländern ist beschrieben in: InfoSud (Hg.): Impact des importations des volailles en Afrique de l'ouest, Brüssel 2004.
188 ZMP Marktbilanz Eier & Geflügel 2005, S. 189.
189 Athanase Bopda / Bernarnd Njonga: L'importation massive de poulet congelé au Cameroun (état des lieux, enjeux et alternatives), Jaunde 2004.
190 Gespräch mit Christiana Schuler am 21.6.2006
191 Siehe auch das Interview mit Bernhard Njonga, dem Präsidenten der Bürgervereinigung ACDIC in Kamerun, auf der Internetseite des Evangelischen Entwicklungsdienstes www.eed.de.
192 Vgl. Devinder Sharma: Trade Liberalization in Agriculture. Lessons from the First 10 Years of the WTO, hg. von APRODEV, Brüssel 2005.
193 Gespräch mit Rudolf Buntzel am 22.6.2006.
194 Vgl. dazu Martin Wolpold-Bosien: Die andere Eroberung. US-amerikanische und europäische Agrarexportpolitik und ihre Folgen für den Hunger im Süden der Welt, Rheda-Wiedenbrück 1999, und zum Einfluss der Lobby der Lebensmittelindustrie auf die EU-Agrarpolitik die Studie von Marita Wiggerthale: Agrobusiness Macht Handelspolitik. Die Interessen der europäischen Lebensmittelbranche bei den laufenden WTO-Agrarverhandlungen, hg. v. WEED und AbL, November 2005.
195 Erwin Wagenhofer, Max Annas: We feed the world. Was uns das Essen wirklich kostet. Das Buch zum gleichnamigen Film, Freiburg 2006, S. 165f.
196 www.jacobs.de.
197 Oxfam: Bitter coffee. How the poor are Paying for the Slump in Coffee Prices, Oxford 2001.
198 World Bank Policy Research Working Paper 2993: Panos Varangis u. a.: Dealing with the Coffee Crisis in Central America, 2003, S. 3.
199 Eva Buchhorn: Das Beste aus aller Welt. Boomende Aktienmärkte, sprudelnde Firmengewinne und der Hunger nach Rohstoffen bieten lukrative Chancen. manager magazin zeigt, wie Sie dabei sein können, S. 206–210.
200 www.sustainable-coffee.net.
201 www.transfair.de, siehe auch die Informationskampagne der Verbraucher Initiative zum fairen Handel: www.fair-feels-good.de. Siehe auch Joseph E. Stiglitz / Andrew Charlton: Fair Trade – Agenda für einen ge-

rechten Welthandel, Hamburg 2006. Transfair ist der Name der deutschen Fairtrade-Organisation.
202 www.fairtrade.net.
203 Siehe auch www.transfair.org.
204 www.fair-zum-bauern.de.
205 Oppitz, Katrin: Verbesserung des regionalen Marketings nachhaltig wirtschaftender Unternehmen am Beispiel der Neumarkter Lammsbräu, Diplomarbeit, Universität Augsburg 2006, S. 61 ff.
206 www.modellregionen.de. Siehe auch www.reginet.de.
207 www.unserland.info.
208 http://ec.europa.eu/agriculture/foodqual/quali1_de.htm.
209 www.eifel-qualitaet.de.
210 www.slowfood.com.
211 www.kattendorfer-hof.de und www.stadtlandgemuese.org.
212 Gespräch mit Klaus Tenthoff im Herbst 2004 und Juli 2006.
213 Siehe auch www.stadtlandgemuese.org. Zur industriellen Hühnerhaltung siehe Marcus Rohwetter: Das optimierte Tier. Noch nie wurde die Industrialisierung eines Lebewesens so weit getrieben wie beim Hähnchen. Es liefert das Massenfleisch für die Welt, in: Die Zeit v. 29.6.2006.

9. Warum die Politik nicht das Gift aus der Quietschente bekommt

214 Vgl. Hasso Seibert: Störungen der Entwicklung und Funktion des männlichen Reproduktionssystems, in: Umweltwissenschaften und Schadstoff-Forschung, Heft 5 v. November 1996, S. 275–284.
215 Theo Colborn, Dianne Dumanoski, John Peterson Myers: Our Stolen Future, New York 1996, auf deutsch: Die bedrohte Zukunft. Gefährden wir unsere Fruchtbarkeit und Überlebensfähigkeit?
216 Stern v. 16.1.1997.
217 Gespräch mit Hasso Seibert am 22.2.2006.
218 www.oekotest.de, Juli 2006.
219 Stellungnahme des BfR v. 23.1.2003.
220 Siehe auch Eric Hobsbawm: Das Zeitalter der Extreme, München 1994, S. 709.
221 Ulrich Beck: Macht und Gegenmacht, S. 7.
222 Ebenda, S. 104 und 99.
223 Siehe auch Andreas, Follesdal / Michele Micheletti / Dietlind Stolle (Hg.): Politics, Products, and Markets, New Brunswick 2004, S. xii.
224 Karl Polanyi: The Great Transformation. Politische und ökonomische Ursprünge von Gesellschaften und Wirtschaftssystemen, Frankfurt am Main 1978, S. 111 f.
225 Ebenda, S. 189.
226 Cerstin Gammelin / Götz Hamann: Die Strippenzieher. Manager, Minister, Medien – Wie Deutschland regiert wird, Berlin 2005, 9. Kapitel.

227 Thomas Leif / Robert Speth: Anatomie des Lobbyismus, in: dieselben: Die stille Macht. Lobbyismus in Deutschland, Wiesbaden 2003, S. 16.
228 Mehr dazu bei Wolfgang Streeck und Herbert Kitschelt (Hg.): Germany. Beyond the Stable State«, London 2004.
229 Ulrich Beck: Macht und Gegenmacht, S. 57.
230 Eric Hobsbawm, Zeitalter, S. 696.
231 Ulrike Herrmann: Die neoliberale Falle, in taz v. 20.12.2005, S. 12.
232 Heath und Potter, Konsumrebellen, S. 383.
233 Ebenda, S. 373.
234 Vgl. http://www.philosophia-online.de/mafo/heft2003-5/Fritsch.htm.
235 Wer als Konsument den wahren Preis zahlen will, findet Hinweise auf der Seite www.truecosteconomics.org.
236 Heath und Potter, Konsumrebellen, S. 370.
237 Josef H. Reichholf: Die Zukunft der Arten. Neue ökologische Überraschungen, München 2005.
238 Special Eurobarometer 247: Attitudes towards Energy, Brüssel 2006.
239 Gespräch mit Ulrich Beck am 23.1.2006.

10. Nichts sehen, aber genau beobachtet werden

240 Peter Sloterdijk: Goodbye Fortschritt, in: Utz Claassen / Jürgen Hogrefe: Das neue Denken. Das Neue denken. Ethik, Energie, Ästhetik, Berlin 2005, S. 72.
241 Verbraucherpolitik als Querschnittsaufgabe profilieren! Interview mit Edda Müller, in: Forschungsjournal Neue Soziale Bewegungen, Unterschätzte Verbrauchermacht. Potenziale und Perspektiven der neuen Verbraucherbewegung, Heft 4 v. Dezember 2005, S. 101.
242 Lucia Reisch: Transparenz auf Lebensmittelmärkten: Theoretische Begründung und verbraucherpolitische Praxis, in: Hauswirtschaft und Wissenschaft – Europäische Zeitschrift für Haushaltsökonomie, Haushaltstechnik und Sozialmanagement, Heft 51(2) 2003, S. 58–64.
243 Ebd., vergleiche dazu auch den gut lesbaren Text über die historischen Wurzeln der deutschen Geheimniskrämerei von Manfred Redelfs: Informationsfreiheit: Deutschland als verspätete Nation. Warum die Bundesrepublik sich schwertut mit dem Abschied vom »Amtsgeheimnis«, in: Petra Ahrweiler, Barbara Thomaß (Hg.): Internationale partizipatorische Kommunikationspolitik. Strukturen und Visionen. Festschrift zum 60. Geburtstag von Hans J. Kleinsteuber, Münster 2005, S. 201–239, herunterzuladen im Internet auf der Seite www.netzwerkrecherche.de/docs/IFG.pdf.
244 Foodwatch: So is(s)t Deutschland, Was das VIG leisten muss, Berlin 2006, S. 7.
245 Gespräch mit Carina Weber am 29.6.2006.
246 Vgl. Carina Weber: Wirkung ungewiss. Entstehungsgeschichte sowie Stärken und Schwächen des deutschen Pestizid-Reduktionsprogramms,

in: Der kritische Agrarbericht, Rheda-Wiedenbrück / Hamm 2006, S. 52.56.
247 Im September 2007 legte Werner Schnappauf sein Ministeramt nieder und wechselte als Hauptgeschäftsführer zum Bundesverband der Deutschen Industrie – was nachträglich noch einmal unterstreichen dürfte, wie wenig verbraucherfreundlich der Verbraucherschutzminister gewesen ist.
248 Bundesverband der Deutschen Industrie (BDI) / Bund für Lebensmittelrecht und Lebensmittelkunde (BLL) / Deutscher Industrie- und Handelskammertag (DIHK) / Hauptverband des Deutschen Einzelhandels (HDE) / Markenverband / Zentralverband des Deutschen Handwerks (ZDH): Verbraucher sachgerecht informieren v. 17.2.2005.
249 Vgl. Pressemitteilung des Verbraucherzentrale Bundesverband v. 5.3.2006 auf der Seite www.vzbv.de.
250 Vgl. Manfred Redelfs: Informationsfreiheit: Deutschland als verspätete Nation. Warum die Bundesrepublik sich schwertut mit dem Abschied vom »Amtsgeheimnis«, in: Petra Ahrweiler, Barbara Thomaß (Hg.): Internationale partizipatorische Kommunikationspolitik. Strukturen und Visionen. Festschrift zum 60. Geburtstag von Hans J. Kleinsteuber, Münster 2005, S. 201.
251 Entwurf des BMVEL v. 22.1.2002.
252 Art. 153 EG-Vertrag.
253 BVerfGE 105, 252, 266 – »Glykol«, zitiert nach: Michael Günther u.a.: Expertise zu einem Verbraucherinformationsgesetz v. 16.2.2006, im Auftrag von foodwatch.
254 Die alte Bestimmung (»kann«, »sofern ein hinreichender Verdacht auf Gesundheitsgefährdungen oder auf erhebliche Täuschungen und Irreführungen besteht«) steht in §40 des Lebensmittel- und Futtermittelgesetzbuches. Dieser Paragraf wird zusammen mit dem neuen Verbraucherinformationsgesetz geändert (in »soll« statt »kann«).
255 Greenpeace, Informationsblatt.
256 Claudia Schiffer im Supermarkt der Zukunft, Beitrag aus der Aktuellen Stunde, WDR Fernsehen v. 28.4.2003.
257 FoeBuD steht für Verein zur Förderung des öffentlichen bewegten und unbewegten Datenverkehrs e.V. und wurde von den Netzkünstlern Rena Tangens und Padeluun gegründet. Die Preisrede für den »unglücklichen Gewinner« der Big Brother Awards 2003 für die Metro AG kann man im Internet nachlesen unter bigbrotherawards.de/2003/.cop.
258 www.future-store.org, Ziele und Visionen.
259 Ihren ausführlichen Bericht kann man im Internet unter www.spychips.com/metro/overview.html lesen: Katherine Albrecht and Liz McIntyre: The METRO Extra Future Store. Special Report.
260 www.spychips.com/metro/scandal-deactivation.html, eigene Übersetzung, T.B.
261 www.spychips.com/metro/scandal-payback.html, eigene Übesetzung, T.B.

262 www.tangens.de/TEXTE/20jahregesamtwerk.html.
263 Rena Tangens: Tausche Bürgerrechte gegen Linsengericht. Die Wir-Wollen-Alles-Über-Sie-Wissensgesellschaft, in: dieselbe/Padeluun: Schwarzbuch Datenschutz. 50 ausgezeichnete Datenkraken der Big Brother Awards, Hamburg 2006.
264 http://bigbrotherawards.de/2003/.cop.
265 Interview mit Zygmunt Mierdorf v.18.1.2006, in Galore Nr. 17, S. 126.
266 Gespräch mit Rena Tangens am 10.7.2006.
267 »Intelligenz im Supermarkt. Mit dem Einkaufswagen in die Zukunft«, Seminar der Bundeszentrale für politische Bildung vom 4.–6.4.2005 in Neuss.
268 Frontal 21: Der gläserne Bürger – Überwachung per Funkchip von Ulrich Stoll, Sendung vom 16.8.2005.
269 www.tangens.de/TEXTE/20jahregesamtwerk.html.
270 Vgl. Clotaire Rapaille: The Culture Code, New York 2006.

11. Blut an den Handys und politisch korrekte Pflastersteine

271 Gespräch mit Jörg Bollin am 26.4.2006.
272 Gespräch mit Benjamin Pütter am 24.4.2006.
273 Zahlen vom Bundesinnungsverband der deutschen Steinmetze v. 5.5.2006.
274 www.xertifix.de.
275 Michael Bitala: Krieg um Rohstoffe, in: Süddeutsche Zeitung v. 17.6.2003.
276 Ebenda. Einen ausführlichen Bericht über die Auswirkungen des Coltanbooms im Kongo findet man im Internet: Aloys Tegera: The Coltan Phenomenon. How a Rare Material changed the life of the population of war-torn North Kivu province in the east of the Democratic Republic of Congo, Goma 2002, hg. vom Pole Institute, unter www.pole-institute.org/site_web/publi/publi_rc.htm.
277 Final report of the Panel of Experts on the Illegal Exploitation of Natural Resources and Other Forms of Wealth of the Democratic Republic of the Congo, S/2002/1146, im Internet zu lesen unter http://www.irinnews.org/report.asp?ReportID=30525&SelectRegion=Great_Lakes, S. 5f.
278 Ebenda, S. 26.
279 Im März 2006 kündigte die Bayer AG den Verkauf von H.C. Starck an.
280 www.hcstarck.de, Pressemitteilungen v. 4.11.2003 und 27.6.2003.
281 Dominic Johnson: Wettbewerb auch mit vorgehaltener Waffe, in tageszeitung v. 11.2.2006, S. 4.
282 Final report of the Panel of Experts on the Illegal Exploitation of Natural Resources and Other Forms of Wealth of the Democratic Republic of the Congo, S/2002/1146, S. 29.
283 Dominic Johnson, Aloys Tegera: Digging Deeper. How the DR Congo's mining policy is failing the country, Goma 2005, hg. v. Pole Institute, im

Internet nachzulesen unter http://www.pole institute.org/site_web/publi/publi_rc.htm.

12. Die Entdeckung des politischen Konsumenten

284 Gespräch mit Dominic Johnson am 12.4.2006.
285 Dominik Schrage: Integration durch Attraktion. Konsumismus als massenkulturelles Weltverhältnis, in: Mittelweg 6/2003, S. 86.
286 www.weg-mit-kevin.de/?site=FAQ.
287 Ulrich Beck: Macht und Gegenmacht, S. 28 u. 131.
288 Gespräch mit Ulrich Beck am 23.1.2006.
289 Ulrich Beck: Macht und Gegenmacht, S. 28.
290 Monroe Friedman: Consumer Boycotts. Effecting Change Through the Marketplace and the Media, New York / London 1999, S. 5 ff.
291 Gespräch mit Steen Svendsen am 10.2.2006.
292 Siehe auch Dietlind Stolle / Marc Hooghe / Michele Micheletti: Politics in the Supermarket: Political Consumerism as a Form of Political Participation, in: International Political Science Review (2005), 26 Jg., No. 3, S. 249 u. 262.
293 Gespräch mit Michele Micheletti am 20.1.2006.
294 European Social Survey 2002. Vergleiche Marc Hooghe, u. a.: Politics in the Supermarket, S. 248.
295 Dietlind Stolle / Michele Micheletti: Warum werden Käufer zu ›politischen Verbrauchern‹? in: Forschungsjournal Neue Soziale Bewegungen, Nr. 4/2005, S. 41.
296 Gespräch mit Edgar Piel am 24.1.2006.
297 Mail vom 25.1.2006.
298 Mail vom 1.2.2006.
299 GfK, BVE: Consumers' Choice '05: Trends in Foods and Beverages, München 2005.
300 Vgl. die Vortragsskripte zum Seminar »Der gläserne Bio-Konsument« in Göttingen am 10.10.2003: Achim Spiller: Konsumentenverhalten bei Bio-Lebensmitteln. Stand der Forschung S. 27, und Maike Bruhn: 20 Jahre Bio-Konsum. Ergebnisse einer Längsschnittanalyse, S. 19.
301 http://www.fair-feels-good.de/fairfeelsgood.php/cat/49/title/Marktforschung.
302 Sinus Sociovision: Unterschiede zwischen Bio-Käufern und Bio-Nichtkäufern in den für den Biomarkt wichtigsten Sinus-Milieus, herausgegeben vom Bio Verlag 2006.
303 Mail v. 20.2.2006.
304 Special Eurobarometer 247: Attituedes towards Energie, Brüssel 2006, S. 20.
305 Mail vom 21.2.2006.
306 Im Wortlaut: »Ich boykottiere Produkte von Firmen, die sich nachweislich umweltschädigend verhalten.«

307 Bernhard Pötter: König Kunde ruiniert sein Land. Wie der Verbraucherschutz am Verbraucher scheitert. Und was dagegen zu tun ist. München 2006, S. 5 u. S. 54 ff.

13. Wehe, wenn wir richtig kaufen!

308 Heise online vom 15.6.2006 (www.heise.de/newsticker/meldung/74328) und vom 26.6.2006 (www.heise.de/newsticker/meldung/74722).
309 Süddeutsche Zeitung v. 4.7.2006, S. 16.
310 Info zum Film auf der Seite www.essen-global.de.
311 »Das müssen die Menschen wissen.« Interview mit Erwin Wagenhofer, in: punkt.um Heft 6/2006, S. 9.
312 Marcus Rohwetter: Wir essen die Welt, in: Die Zeit Nr. 20 v. 11.5.2006, S. 1.
313 Cornelia Fuchs: Einfach die Welt verändern, in: Stern Nr. 6 v. 2.2.2006, S. 32–46.
314 Ebenda, S. 32.
315 We are what we do: Einfach die Welt verändern. 50 kleine Ideen mit großer Wirkung, München / Zürich 2006. Wer das Ganze lieber mit Fakten als Bildern haben will, dem sei das folgende Buch von Andreas Schlumberger empfohlen: »50 einfache Dinge, die Sie tun können, um die Welt zu retten, und wie Sie dabei Geld sparen«, Frankfurt am Main 2004.
316 http://freundin.msn.de/wellfit/gesundheit/lohas.
317 Verbraucherpolitik als Querschnittsaufgabe profilieren! Ein Interview mit Edda Müller, in: Forschungsjournal Neue Soziale Bewegungen: Unterschätzte Verbrauchermacht. Potenziale und Perspektiven der neuen Verbraucherbewegung, Heft 4, Dezember 2005, S. 101.
318 Weltweit: Öko-Labels im Trend, in: Brigitte Heft Nr. 14/2006, S. 22.
319 www.lohas.com/about.htm.
320 Silvia Liebermann: Küss mich, ich bin öko, in: tageszeitung v. 19.4.2006, S. 13, www.zukunftsinstitut.de.
321 Vgl. die Studien des Zukunftsinstituts »Green Markets«, »Der Selfness-Trend« und »Hyper-Consuming 2010« (www.zukunftsinstitut.de/studien/studien.php).
322 www.soel.de/oekolandbau/preise.html.
323 GfK, BVE: Consumers' Choice '05: Trends in Foods and Beverages, München 2005, S. 19.
324 Mail von Klaus Werner v. 13.6.2006.
325 Gespräch mit Friedrich-Wilhelm Graefe zu Baringdorf am 4.7.2006.
326 Birger Priddat: Moral als Kontext von Gütern. Choice and Semantics. in: ders. / Peter Koslowski (Hg.): Ethik des Konsums, München 2006, S. 12.
327 Beck, Macht und Gegenmacht, S. 29.

Literatur

Agrarbündnis (Hg.): Der Kritische Agrarbericht, Ausgaben 2004–2007, Kassel/Hamm,

Albrecht, Katherine / McIntyre, Liz: Spychips. How major corporations and government plan to track your every move with RFID, Nashville 2005,

Anders, Günther: Die Antiquiertheit des Menschen, Band 1. Über die Seele im Zeitalter der zweiten industriellen Revolution (1956), München 1988,

Arbeitsgemeinschaft bäuerliche Landwirtschaft (Hg.): Leitfaden zur Regionalentwicklung, Rheda-Wiedenbrück 1997,

Beck, Ulrich: Macht und Gegenmacht im globalen Zeitalter. Neue weltpolitische Ökonomie, Frankfurt am Main 2002,

Beck, Ulrich: Vorwärts durch Verzicht, in: Süddeutsche Zeitung v. 20.10.2004,

Berg, Sybille: Nein danke, wir kaufen nichts. Frankfurter Allgemeine Sonntagszeitung vom 27.11.2005, S. 25,

Bolz, Norbert: Konsumistisches Manifest, München 2002,

Bonstein, Julia u. a.: Alles Bio, oder was? in: Der Spiegel Nr. 36/2007, S. 24 ff.,

Brodde, Kirsten: Drunter und drüber. Endlich bieten Modemultis wie H&M, Marc O'Polo und Levi's Kleidung aus Biobaumwolle an, in: Greenpeace Magazin Nr. 4/2007, S. 58 f.,

Bruckner, Pascal: Ich kaufe, also bin ich. Mythos und Wirklichkeit der globalen Welt, Berlin 2004,

Busse, Tanja: Gammel zu Geld, in: Die Zeit Nr. 49 v. 1.12.2005,

Busse, Tanja: Im Herzen ein Bauer, Hörfunk-Feature, WDR 5 v. 5.6.2005,

Busse, Tanja: Tilman Keller. Ein ostdeutscher Erzieher gründet eine Bürgerinitiative – gegen einen Investor, in: Die Zeit v. 9.2.2006, S. 13,

Busse, Tanja: Bauern ohne Lobby, in: Thomas Leif, Rudoph Speth (Hg.).: Die fünfte Gewalt. Lobbyismus in Deutschland, Bonn 2006, S. 199–220,

Clean Clothes Campaign (Hg.): Made by Women. Gender, the Global Garment Industry and the Movement for Women Workers' Rights, Amsterdam 2005,

Clean Clothes Campaign (Hg.): Looking for a quick fix. How weak social-auditing is keeping workers in sweatshops, Amsterdam 2005,

Clermont, Christoph / Goebel, Johannes: Die Tugend der Orientierungslosigkeit, Berlin 1997,

Evangelischer Entwicklungsdienst / Association Citoyenne de Défense des Intérêts Collectifs (Hg.): Keine chicken schicken. Wie Hühnerfleisch aus Europa Kleinbauern in Westafrika ruiniert und eine starke Bürgerbewegung in Kamerun sich erfolgreich wehrt, Bonn 2006,

Ferenschild, Sabine / Wick, Ingeborg: Global Game for Cuffs and Collars. The Phase-Out of WTO-Agreement on Textiles and Clothing Aggravates Social Divisions, Südwind-Texte 14, Siegburg 2004,

Follesdal, Andreas / Micheletti, Michele / Stolle, Dietlind (Hg.): Politics, Products, and Markets. Exploring Political Consumerism Past and Present, New Brunswick 2004,

Foodwatch: So is(s)t Deutschland, Was das Verbraucherinformationsgesetz leisten muss, Berlin 2006,

Forschungsjournal Neue Soziale Bewegungen: Unterschätzte Verbrauchermacht. Potenziale und Perspektiven der neuen Verbraucherbewegung, Heft 4 v. Dezember 2005,

Friedman, Monroe: Consumer Boycotts. Effecting Change Through the Marketplace and the Media, New York / London 1999,

Fuchs, Cornelia: Einfach die Welt verändern, in: Stern 6/2005, S. 32–46,

George, Susan: Change it. Anleitung zum politischen Ungehorsam, München 2006,

Grasskamp, Walter: Konsumglück. Die Ware Erlösung, München 2002,

Grefe, Christiane / Greffrath, Mathias / Schumann, Harald: Attac. Was wollen die Globalisierungskritiker? Berlin 2002,

Greenpeace: Eating up the Amazon, Amsterdam 2006,

Greenpeace Magazin: Starker Stoff. Die zweite Haut zum Wohlfühlen: Faire Kleidung ohne Gifte, Kinderarbeit und Zerstörung der Natur, Heft 3,

Hans-Ulrich Grimm: Die Ernährungslüge. Wie uns die Lebensmittelindustrie um den Verstand bringt., München 2005,

Hengstmann, Reiner / Seidel, Stefan: Banzer Gespräche als internationales Dialogforum etabliert, In: Forum Wirtschaftsethik Nr. 4/2005, S. 7–15,

Hickman, Leo: A Life Stripped Bare. My Year Trying to Live Ethically, London 2006,

Hobsbawm, Eric: Das Zeitalter der Extreme. Weltgeschichte des 20. Jahrhunderts, München 1998,

Illies, Florian: Anleitung zum Unschuldigsein. Das Übungsbuch für ein schlechtes Gewissen, Berlin 2001,

Illies, Florian: Generation Golf. Eine Inspektion, Frankfurt am Main 2001 (Erstausgabe Berlin 2000),

Illies, Florian: Generation Golf zwei, München 2003,

ICFTU: Stitched up. How those imposing unfair competition in the textiles and clothing industries are the only winners in this race to the bottom, Dezember 2005,

Jensen, Annette: Kein Teamgeist beim Lohn, in: taz v. 30.6.2006,

Jimo, Hakeem: Baumwolle mit Webfehler, in: taz v. 13.12.2005, S. 4,

Johnson, Dominic / Tegera, Aloys: Digging Deeper. How the DR Congo's mining policy is failing the country, Goma 2005,

Kallee, Ulrike: EU-Chemikalienpolitik: Wie die EU eine Umweltverordnung weichspült, in: Müller, Ulrich / Giegold, Sven / Arhelger, Malte (Hg.): Gesteuerte Demokratie. Wie neoliberale Eliten Politik und Öffentlichkeit beeinflussen, Hamburg 2004, S. 65–74,

Kalle Lasn: Culture Jam. How to reverse America's suicidal Consumer Binge And Why We Must, New York 1999,

Klawitter, Nils: Blut in der Zuliefererkette, in: Spiegel Special Nr. 7/2005, Spiegel-Serie: Globalisierung, S. 66–69, zuerst erschienen im Spiegel Nr. 24 v. 13.6.2005,

Klein, Naomi: No logo! Der Kampf der Global Players um Marktmacht. Ein Spiel mit vielen Verlierern und wenigen Gewinnern (2000), München 2001,

Kotteder, Franz: Die Billig-Lüge. München 2005,

Lamla, Jörn: Kontexte der Politisierung des Konsums. Die Zivilgesellschaft in der gegenwärtigen Krisenkonstellation von Politik, Ökonomie und Kultur, in: Adloff, Frank u. a. (Hg.): Wirtschaft und Zivilgesellschaft. Theoretische und empirische Perspektiven, Wiesbaden 2005, S. 127–153,

Lamla, Jörn: Zivilität und Konsum. Die Bürgerkultur im Prozess gesellschaftlicher Vermarktlichung, in: Corsten, Michel u. a. (Hg.): Die Gerechtigkeit der Gesellschaft, Wiesbaden 2005, S. 281–309,

Liebermann, Silvia: Küss mich, ich bin öko. Mit Sexappeal hatte Umweltbewusstsein bislang wenig zu tun. Doch nun formiert sich weltweit eine moralisch bewusste Konsumgemeinde, und Hollywood-Stars sonnen sich in Öko-Glamour, in: tageszeitung v. 19.4.2006, S. 13,

Lotter, Wolf: Verschwendung. Wirtschaft braucht Überfluss – die guten Seiten des Verschwendens, München / Wien 2006,

Mak, Geert: Wie Gott verschwand aus Jorwerd. Der Untergang des Dorfes in Europa, Berlin 1999,

Marcuse, Herbert: Der eindimensionale Mensch. Studien zur Ideologie der fortgeschrittenen Industriegesellschaft, Frankfurt am Main 1988,

McGrath, Rae: Cluster bombs. The military effectiveness and impact on civilians of cluster munitions, London 2000,

McPlanet (Hg.): Konsum. Globalisierung. Umwelt. Das Buch zum zweiten Kongress von Attac, BUND und Greenpeace in Kooperation mit der Heinrich Böll Stiftung und dem Wuppertal Institut für Klima, Umwelt, Energie, Hamburg 2005,

Meschnig, Alexander / Stuhr, Mathias: Wunschlos unglücklich. Alles über Konsum, Hamburg 2005,

Micheletti, Michele: Political Virtue and Shopping. Individuals, Consumerism, and Collective Action, New York 2003,

Micheletti, Michele / Stolle, Dietlind: Warum werden Käufer zu ›politischen Verbrauchern‹? In: Forschungsjournal Neue Soziale Bewegungen: Unterschätzte Verbrauchermacht. Potenziale und Perspektiven der neuen Verbraucherbewegung, Heft 4 v. Dezember 2005, S. 41–52,

Müller, Edda: Verbraucherpolitik als Querschnittsaufgabe profilieren! Interview mit Edda Müller, in: Forschungsjournal Neue Soziale Bewegungen, Unterschätzte Verbrauchermacht. Potenziale und Perspektiven der neuen Verbraucherbewegung, Heft 4 v. Dezember 2005, S. 98–105,

Packard, Vance: Die geheimen Verführer. Der Griff nach dem Unbewußten in jedermann (1957), Gütersloh 1970,

Paulitsch, Katharina: Am Beispiel Baumwolle. Flächennutzungskonkurrenz durch exportorientierte Landwirtschaft, Wuppertal Paper Nr. 148 v. September 2004,

Pflaum, Maik: »Wir können beides«. Pilotprojekt zwischen Kampagne für Saubere Kleidung und PUMA AG gestartet. In: Forum Wirtschaftsethik Nr. 4/2005, S. 35–41,

Pötter, Bernhard: König Kunde ruiniert sein Land. Wie der Verbraucherschutz am Verbraucher scheitert. Und was dagegen zu tun ist. München 2006,

Rapaille, Claude: The Culture Code. New York 2006,

Redelfs, Manfred: Informationsfreiheit: Deutschland als verspätete Nation. Warum die Bundesrepublik sich schwertut mit dem Abschied vom »Amtsgeheimnis«, in: Petra Ahrweiler, Barbara Thomaß (Hg.): Internationale partizipatorische Kommunikationspolitik. Strukturen und Visionen. Festschrift zum 60. Geburtstag von Hans J. Kleinsteuber, Münster 2005, S. 201–239,

Reisch, Lucia A.: Transparenz auf Lebensmittelmärkten: Theoretische Begründung und verbraucherpolitische Praxis, in: Hauswirtschaft und Wissenschaft – Europäische Zeitschrift für Haushaltsökonomie, Haushaltstechnik und Sozialmanagement, Heft 51(2) 2003, S. 58–64,

Rivoli, Pietra: Reisebericht eines T-Shirts. Ein Alltagsprodukt erklärt die Weltwirtschaft (2005), Berlin 2006,

Rohwetter, Marcus: Das optimierte Tier. Noch nie wurde die Industrialisierung eines Lebewesens so weit getrieben wie beim Hähnchen. Es liefert das Massenfleisch für die Welt, in: Die Zeit v. 29.6.2006,

Schlumberger, Andreas: 50 einfache Dinge, die Sie tun können, um die Welt zu retten, und wie Sie dabei Geld sparen, Frankfurt am Main 2004,

Schmidt, Götz / Jasper, Ulrich: Agrarwende oder die Zukunft unserer Ernährung, München 2001,

Schönburg, Alexander von: Die Kunst des stilvollen Verarmens. Wie man ohne Geld reich wird, Berlin 2005,

Schrader, Ulf / Hansen, Ursula (Hg.): Nachhaltiger Konsum. Forschung und Praxis im Dialog, Frankfurt / New York 2001,

Schrage, Dominik: Integration durch Attraktion. Konsumismus als massenkulturelles Weltverhältnis, in: Mittelweg 6/2003, S. 57–86,

Sontag, Susan: Die Katastrophenphantasie, in: Kunst und Antikunst, 24 literarische Analysen, Reinbek bei Hamburg 1968, S. 232–247,

Stolle, Dietlind/ Hooghe, Marc/ Micheletti, Michele: Politics in the Supermarket: Political Consumerism as a Form of Political Participation, in: International Political Science Review (2005), 26 Jg., No. 3, S. 245–269,

Tangens, Rena: Tausche Bürgerrechte gegen Linsengericht. Die Wir-Wollen-Alles-Über-Sie-Wissensgesellschaft, in: dieselbe / Padeluun: Schwarzbuch Datenschutz. 50 ausgezeichnete Datenkraken der Big Brother Awards, Hamburg 2006,

Tegera, Aloys: The Coltan Phenomenon. How a rare material changed the life of the population of war-torn North Kivu province in the east of the Democratic Republic of Congo, Goma 2002,

Terres des Femmes (Hg.): Tchibo – Jede Woche eine neue Welt? Dokumentation der Tchibo-Kampagne, Tübingen 2006,

Unabhängige Bauernstimme, hg. von der Arbeitsgemeinschaft Bäuerliche Landwirtschaft, verschiedene Ausgaben,

Veblen, Thorstein: Conspicuous Consumption. Unproductive Consumption of Goods is Honourable (1899), London 2004,

Vereinte Nationen (Hg.): Final Report of the Panel of Experts on the Illegal Exploitation of Natural Resources and Other Forms of Wealth of the Democratic Republic of the Congo, S/2002/1146 v. 8.10.2002,

We are what we do: Einfach die Welt verändern. 50 kleine Ideen mit großer Wirkung, München / Zürich 2006,

Werner, Klaus / Weiss, Hans: Das neue Schwarzbuch Markenfirmen. Die Machenschaften der Weltkonzerne, Wien 2003,

Wick, Ingeborg: Workers' tool or P.R. ploy? A guide to codes of international labour practice, Bonn / Siegburg 2005,

Worldwatch Institute (Hg.): Zur Lage der Welt 2004. Die Welt des Konsums, Münster 2004,

Yimprasert, Junya Lek: The Life of Football Factory Workers in Thailand, Thai Labour Campaign, Juni 2006,

Ziegler, Jean: Das Imperium der Schande. Der Kampf gegen Armut und Unterdrückung, München 2005

Dank

Im Zuge der Recherchen für dieses Buch habe ich begriffen, welch bedeutende Arbeit die NGOs für die Gesellschaft leisten, die Nichtregierungsorganisationen, für die es nicht einmal eine ordentliche Bezeichnung gibt. Ihnen allen herzlichen Dank!

Für Hintergrundinformationen, Statistiken und Hinweise und dafür, dass Sie geduldig meine vielen Fragen beantwortet haben, bedanke ich mich bei
Inge Altemeier, Hamburg,
Evelyn Bahn, Inkota, Berlin,
Maria Ivete Bastos dos Santos und Silvino Pimentel Vieira, Santarém,
Prof. Ulrich Beck, Universität München und London School of Economics and Sciences,
Ada Benincasa, Neapel,
Michael Bitala, Süddeutsche Zeitung, Kapstadt,
Dr. Dirk Bunke, Öko-Institut in Freiburg,
Dr. Rudolf Buntzel, Evangelischer Entwicklungsdienst, Berlin,
Jochen Dettmer, Neuland, Belsdorf,
Mathijs Euwema, Warchild Niederlande,
Reiner Falk, Informationsbrief Weltwirtschaft und Entwicklung, Luxemburg,
Dr. Andrea Fink-Kessler, Büro für Agrar- und Regionalentwicklung, Kassel,
Sven Gerlant, Berlin,

Dr. Andreas Gies und Brigitte Zietlow, Umweltbundesamt in Dessau,

Hugo Gödde und Thorsten Walter, Neuland-Erzeugergemeinschaft, Berg-Kamen,

Dr. Friedrich Wilhelm Graefe zu Baringdorf, Mitglied des Europäischen Parlaments, Straßburg,

Markus Grünewald, imug Institut für Markt-Umwelt-Gesellschaft in Hannover,

Corinna Hölzel, bis 2007 Greenpeace Einkaufsnetz, Hamburg,

Josef Jacobi, Körbecke,

Ulrich Jasper, Arbeitsgemeinschaft bäuerliche Landwirtschaft, Hamm,

Dominic Johnson, Tageszeitung, Berlin,

Dr. Hans-Jochen Luhmann und Dr. Eberhard Seifert vom Wuppertal Institut,

Ulrike Kallee, Manfred Krautter und Dr. Manfred Redelfs, Greenpeace, Hamburg,

Thomas Küchenmeister, Aktionsbündnis Landmine, Berlin,

Dr. Jörn Lamla, Universität Gießen,

Francisco J. Mari, Evangelischer Entwicklungsdienst, Frankfurt,

Prof. Michele Micheletti, Universität Karlstad,

Dr. Michael Neuner, Transatlantik-Institut der Fachhochschule Ludwigshafen,

Maik Pflaum und Albrecht Schwarzkopf, Christliche Initiative Romero, Münster,

Prof. Dr. Thomas Platzek, Bundesinstitut für Risikobewertung in Berlin,

Prof. Dr. Onno Poppinga, Universität Kassel,

Prof. Birger Priddat, Zeppelin University in Friedrichshafen,

Benjamin Pütter, XertifiX, Freiburg,

Dr. Norbert Reintjes, Carina Weber, Susanne Smolka, Lars Neumeister, Pestizid Aktions-Netzwerk e.V. (PAN-Germany), Hamburg,

Prof. Lucia Reisch, Kopenhagen Business School,

Andrea Semplici, Florenz,
Klaus-Dieter Sens, Landesbetrieb Landwirtschaft Hessen,
Elisabeth Schauer, Vivo, Konstanz,
Thomas Schweiger, Manaus, Brasilien,
Christiane Schnura, Kampagne für saubere Kleidung, Wuppertal,
Christiana Schuler, Attac-Agrarnetz, Berlin,
Frank Slijper von der Campagne tegen Wapenhandel, Amsterdam,
Dr. Rudolf Speth, Berlin,
Kai Strittmatter, bis 2005 Korrespondent der Süddeutschen Zeitung in Peking,
Matthias Stührwoldt, Stolpe, Kreis Plön,
Steen Svendsen, Forschungsinstitut Public future, Dänemark,
Rena Tangens, FoeBuD, Bielefeld,
Klaus Werner, Rio de Janeiro,
Ingeborg Wick, SÜDWIND-Institut, Siegburg,
Gerald Wehde, Bioland, Mainz,
Prof. Hans-Wilhelm Windhorst, Universität Vechta,
Dr. Carsten Wippermann, Sinus Sociovision, Heidelberg,
Matthias Wolfschmidt, Foodwatch, Berlin,
und auch bei all denen, die ihre Namen nicht nennen wollten, aber trotzdem Klartext gesprochen haben.

Außerdem danke ich
Dr. Susanne Gaschke dafür, dass sie mich am Anfang ermutigt hat,
Gabriele Gillen für die einfache Einsicht, dass man sich einmischen muss,
meinem Lektor Dr. Edgar Bracht und meiner Agentin Anja Keil für ihre Hilfe und Geduld,
Lothar Fend, Alexa Höber, Dr. Anna Kindhäuser und Nils Klawitter fürs Gegenlesen (und überhaupt),
allen, die mir beim Sport den richtigen Kick gegeben haben,
und Niklaus Meienberg für seine Bücher.

Personenregister

Adorno, Theodor W. 29, 33
Aguilera, Christina 265
Alam, Jahangir 40f.
Alam, Nura 40f.
Albrecht, Katherine 219ff.
Altemeier, Inge 45f., 77
Anders, Günther 57, 93f., 97f.
Annas, Max 171
Arens, Jenneke 39
Artzt-Steinbrink, Karin 122

Babori, Shikiba 92
Bahn, Evelyn 41, 67
Ballack, Michael 42
Baudrillard, Jean 22
Beck, Ulrich 25, 195, 199f., 206, 243ff., 273
Bennett, Lance W. 66
Berg, Sibylle 28f., 32
Bitala, Michael 233f.
Blüm, Norbert 232
Bollin, Jörg 226f.
Bolz, Norbert 22, 35f.
Bourdieu, Pierre 22
Boycott, Charles Cunningham 245f.
Brandauer, Klaus Maria von 232
Bruckner, Pascal 290
Brügel, Markus 82
Buntzel, Rudolf 171, 181
Bush, George W. 215

Christiansen, Sabine 195, 202
Clinton, Bill 61
Cobain, Kurt 31

Dettmer, Jochen 178, 180
Dohle, Franz-Josef 121

Ehlen, Hans-Heinrich 144
Ehrnsperger, Franz 177f.

Falk, Rainer 49, 61
Fiennes, Ralph 103
Fink-Kessler, Andrea 137
Fromm, Erich 29
Fuchs, Cornelia 262

Gammelin, Cerstin 197
Gerber, Alexander 296
Gerlant, Sven 228f., 231
Gödde, Hugo 136f., 148
Graefe zu Baringdorf, Friedrich-Wilhelm 272f.
Grasskamp, Walter 22
Greindl, Beate 45, 77
Groys, Boris 30

Hamann, Götz 197
Heath, Joseph 30ff., 35f., 202ff.
Heimann, Rolf 55, 58
Hengstmann, Reiner 69
Herrmann, Ulrike 201

Hess, Heinz 59
Hickman, Leo 98 ff., 100, 102
Hobbes, Thomas 238
Hobsbawm, Eric 200
Höhn, Bärbel 136, 138
Hooghe, Marc 248 f.
Hörr, Bernhard 77
Horkheimer, Max 29
Horx, Matthias 266
Howe, Jörg 40

Illies, Florian 93, 96 f., 240

Jacobi, Josef 104 f., 108 f., 115–119, 122
Jäger, Wilhelm 131, 148
Jasper, Ulrich 132 f., 135
Johnson, Dominic 236

Kapp, Karl William 203
Klein, Naomi 23, 30, 50 f., 62, 209
Knight, Phil 62
Körber, Hans-Joachim 218
Kohlenberg, Kerstin 291
Koslowski, Peter 36
Kotteder, Franz 145
Krautter, Manfred 76
Kuckartz, Udo 255 f.
Küchenmeister, Thomas 16, 18 f.
Kulsum, Aziza Gulamali 235
Künast, Renate 123, 132 ff., 139, 143 f., 149, 178, 209, 216 f., 256
Kundke, Jürgen 213

Lassalle, Ferdinand 86
Le Carré, John 103
Leif, Thomas 198
Lotter, Wolf 28

Madonna 264
Maischberger, Sandra 11
Mak, Geert 295

Mankell, Henning 102
Marcuse, Herbert 27, 29
Mariam, Mengistu Hail 15 f.
Mari, Francisco 168 f.
Merck, Johannes 57, 68
Meirelles, Fernando 103
Meschnig, Alexander 34, 36
Mierdorf, Zygmunt 223
Micheletti, Michele 247 ff.
Müller, Edda 209, 264
Müller, Hans-Jürgen 199

Nassauer, Otfried 16
Norton, Edward 265

Packard, Vance 21
Paltrow, Gwyneth 264
Peretti, Jonah 64 ff.
Petrini, Carlo 182
Pflaum, Maik 69 f.
Piano, Renzi 28
Piel, Edgar 251
Pitt, Brad 264
Platzek, Thomas 79, 81
Pötter, Bernhard 256, 260
Polanyi, Karl 196 f.
Poppinga, Onno 112, 114
Potter, Andrew 30 ff., 35 f., 202 f.
Priddat, Birger 273
Pütter, Benjamin 88 ff., 227–233, 270

Rapaille, Clotaire 224 f.
Redpath, James 246
Rehhahn, Helmut 126–130
Reichholf, Josef 205
Reintjes, Nobert 43 ff.
Reisch, Lucia 209 f., 217, 256
Rivoli, Pietra 49
Roberts, Julia 265
Robinson, David 262
Rogers, Jim 174
Rohwetter, Marcus 261
Rousseau, Jean-Jacques 238

Santos, Maria Ivete Bastos dos 154 f., 158, 166
Schauer, Elisabeth 83–87, 91
Schiffer, Claudia 218 f.
Schimpf, Mute 110 f.
Schmidt, Götz 133
Schnappauf, Werner 213
Schnura, Christiane 48, 53, 67, 71 f.
Schrage, Dominik 238
Schröder, Gerhard 31, 132, 144
Schuler, Christiana 170, 172
Schweisfurth, Georg 183
Schweisfurth, Karl Ludwig 183
Seehofer, Horst 22
Seibert, Hasso 190
Seko, Mobutu Sese 234
Semplici, Andrea 15 f.
Sens, Klaus-Dieter 113
Sloterdijk, Peter 208
Smith, Adam 238
Sonnleitner, Gerd 106
Sontag, Susan 94 f.
Speth, Rudolf 198
Steffen, Joe 120
Stoltenberg, Gerhard 105
Stolle, Dietlind 248 ff.
Storm, Theodor 238
Strathaus, Rainer Schulte 146
Stuhr, Mathias 34, 36

Stührwoldt, Matthias 110, 153
Svendsen, Steen 246 f., 255

Tangens, Rena 222 f.
Tegera, Aloys 236
Tenthoff, Klaus 184 f.
Thomas, Frieder 179

Uhlenberg, Eckhard 139

Veblen, Thorstein 36
Vieira, Silvino Pimentel 155–158, 166

Wagenhofer, Erwin 23, 171, 260
Walizada, Rahim 87 ff.
Weber, Carina 211 f.
Weber, Max 201
Wehde, Gerald 165
Weiss, Hans 52
Werner, Klaus 52, 271
Wick, Ingeborg 48, 51 f.
Willis, Bruce 274
Windhorst, Hans-Wilhelm 147
Wippermann, Katja 253
Wolfschmidt, Matthias 137, 140, 149, 152

Yimprasert, Junya 43, 52

Ziegler, Jean 61
Zietlow, Brigitte 79 f.

Sachregister

AIDS 91, 102 f.
Aktienfonds/Geldanlagen 17, 19 f., 253 f., 283
Aktionsbündnis Landmine 16 ff.
Allergien 76, 78 f., 81
Antibiotika 145, 183
antimikrobiell 74
Arbeitsgemeinschaft bäuerliche Landwirtschaft (AbL) 105, 167
Attac 167, 170
attitude-behaviour gap 248, 256
Autoindustrie 101, 205, 208, 256
Azofarbstoffe 76

Bananen 34, 44, 71
Baumwolle 43–47, 54 ff., 68, 70, 75, 82, 100
Bioanbau 44, 68, 123 ff., 132 ff., 278
Bio-Siegel 123, 134 f.
Blumen 24, 278
Boykott 243, 245 ff., 248 ff., 255, 268
Brauereien 177 f.
Brent Spar 246
BSE-Skandal (»Rinderwahnsinn«) 22, 126, 133, 252
Bundesinstitut für Risikobewertung 74 f., 76, 79, 192, 212 f., 279
Bundesverband der Deutschen Industrie 214
Bundesverband der Regionalbewegung 180
Buy Nothing Day 29, 31

CASPIAN 220
Chemikalien 75, 77–82, 189 ff., 192 f., 279
Christliche Initiative Romero 69, 175
Clean Clothes Campaign (CCC) 39 f., 48 f., 52, 54, 58 f., 67–69, 72, 259
Coltan 20, 94, 233–236, 243
CO_2-Ausstoß 200, 205

Datenschutz 220 f., 279 f.
Deutscher Bauernverband 106, 114
Deutsche Welthungerhilfe 68
Dienstleistungen 238
Dioxin-Belastung 74, 126
Discounter/Supermärkte 13, 82, 100, 108, 118, 120, 123, 131, 133 ff., 138, 147, 226, 246 f., 268, 280

Erdbeeren 210 f.
EU (Europäische Union) 45, 70, 123, 134 f., 143, 161, 166, 180 f., 193, 197, 216
Evangelischer Entwicklungsdienst (eed) 167 f., 171, 181, 299

Fairtrade/Transfair/ Fairer Handel 55, 71, 82, 175, 253, 281
Fair Wear Foundation 58
Farbstoffe 76, 79, 81, 272
Fast Food 182, 194, 281
Feinstaub 193 f.
Fische 189, 258, 282
Fluorchlorkohlenwasserstoff (FCKW) 244
Foodwatch 137, 139 f., 149–152, 202, 210, 213, 215
FoeBuD 219 ff., 279, 302
Formaldehyd 75 f., 81 f.
Frauenarbeit 47, 51, 59
Freihandelszonen/Exportproduktionszonen 24, 50 f., 270
Fruchtbarkeit (Männer) 189 f.
Fußbälle 25, 42 f., 63, 71, 282

Gammelfleisch 11 f., 22, 126, 136, 150, 213, 252
GATS-Abkommen 238
Gentechnik(frei) 110, 120 ff., 153, 283
Geschmacksverstärker 273
Gesellschaft für Konsumforschung (GfK) 252, 270
Gesellschaft für Technische Zusammenarbeit (GTZ) 90
Gewerkschaften 40 f., 48 f., 61, 63, 91, 159, 199
Globalisierung 35, 57, 59, 61, 92, 108, 169, 185, 208, 241
Glutamat 273
GOTS-Textilsiegel 70, 82, 285
Gorillas 234
Grabsteine 226 f., 284
grassrooting 128
Greenpeace 44, 76, 155, 162 f., 193, 211 f., 259, 261, 277
Greenwashing 71

Handys 20 f., 24, 233–236
Heim- und Haustextilien 79

Holz 284
Hühnerhaltung 20 f., 26, 100, 109, 143 ff., 256
Hygieneverordnungen 137 f., 198, 214

ICFTU (Weltgewerkschaftsbund) 51
ILO (Arbeitsorganisation der Vereinten Nationen) 48, 61 f., 82, 87
IMO (Schweizer Zertifizierungsinstitut) 82
iPod 258
Initiative Neue Soziale Marktwirtschaft 202
Inkota-Netzwerk, Berlin 40 ff.
Isopropylthioxanthon 192

Käfigverbot für Hühner 132, 145
Kaffee 34, 172–176, 203 f., 284
Kaffeepreise 91, 173 f., 204
Kampagne für Saubere Kleidung (siehe Clean Clothes Campaign)
Katastrophenfilme 95
Kinderarbeit 21, 23, 57, 84–92, 94, 228–233
Kindersoldaten 83 f.
Kinderspielzeug 76, 81, 85, 191 f.
Kinderwagen 37
Kioto-Protokoll 200
Klimaschutz 200
Konsumtheorien 22 f., 25, 27–38, 93, 209, 256
Kosmetika 98, 212

Landminen 16–18, 286
Lebensmittelkontrolle 138 f., 211 f., 215
Lifestyle 22, 263–268
Lohas (Lifestyle of Health and Sustainability) 33, 263 ff.

Marken 27, 31 f., 64 f., 240, 250 f., 264, 286
Marktforscher 251
Meinungsforschungsinstitute 251
Milchpreis/Milchproduktion 106 f., 110 f., 114 ff., 119 f., 121
Milchquote 106, 112
Misereor-Hilfswerk 88, 228, 259

Neoliberale/Wirtschaftsliberale 49, 60 f., 197, 202, 238 f.
NGOs (Non Governmental Organizations) 61, 170, 175, 243
Nitrofen 297

Öko-Tex Standard 100/1000 75 f.
Ottawa-Konvention 17, 19
Oxfam 42, 173, 175, 259
Ozon 93

Papier 287
Pestizide 43–47, 76, 125, 140, 157, 186, 211 f., 278, 285
Pestizid-Aktionswerk (PAN-Germany) 43, 211, 285
Pharmaindustrie 91, 102 f., 286
Phthalate 81, 191 f.
Putenfleisch 145
PVC 82, 191 f.

QS-Siegel (Fleisch) 140
Qwarids 228, 232

REACH (EU-Chemikalienrichtline) 78, 193
RFID (Radio Frequency Identification)-Chips 217–225, 271
Regenwald 24, 91, 125 f., 153 ff., 236, 287
Regionalisierung 177–188, 287
Rugmark-Teppichsiegel 89 ff.

Salmonellen 170, 259
Schokolade 239 f., 284

Schuldgefühle 34, 73, 92, 96–99, 242
Schulen 54, 272
Schweinemast 100, 124–132, 135, 146
Schwermetalle 82
Slow Food 182, 281
Soja 110 ff, 121, 126, 153–166
Steine/Steinbrüche 226–233, 270
Südwind-Institut 48
Sweatshops 57, 63 ff., 70, 94, 242

Tablettenhüllen 82, 91
Taschentücher 24
Tee 225, 284
Teppiche 24, 84–91, 228, 231, 288
Textilwirtschaft 26, 39–82, 258, 285, 294
Tierfutter/Kraftfutter/Fischmehl 112, 132, 153, 166, 214, 298
Tierschutz 141, 143 ff., 297
Transfette 194
Transportwege 182
Treibhausgas 182
Triclosan 74
Tributylzinn 91, 192
Turnschuhe/Sportschuhe 31, 34, 43, 54, 64, 71, 79, 264

Umweltbundesamt 79 f., 254
Unicef 196, 229
UNO 57, 61 f., 196, 229, 235
Unser Land, Netzwerk 179

Verbraucherschutz 75, 77 f., 81, 139, 198, 212–217, 223, 243, 256, 277
Verbraucherschutzministerium 133, 138 f., 178, 181, 199, 209, 213
Verbraucherinformationsgesetz 139, 150, 213, 215 ff., 261

Verbraucherzentralen 209, 215, 254
Verkehrswegeplanung 204

Werbung 21, 23 f., 27, 101, 151, 172, 208, 225, 240
WHO (Weltgesundheitsorganisation) 44

Windenergie 254
WTO (Welthandelsorganisation) 60 f., 78 f., 81, 147, 166, 170, 196, 204, 238
WWF (World Wide Fund for Nature) 68, 164, 211

XertifiX (Initiative) 231 ff., 284